Roland Günter

Toskana

Ein Reisebuch

mit Fotos des Autors und von
Jürgen Heinemann, Pedro Meyer,
Graciela Iturbide u. a.,
Zeichnungen und Plänen
von Roberto Zozzoli sowie
einem Vorwort von Gian Franco Venè

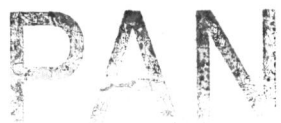

Anabas-Verlag · Gießen

Dieses Buch ist Franco Talozzi und Piero della Francesca gewidmet. Piero hat Franco schon 1459 gemalt (links). Das sind Zusammenhänge, die in diesem Buch zu lernen sind.

Dank an: Janne Günter als engagierte Reisebegleiterin, Tina Günter und Thomas Henke für einen Monat Manuskript-Kontrolle, Marco Erede, Fabiano Giabbanelli, Luigi Tommasi, Roberto Santi, Roberto Zozzoli, Angelo Toschi für viele Gespräche, Ivano Del Furia für das Öffnen vieler Türen, Pietro Lazzarini, Anna Albergo und den Familien Lazzareschi, Ribechini, Carmignani für unendliche Fürsorge; Juanita Bermudez, Managua, für die Erschließung einer neuen Kultur; Fromund Hoy; Vilma Link und Günter Kämpf für ein außerordentliches verlegerisches Engagement. Und an viele Menschen, die sich in diesem Buch wiederfinden.

4. Auflage 1989
Alle Rechte, auch die des auszugsweisen Nachdrucks, der Mikro- oder Fotokopie und des öffentlichen Vortrags, vorbehalten.
© Anabas-Verlag Günter Kämpf KG, Unterer Hardthof 25, D-6300 Gießen, 1984
Gesetzt aus Stempel Schneidler, neue Helvetica und Bauer Bodoni
bei Peter Großhaus in D-6334 Aßlar-Werdorf
Grafische Gestaltung: Anabas-Verlag
Druck und Bindung: Fuldaer Verlagsanstalt, D-6400 Fulda
ISBN 3-87038-111-6

Inhalt

Leben in der Toskana. Vorwort von Gian Franco Venè — 5

Die Landschaften der Toskana — 9

Geschichte der Arbeit in den Städten — 23

250 Jahre Demokratie in den Städten — 35
Die Volksdemokratie in der Krise / Die Volksdemokratie in Florenz von 1494–1512

Fürstenherrschaft (seit 1512) — 44
Der Staatsstreich der Medici / Macht im Absolutismus

Reformen, Restauration und Einigungsillusionen — 48

Soziale Bewegungen — 50

Faschismus und Widerstand — 52

Demokratie — 55
Nachkriegszeit / Erneuerung der sozialen Bewegung / Der historische Kompromiß / Dunkle Kanäle der Macht und ihre Skandale / Die Dialektik der Skandale / Gegen die Korruption / Stein im Taubenhaus: Die Radikalen / Demokratisches Leben / Kommunist sein – eine Selbstverständlichkeit / Verwaltung / Kritik an der PCI / Die kulturelle Tradition der PCI

Frauen in der Toskana — 71

Demokratische Bewegungen in der Kirche — 76

Straße – Platz – Bar — 83

Familie – Wohnen – Kindererziehung — 87

Essen und Trinken — 92

Kultur — 102
Kulturpolitik / Ein kleiner Ort macht Kultur

Feste — 104
Der Reiterkampf in Siena (Palio)

Literatur – Theater – Musik – Film — 111

Stadtplanung – Architektur – Malerei – Skulptur — 119
Grundlagen: Der schwierige Zugang zum Leben / Sonne – Deutlichkeit – Raum / Natur – Körper-Erfahrung – Raum-Gestalt / Medium zwischen Ich und Welt: Der Tastsinn / Bewegung/Raum als kommunikative Struktur / Landschaft und Raum / Architektur als Bühne / Beobachtung und Gestaltung des Elementaren / Ebenen und Wechselwirkungen — 120

Stadtplanung: Bis heute: Wohnen in antiken Städten / Satellitenorte für den Krieg: Festungsstädte / Die Natur als Stadtbaumeisterin: Städte am Berg / Ziel der Demokratie: Die schöne Stadt für alle / Stadtplanungs-Theoretiker der Demokratie / Der Fürst als Nabel der Stadt / Stadtzerstörung durch Spekulation / Unbewältigte Industrialisierung — 130

Elemente der Stadt: Die Straße: Markt und Wohnzimmer der Nachbarschaft / Die Piazza – der Mittelpunkt von Viertel und Stadt / Die Loggia – ein überdachter Platz / Bogengänge in Straßen / Wandelgänge in Innenhöfen / Überdachte Märkte des 19. Jhdts. — 141

Bau-Typen: Land-Burgen / Stadt-Burgen / Zunft-Burgen / Rathaus-Burgen / Stadtbürger-Häuser / Stadt-Paläste / Land-Villen — 155

Malerei und Skulptur: Aufbruch zur Menschlichkeit / Kunst aus dem Geist der Demokratie / Die Vielschichtigkeit des 14. Jhdts. / Schichten der Bilder / Die Ausformulierung des Menschlichen / Die Perspektive als Kommunikation / Unerbittliche Realitätserfahrung / Ortsspezifische Realität / Psychologische Erfahrung / Charaktere der visuellen Sprache / Darstellung der Verhältnisse / Pluralität / Volkstümlichkeit / Lernen bei flämischen Malern / Inszenierung / Wissenschaft und Poesie / Theorie / Gegen-Utopien / Ungleichzeitigkeit des Gleichzeitigen / Die Kunst des Fürstenstaates / Der politische Michelangelo — 165

Reiseteil

Die Küste Liguriens 198
Sand und Marmor-Berge in der Versalia / Massa Carrara / Zu den Marmorbrüchen / Die Stadt der Anarchisten: Carrara

See-Städte: Pisa und Livorno 205
Ausflüge rund um Pisa / Amsterdam der Toskana: Livorno

Die Maremma-Küste 214
Raubbau an der Natur / Bittere Maremma / Das älteste Industrie-Gebiet Europas / Alte Städte an der Küste / Die archipelagischen Inseln

Südtoskana: Rund um den großen Vulkan (Monte Amiata) 227

Siena 230

Rund um Siena 240
Die Lehmberge (crete) / Montepulciano und Pienza / Nördlich von Siena

Chianti: eine Ruine 246

Das Chiana-Tal: Arezzo und Cortona 247

Oberes Tiber-Tal 255

Rückzug in die Wälder: Pratomagno und Casentino 259

Florenz 262

Rund um Florenz 278
Das Arkadien der Reichen / Zwischen Florenz und Chianti / Das kleine Ruhrgebiet der Toskana

Prato – Pistoia – Vinci 283

Lucca 289

Rund um Lucca 302

Anhang 308
Zeittafel · 309
Infrastruktur-Hinweise · 314
Ausgewählte Bibliografie · 316
Bildnachweis · 327
Biografische Notiz · 327
Orts-, Personen- und Sach-Register · 329

Hinweise zur Benutzung des Buches:

Die kleinen Ziffern am Rande des Textes sind Seitenverweise; sie sollen helfen, die jeweilige Darstellung zu erweitern und neue Zusammenhänge herzustellen.
Das Orts-, Personen- und Sachregister erschließt ebenfalls die thematischen Bezüge des Buches.
Die Übersichtskarte der Region Toskana enthält so gut wie alle im Buch besprochenen Orte und soll eine erste Orientierung ermöglichen.

Leben in der Toskana
Vorwort von *Gian Franco Venè*

Die Qualität des Touristen kann man daran erkennen, wie er seinen Fotoapparat benutzt.
Gewöhnlich geraten dem ausländischen Reisenden Bauwerke, Kunst und Landschaften zu einem undefinierbaren Gemisch, in dem er dann Verwandte oder Reisegefährten zu entdecken sucht. Unterwegs beschränkt er sich darauf, mit dem Objektiv ein zweites Mal die Andenken-Postkarten und Diapositive zu fotografieren, die es in jedem beliebigen Souvenirladen gibt.
Warum verhält er sich so? Weshalb greift er nicht zu einem guten Fotobuch oder einem illustrierten Führer? Die Antwort ist ein Stück Elementar-Psychologie. Indem der Tourist »selbst« fotografiert, wiegt er sich in der Illusion, er könne »diesen Augenblick« auch in der Zukunft wieder erleben. Inmitten des kulturellen Reichtums, den man auf einer Reise ins Ausland erfahren kann, zwischen all den Anregungen gibt sich diese Art des Touristen mit dem Einfachsten zufrieden: mit dem Signal an sein Gedächtnis, ein altbekanntes Bild noch einmal zu beschlagnahmen.
Und dann gibt es einen zweiten – leider ziemlich seltenen – Typ des Touristen, der sein Foto-Auge lieber zum »Begreifen« statt zur simpelsten Art der Erinnerung benutzt. Er überwindet die natürliche Hemmung und sieht sich – selbst auf die Gefahr, neugierig zu erscheinen – mithilfe des Objektivs die »Szenen des Lebens« an. Szenen, die den Leuten im Ort ganz gewöhnlich, geradezu selbstverständlich vorkommen: Die Läden, das Leben auf den Plätzen, Gruppen von Familien, das Verhalten der Menschen. Er erfaßt sie nicht als Kleinkrämer, der überall ein bißchen fotografiert, einer diffusen Inspiration folgend, um erst später darüber nachzudenken. Wenn er wirklich gewillt ist, sich aufs Nachdenken einzulassen, wird er zu Hause aus seinen Fotos nicht die technisch perfektesten auswählen, sondern die Aufnahmen, die seine flüchtigen Reiseeindrücke plötzlich und überraschend dingfest machen – mit der Aura des Lebendigen im starren Bild.
Ob man nun allein unterwegs ist oder sich in einer Gruppe bewegt, die Neugier für das »Eigentümliche« hat immer eine persönliche, individuelle Ebene. Deshalb ist es auch ganz unwichtig, wenn man bei einem Dorffest oder sich mitten in einem volkstümlichen Ereignis von weltweitem Interesse, etwa beim Palio in Siena, entdeckt, daß alle Touristen von denselben Szenen angezogen werden. Analogie bezeichnet nie Identität. Jede Szene, auch jedes Detail in ihr, regt die individuelle Fantasie desjenigen an, der sich tiefer auf sie einläßt oder sie auch nur im Überfliegen pflückt.

Und: je »normaler« die Szene ist, die der Ausländer bemerkt, desto besser ist seine Neugier entwickelt. Genau in diesem Augenblick ist er im Begriff, sich sozusagen mit dem »Instinkt des Zivilisierten« die Bilder anzueignen, die ihm fremd sind – um sich mit ihrer Hilfe »reicher« zu machen. Genauer: die eigene Kultur mit der Kultur des Landes, das ihn beherbergt, zu verschmelzen.

Das ist der Typ des aktiven und schöpferischen Touristen, dem – so scheint es mir – Roland Günter sein Reisebuch Toskana gewidmet hat.

In der Gesellschaft, in der wir leben, verbergen die Ferien, genauso wie die sogenannte »freie Zeit«, häufig einen Betrug. Meist bemerken wir nicht einmal, wie wir auf ihn hereinfallen. Wenn wir die Freizeit als Freiheit von den Atemnöten der täglichen Arbeit begreifen, läuft dies darauf hinaus, daß wir die Freiheit passiv konsumieren. Und sogar auf jene spielerische »Arbeit« des Geistes verzichten, die darin besteht, zwischen dem zu unterscheiden, was uns interessiert und dem, was uns auferlegt wird. Wenn wir uns so in der Stadt verhalten, ist das verhängnisvoll.

Nach dem Verlassen der Fabrik, des Büros, der Universität geben wir uns einer »Ruhe« hin, die – in ihrer Realität – bis ins kleinste Detail von anderen programmiert ist. Ich denke hier gleichermaßen an Massenmedien, Diskotheken, Hobbies – wir glauben die Wahl selbst zu treffen, doch in Wirklichkeit wählen sie uns.

Diese Erkenntnis ist inzwischen ein Gemeinplatz der gängigen Soziologie. Aber noch ziemlich selten bemerken wir, daß der selbe Komplott des Konsumismus uns auch in den Ferien verfolgt. Manch einer glaubt, dem entfliehen zu können, indem er seine sommerliche Tätigkeit auf ein Minimum reduziert. Etwa wenn er sich an einsamen Stränden isoliert; wenn er eine anachronistische »Rückkehr zur Natur« sucht; oder wenn er auch in der Fremde nur die ausländische Version seiner gewohnten Vergnügungsstätten ansteuert.

Die so verstandenen Ferien erweitern geradezu abnorm jenen Teil der passiven Persönlichkeit, auf dem der organisierte Konsumismus das ganze Jahr über blüht – statt die in den Monaten der Arbeit unterdrückte Freiheit der Person, komplexen Interessen nachzugehen, wieder herzustellen.

Aber es gibt eine sehr einfache Art, seine Ferien im Ausland zu einem kulturellen (und lustvollen) Experiment zu machen, ohne Not, sie in ein akademisches Studium zu verwandeln: Indem man sich auf die Wirkungen einläßt, die das unbekannte Land in uns hervorrufen – im Kontrast zu unserer Kultur; und indem wir uns Mühe geben, zu verstehen, was denn das Gewebe jener Kultur sei. Obwohl das gewiß nicht das Ganze umfaßt, liebe Freunde, erinnern wir daran, daß »Kultur« jenes Beisammen von Ausdrucksweisen des gemeinsamen Lebens eines Volkes ist, aus denen seine Gegenwart und seine Geschichte resultieren.

Kultur ist die typische Küche genauso wie die höchste Kunst; die Architektur und die häuslichen Gewohnheiten; die Politik wie die Sitten.

Das Wichtigste für den, der ein Volk kennenlernen will, ist der Zugang zu jenem differenzierten Geflecht, aus dem das Alltagsleben zusammengesetzt ist.

Wir sprechen hier über etwas, das für alle Länder dieser Erde gelten dürfte. Und es gilt, auch wenn die historischen und sozialen Abläufe, die Ausbreitung des Konsumismus, fast überall den »roten Faden« verschüttet haben, der Vergangenheit und Gegenwart im Innern einer Zivilisation oder Kultur zusammenhält.

Die Toskana ist eine Ausnahme. Hier taucht dieser »rote Faden« auf.

Nicht, weil die Region im Hinblick auf die industrielle und postindustrielle Zivilisation zurückgeblieben wäre, noch weniger weil die Toskaner im traditionellen politischen Sinn »konservativ« seien (im Gegenteil!), sondern aufgrund einer sehr spezifischen historischen Entwicklung der toskanischen Gesellschaft.

In keiner anderen Region Italiens hatten Volksbewegungen und die Organisation der Arbeit »von unten« ein so großes Gewicht.

Bis zu den Schwellen des Risorgimento, der zur italienischen Einheit führte (1860), entstand und reifte in der Toskana jener lebendige Prozeß, der eine Vielzahl von »Kleinstaaten« in eine Nation übergehen ließ. Wenn es zutrifft, daß die wirtschaftlichen und militärischen Mittel zur Realisierung der nationalen Einheit aus dem Norden, aus der Lombardei und Piemont, kamen, wo sich am Ende des 18. Jahrhunderts der unternehmerische Geist der europäischen Aufklärung ausbreitete, so ist noch wichtiger, daß die toskanische Kultur und die politischen Strömungen in Zentralitalien dafür die notwendige Grundlage bildeten. Mehr noch: die gleiche europäische Aufklärung war nördlich der Alpen objektiv eine »Wiederaufnahme« toskanischer Renaissance-Kultur – einer Kultur, die im wirtschaftlichen und politischen Abstieg des 16. und 17. Jahrhunderts geradezu physisch zur Auswanderung gezwungen war.

»Wenn es schön ist zu sagen, ›Ich bin ein Toskaner‹, so ist es noch schöner, sagen zu können, ›Ich bin ein Italiener‹«, schrieb einer der prophetischen Dichter des Risorgimento und drückte damit die enge Bindung zwischen dem »Toskanischen« und dem »Italienischen« aus – nicht als abstraktes Schlagwort, sondern als historisches Resultat einer Evolution von Klassen, die schon vor sehr langer Zeit begonnen hatte.

Die »Schubkraft von unten« führte in der Toskana seit dem Mittelalter zu sozialen Veränderungen inner- und außerhalb der Städte, die den Aufstieg des Volkes und seiner Formen der Selbstorganisation spiegeln und

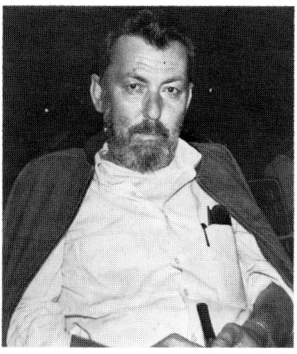

Gian Franco Venè, geboren 1935, aufgewachsen in Ligurien, lebte und arbeitete lange Zeit in Mailand und als Journalist in vielen Ländern (Vietnam, Kambodscha, Biafra). Heute ist er einer der Chefredakteure des politischen Magazins »Panorama«, dessen römisches Büro er leitet. Er ist auch als Schriftsteller tätig und hat einige wichtige Bücher publiziert:
Letteratura e capitalismo in Italia dal Settecento ad oggi;
Pirandello fascista;
L'Ideologia della piccola borghesia;
Cronaca e storia della marcia su Roma (Mussolinis Machtergreifung);
Pena di morte (Todesstrafe; Roman).

anschaulich machen. Das toskanische Volk war stets Träger der politischen Ereignisse. Es war so bedeutend, daß die Perioden seiner Gesamtgeschichte nebensächlich sind, in denen es im Vergleich mit den herrschenden Oligarchien nur den zweiten Rang einnahm. Und es war die Toskana, in der sich – Jahrhunderte vorausgreifend – ein bewußtes Bürgertum bildete. Es war die Toskana, wo sich die Philosophie und das Klassenbewußtsein dieser sozialen Schicht in literarischen Werken und in einer Denkweise äußerten, die im Kern schon die Problematik enthalten, die sich später weltweit mit der Französischen Revolution stellen wird.

Im Mittelalter und in der Renaissance zeigte sich die Macht des Volkes als Motor der Geschichte in jedem Aspekt des Lebens. Deshalb sind in der Toskana die Hauptwerke der Kunst genauso vom sozialen Standpunkt aus zu entschlüsseln wie die Struktur der Städte, der Dörfer und der Wohnhäuser.

Die wichtige ästhetische Betrachtung sollte beim Touristen, der in der Toskana reist, stets von Fragen nach den Zusammenhängen begleitet werden. Warum malte Piero della Francesca die Madonna als schwangere Frau? Warum erscheint die Heilige Familie in den Bildern toskanischer Maler nach dem Vorbild von Menschen aus dem Volk? Warum entstanden die Plätze – mit oder ohne Architekten – in dieser Weise? Und um auf welche Weise belebt zu werden? Aus welchen politischen Gründen? Die vielen »Warum«, die in jedem Bereich der Toskana eine »soziale« Perspektive wiedererwecken, bekräftigt von dem lebendigen Geschehen, das noch immer die Region beseelt, gelten auch für die Landschaft.

Sich passiv den Reizen der toskanischen Landschaft als »Geschenk der Natur« hinzugeben, in ihr bloß Farbeffekte zu genießen, bezeugt ein ebenso reduziertes Verhalten wie die akademische Haltung gegenüber einem Kunstwerk. Nochmals: es handelt sich darum, wirklich zu »begreifen«, das Gewebe zu sehen und zu verstehen, in dem sich so vieles miteinander verquickt: Natur und Geschichte, die Nutznießung der Erde und die Veränderungen der daraus hervorgegangenen Güter durch die Entwicklung des sozialen Lebens.

Reich an Denkmälern wie keine andere Region Italiens ist die Toskana zugleich die Landschaft, die die Versuchung, sie als Museum zu sehen, am stärksten zurückweist. Auch wenn der Tourist nur zu kurzem Aufenthalt kommt, die Toskana wird »erlebt«. Sogar die banalste Handlung, etwa einen Aperitiv auf der Piazza zu nehmen, kann hier, wenn man das will, zum kulturellen Abenteuer werden. Denn es ist die Piazza, wo sich die politischen Probleme praktisch direkt ins Auge blicken. Und es geschieht hier, an dieser Stelle, daß die Ausdrucksweisen der Gesichter sich spontan so gebärden, wie wir sie in den berühmtesten Bildern wiederfinden: Gesichter eines Volkes, das in Jahrhunderten die Toskana zum Vorposten der Demokratie gemacht hat, und, zur selben Zeit, zu einer sozialen Stätte, wo das Individuum zu widerstehen weiß – gegen die Unterdrückung und Bedrückung, selbst auf die Gefahr hin, daß aus seiner uralten geistgeprägten Vornehmheit die rasch auflodernde Flamme der Wildheit hervorbricht.

Die Landschaften der Toskana

Wenn einer sagt, »Ich fahre in die Toskana«, dann müßte man ihn eigentlich immer fragen: In welche? Denn keine italienische Region besitzt so unterschiedliche Landschaften wie dieser Bereich Mittelitaliens.

Die Vorstellungen der Fremden orientieren sich meist an der gartenhaft kleinteilig wirkenden bäuerlichen Landschaft zwischen Lucca und Florenz. Mitten durch sie hindurch zieht sich aber auch entlang der Autobahn eine Industrie-Zone immensen Ausmaßes. Die Gartenlandschaft setzt sich entlang der Autostrada del Sole im oberen Arnotal und seitlich des Val di Chiana auf den Hügeln fort. Man findet sie auch im oberen Tibertal um Sansepolcro. Am intensivsten ist sie im Serchio-Tal der Garfagnana.

Der Boden aus gelbem Tuff und blaugrauem Lehm (Lehmberge) hat ebenfalls einen Reichtum an Abwechslung: eine unaufhörliche Folge von rundlichen Kuppen, wechselnd kahl, von Getreide-Feldern überzogen oder bewaldet. Weiter nach Süden zum Vulkanberg Amiata hin wäscht der Regen mehr und mehr die Erde weg, frißt Furchen, es entstehen Mondlandschaften, immer dünner besiedelt, immer einsamer. Ähnlich spröde sind auch die langgezogenen Kuppen des Erzgebirges, der Colline Metallifere, das sich von Siena bis zur Maremma-Küste ausdehnt. Solche Landschaften wirken dem Klischeebild von der Toskana gründlich entgegen.

Wiederum ganz anders sehen die Berglandschaften des Appennin aus, vor allem seit dort die Kleinbauern abgezogen sind und die Terrassenkulturen verfallen: Steineichenwälder, Schafweiden, verkarstete Abhänge.

Aller Vorstellung widersprechen auch die langen spröden Bergzüge des Chianti-Bereiches, wo der graue Kalkstein nur spärlichen Wuchs von endlosen menschenleeren Macchien-Wäldern ermöglicht, in denen eine Anzahl Großgüter des Weinanbaues liegen. Die Küstenebene der Versilia ist inzwischen von chaotischer Betonbauerei überwuchert.

Als Tourist mag man dazu neigen, die Landschaft oft nur als »Natur« zu sehen. Sie erscheint von der Arbeit befreit; sie gibt das Gefühl, von der Arbeit zu befreien. Dieses subjektive Erlebnis kann als Korrektur gegen eine rein zweckrationale Einstellung zur Natur dienen und damit unsere Genußfähigkeit und auch unsere Fantasie anregen. Andererseits aber liegt in ihr die Gefahr, daß sie die Realität verdrängt.

Schon das Großbürgertum der toskanischen Städte, das sich seit dem 14. Jahrhundert Landgüter und Villen etwa im »Arkadien von Florenz«, im Mugello-Tal, anlegt, pflegt das Erlebnis der von der Arbeit befreiten Landschaft. Der Adel, der Arbeit verachtet, übernimmt es. In der Romantik flieht

Landschaften der Toskana
(1) Sienesische Lehm-Berge bei Monticchiello (Pienza)
(2) Vor Cortona: Chiana-Tal und Trasimener-See
(3) Die Hochhaus-Vorstadt von Arezzo wächst in die Hügel
(4) Bei Sestino: Appenin
(5) Südlich von Pisa – Oliven-Kulturen
(6) Lucca: Stadt-Landschaft
(7) Wein-Berge am Rand des Chiana-Tals

Bild-Nr. von oben nach unten, beginnend auf S. 10

das Bürgertum vor der Arbeit und den sozialen Konflikten in die scheinbar unberührte und sorgenfreie Landschaft, die später dem Kleinbürger zur Sonntagslandschaft wird.

Eine aufgeklärte Sicht begreift jedoch die Landschaft als Quelle von Erfahrungen, in denen sich ökonomische, ökologische, gesellschaftliche, politische, kulturelle und weitere Inhalte wechselseitig durchdringen. Hier findet man rasch heraus, daß auch das anscheinend Einfache dem Menschen nur durch eine historisch gesellschaftliche Entwicklung gegeben ist.

Die Einstellung des Touristen wirkt zurück auf die Realität des Gastlandes: die touristischen Dienstleistungen übernehmen seine Bewertungen und verbergen oder zerstören gern, was sich nicht in Geld umsetzen läßt.

Versuchen wir, die Geschichte der Landschaft zu rekonstruieren, um sie besser zu verstehen. Am Beginn der Spätantike, gegen 200 nach Christus, kommen die Kleineigentümer des Landes in große Schwierigkeiten. In Schulden geraten, übergeben viele ihr Land an Großgrundbesitzer und pachten es dann von ihnen. Zur gleichen Zeit verpachten viele Großgrundbesitzer ihren Großgrundbesitz, denn die Landarbeiter sind ihnen zu teuer. Arme wie Reiche verlassen oft das Land. Im 3. Jahrhundert verfallen viele Ländereien.

Zur gleichen Zeit erfolgt ein wirtschaftlicher Niedergang der Städte. Rückwirkung aufs Land: sein Absatz in die Stadt schrumpft. Gezwungenermaßen wird nun eine ländliche Wirtschaftsform dominierend, die es in gewissem Maße immer gab: der halbnaturale Tausch. Die Stadt verliert ihre Vorherrschaft über das Land. Die Großherrschaften des Landes werden immer mehr von der Stadt unabhängig.

Die neue Militär-Hierachie der Soldaten-Kaiser und Reiter-Generäle sammelt riesige Besitztümer an.

Eine Serie von Katastrophen bricht über die Halbinsel herein: mehrere Pestzeiten, vor allem die Pest im Jahre 543, offensichtlich auch starke Klima-Veränderungen und in ihrem Gefolge schlimme Überschwemmungen. Weil viele Menschen flüchten, dehnen sich Wälder und Sümpfe aus. Die Malaria breitet sich in den Ebenen aus. Die gesamte Wirtschaft liegt am Boden. Die Bauernkultur verfällt. Rückzug auf die Hügel.

Die Langobarden, die die Toskana mühelos einnehmen, sind Soldaten, die ein grobes und gewalttätiges Leben führen: Halbnomaden. Sie gründen »Walddörfer« mit sogenannter Marginalkultur – mit Schweinen, die in den Wäldern herumlaufen, Schafen und Pferden; sie jagen und schlagen Holz. Immer mehr dringt der Wald vor, breitet sich auf den verlassenen Feldern aus.

Die Langobarden enteignen offensichtlich die gesamte Klasse der alten römischen Grundbesitzer. Das Land gehört nun Herzögen. Die Begriffe »Contadino« für den Bauern und »Contado« für das Land zeigen dies sprachgeschichtlich noch heute. Diese Herzöge kehren auch die Form des Grundbesitzes radikal um: ein Teil des Landes gehört kollektiv allen Dorfbauern (Allmende), der andere wird ihnen zur individuellen Eigenverfügung innerhalb einer gewissen Abhängigkeit zur Verfügung gestellt.

Das Zugriffsrecht von oben nach unten ist sehr kompliziert. Die Dreifelder-Wirtschaft, die Verbesserung des Dreschens, der Handwagen mit einem Rad werden entwickelt und verbreitet. Nun können Tiere für den Transport genutzt werden. Das hat erhebliche Folgen für den Verkehr und die Kommunikation.

Neues Land wird gewonnen – durch Abholzung und Trockenlegungen in kleinerem Ausmaß. Neue Siedlungen entstehen.

Der Seehandel von 1000 bis 1200 über Pisa regt die Wirtschaft in den Städten an, auch mit den Reichtümern, die dabei erworben werden. Die toskanischen Städte entwickeln ihre Produktivität vor allem mit Luxus-Waren im Textilbereich – aufgrund der wachsenden Kaufkraft des Adels, die dieser wiederum aus der wachsenden Produktivität der Landwirtschaft zieht. So hängen Bauern, Feudaladel und Stadtbürger wirtschaftlich zusammen. Was sich bei den einen bewegt, hat Folgen für die anderen.

In den toskanischen Städten befreit sich die breite Bevölkerung der Handwerksproduzenten – aufgrund wachsender Wirtschaftskraft, Selbstbewußtsein, Organisations- und Politikfähigkeit – von der Herrschaft des Feudaladels, der die Städte paralysiert. So entstehen im 13. Jahrhundert Volksdemokratien. Der Adel wird politisch entrechtet, darf aber in der Stadt bleiben. Dadurch wird die enge Stadt-Land-Beziehung der Toskana weiterhin erhalten.

Je mehr Konjunktur die Städte haben, desto mehr wächst die Absatzmöglichkeit für die Bauern auf den städtischen Märkten. Dadurch tritt an die Stelle des Eigenkonsums (autoconsumo) die Stadt-Land-Beziehung des Marktes. Die Armut der Bauern verringert sich ein wenig.

Die Klassenkämpfe zwischen städtischen Handwerksproduzenten und Feudaladel in den Städten greifen nun auf das Land über, auch weil die Städte den Bauern im Kampf gegen den Adel städtische Freiheiten versprechen. Freiheit wird zu dieser Zeit vor allem als Bewegungsraum für Produzenten verstanden – entwickelt von den Handwerkern und Geschäftsleuten in der Stadt. Bauern wollen den Besitz am Boden genauso frei in die Hand bekommen und genauso frei handeln können.

Soweit kommt es nicht. Nur wenige Bauern erhalten ihr Land lehnsfrei und erblich. Auch der Loskauf von Personenrechten gelingt nicht allen. Nicht viele Landgemeinden können sich nach dem Vorbild der Städte organisieren: als Schwur-Vereinigungen (comune rustico).

Im wesentlichen ziehen die Städte nun Arbeitskräfte vom Land an, weil sie für ihre Produktion, die in den Wirtschaftskonjunkturen wächst, mehr Menschen benötigen. 1289 erläßt die Stadt Florenz für ihren Landbereich, der durch die stadtansässigen Feudaladligen und Eroberungen entstanden ist, ein Gesetz, das alle Bauern von der Leibeigenschaft, von den Rechten des Adligen auf die Person des Bauern, befreit. Dies ermöglicht die Flucht der ärmeren Bauern und Landarbeiter in die Stadt. Dort tragen sie dazu bei, daß sich ein städtisches Proletariat herausbildet.

Die Gründe dafür, daß den Landbewohnern die Emanzipation nicht gelingt, sind vielfältig: sie verstehen es schlecht, sich untereinander zu organisieren – im Gegensatz zu den Städtern. Hatten die Städte sie zunächst angesteckt und ermutigt, so bläst ihnen von dort nach einiger Zeit der Wind ins Gesicht. Denn: reich werdende Kaufleute erwerben im Umland der Städte Landbesitz und werden (ein weiteres Mal nach der ersten Welle im 12./13. Jh.) eine neue Schicht von großbürgerlichen Großgrund-Besitzern. Meist haben sie keine Kenntnisse der landwirtschaftlichen Produktion, kümmern sich auch nicht darum, wollen wenig Arbeit aufwenden. Daher entwickeln sie eine Kontrollform über die Wirksamkeit der eingesetzten Investitionen, die große Folgen hat: die Halbpacht, die Mezzadria. Es ist eine typisch von der Wirtschaft der Stadt geprägte Form der Ökonomie und Abhängigkeit. Der Padrone sagt dem Bauern: Mach, was du willst, du erhältst mehr Freiheiten als in feudaler Abhängigkeit – die Hälfte der Erträge (oft auch mehr) ist bei mir abzuliefern! Diese »urbanisierte« Campagna hat eine ganz andere, nun tiefgreifende Abhängigkeit von der Stadt als sie

Museum für bäuerliche Kultur in Città di Castello

das feudal geprägte Land aufweist (wie man es in Deutschland findet).

Für die Landschaft der Toskana hat die städtisch geformte Halbpacht auch Auswirkungen auf ihr Aussehen, ihre Gestalt. Dies ist der Grund, warum Dörfer und einzelne Bauernhäuser architektonisch den Stadthäusern ähnlich sehen; so entsteht die kleinteilige Garten-Kultur in vielen Bereichen des Landes. Der Bauer bearbeitet sein Terrain so, als habe er die Freiheit des Eigentums am Boden. Eine intensive Eigenproduktion steht neben dem Anbau von Gemüse (für den städtischen Wochenmarkt), Weizen, Wein, Öl und der Zucht von Rindern und Schafen. Die Gegenden der Mezzadria unterscheiden sich im Aussehen deutlich von den Großgütern, etwa in Teilen des Sienesischen Gebietes.

Wer sich über die Fülle der Villen in diesen Bereichen wundert, erhält nun auch eine Erklärung dafür: es sind die Sommersitze der reichen Großbürger, denen das Land der Halbpächter rundherum gehört. Oft an der Stelle von feudalen Herrensitzen entstanden, oft ausgebaute Bauernhäuser, haben sie meist eine erhöhte Lage auf einem Hügel oder an einem Berghang. Für die Feudalherren war diese Position eine militärtechnische Notwendigkeit, für die Großbürger hat sie den Vorteil, keine Stechmücken zu haben, etwas frischen Wind während der Sommerhitze zu erhalten und – unter psychologischem Gesichtspunkt – nun den Ausblick auf die Landschaft genießen zu können, für deren Wahrnehmung sie sich seit dem 14. Jahrhundert sensibilisieren. Poesie (zum Beispiel von Dante), Prosa (zum Beispiel von Boccaccio, Petrarca, Alberti in den Libri della Famiglia) und eine immense Anzahl von Bildern beschreiben die Landschaft und das Leben auf dem Land.

1348 bricht das »tödliche Pestübel« (Boccaccio, Decamerone) auch über die Toskana herein. Das Ausmaß der Katastrophe drücken zwei Zahlen aus: von 12 Millionen Einwohnern sterben in Italien 7 Millionen – mehr als jeder zweite. Das entsetzliche Ereignis spiegelt sich in Kunst und Literatur wider, vor allem in den Malereien im Campo Santo (Friedhof) neben dem Dom von Pisa, wo eine ausgerittene Gesellschaft auf ein Massengrab von Bauern stößt. Hungersnot folgt. Ländereien werden verlassen. Land verkommt. Ernte-Ausfälle, weil es weniger Arbeitsfähige gibt.

Was sich schon vorher abzeichnete, steigert sich nach 1348: das wachsende Luxus-Bedürfnis der städtischen Großbürger. Offensichtlich verfallen sie als Produzenten von Luxuswaren für den europäischen Adel nun zunehmend dem Konsum ihrer eigenen Luxus-Produktionen. Dieses hat einen enormen Druck auf die Bauern zur Folge: sie müssen den städtischen Großgrundbesitzern einen Teil der Mittel für deren Luxus-Konsum liefern. Und dies bei erheblich gesunkener Produktivität. Dadurch verschärfen sich die sozialen Spannungen. Es kommt zu Bauernaufständen – im Bereich von

Florenz 1348 und 1362. (An vielen Stellen Europas gibt es ähnliche Verhältnisse und Bewegungen.) Sie laufen parallel zu der sich entwickelnden Klassenteilung in den Städten: einerseits in kleine Leute (popolo minuto), andererseits in fette Reiche (popolo grasso).

Die reichen Städter, die sich auf dem Land einkaufen, bringen die Bauern dazu, das Land so intensiv wie möglich zu nutzen. Die Landbesitzer selbst bewegen die Städte, durch künstliches Niedrighalten der Getreide-Preise (zugleich ein Zugeständnis an die arme Bevölkerung), den Getreideanbau zugunsten der Gartenkultur zu reduzieren.

Zugleich bewirkt dieser Druck, daß die Landwirtschaft sich ausdehnt: Stück für Stück wird Wald geschlagen, für den es einen großen Markt gibt – im Bau-Boom der Städte und beim Schiffsbau sowie zum Verfeuern; immense Mengen gehen an die Hersteller von Ziegeln, die ihre Brennöfen meist in der Stadt nahe den Toren haben (so einst in Florenz).

Die abgeholzten Flächen werden durch Abbrennen umgewandelt. Das alles geht unendlich langsam und überaus mühsam. Die ausgedehnten Terrassen-Kulturen sind Zeichen für den Mangel an Land sowie für den Versuch, den Boden durch intelligente Zurichtung produktiv auszunutzen. Zunächst zwingt die Erosion durch Wasser zu solchen Maßnahmen. Das von Terrassen gebremste Wasser schwemmt weniger Boden weg. Dann wird dieser Effekt positiv genutzt: um Hänge intensiver oder überhaupt bebauen zu können. Welche immense Handarbeit, Transport-Arbeit von Steinen, Geschicklichkeit im Aufbauen, ständige Reparaturen stecken hinter der Gestalt der Landschaft! Da Kalk unerschwinglich teuer ist, werden die Mauern – bis um 1960 – trocken gebaut (a secco). Das heißt: die Steine werden so geschichtet, daß sie sich selbst halten. Die toskanische Terrassen-Kultur ist schon seit dem 14. Jahrhundert ein Vorbild für viele andere Regionen. Die Kenntnisse haben sich bis in unsere Tage erhalten – mit den veränderten Möglichkeiten anderer Materialien und Maschinen.

Im Umgang mit der Natur werden jedoch auch große Schäden verursacht. Die Abholzung des Waldes führt dazu, daß der Boden das Wasser nicht mehr hält. Die Folge: viele kleine und große Überschwemmungen und Zerstörungen des Bodens, der nun oft »abschwimmt«. Erst im 14. Jahrhundert werden die ersten Vorschriften zur Lenkung des Wasser-Haushaltes erlassen.

Terrassen-Kultur in der Garfagnana

Ähnlich wie das steinreiche venezianische Großbürgertum im Hinterland der Terra ferma große Ländereien aufkauft, um sein Geld – nach dem Rückgang der Geschäfte im Ost-Handel – sicherer anzulegen, schichten auch Großbürger in den toskanischen Städten im 15. und vor allem im 16. Jahrhundert ihre Kapitalanlagen um. Zum Beispiel kaufen die Medici, die von Handwerksproduzenten zu Kaufleuten und dann zu Bankiers aufsteigen, eine große Anzahl von Landgütern auf. Lorenzo wendet sich nach großen Verlusten und Mißmanagement ausdrücklich vom risikoreichen Handels- und Bankgeschäft ab und seinen Landgütern zu, deren Ertrag »königlich« ist (Macchiavelli, 1491).

Die vielen Banken-Konkurse um die Mitte des 14. Jhs. und das Aufkommen der Konkurrenz in anderen Ländern, die den Textil-Handel schwierig machen, verstärken die Neigung des Großbürgertums, sich von der anstrengenden und risikoreichen Tätigkeit des Kaufmanns auf die bequeme und sicherer erscheinende des Großgrundbesitzers zu verlegen.

Rasch findet man dafür auch psychologische Rechtfertigungen: »Was müßte das für ein Mensch sein, der nicht an Landbau Vergnügen hätte? …Beim Kaufen gibt's Sorge, beim Transport Angst, beim Aufbewahren Gefahr, beim Verkaufen Unsicherheit, beim Leihen Argwohn… unendliche Kümmernisse und Seelenqualen. Der Landbesitz allein erweist sich über alles erkenntlich, dankbar, zuverlässig… Im Frühling gewährt er dir unzählige Freuden… Und wie freigebig findest du ihn dann im Sommer… ohne Gerüchte oder Nachrichten zu vernehmen oder irgend etwas von jenem wahnsinnigen Treiben, das innerhalb der Städte unter den Bürgern nie zur Ruhe kommt: Verdacht, Befürchtungen, üble Nachrede, Unrecht, Zank… du kannst auf dem Lande all dem Lärm, dem Gewühl, dem Aufruhr der Stadt, des Marktplatzes, des Rathauses entgehen« (Alberti, Libri della Famiglia). Um 1450 verfügen Florentiner Familien über rund 32 000 Besitzungen und 800 Villen.

Die Ankäufe werden im 16. Jahrhundert noch leichter: ein großer Teil der Landadligen geht bankrott, weil er einen Teil seiner Einnahmen verliert, denn der neue absolutistische Staat benötigt ihn nicht mehr beim Militär.

»Samstagmorgens ging der Bauer mit den Söhnen in den Wald, um Holz zu schlagen. Für den Kamin in der Küche, der die ganze Woche brennt. Denn in der Bauernwirtschaft muß immer etwas gekocht werden. Im Winter war die Küche die warme Stube. Mit Holz wurde montags das Backhäuschen auf dem Hof gefeuert. Die Bauern schlugen das Unterholz ab – das war ihr Recht. Und gut für die Bäume. Seit der größte Teil der Bauern das Land verlassen mußte, hörte die Pflege des Waldes auf. Heute sieht er ganz anders aus als früher: zugewuchert, verwildert.« (Pietro Carmignani)

Zudem hatte der Adel lange Zeit über seine Verhältnisse gelebt, das heißt mehr in die Repräsentation gesteckt als er erwirtschaften konnte. Vor allem zwischen 1560 und 1620 übernehmen die städtischen Reichen billig viele seiner Besitztümer. Sie tragen den merkantilen Charakter der Stadt auf das Land und üben Druck auf die Ausnutzung des Bodens aus, um höhere Renditen zu erhalten.

Sehen wir uns einen Augenblick an, welches Image der Bauer im Laufe der geschilderten Zeiten hatte. In der Kultur, in der der Feudaladel dominiert, um die Jahrtausendwende, verschwindet der Bauer nahezu völlig aus den Darstellungen der Literatur und Kunst. Religion und Militär beherrschen sie.

Als die Großbürger seit dem 13. Jahrhundert vom Land Besitz ergreifen, artikulieren ihre Literaten die Vorurteile der neuen Herren gegen die Bauern: in Satiren werden sie als schlau und verschlagen dargestellt – was die soziale Situation zwar negativ, aber wohl zutreffend darstellt: natürlich versucht jeder Bauer, seinem Padrone, der ihn mit einer 50prozentigen Abgabenpflicht auspreßt, so viel wie möglich auf listige Weise vorzuenthalten, vor allem durch Verbergen. Die Ehrbarkeit, die gefordert wird, ist einseitig: der Padrone stellt seine Ausbeutung als das Selbstverständliche, Gerechte und Legale hin.

Ein Toskaner wäre jedoch kein Toskaner, wenn er nicht die Doppelbödigkeit dieser Ansprüche, Vorurteile und Darstellungen durchschaute. In den Satiren, die von den nichtlohnabhängigen, selbstbewußten Bauern stammen, drückt sich das aus: im Protest gegen Elend und Unterdrückung. Er richtet sich gegen den Staat, ruft laut nach einem Bauernstaat.

1620 kommt es in ganz Europa zur Wirtschaftskatastrophe größten Ausmaßes. Konjunktur-Zusammenbruch. Finanz-Katastrophe. Verkäufe. Hungersnot. Das Volk gerät in Wut. Eine Serie von Aufständen. Weil es keine revolutionäre Führung hat, bleibt es auf der Strecke.

In der Krise sammeln sich die dominanten Klassen um die Monarchien. Nun erhält die Feudalisierung weiteren Auftrieb.

Viele Bauern-Familien flüchten in die Städte, vor allem nach Florenz, wo sie vergeblich Arbeitsmöglichkeiten vermuten und wo die Armenfürsorge besser entwickelt ist, vor allem durch die Klöster. Dadurch verarmen die Städte. Folge: die Reichen verlieren oft das Interesse an ihnen. Sie bleiben auf dem Land, wandeln ihre Stadtpaläste zu Mietskasernen um, in die eine Fülle armer Leute einziehen.(Ein Zustand, den man teilweise noch heute in historischen Zentren sehen kann. Seit einigen Jahren werden die Leute wieder herausgedrängt zugunsten schicker Stadtwohnungen für Vermögende.)

Auf dem Land kommt die Lohnzahlung in Naturalien wieder auf – ein neues Mittelalter ist angebrochen. Die Campagna entvölkert sich erneut. Ganze Dörfer werden verlassen. Die Großgrundbesitzer, die keinen kaufkräftigen Absatzmarkt in den ebenfalls heruntergekommenen Städten haben, verlieren das Interesse an den Garten-Kulturen und führen den Getreide-Anbau wieder ein, auch aufgrund der Getreide-Spekulationen in den Hungersnöten. Sie breiten die Schafzucht aus. Wolle wird zum Export-Artikel für die frühen Textil-Fabriken im Norden Europas.

Die Römer haben sehr früh die Techniken der Trockenlegung von Sümp-

Amigo Aspertini: Deichbau am Serchio (S. Frediano in Lucca; 1509). Rechts: Bauern reinigen die Wassergräben im oberen Tiber-Tal.

fen entwickelt. Anders kann man sich kaum erklären, warum sie ihre Kolonie-Städte wie Lucca und Florenz an den zwar strategisch wichtigen, aber auch gesundheitlich gefährdeten Punkten der Flußübergänge anlegen – im Gegensatz zu den Etruskern, die sich auf die Hügel zurückzogen.

Das System der Wasser-Regulierung verfällt mit dem Zusammenbruch des Reiches. Lange Zeit gibt es lediglich Einzelmaßnahmen. So organisiert in Lucca der Bischof Fredianus die Eindeichung des gefährlichen Serchio – eine offensichtlich so gewaltige Tat, daß er dadurch in den Ruf eines Heiligen gerät und zur Ehre des Altares in der riesigen Kirche San Frediano kommt.

Dämme in Florenz und Pisa. Die erste wirksame Organisation entsteht in der Gegend von Pisa: die Genossenschaft (consorzio) der Flüsse und Gräben. Sie existiert heute noch. 1525 versucht ein Unternehmen des Kardinal Ippolito Medici mit dem Papst Klemens VII als Teilhaber die Trockenlegung vor Foiano della Chiena durchzuführen.

Der Versuch der Großherzöge, das Valdichiana südlich von Arezzo und den Küstenstrich der Maremma vor Grosseto für eine Landwirtschaft mit Großgütern zu erschließen (seit 1551), bleibt stecken. Zwar gelingt die wichtige Kanalisierung des Flusses Chiana (Canale di Mezzo), aber das Projekt bricht aus Mangel an Kapital beziehungsweise an Staatsfinanzen zusammen. Erst im 20. Jahrhundert werden die Trockenlegungen vollendet (Maremma, Versilia, Valdichiana, Valdinievole und um Fucecchio). Das Land wird als Kleineigentum ausgegeben – einerseits um den Willen zur Landreform zu demonstrieren (anstelle durchgreifender Tatsachen), andererseits aus Angst vor Sozialisten und Kommunisten, die ihre Anhänger auch auf dem Land in Massen sammeln.

Im 19. Jahrhundert veranlaßt das Elend Zehntausende dazu, jährlich zur Ernte in die malariaverseuchte Maremma zu gehen. Viele fliehen in die »Hoffnung Amerika« (Argentinien, Uruguay, USA). Um 1905 setzt die Emigration in die Schweiz und nach Deutschland ein.

Nach 1870 verfliegen Rausch und Illusion der Einigung der Nation rasch: die Regierung bedrängt die Bauern durch Steuern auf jeden Baum und auf das Getreide der Mühlen (bis 1880). Durch die beginnende Industrialisierung und den vom Wirtschaftsimperialismus gezielt herbeigeführten Importdruck verarmen die Bauern: es kommt zu lokalen Aufständen wie zum Beispiel in Castelfranco di Sopra, wo das Rathaus besetzt und die Steuerakten verbrannt werden. Die Einkommen fallen: eine große Familie (meist zwischen 15 und 25 Mitglieder) hat jährlich nur noch 200 Lire, eine Landarbeiter-Familie noch weniger.

Vor allem die Landarbeiter auf den Gütern, besonders in den schlecht verwalteten Kirchengütern, und die in der Stadt wohnenden Landarbeiter, die nur zur Saison beschäftigt sind (5 Lire am Tag und Essen – der Pfarrer predigt gegen die Völlerei), schließen sich schon früh der sozialistischen Bewegung an und gehen – von der antifaschistischen Widerstandsbewegung (Resistenza) tief beeinflußt – nach 1945 zu den Kommunisten. Auch Pächter und viele Kleineigentümer. Sie erzwingen nach 1950 in großen Kämpfen mit vielen Demonstrationen und Streiks, organisiert in der Gewerkschaft, nicht nur wichtige Verbesserungen ihrer Bedingungen, sondern auch die ratenweise Abschaffung der Halbpacht (mezzadria) zugunsten der Pacht, Vorkaufsrecht und staatlich kontrollierte Preise beim Bodenerwerb (die großen Landbesitzer unterlaufen sie oft – mithilfe des Verkaufs an Ausländer).

Innerhalb von weniger als einer Generation verändern sich jedoch die Verhältnisse total. Die Wirtschaftskonjunktur der hektischen Industrialisierung des bis dahin kaum industrialisierten Ober- und Mittelitalien zieht die Masse der Landarbeiter und Mezzadria-Bauern in die Städte, wo die raschere Entwicklung der Produktivkräfte eine weniger beschwerliche Arbeit und höheres Konsum-Niveau verspricht. Meist bleiben nur Bauern mit renditefähigem Eigentum auf dem Land.

In den kleinen Städten, etwa des sienesischen und des florentinischen Chianti, sieht man eine ähnlich tiefgreifende Umwandlung der Verhältnisse. Früher waren sie mit ihrem handwerklichen Kleinbürgertum und einer Schicht von armen Landarbeitern auf die Campagna ausgerichtet. Nun wandern die Bewohner entweder ab oder werden Fabrikarbeiter in den Industrien, die in der Hochkonjunktur aus den großen Städten in die mittleren und kleineren gehen, oft mit Zweigbetrieben. Aus dem Land als einer Art Kolonie der Stadt wird nun das Land als städtische Peripherie, als sich auswachsende Stadt, vor allem im Umkreis von Florenz, am deutlichsten sichtbar in San Casciano in Val di Pesa und in Impruneta.

Auf der Grundlage der Mobilität von Menschen und Waren mit Hilfe der neuen Verkehrsmittel wird das Land, sofern es nicht zu weit entfernt liegt und dann entvölkert wird, eine Überlaufzone der Kernstädte – mit allen ihren Charakteristiken, die man vor allem in der Ebene vor Florenz sieht: mit spekulativer, fast unkontrollierter wildwuchernder Boden-Nutzung, monofunktional, unkomplex, hektisch hochgetrieben – mit völlig mangelhaften Infrastrukturen und ohne Anknüpfen an die Identifikations-, Erlebnis- und Kommunikationswerte, die es trotz der Armut in der älteren Struktur des Landes gab. Die weltweite »Verödung des Lebens« hat auch die Toskana nicht ausgespart.

Nach dem Auszug der Gastarbeiter um 1953, die 20 Jahre später nahezu vollständig wieder zurückkehren, setzt die Entwicklung der Produktivität in der Landwirtschaft ein – mit großen Folgen für das Erscheinungsbild der Landschaften. Der Ausnutzungsgrad des Bodens wird durch Kunstdünger und Pflanzenschutzmittel vervierfacht. Der Boden und seine Produkte verschlechtern sich jedoch erheblich – dagegen protestiert nun die ökologische Bewegung. Die Arbeit wird weitgehend auf Maschinen verlagert – ein Grund dafür, warum so viele abwandern können beziehungsweise müssen.

Einst produzierten die Bauern alles selbst; ihr Haus war eine vielfältige Werkstatt (Subsistenzwirtschaft). Das verschwindet nun weitgehend. Spezialisierung; teilweise industrielle Methoden (Tierhaltung). Nur noch Bauern mit eigenen großen Äckern sind in der Lage, die hohe Produktivität zu erbringen, die der Landwirtschaft angesichts der industriellen Produktivität und der auf niedrigen Preisen gehaltenen Einfuhr aus Ländern der Dritten Welt abgezwungen wird – ein Imperialismus in Übersee und im Land.

In der »Europäischen Gemeinschaft« dürfen nur die Betriebe bestehen bleiben, die bestimmte EG-Normen erfüllen. Folge: Konzentration auf die wenigen besonders ertragsfähigen Flächen; von den 30 Millionen Hektar Agrarfläche im Bergland verfallen 11 Millionen. In der durchschnittlichen Betriebsgröße steht Italien an letzter Stelle Europas. Von seinen 3,6 Millionen Bauern hat ein Drittel weniger als einen halben Hektar Boden, 1,5 Mil-

Brände vernichten jedes Jahr mehr als Wald wiederaufgeforstet wird.

lionen 1 bis 5 Hektar und nur 870000 haben mehr. Letztere besitzen 80 Prozent der Gesamtertragsfläche Italiens. Mehr als zwei Personen trägt ein Hof selten. Selbst der Großgrundbesitz ist nicht leicht in der Lage, Rendite zu erwirtschaften. Der Graf Emanuele im Schloß Barbolana bei Anghiari beispielsweise hat heute weitgehend den Tageslauf und die Arbeit eines Bauern. Die ganz kleinen Bauern müssen aufgeben. Die letzten dieser Felder werden heute von alten Leuten bewirtschaftet, die ohne ihre Rente nicht vom Ertrag des Bodens leben könnten. Andere Felder werden wie Gärten nach dem Fabrik-Feierabend bestellt. Von 1930 bis 1980 fällt der Anteil der in der Landwirtschaft Tätigen von 42 auf 18 Prozent (Gesamtitalien: 11 Prozent).

Die Umstrukturierung der Landwirtschaft hat den Menschen fast immer einen höheren Lebensstandard gebracht – zumindestens unter den Gesichtspunkten des Realeinkommens, des Autos, der bequemen Konsumfähigkeit, aber für das Land, das nicht bequem bewirtschaftet werden kann, ist eine Katastrophe hereingebrochen: ganze Landstriche verfallen. Es steht hoffnungslos um die berühmte Terrassen-Kultur der Toskana.

Mit amerikanischen Bulldozern wird sie planiert: die geballte Wucht der Erdbewegungstechnologie schlägt als verselbständigter Apparat zu – auch wenn für den Trecker des Bauern nur ein Teil der teuren Planierung notwendig ist und sich die Natur durch Probleme der Wasserhaltung, Boden-Abschwemmung, Verminderung der Tierwelt und vieles mehr rächt. Im Gebirge verfällt eine Fülle von Dörfern. Die unbewirtschafteten Felder werden vom Wasser ausgeschwemmt. Erdrutsche. Überschwemmungen in der Ebene. Der Wald dringt vor – wie in der Spätantike.

Während das Gebirge weithin menschenleer geworden ist, breiten sich unten in den Ebenen die Industrie-Bereiche auf weiten Bodenflächen aus. Die Städte und selbst kleine Orte wuchern. Das kleine Porcari bei Lucca hat 10000 Einwohner und 40000 Arbeitsplätze. In den Bergen aber ist nur an wenigen Stellen eine vernünftig geplante Industrie entstanden.

Die Folgekosten für die Wiederherstellung der Ökologie in den Bergen sind hoch. Zu den entwickeltsten Projekten zählt die Arbeit der Comunità

Vorbildliche Wiederaufforstung im Oberen Tiber-Tal.

Montana des oberen Tibertales (um Sansepolcro), die der Ausschwemmung des Bodens und dem Erdrutsch durch Terrassierungen Einhalt zu gebieten sowie die Landschaft für die Freizeit zu erschließen sucht. Sie wendet sanfte Technologie an: minimale Eingriffe und Materialien der Natur.

Die Industrie und ihre Konsum-Kultur zerstörten in den letzten 20 Jahren eine jahrtausendealte Bauern-Kultur. Ihre Geschichte, die immer nur gelebt, aber nicht aufgezeichnet wurde, ist bis heute nicht geschrieben. Eine immense Arbeit, ihre letzten Quellen wie mündliche Erzählungen, Gegenstände und Bilder zu sammeln, leistete ein Forscherteam um Prof. Dr. Vittorio Dini im Bereich von Sestino (oberes Tibertal; Material in der Biblioteca Comunale). Man kann eine solche Arbeit auch in dem interessanten Museum von Garavelle bei Città di Castello (schon in Umbrien) sehen.

Inzwischen gibt es ein toskanisches Sprichwort: »Ist die Kuh vom Hof gelaufen, wird ihn bald ein Deutscher kaufen.«

Norbert Elias: »Die Entwicklung des menschlichen Bildes von dem, was wir als ›Natur‹ erleben, ist eine Seite der Gesamtentwicklung der menschlichen Gesellschaft. Die große Masse der mittelalterlichen Krieger und Seigneurs lebte noch ohne große Distanzierung inmitten der Felder, der Höfe und Dörfer, der Flüsse, Berge und Wälder. Alles das gehörte zu ihrem alltäglichen Lebensraum. Sie erlebten es noch nicht aus einer mehr oder weniger großen Distanzierung als ›Natur‹, als ›Landschaft‹ sich gegenüber. Erst im Zuge der Verhofung und Urbanisierung wurden Felder und Dörfer, Wiesen und Berge zu einem Gegenbild, das man aus der Distanz sah.«
Ambrogio Lorenzetti in Siena (1338) sieht den Zustand des Landes in direkter Verbindung mit der Tätigkeit der Bauern und Bürger und dem Handeln der Regierenden (Matthias Eberle).

Geschichte der Arbeit in den Städten

Die toskanischen Städte sind nicht vom Himmel gefallen oder von genialer Architektenhand entworfen, sondern das sichtbare Ergebnis eines jahrhundertelangen gesellschaftlichen Prozesses, in dem die Geschichte der Arbeit eine wichtige Dimension darstellt.

Das Handwerk, das man überall auch heute noch sieht, hat eine Tradition, die den meisten Handwerkern in groben Zügen bewußt ist. In etruskischer Zeit entwickelt sich eine Schicht von hochqualifizierten Handwerkern, die im römischen Reich weiterbesteht. Man darf annehmen, daß sie sich, in geringerem Umfang, über die Katastrophen des Zusammenbruchs des römischen Imperiums hinweggerettet hat und das Fundament für die Entwicklung der mittelalterlichen Städte bildet. Ob man durch das große Lucca und Cortona oder das kleine Monte San Savino und Barga geht, die Straßen erhielten ihr besonderes Gesicht durch die Lebendigkeit und Gemeinsamkeit vieler Handwerker-Häuser. In welchem Zusammenhang von Stadt und Land sich das städtische Handwerk entfaltete und im 13. und 14. Jahrhundert zu einer Vergrößerung der Städte, oft um das Doppelte, führte, wurde im vorhergehenden Kapital verdeutlicht.

Den wichtigsten Anteil hat die komplizierte Leinen-Weberei mit ihren fast 30 Arbeitsschritten, die ein Spektrum an Handwerken schuf (1255 in Lucca: 86 Färber). In einigen toskanischen Städten wie vor allem Lucca, Florenz und Prato wird sie in einer großen Anzahl von Familien-Betrieben so ausgezeichnet organisiert, daß sie lange Zeit – nach Flandern – den höchsten Stand der alten Welt hat. Auch im Umland der Städte gibt es umfangreiches Textil-Handwerk. Als der europäische Hochadel seinen Luxus steigert, verbreitet sich um 1300 die Seidenweberei.

Kaufleute, die als Verleger die Waren aufkaufen, sind ausgezeichnete Organisatoren des Exports: erst auf den zeitlich begrenzten Messen (Jahrmärkten), seit dem 13. Jahrhundert in festen Filialen und Handelsniederlassungen in reichen Ländern (Brügge, 18 Filialen in Paris). Diese Kaufleute vertreiben dort meist auch die Waren ihrer Kollegen der eigenen Stadt.

Wer heute durch die Straßen von Lucca, Prato und Florenz geht, kann sich kaum mehr vorstellen, daß einst in einer immensen Zahl der steinernen hohen Häuser Textil-Betriebe tätig waren.

Wie es in den hohen Räumen des Erdgeschosses zuging, kann man heute noch an einer Stelle sehen: wenn man die Werkstatt der »Tela Umbra« am Hauptplatz von Città di Castello besucht. Dort werden an 16 Handwebstühlen mittelalterliche Muster produziert.

 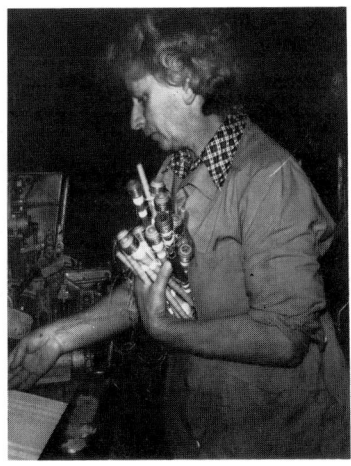

Links: In Città di Castello arbeitet eine der letzten mittelalterlichen Werkstätten (»Bottega«) an historischen Webstühlen. In Anghiari werden Tuche in der »Mechanischen Weberei Busatti« hergestellt.

Die innerbetriebliche Organisation hat dieselbe Struktur, die wir heute noch in vielen Familien-Betrieben des Handwerks beobachten können. An den Webstühlen arbeiten meist Frauen. Ihre Arbeit ist hochqualifiziert. Das Familien-Netz der Sippe verfügt über ein völlig anderes Wirtschaftsdenken als wir es von Fabriken unserer Zeit kennen. Seine Rentabilität besteht darin, daß es sich flexibel auf Absatz-Schwankungen einstellen kann: es gibt immer zusätzliche Hilfskräfte, die andererseits bei Absatzmangel keine Kosten verursachen; außerdem wird keine »mechanische« Lohnsumme für jeden eingesetzt; sondern es gibt ein nach der Auftragslage schwankendes Familien-Einkommen, an dem sich der einzelne je nach Rang in der Familie und Bedürfnissen bedient; das Familien-Netz ist zuverlässig verfügbar und risikoarm kalkulierbar – mit vielen Vor- und Nachteilen.

Sehr früh sprechen sich die toskanischen Handwerker-Familien innerhalb ihrer Produktionszweige ab – offensichtlich nach dem Vorbild der reisenden Kaufleute, die sich in Schwurbrüderschaften gegenseitiger Hilfe versichern. Triebfeder dieser Absprachen ist wohl das Schutz-Bedürfnis gegenüber den für uns unvorstellbar hohen Risiken der Zeiten (vergleiche auch den Gebrauch von Magie und Religion). Diese Absprachen institutionalisieren sich: im 12. Jahrhundert zu Zünften mit Zunft-Statuten.

Die Zünfte sorgen dafür, daß keine ruinöse Konkurrenz, sondern ein ausbalanciertes Branchen-System entsteht: sie begrenzen die Betriebsgröße, regeln die Zulassung, verbieten Zusammenlegungen sowie horizontale und vertikale Konzentration (jeder Meister darf nur in einem Gewerbe arbeiten), verhindern also die Übernahme von Produktionsbetrieben durch den Handel. Die Zünfte sorgen dafür, daß die produzierten Waren eine hohe und gleichbleibende Qualität haben, um die Absatzchancen langfristig zu sichern. Außerdem versuchen sie auf politischem Wege zu verhindern, daß sich das Handwerk aufs Land ausbreitet.

Die Handlungs- und Bewußtseinsform der Zunft ist komplex: sie greift tief in das gesamte Leben ein – organisiert Feste nicht nur zur Geselligkeit,

Die Florentiner Zünfte ließen am Stadt-Turm (Campanile) ihre Tätigkeiten und ihre Weltsicht darstellen. Hier der Umgang mit Metall in einer Schmiede-Werkstatt (Andrea Pisano, um 1340). Rechts: Der Restaurator Del Sere arbeitet wie seit Jahrhunderten.

sondern auch als Ausdruck der Notwendigkeit, zusammenzuhalten; sie bildet ein soziales Netz, in dem ihre Mitglieder in extremen wirtschaftlichen Schwierigkeiten (Bankrott), bei Arbeitsunfähigkeit, Krankheit und Tod von Angehörigen aufgefangen werden. Zu diesem Zweck richtet die Zunft Unterstützungsmaßnahmen ein. Kooperativ wird hier geleistet, was viel später als Versorgung organisiert wird.

Die Mitglieder bilden sogar religiöse Gemeinschaften, die gemeinsam den Segen für die irdische und nachirdische Existenz erflehen. Weiterhin entwickeln die Zünfte mit Hilfe von Bruderschaften der Barmherzigkeit, nach Vorbildern von Orden, ein hochentwickeltes Krankenhauswesen.

In einer hierarchischen Gesellschaft von Landesherr, Feudaladel und abhängigen Bauern erkämpfen sich die Zusammenschlüsse von untereinander gleichberechtigten Kaufleuten, dann von Handwerkern seit dem 10. Jahrhundert Schritt für Schritt Freiheiten, die zu völlig anderen Produktionsweisen, Verhalten und Bewußtseinsformen führen. Gegen das hierarchische System des Feudaladels wird ein städtisches System der Gleichheit von selbständigen Individuen entwickelt – noch nicht für die gesamte Gesellschaft, aber immerhin für die wichtigsten breiten Berufsgruppen. In der Vielfältigkeit des Geschehens bildet das Zunftwesen eine der wichtigsten Synthesen der Geschichte: einerseits treibt es die Entwicklung der Selbständigkeit der einzelnen Produzenten voran, andererseits verhindert es, daß sich deren Egoismen untereinander auffressen.

Wie konsequent sich die Zünfte schließlich politisieren und ihre eigene politische Form als Verwaltung der Stadt durchsetzen, als bürgerlichen Staat gegenüber dem feudalen, als David gegen Goliath, wird das folgende Kapitel darstellen.

Die Zünfte nennen sich in der Toskana »Künste« (arti). Das Wort zeigt, daß man lange Zeit zwischen Handwerk und Kunst keinen Unterschied macht. Je nach der Qualifikation ihrer Arbeit und dem erzielten Einkommen haben die Zünfte unterschiedliches Ansehen. In Florenz gibt es 14 untere Zünfte (arti minori): Panzer- und Waffenschmiede, Schlosser, Leder-

und Fellhändler, Tischler, Schmiede, Steinmetze und Zimmerleute, Bäcker, Schlachter, Weinhändler, Ölhändler, Wirte. Zu den sieben gehobenen Gilden (arti maggiori) gehören die Woll-Kaufleute, die Richter/Notare, die Geldwechsler (Bankiers), die Woll-Produzenten, die Seiden-Hersteller, die Ärzte/Apotheker, die Fellgerber/Kürschner. Die Aufzählung gibt ein grobes Bild der wichtigsten Wirtschaftsbereiche. Hinzu kommen weitere, die entweder nur von wenigen Leuten ausgeübt werden oder kein Prestige haben und als unehrenhaft gelten.

Die Entfaltung der Produktivität in den toskanischen Städten ist nicht leicht faßbar. Neben der uralten Handwerkstradition geht sie auf ein Bündel von Motiven in besonderer Konstellation zurück: die einzelnen sind im Austausch untereinander sehr beweglich; auf Straße und Platz entwickeln sie ihre Kompromiß-Fähigkeit »all'italiana«, mit der sie sich Freiheiten und Wege erkämpfen, ohne ihre Ziele zu verlieren. Tatsächlich werden hier alle wirtschaftlichen und gesellschaftlichen Kämpfe weicher, flexibler, oft auf Umwegen und vielschichtiger ausgetragen – das spart Kraft und Frustration, bezieht andere mit ein und fordert zu großer Geschicklichkeit heraus.

Man kann vor allem vermuten, daß eine vielschichtige Wechselbeziehung zwischen Produktivität und politischer Verfassung besteht. Die Demokratie, später von absolutistisch orientierten Geschichtsschreibern als Chaos denunziert, ist nicht nur eine politische Herausforderung, sondern ebenso eine wirtschaftliche: sie provoziert auch die Regsamkeit der Produzenten. Die Frucht: der höchste Lebensstandard der alten Welt. Alle Schichten leben vergleichsweise »besser« als in anderen Ländern, auch die Armen; das Krankenhaus- und Armenwesen ist hier am weitesten entwickelt.

Aus dem großen Waren-Verkehr, der die Stadt-Tore passiert, wird unmittelbar hinter ihnen auf kleinen Plätzen die Waren-Steuer kassiert, aus der weitgehend die städtischen Haushalte finanziert werden. Die Zünfte dirigieren politisch die Ausgaben und bezahlen damit die wichtigsten gemeinsamen städtebaulichen, architektonischen und andere künstlerische Leistungen.

Hinzu kommt, daß ein Teil des Reichtums der Zunft-Mitglieder in der Zunft zusammenfließt, um von dort aus für ähnliche kulturelle Leistungen ausgegeben zu werden.

Im 14. und besonders im 15. Jahrhundert lösen sich die Reichsten aus diesem Zusammenhang: an die Stelle der Zunft tritt die einzelne reiche Familie, die ihr Prestige vor allem in Palästen und Grabkapellen ausdrückt.

In mehreren Hochkonjunkturen reicht der Arbeitskräfte-Bedarf für das Wachstum nicht aus. Daher brechen die Städte die Bauern aus ihrer Abhängigkeit von ihren Feudalherren heraus, um sie besser zur Abwanderung bewegen zu können. Ein großer Teil dieser Zuwanderer integriert sich rasch in die Handwerks-Produktion – offensichtlich weil die Zunftschranken in der Toskana relativ flexibel gehandhabt werden. Diese Emporkömmlinge spielen im 14. Jahrhundert politisch eine große Rolle. Eifersüchtig werden sie beobachtet und oft »Läuse in neuem Kleid« (pidocchio rifatto) genannt.

Ein anderer Teil der Zuwanderer bildet eine neue Schicht von lohnabhängigen Bediensteten und Arbeitern für die normalen Werkstätten (rund 12 Beschäftigte), vor allem in einigen Betrieben, die als frühe Manufakturen (rund 40 Arbeiter) außerhalb der Zünfte entstehen können, weil sie neue, nicht zunftunterworfene Produktionszweige sind. Ihre Zahl ist nachweis-

bar erheblich überschätzt worden. Es entstanden in Florenz niemals Großbetriebe.

Die wirtschaftlich führende Stellung von Florenz drückt sich darin aus,
daß seine Währung als die härteste angesehen wird: der Florin wird Leit-
währung. Wo der Waren-Austausch einen großen Umfang annimmt, wo
die Bedürfnisse sehr differenziert werden, wo die Orte der Waren-Produk-
tion weit voneinander entfernt liegen und wo die Produktion verschiedene
Teil-Aufgaben mit Spezialkenntnissen erfordert, gewinnt das Geld als
Tauschmittel immer größere Bedeutung. Seit der Mitte des 12. Jahrhunderts
verbreitet es sich auch in Form des bargeldlosen Zahlungsverkehrs mithilfe
des Kreditbriefes – zuerst in Genua, dann in Pisa, Venedig und Florenz.

Überall wo Geld aufgehäuft wird, kommen einige Besitzer auf die Idee,
ihren Reichtum nicht mehr nur durch Produktion und Handel zu mehren,
sondern durch das Verleihen von Geld gegen Zinsen (ähnlich arabischen
Ölscheichs, die inzwischen mehr durch Geldanlage als durch Öl-Export
verdienen). Um 1200 sind 60 Florentiner Familien auch Bankiers, darunter
die Bardi, Peruzzi, Strozzi, Pitti, Ruccellai, Albizzi und Ridolfi. 1308 legen
die Bardi die noch heute verbindlichen Begriffe des Geldverkehrs fest: Giro,
Inkasso, Saldo, Valuta, Debet, Konto, Diskont, Kasse und andere.

Ein Teil des Bank-Geschäftes gerät in die Krise, als König Eduard II. von
England sich weigert, die immensen Kredite der Bardi und Peruzzi von
450 000 Pfund für den 100jährigen Krieg gegen Frankreich anzuerkennen –
so verlieren neben den Engländern auch die Kriegsspekulanten den Krieg.
Die beiden Bank-Häuser gehen bankrott – mit vielen Folgen für die Stadt.
Im 15. Jahrhundert zerstören die Türken einen Teil des Osthandels und ein
Konzentrationsprozeß führt dazu, daß in Florenz um 1460 die Zahl der Ban-
ken auf 32, um 1490 auf ein halbes Dutzend sinkt.

Der große Einschnitt ist der putschartige Beginn der Fürsten-Herrschaft
im Jahre 1512. Das neue politische System verspricht »endlich« »Ruhe und
Ordnung« für die Wirtschaft. Es läßt das Wirtschaftssystem der Zünfte
bestehen. Dennoch sinkt die Produktivität rasch ab. Worin liegen die
Gründe dafür? Die Oberschicht zieht sich aus Produktion und Handel
zurück, lebt lieber bequem von Pacht und Mieten und genießt am Fürsten-
Hof und auf Land-Villen ihren Reichtum. Dadurch werden der städtischen
Produktivität immense Investitionsmittel entzogen. Die Regsamkeit der
verbleibenden Produzenten wird nicht mehr von der spannungsreich her-
ausfordernden Stadtdemokratie stimuliert: sie verfällt. Allein die Tuch-Her-
stellung schrumpft von 1560 bis 1616 auf ein Sechstel und die Zahl der
Tuch-Läden auf die Hälfte. Drittens: Ein Weltkrieg von 1618 bis 1648 bindet
Investitionen in der Rüstung und unterbricht den Handel. Folgen: 1621
Hungersnot, Anstieg der Getreide-Preise, 1630 Pest.

Weil der städtische Absatzmarkt verfällt und die Landbevölkerung von
der neuen Feudalität mehr als zuvor ausgenommen wird, verarmt sie, wird
teilweise erneut, wie im Mittelalter, in Naturalien bezahlt. Folge: auch der
städtische Absatzmarkt auf dem Land schrumpft.

Durch die Verlagerung der unternehmerischen Interessen von Produktion und Handel in den bequemen Landbesitz hat die Toskana auch keinen
Anteil mehr an den Überprofiten aus der kolonialen Ausplünderung der
neuentdeckten Erdteile (wie Antwerpen, Amsterdam, London und andere)
– obwohl Italiener als »Pioniere« eine große Rolle spielten (Cristoforo
Colombo aus Genua, Amerigo Vespucci aus Florenz).

Als Gegenmittel versucht der Fürsten-Staat seit 1550, die Rahmen-Bedin-
gungen der Wirtschaft zu verbessern: durch Aufhebung von Monopolen

einzelner Städte, Förderung des Abbaues sowie des Anbaues von Rohstoffen (Maulbeerbäume), Verbesserung von Transport-Wegen (Straßen, Kanäle, Hafen Livorno) und die Anlage von Bewässerungsnetzen. Diese merkantilistische Wirtschaftspolitik scheitert jedoch rasch an den knapper werdenden Staatsfinanzen und vor allem an der Bequemlichkeit der feudal gewordenen Führungsschicht.

Die Industrialisierung erreicht die Toskana sehr langsam und nur in wenigen Bereichen. Nach 1840 entstehen Ketten von Papier-Fabriken in einigen holz- und wasserreichen Tälern des Appennin, vor allem am Serchio und an der Pescia, die sich nach 1945 ins Flachland zwischen Montecatini und Lucca verlagern. Aus einer alten Tradition entwickeln sich am sandreichen Arno-Ufer die Glas-Fabriken von Empoli und Pisa. Quecksilber-Bergwerke am Monte Amiata, 1860 modernisiert. Frühe Eisen-Produktion gibt es im Appennin vor dem Abetone-Paß und bei Sambuca Pistoiese. Braunkohlen-Lager regen am oberen Arno um S. Giovanni Valdarno seit 1870 die Entstehung der Eisen-Industrie mit großen Stahlwerken an. Die Erz- und Mineral-Lager auf Elba und den Colline Metallifere, schon in etruskischer Zeit genutzt, führen am Ende des letzten Jahrhunderts zur Entwicklung der Eisen-Industrie an der Küste von Piombino.

Seit 1953 entwickelt sich in Italien, gesteuert durch den Zufluß immenser US-Kapitalien, der wohl rascheste Industrialisierungsprozeß, den je ein Land durchmachte. Heute gelten der Norden und die Mitte Italiens als eines der am höchsten entwickelten Industrie-Länder der Welt. Aus Handwerken entwickeln sich Industrie-Zweige: Um Montecatini herum die Schuh-Industrie, um Pistoia die Konfekt-Industrie; die Papier- und Kartonagen-Industrie breitet sich in der Ebene zwischen Lucca und Montecatini aus und findet gute Abnehmer in der Schuh-Industrie; eisenverarbeitende Industrie entsteht um Massa, Livorno (Werften, Chemie), Pontedera (Motorroller), Pistoia, Florenz und Arezzo. Die Chemische Industrie hat ihre Schwerpunkte um Livorno, um Rosignano Marittimo (belgische Solvay-Werke, mit großer Umwelt-Vergiftung) und um Siena (Arzneimittel). Aus dem Textil-Handwerk des Mittelalters entsteht die außerordentlich wichtige Textil-

Industrie im englischen Maßstab: Papier-Fabrik (19. Jh.) bei Villa Basilica (Provinz Lucca).

Industrie um Prato: rund 15000 Kleinbetriebe. Ihre Reißwoll-Verarbeitung (Altkleider-Recycling) ist mit jährlich über 2 Milliarden DM Umsatz die größte der Welt.

1980 arbeiten in der Industrie 42,5 Prozent, in Dienstleistungen 38,5 Prozent, in der Landwirtschaft 18 Prozent der beschäftigten Toskaner. Die Toskana unterscheidet sich erheblich von Turin sowie von Süditalien. Es gibt nur wenige große Betriebe. Die Struktur der Wirtschaft wird weitgehend vom Handwerk, der Heimarbeit sowie kleinen und mittleren Betrieben bestimmt.

Man liest heute, daß diese Industrien ständig in der Krise sind, ähnlich wie der Staat. Was wirklich geschieht, ist schwieriger durchschaubar, komplexer und vielschichtiger als die Wirtschaftsprozesse in anderen europäischen Ländern. Als Fremde haben wir Schwierigkeiten, es nicht in unserem Kontext, sondern im italienischen und innerhalb seiner Bewußtseinsformen zu verstehen. Wobei der toskanische Kontext eine besondere Variante darstellt. Es zeigt sich auch rasch, daß es sich nicht einfach um anachronistische Zustände handelt, wie oft behauptet wird. Ein Teil der Betriebe ist in weltweite Struktur-Krisen geraten.

Viele drohen bankrott zu gehen, weil Besitzer von ihren Export-Kunden bis zu 40 Prozent der Rechnungssummen auf private Auslandskonten, meist in die Schweiz, überweisen lassen und im eigenen Land über Unwirtschaftlichkeit lamentieren. Viele Unternehmer verstehen es zudem, sich raffiniert Staatszuschüsse zur Deckung dieser Defizite zu verschaffen. Oder sich vom Staat Überbrückungs-Löhne für ihre Arbeiter zu holen – nach dem typisch italienischen System der Cassa d'integrazione, das ein bankrottgefährdetes Unternehmen nicht einfach der freien Marktwirtschaft ausliefert, sondern nach dem durchaus selbstbewußten Motto handelt: Kommt Zeit, fällt uns auch etwas ein.

Arbeiter beteiligen sich auf ihre Weise oft daran, die Betriebe zu erhalten: sie besetzen sie und zwingen den Staat, aufzuschieben, zuzuschießen oder die Fabriken innerhalb einer staatlichen Gesellschaft weiterzuführen. Daß dies oft Erfolg hat, zeigt einerseits die tatsächliche Stärke der Betriebe, andererseits die Stärke der sozialen Bewegung.

Als der Lebensmittel-Multi Buitoni-Perugina die 300köpfige Verwaltung aus seinem Teilsitz Sansepolcro (16000 Einwohner) zum anderen Teilsitz Perugia abziehen will, besetzen die Arbeiter die Fabrik. Der Stadtrat errichtet eine offene Halle vor dem Fabrik-Tor und tagt dort ständig. Die Kaufleute des Ortes solidarisieren sich. Verhandlungen: Konzern, Gewerkschaft, Bürgermeister, Regional-Präsident. Die Zulieferer-Kooperative von 750 Bauern der Umgebung, die den Abzug des Multis fürchten, kämpft darum, 65 Prozent des Kapitals des Konzerns zu kaufen, der in finanziellen Schwierigkeiten steckt. Ihr Ziel: langfristige Sicherung der Wirtschaft ihrer Gegend. Die Strategie dieser sozialen Bewegung ist variabel, bereit zu kämpfen, selbstbewußt und perspektivisch.

Der Staat reagiert auf Bankrotte und Wirtschaftskriminalität mit komplexem volkswirtschaftlichen Denken: wenn er Defizite von Betrieben und damit oft schlechtes Management oder Wirtschaftskriminalität belohnt, vielleicht sogar fördert, spart er anderseits die viel größeren Summen für die Folgen: für die Totalarbeitslosigkeit der Leute, für die Wanderungsbewegungen ganzer Völkerscharen, denen in anderen Orten neue teure Infrastrukturen bereitgestellt werden müssen, und die Kosten dafür, daß der Staat an die Stelle des sozialen Netzes der Familie treten muß.

Um 1975 ist die Textil-Industrie in einer existenzbedrohenden Krise:

nicht mehr konkurrenzfähig gegenüber Preisen und Löhnen asiatischer Exportländer. Wider Erwarten übersteht sie die Krise. Man kann die Lösung nicht mit einfachen Maßstäben messen. Das Verfahren wird inzwischen auch von anderen Industrie-Zweigen praktiziert und schließt an historische und spezifische Traditionen Italiens an: Die Fabriken behalten nur noch wenige arbeitssparende kapitalintensive Produktionsabläufe mit Maschinen sowie vor allem die Organisation; was nach außen abgegeben werden kann, wird dorthin verlagert: an kleine Subunternehmer, im Prinzip Fabriken in der Größe von Handwerksbetrieben, und an ein Heer von Heimarbeitern, meist Frauen. Das erspart der Firma hohe Verwaltungskosten; es macht sie flexibler gegen Konjunktur-Schwankungen; Sozial-Kosten und Sozial-Risiken werden nach außen verlegt; gespart werden auch Arbeitsplatz-Kosten und die Kontrolle der Arbeiter.

Dieses dezentralisierte System bricht mit der These »Je größer, je besser« und daß Industrie nur unter einem großen Dach stattfinden müsse. Zugleich orientiert sich die Textil-Industrie auf den Märkten um: im Bewußtsein, mit Niedriglohn-Ländern nur bedingt konkurrieren zu kön-

nen, wenden sich die Hersteller oft modischen Waren mit besserer Qualität zu, meist entworfen in Rom, Mailand und Florenz. Die unerwartete Wiederauferstehung der totgesagten Textil-Industrie durch Mittel-Betriebe mit 100 bis 200 Beschäftigten erwirtschaftet einen Exportüberschuß. Ähnlich im Maschinen- und Anlagen-Bau.

Die realen Auswirkungen auf die Arbeiter hängen davon ab, wie sie sich verhalten. Glückt der Versuch, Hongkong im eigenen Land aufzuziehen? Die neue Situation der Dezentralisierung war unabwendbar, aber wie reagieren die Heimarbeiter? Theoretisch sähe alles gut aus: Schon 1958 hatte die kommunistische Gewerkschaft CGIL den ersten Tarif-Vertrag für Heimarbeiterinnen durchgesetzt, in Streiks und Fabrik-Besetzungen 1960 die Sozial-Versicherung erkämpft, seit 1973 ähnliche Rechte wie für Fabrikarbeiterinnen, in jeder Gemeinde eine paritätisch besetzte Kontroll-Kommission für die Verträge. Aber: nur ein Drittel der Frauen hat sich bislang gewerkschaftlich organisiert, davon nur die Hälfte in der CGIL; viele bemühen sich nicht einmal, Kontakt untereinander aufzunehmen. Das heißt: es gibt erhebliche Defizite an Solidarität. Dadurch gelingt es vielen Unternehmern, die Stücklöhne erheblich, oft skandalös zu drücken. Mangel an

Solidarität erschwert häufig auch den Kontroll-Gremien die Arbeit oder verhindert Kontrolle.

Doppelwertig ist auch die Tatsache, daß viele dieser Arbeiten als Schwarzarbeit gemacht werden – oft von Unternehmern veranlaßt, oft auch von Heimarbeiterinnen. Häufig treffen sich die Interessen von beiden, wenig Steuern zu zahlen – aus ökonomischen Gründen und weil beide wenig vom Staat halten. Ferner: dadurch sind die Sozialabgaben für Rente und Arbeitslosigkeit geringer – aber viele Arbeitnehmer rechnen damit nicht, denn es gibt niedrige Minimalrenten und ein auffangendes Familien-Netz. Geht man davon aus, daß Rechte immer erkämpft werden müssen und daß dies die Überwindung der eigenen Schwächen erfordert, dann ist denkbar, daß die Fülle der zuliefernden Heimarbeiter sich genauso organisiert wie die Bauern-Kooperative der Buitoni.

Handwerk ist immer noch ein magnetisches Stichwort für die Toskaner. Es gibt drei Arten von Handwerk: traditionelles, das neue Handwerk der industriellen Dezentralisierung und neu aufblühendes. Zwar wanderte ein großer Teil der Handwerker in den Hochkonjunkturen, (meist gezwungen, oft aber auch wegen der einfacheren Arbeit und höheren Verdienstmöglichkeiten), in die Fabriken ab. Aber es verblieben mehr als irgendwo anders in vergleichbaren Industrie-Regionen, rund ein Sechstel der Arbeiter. Die betriebswirtschaftlichen Grundlagen dieses Kleinhandwerks haben weiterhin eine ähnliche Struktur wie in den mittelalterlichen Betrieben – mit allen Vor- und Nachteilen. Vorteile: kein Wachstumsdruck; wenig Verwaltung, die kleine Betriebsgröße ermöglicht Rentabilität durch Flexibilität, allerdings in der Regel nur mit motivierten und beweglichen Familien-Angehörigen.

Emotionale Bindungen ans Handwerk sind in der Toskana sehr ausgeprägt. »Wir haben kein gutes Verhältnis zur Technik. Sie ist für uns abstrakt und kalt. Im Handwerk drücken sich Gefühl, eigene Arbeit und Geschmack aus.« Auf vielen Schildern liest man: »Handwerklich gemacht« (artigianato) und »hausgemacht« (casalinga) – Qualitätsmerkmale, die von Produzenten und Konsumenten gleichermaßen mit Stolz ausgesprochen und gesucht werden. Oft erhält man handwerkliche Waren billiger als industrielle, oft ist man aber auch willens, mehr für Qualität zu bezahlen.

Eine besonders wichtige Rolle spielt das Handwerk im Bereich der Lebensmittel-Herstellung. In jedem toskanischen Ort gibt es eine Reihe von Betrieben, die für eine vom Kunden verlangte kenntnisreiche Kultur des Essens produzieren. »Auch im Handwerk gibt es Rationalisierung, aber nur in Zwischenschritten der Produktion, die von Maschinen übernommen werden« (Anna Albergo).

Viele Handwerksbetriebe haben sich als Kooperative organisiert. Andere Handwerker sind selbständige Mitglieder in einer Kooperative, die Einkauf, Lagerhaltung, Buchhaltung, Transporte und oft auch den Vertrieb gemeinschaftlich und dadurch billiger organisiert. Darin wird sichtbar, daß die Toskaner einerseits einen entwickelten Individualismus haben, andererseits aber auch in der Lage sind, ein geradezu freundschaftliches Vertrauen in andere zu setzen.

Diese Kooperativen spielen eine zunehmend größere Rolle: sie sichern das Überleben kleiner Produzenten, indem sie ihnen Rationalisierungen anbieten, notwendige Verwaltungsleistungen abnehmen und Markt-Macht gegenüber Zulieferern und Abnehmern darstellen. Dies ist vor allem dort wichtig, wo spekulative Ausbeutung und Oligopole mächtig sind. Zum Beispiel kann die Kooperative der Tabak-Bauern des oberen Tibertales

um Sansepolcro nicht nur Kosten senken, sondern auch durch Lagerhaltungsmöglichkeiten zur günstigen Zeit in den Markt einsteigen und dadurch bessere Preise erzielen.

Die politische Linke fördert die Kooperativen-Bewegung auch, um zu verhindern, daß ökonomisch absinkende Kleinproduzenten nach rechts abwandern. Sie entwickelt damit eine differenzierte und perspektivische Wirtschaftspolitik, die im Prinzip auf die historische Erfahrung des Zunftwesens setzt, nämlich Selbständigkeit und Kooperation miteinander zu verbinden.

Eine wichtige Rolle spielt auch, daß ein Handwerks-Betrieb, vor allem in der Familie, für den Staat ziemlich undurchsichtig ist: er kann viel Steuern »sparen«. Der geringere »Staatsanteil« an der Produktivität hält viele Betriebe überhaupt über der Rentabilitätsgrenze und rettet dadurch Arbeitsplätze. Diese Art flexibel und staatsunabhängig zu wirtschaften, hat in den letzten Jahren einen legendären Ruf erhalten: als »Untertauch-Ökonomie« (economia sommersa) – zugleich verrufen und für die Alternativ-Bewegungen faszinierend. Je nach Fall bietet sie Chancen für Mißbräuche und Ungerechtigkeiten, stellt aber auch Lebenswerte und sozialen Ausgleich bereit. Geschätzt wird sie auf 10 bis 30 Prozent des Bruttosozial-Produktes. Diese immense Grauzone gilt inzwischen weithin als Rettungsring in den Krisen.

Daß man in der Toskana versucht, den Staat aus der Arbeit und aus dem Tausch von Produkten und Dienstleistungen herauszuhalten, entstammt nicht allein dem Eigeninteresse, sondern auch dem historischen und eingefleischten Mißtrauen gegen ihn, der meist Fremdherrschaft war und eine aufgeblähte Blase von ineffizienter Bürokratie ernährt. Arbeit ohne Staatsanteil dient den einen zum Überleben, den anderen zur Sicherung des Wohlstandes, den dritten zu dessen Verbesserung.

Man produziert fast alles, was sich ohne großen Kapitaleinsatz herstellen läßt. Das heißt keineswegs 16-Stunden-Arbeit, sondern meist Gelegenheitsarbeit. Die Passeggiata von 18 bis 20 Uhr auf dem Platz oder auf dem Corso wird selten ausgelassen – auch um neue Arbeitskontakte zu knüpfen.

Oft ist diese Arbeit die risikomindernde Anfangsfinanzierung einer Arbeitsplatzbeschaffung.

Das toskanische Handwerk ist besonders flexibel: es sucht die Marktlücken, um dort Kaufkraft abzuschöpfen. Der Fremde, der nach einem Jahr in einen Ort zurückkehrt, kann oft darüber staunen, wer eine neue Produktion aufgemacht hat.

Zugrunde liegt meist die in der Toskana verbreitete Ideologie, im Leben viele Berufe zu haben. Aus der Not des 19. Jahrhunderts wurde flexibel und selbstbewußt eine Tugend gemacht, die bis heute eine Rolle spielt. Tatsächlich gibt es in der für italienische Verhältnisse reichen Toskana wenig Arbeitslose und trotz der Krisen einen hohen Lebensstandard.

Überall in den Straßen kann man durch offene Werkstatt-Türen in die Arbeit toskanischer Handwerker Einblick nehmen. Die Leute sind zugänglich, freundlich, machen gern eine Pause und zeigen ihre Arbeit. Man kann leicht fotografieren. Auch kleine Betriebe kann man leicht besichtigen und fotografieren, ebenfalls Kooperativen.

Zu den Bildern links: Greifbare Arbeit – Brotbäcker-Kooperative in Porcari: Maschinen- und Hand-Arbeit. In der Buitoni-Fabrik (Sansepolcro) werden die Spaghetti von Automaten produziert. »Saubere« Arbeit. Menschliche Tätigkeit ist auf die Kontrolle reduziert.

»All'italiana« ist auch die Arbeitsweise in kleinen und großen Fabriken. Die Metall-Arbeiter haben eine 40-Stundenwoche, täglich von 8 bis 12 und von 13 bis 18 Uhr, freitags nur von 8 bis 12 Uhr. Nicht nur der Handwerker macht viele Pausen, sondern auch Arbeiter und Angestellte. Das wird nicht als Faulenzerei, sondern als lebensnotwendig angesehen. Die Toskaner gelten als »große Arbeiter« (lavorone) – »aber mit menschlichem Rhythmus. Sie lassen sich keine Hektik aufdrängen. Während der Arbeit wird, wo immer es möglich ist, viel miteinander geredet. Die Leute arbeiten lieber länger und dafür weniger stressig« (Ennio Lazzareschi). Es gab Streiks gegen Arbeitszeit-Verkürzungen, weil durchschaubar war, daß sie den Streß erhöhen würden.

250 Jahre: Demokratie in den Städten

Im spätrömischen Imperium beginnt die Feudalisierung. Die Herrschaft der Langobarden über die Toskana (seit 568) intensiviert sie. Aus den Resten der alten Oberschicht, aus dem germanischen Adel sowie aus wohlhabenden freien Bauern entsteht eine Feudalklasse. Während der Adel nördlich der Alpen fast immer auf dem Land wohnt und sich dort Herrensitze ausbaut, ziehen es viele toskanische Großgrundbesitzer vor, nach alter Tradition in den Städten zu leben. Ein Teil von ihnen wird später von den Städten gezwungen, ebenfalls in die Städte zu ziehen.

Diese Städte sanken nach dem Zusammenbruch des Kaiserreiches nicht – wie im Norden etwa Köln – in Schutt und Asche, sondern bestehen weiter. Zwar reduzieren sich Verwaltung, Produktivität und Handel und damit Bedeutung und Einwohnerzahl, aber sie haben Kontinuität. Wer heute durch die Altstadt von Lucca geht, kann sich vorstellen, daß die römische Stadt ähnlich aussah.

Als sich die Zentralgewalt und dadurch auch die des Stadtherrn, des Grafen und dann des Bischofs-Grafen abschwächt, wächst die Macht des Adels, der nun auch innerhalb der Stadt seine Rivalitäten untereinander austrägt: eine Kriegerkultur des Feudalsystems verleitet die Adels-Familien, sich wegen Nichtigkeiten zu streiten und diese Konflikte auf unterstem Niveau auszutragen – als handfeste Gewalttätigkeit, als Raufhändel zwischen Familien-Clans, in die meist die Bediensteten eingeschlossen werden.

Um Prestige zu zeigen und um sich zu schützen, bauen diese Adelsfamilien mitten in der Stadt – nach dem Vorbild ihrer Landburgen – Stadt-Burgen: Wohn-Türme. In ihnen können sie sich notfalls auch verschanzen, bis unten auf der Straße von Freunden Hilfe kommt. Der Umgang miteinander ist so primitiv wie in Hundemeuten: jeder versucht den anderen zu übertreffen – mit der Höhe seines Wohn-Turmes. Wer sich einer Stadt nähert, sieht einen Wald von Türmen, wie alte Zeichnungen zeigen.

Man kann sich vorstellen, wie dieser »weiße Terror« von oben die Bevölkerung, die meist aus Handwerkern besteht, beunruhigt, ärgert, verletzt, unterdrückt, herausfordert. Für die wachsende Zahl dieser Kleinproduzenten, deren Finanzkraft und Selbstbewußtsein in den Konjunkturen steigt, ist die Gewalt und Macht demonstrierende Verhaltensweise der Adligen eine zunehmende Provokation – besonders wenn sie so weit geht, Straßen abzumauern.

Nun haben die Männer, die sich tagtäglich – wie noch heute – auf den

Straßen treffen und diskutieren, schon früh durchgesetzt, daß wichtige Entscheidungen, etwa über die Verwaltung des Gemeinde-Eigentums und Arbeiten an Straßen, Brücken und Stadtmauern, von den öffentlichen Versammlungen des Volkes getroffen werden. Solche Volksversammlungen sind seit 800 in Arezzo und seit 808 in Lucca bezeugt, finden aber auch in kleineren Orten wie Anghiari und Sansepolcro statt.

Den Stadtherren wird zugleich von der Oberschicht der Adligen und der aufgestiegenen Großbürger abgezwungen, daß sie als oberste Verwaltungsbeamte Konsuln wählen dürfen, zuerst wohl 1087 in Pisa und Lucca, 1096 in Arezzo, 1107 in Pistoia, 1125 in Siena, später in Florenz. Diese Konsulats-Verfassung zeigt, daß das Bewußtsein für die römische Antike erst um 1400 als sogenannte Renaissance wiederentdeckt wird. In der Zweizahl der Konsuln wird sichtbar, daß es mehrere Flügel gibt, die ihren Anteil an der Macht haben wollen und auch erhalten. Später wird oft für jedes Stadtviertel ein Konsul gewählt (in Lucca, Pistoia und Arezzo insgesamt fünf).

Weil man sich nicht einigen kann, einen Schiedsrichter benötigt (bis heute eine verbreitete Erfahrung) und damit sich zwischen den Fraktionen keine eigene Verwaltungsmacht bildet, werden die Konsuln von außerhalb geholt und dürfen nur ein Jahr im Amt bleiben. Vielleicht drückt sich darin bereits aus, daß das Volk der Oberschicht die Macht nicht mehr überlassen möchte und man größeren Streit nur durch die Berufung von Außenstehenden vermeidet. In Pisa ist 1222 der Podestà nach einem Monat noch nicht vereidigt, weil sich »Volk« und »Adel« heftig miteinander streiten. So entstehen die Stadtdemokratien auf dem Weg über eine Fülle von Kompromissen und schrittweisem Erkämpfen und Verteilen der Macht.

Schrittweise entziehen sich die Städte, oft auch die kleinen, der Abhängigkeit von Grafen, Bischofs-Grafen oder Klöstern. Wir finden hier früh die typisch toskanische Weise des Umgehens miteinander: das allmähliche Verändern der politischen Verhältnisse, meist nicht gewaltsam, sondern langsam, zäh, intelligent und selbstbewußt; die Konstellationen werden genutzt, viele Kompromisse geschlossen, aber die Ziele nie aufgegeben.

Neben die Volksversammlungen treten kleine und große Räte, die zunächst aus den Angehörigen der wichtigsten Familien bestehen und allmählich erweitert werden.

Vor allem unter der Markgräfin Mathilde von Canossa († 1115) setzen die Städte eine weitgehende Unabhängigkeit nach außen hin durch. Die Bevölkerung weitet die Konsulatsverfassung zur militärischen und außenpolitischen aus – zuletzt nur noch dem Kaiser in geringer Weise verpflichtet.

Das Volk hat sich in Berufsgruppen, den Zünften, organisiert. Es vertieft nun die politische Kommunikation der Straße zur organisierten Form – über diese Zünfte. Parallel dazu bilden sich in vielen Orten, vor allem in Siena, Stadtviertel-Vereine, vorstellbar als eine Art große Bürgerinitiative. Gegen die Miliz der Ritter, das heißt des Adels, richten sie Bürger-Milizen ein. Zunächst begehren und erzwingen die Zünfte und Stadtviertel Beteiligungen in den Gremien, in Siena 1262 die Hälfte aller Ämter.

1250 entsteht in Florenz die erste Volksregierung, der Primo Popolo. Daß in der ganzen Toskana die Auseinandersetzung eskaliert, geht auf die Verschärfung der Spannungen und die blutigste Schlacht des ganzen Mittelalters zurück: zwischen der Volksbewegung der Guelfen und den kaisertreuen Oberschichten-Ghibellinen bei Montaperti an der Arbia bei Siena (1260), die die Florentiner Volksbewegung 10 000 Tote und 15 000 Gefangene kostet.

Vielleicht erklärt der daraus entstandene Haß die nun folgende einzige Revolution in der Toskana: den innerstädtischen Bürgerkrieg, der von Stadt zu Stadt geht, zu unterschiedlichen Zeiten, je nach der Lage. Das Volk nutzt die Schwäche der kaiserlichen Zentralgewalt, die bei Tagliacozzo eine vernichtende Niederlage erlitten hatte und deren Exponent, König Konradin, in spektakulärer Weise hingerichtet wurde. Sie kann nun den Feudaladligen von außen her keinen Schutz mehr bieten. Um 1290 entstehen für längere Zeit in vielen Städten Demokratien des Volkes, wie sie niemals in der Geschichte Europas, weder vorher noch nachher bestanden (1293 in Florenz: »Ordnung der Gerechtigkeit«).

Diese neuen Volksdemokratien beruhen auf 2 Prinzipien: dem negativen des Mißtrauens vor der Ballung der Macht und dem positiven der weitestgehenden Teilnahme des Volkes an der Stadtregierung und das heißt auch der Verteilung der Funktionen.

Nehmen wir Florenz als Beispiel. Die Stadt dürfte um diese Zeit rund 40000 Einwohner haben. Alle männlichen Mitglieder der 7 Groß- und der 14 Kleinzünfte sind wahlberechtigt und ämterfähig. Ausgenommen: der Adel. Man macht ihm in typisch toskanischer Weise das Zugeständnis, weiterhin in der Stadt wohnen zu dürfen, auch um ihn dort besser kontrollieren zu können, aber politisch wird er völlig entrechtet (in Florenz seit 1293). Auch Priester und Mönche werden entmachtet. Überschlägt man die Zahl der Wahl- und Ämterfähigen, dann kommt man auf rund 6000 Menschen. Gewählt wird durch das Los.

Kann jeder Dummkopf ins Parlament kommen? Man könnte antworten: Niemand schützt uns heute vor Dummköpfen im Parlament. Wenn es jeden treffen kann, dann muß er sich schon vorher damit beschäftigen – und das geschieht auch: auf den Straßen; dort wird endlos, wie heute, über Politik debattiert; was geschieht oder geschehen soll, macht binnen kurzem die Runde und wird kommentiert, kritisiert, gefördert. Das Los-Verfahren garantiert die politische Bildung als alltägliche Tätigkeit. Man könnte es in den politischen Gruppen der Gegenwart wieder benutzen!

In Florenz gibt es zwei Parlamente. Der Rat des Volkes hat 300 Mitglieder, der Gemeinderat 200. Hinzu kommen viele Kommissionen, meist mit rund 80 Mitgliedern. Zählt man sämtliche politische Ämter zusammen, dann kommt man auf rund 3000. Man wird vielleicht den Kopf schütteln und sagen: Viel zu viele Ämter? Für jeden ein Amt? Genau das ist damals die Realität. Denn: es gibt nicht nur 3000 Ämter, sondern jedes Amt hat nur eine Dauer von 2 bis 6 Monaten. Damit keiner auf dem Sessel festklebt, sich dort einrichtet, etabliert, Macht anhäuft. Dann muß er eine Periode warten, bis er erneut gelost werden kann.

Dieses System hat die Wirkung, daß die Wahlfähigen nicht zusehen oder zusehen müssen, wie einige wenige etwas tun, sondern daß praktisch jeder selbst aktiv ist, das heißt ein Amt hat. Rechnet man noch etwas weiter, dann ist in jeder Großfamilie, das heißt in jedem Haus eine Person politisch tätig.

Man vergleiche dies Verhältnis mit denen in unserer Republik: wenn in einer Stadt von 300000 Menschen in Gemeinde- und Bezirksparlamenten rund 100 Parlamentarier sitzen, wenn sich ihre Zahl durch den (meist sehr langsamen) Wechsel im Laufe einer Generation vielleicht verdreifacht, dann kommt man auf einen Anteil von einem Tausendstel (0,1 Prozent) an unmittelbar Beteiligten in unserer Demokratie. Dieses Tausendstel legt zum großen Teil den größten Wert auf die einschränkende Charakterisierung der Demokratie als »repräsentativ«. In den Volksdemokratien der

38

Rathäuser der Toskana
(1) Voltera, Palazzo dei Priori (1208/84); (2) Massa Marittima, Pal. del Podestà (um 1230); (3) S. Gimignano, Pal. Podestà (1239/1337); (4) Cortona, Pal. Comunale (1241, 1275, 16. Jh.), Treppe (1509); (5) Firenze, Pal. del Podestà (Bargello; 1255/60; 1325; 1346); (6) Prato, Rathaus (seit 1284 / 14. Jh.); (7) Pistoia, Pal. del Comune (1294 ff; 1348/1353); (8) San Giovanni Valdarno, Rathaus (1296); (9) Siena, Pal. Pubblico (1297/1310; Turm 1338/1348); (10) Firenze, Pal. della Signoria (1299/1314; 1342); (11) Volterra, Pal. del Capitano del Popolo (um 1300); (12) Scarperia Pal. dei Vicari (1306); (13) Pescia, Pal. dei Vicari (E. 13. Jh.?); (14) Massa Marittima, Pal. Comunale (1344 ff); (15) Montalcino, Pal. Comunale (14. Jh.); (16) Anghiari, Pal. Comunale (nach 1384); (17) Cutigliano, Pal. dei Capitani della Montagna (14. Jh.); (18) Montepulciano, Pal. Comunale (um 1400); (19) Sovana (A. 15. Jh.); (20) Certaldo, Pal. Comunale (M. 15. Jh.); (21) Pienza, Pal. Pubblico (um 1460).

Toskana sind – ohne Frauenwahlrecht – rund 15 Prozent beteiligt, das heißt 150 mal mehr Menschen. Aus der Geschichte kann man lernen, in welchem embryonalen Zustand sich unsere Demokratie befindet.

Die Parlamente bestimmen durch Los die Leitung der Stadtverwaltung (Signoria) und der Justiz: die acht Prioren (zwei aus jedem der vier Florentiner Verwaltungsbezirke) und den obersten Richter (Gonfaloniere di giustizia), der zugleich ihr gleichberechtigter Vorsitzender ist. Auch ihre Amtsdauer ist kurz: zwei Monate. In dieser Zeit müssen sie sich voll ihrer Pflicht widmen, sogar im Rathaus wohnen, ohne Familie. Eine Wiederwahl ist erst nach drei Jahren möglich. Nur die Beschäftigten der Kanzlei, die auch die Ausschüsse beraten, arbeiten auf unbegrenzte Zeit. Die Stadtverwaltung sitzt im Rathaus am Rathausplatz. Die Parlamente haben nicht das Recht, Gesetze vorzulegen; dieses Recht hat nur die Stadtverwaltung. Beide Parlamente müssen sie billigen – und zwar mit Zweidrittel-Mehrheit. Fraktions- und Partei-Bildung ist bei Strafe der Verbannung verboten. Die Ausschüsse sind nicht dem Parlament, sondern der Stadtverwaltung zugeordnet.

In Notfällen tritt die Zehner-Kommission für die Kriegführung (Balìa) zusammen, verpflichtet Söldner und betreibt Außenpolitik. Wenn es in wichtigen Fragen keine Einigung gibt, wird auf dem Rathaus-Platz das »Parlamento« zusammengerufen: die uralte Volksversammlung. Meist wird sie benutzt, um einen sich abzeichnenden Machtwechsel durchzusetzen.

Die Volksdemokratie in der Krise

Eine wichtige Voraussetzung für die Volksdemokratien war die ähnliche Betriebsgröße vieler Kleinproduzenten. Die außerordentlich günstigen und anhaltenden Möglichkeiten für einige Produktionszweige (vor allem Seide) und ihre Kaufleute, besonders hohe Gewinne zu erzielen, führen im Laufe der Zeit dazu, daß sich innerhalb der breiten Bürgerschaft eine Schicht von neuen Großbürgern herausbildet. Sie tun sich zuerst informell und dann auch als Fraktion der »Weißen Guelfen« (bianchi) zusammen, sehen ihre Interessen häufig im Gegensatz zu denen der kleineren Handwerker, der »Schwarzen Guelfen« (neri), manipulieren vor allem mit den Los-Listen für die Wahlen und in den Ausschüssen für Notfälle.

Während die Superreichen die Demokratie einschränken möchten und die Zünfte dazu neigen, den jeweils bestehenden Zustand zu zementieren, versuchen die Handwerker von neuen Herstellungs-Zweigen, etwa die Wollkämmerer (Ciompi), zu erreichen, daß auch sie eine Zunft bilden und politisch mitsprechen können. Die wirtschaftliche Ungleichheit verursacht politische Spannungen: die einen schaffen Ungleichheit, die anderen wollen die Schieflage, in die die Demokratie geraten ist, zugunsten der alten Gleichheit korrigieren.

Ein Aufstand ist gut überliefert: als die Forderungen der Wollkämmerer (Ciompi), eine Zunft zu bilden und mitzuregieren, von einer großen Koalition der Etablierten und Interessierten abgelehnt werden, stürmen sie 1378 das Rathaus. Für kurze Zeit gelingt es ihnen, alte Rechte wiederherzustellen. Ihr Bündnis mit einer Gruppe der bürgerlichen Oberschicht zerfällt jedoch rasch. Sie sind uneinig. Ihr Anführer, Michele Lando, läßt sich mit Karriere-Positionen bestechen und verrät seine Kollegen. Die Ciompi verlieren.

Die Oberschicht, vom Arbeiter-Aufstand geschockt, reagiert nun offen repressiv. Auf ihr Betreiben wird ein achtköpfiger Sicherheits-Ausschuß eingesetzt, der wiederum eine Geheimpolizei aufbaut – angeblich zur Vorbeugung gegen Staatsverbrechen; damit ist jedoch nichts anderes gemeint als die Versuche von Unterprivilegierten, die Gleichheit zu verwirklichen.

Den Reichen geht es nicht nur um die Abwehr sozialer Bewegungen, sondern auch darum, sich am Staat zu bereichern. Sie dirigieren immer wieder den Staatshaushalt. Statt ihr Geld in riskanten Unternehmungen anzulegen, stecken es viele lieber in Staatsanleihen. Sie entwickeln ein System von zynischer Genialität: für sie ist es egal, ob Kriege gewonnen oder verloren werden, denn in jedem Fall muß das Volk mit seinen Steuern die Anleihen zur Kriegsfinanzierung zurückzahlen. Daher wächst ihre Neigung, Kriege anzuzetteln und lang hinzuziehen. Die Söldnerheere selbst gehen sich aus dem Weg, denn je länger der Soldat lebt, desto länger kann er draußen auf dem Land die Bauern und, was er findet, plündern.

Immer mehr rücken diese Großbürger zusammen, fraktionieren sich insgeheim, obwohl die Verfassung es verbietet, treten drohender auf, fordern ein oligarchisches System. Das Volk nennt diese Reichen die »Arrabiati«, die Wütenden, im Sinne von Extremisten.

Einige Putsch-Versuche der Reichen haben Erfolg und führen zu Diktaturen (Uguccione della Faggiola in Pisa, 1314–1341; Castruccio Castracani in Lucca, 1316–1328; Paolo Guinigi in Lucca, 1400–1430; Galeazzo Visconti in Siena, 1399–1402; Pandolfo Petrucci in Siena, 1487–1516).

In Florenz gelingt es der Bankiers-Familie der Medici von 1434 bis 1494 mit den Mitteln raffinierter Manipulation, Bestechung, Vetternwirtschaft (Klientelismus) und Verfassungsbrüchen die Volksdemokratie bei formeller Anerkennung zu unterlaufen – es ist die »Herrschaft der Signoria«, das heißt des Staatsapparates anstelle der Demokratie. Das System ist kompliziert: die Medici schieben den Apparat vor; sie selbst sind die Dirigenten des Apparates – als Exponenten einer Fraktion des konservativen Großbürgertums. Offen predigt der glühende Demokrat Fra Girolamo Savonarola (1452–1498), trotz Attentatsversuchen, gegen Lorenzo Medici: »Alle guten Gesetze suchte er schlau zu lockern, da sie seiner ungerechten Herrschaft entgegenstehen, und fortwährend macht er neue Gesetze, wie er sie haben will. In allen Behörden und Ämtern, in der Stadt wie außerhalb, hat er seine Spitzel,… die von ihm aus den betreffenden Amtsträgern Vorschriften machen…: daher ist er die Zuflucht aller Verbrecher und der Untergang der Rechtschaffenen… und er ist ein großer Mörder, denn er ist stets von dem Wunsch erfüllt, die Hindernisse für seine Herrschaft wegzuräumen… Auch will der Tyrann noch in allen Dingen überlegen sein… im Scherzen, im Turnier, im Pferderennen, in der Gelehrsamkeit…; und wenn er es nicht durch seine Fähigkeiten kann, dann sucht er mit List und Trug der Überlegene zu werden… Er steht in geheimem Einverständnis mit anderen Fürsten… Es gilt der kleinste Zettel von ihm oder das Wort eines seiner Roßknechte bei jedem Richter mehr als alles verfaßte Recht… Er bemüht sich darum, das Volk mit den lebensnotwendigen Dingen vollauf zu beschäftigen, und deshalb hält er es, so sehr er kann, knapp, knapp durch Abgaben und Umlagen,… damit sie unerfahren und unwissend in der Stadtregierung seien, und er allein Herrscher bleibe und klüger erscheine als alle.«

Die Volksdemokratie in Florenz von 1494 bis 1512

Es spricht für die Kraft der Demokratie und ihre tiefe Verwurzelung in der Bevölkerung, daß es jedesmal gelingt, sich von den »Tyrannen« zu befreien. Zweimal trägt die gesamte Bevölkerung von Lucca in größtem Haß die riesigen Zwingburgen seiner Diktatoren bis auf den letzten Stein ab (1320, 1430).

Nach drei vergeblichen Attentaten gegen den »Tyrannen« Lorenzo Medici (Pazzi-Verschwörung im Dom 1476; Battista Frescobaldi in der Carmine-Kirche; Baldinotto da Pistoia in einer Villa) gelingt nach seinem Tod die Vertreibung der Medici (1494). Die Vorstellung der Volksdemokratie gewinnt angesichts der gewitterhaft über Florenz stehenden Gefahr des Frühabsolutismus noch einmal eine besondere Faszination. Gepeitscht von den Predigten Savonarolas, dem in San Marco und dann im Dom bis zu 15 000 Menschen fast täglich zuhören, verlieren sie die Angst vor den Medici und vor dem mit den Medici verbündeten Papst. Es entsteht der Große Rat: nun mit 3000 Mitgliedern. So groß war nie ein Parlament in der Geschichte. Auch das breite Kleinbürgertum soll beteiligt sein und sehr viele, damit sie sich wehren gegen den Giganten Medici, der Florenz nun von außen und über seine Parteigänger in der Stadt bedrängt.

Nicht das Klasseninteresse mobilisiert das Kleinbürgertum, sondern – dafür stehen die Predigten Savonarolas – ein moralischer Ernst, der die Werte der alten Volksbewegung, der Demokratie, der Einfachheit des Lebens, der Solidarität untereinander und auch mit den Armen erneut in ein nachdenkliches Bewußtsein bringt – vor dem Hintergrund der Gefahr, die vor den Toren droht. Savonarola: »Wie sollen jemals die Könige oder Fürsten..., die nicht einfach leben, sondern alles an Prunk... wegwerfen und deshalb mit ihren Steuern das Volk mehr belasten als sie dürfen? Wie können sich noch jene Großbürger entschuldigen, die ähnliche (!) Dinge tun?...Oh, wieviel Frauen werden dafür verdammt, daß sie viele überflüssige Dinge haben,... während die Armen Christi vor Hunger sterben.«

Luca Landucci, ein Kräuterhändler, hat die Verhältnisse aus der Sicht des sensiblen Zeitgenossen in seinem Tagebuch aufschlußreich festgehalten – in all ihren Schwierigkeiten, Brüchen, großen und kleinen Bewegungen, Hoffnungen, Enttäuschungen.

In aller Eile wird an das Rathaus ein riesengroßer Saal für das Parlament gebaut (1495 von Cronaca). Leonardo da Vinci und Michelangelo sollen dafür Wandbilder malen (zerstört). Vor dem Rathaus werden – als großes Ereignis – zwei Statuen von Tyrannenbefreiern aufgestellt, als Warnung vor den Medici und als Siegeszeichen der neuen Republik: die Judith, die Holofernes das Haupt abschlägt (um 1460 von Donatello, vorher Brunnen-Figur), und der David (1501 von Michelangelo; Original seit 1873 in der Accademia). Was für ein politisches Kunstverständnis!

Michelangelo: David (1501/1504; seit 1873 Kopie, Original in der Accademia). Freiheitsstatue des demokratischen Florenz auf dem Rathaus-Platz, dem wichtigsten politischen Versammlungsort von Florenz, Sinn-Bild der Warnung an den Goliath Medici und des Selbstbewußtseins jedes demokratischen Bürgers. Aufforderung zur Aufmerksamkeit: der David zeigt die Konzentration und Spannung kurz vor der Tat.

Fürsten-Herrschaft (seit 1512)

DER STAATSSTREICH DER MEDICI

1512 greifen sich die Medici den Stadtstaat: in einem Staatsstreich. Helfer: die absoluten Fürsten Europas, eingeschlossen der Papst. Sie verwandeln Florenz in einen Polizeistaat, holen Söldner in die Stadt, bauen ein allgegenwärtiges Spitzelsystem auf, legen Geheimgefängnisse an, in denen Tausende ohne Verfahren verschwinden. (Ein Chile 1512). Die politischen Gespräche verstummen oft mit dem Satz: »Gott bewahre mich vor den Geheimgefängnissen des Herzogs!«

Francesco Burlamacchi aus reicher luccheser Kaufmannsfamilie. Über seinen Onkel Filippo, Anhänger Savonarolas und Mönch in S. Romano, kam er in die Gedankenwelt des »Märtyrers der Freiheit«. 1533 und 1546 höchstes Staatsamt. Danach Verschwörung zur Befreiung der Toskana von den Medici und zur Errichtung einer Föderation (!) der früheren Stadtstaaten. Der Kaiser läßt ihn 1548 in Mailand öffentlich enthaupten.

Mehrere Aufstände mißglücken: 1513 und der »Freitagsaufstand« 1526. Ein letztes Aufbäumen der Demokraten: 1527 bis 1530 entsteht erneut die Demokratie des Volkes, angefeuert durch den Prediger Benedetto da Foiano, im Geist Savonarolas. Michelangelo leitet den Bau der Befestigungsanlagen. Nach zehnmonatiger Belagerung überliefern erst Hunger und vor allem der Verrat des Söldnerführers die Republik den Heeren Kaiser Karls V. und der Medici.

Der militärische Zwang wird verschärft: mit zwei Zwingburgen (Fortezza da Basso 1530/34 und Fortezza del Belvedere 1590/95), die sich wie ein Schraubstock um die Stadt legen. Eine Klage beim Kaiser: »Gefängnis und Schlachthaus für die gequälten Bürger.« Michelangelo drückt seine Wut aus: in der raffinierten Umformulierung der Medici-Grabkapelle von der Fürsten-Verherrlichung zum Grab der Republik.

Der Widerstand zieht sich durch Jahrhunderte hin. Lorenzino Medici bringt 1537 seinen Vetter, den Herzog Alessandro um. Dieser Tyrannenmord des »Brutus« bleibt ein vieldiskutiertes Thema (u.a. Schauspiele, Brutus-Büste von Michelangelo).

Der Savonarola-Anhänger Francesco Burlamacchi (1498–1548) aus Lucca versucht Pisa, Pistoia, Pescia und das Florentiner Volk in Bewegung zu bringen. Er wird 1548 hingerichtet (Denkmal auf der Piazza San Michele in Lucca).

Der offene Widerstand erstirbt: den demokratischen Emigranten mißlingt die Einnahme von Sansepolcro. Anghiari muß wieder herausgegeben werden, vor Montemurlo unterliegt ihr Heer (1537). 1555 wird das demokratische Siena erobert. 1559 die letzte Bastion der Sieneser Demokratie, Montalcino, wo sich seine Emigranten verschanzen. Der innere Widerstand bleibt: zum Beispiel in Sansepolcro und Anghiari. Die Medici quartieren in deren Umgebung in jedem Dorf berittene Polizisten ein.[1]

Neben Venedig versteht es nur Lucca, inzwischen oligarchisch geworden, sich als Republik zu behaupten – aufgrund seiner Wirtschaftskraft, seiner gewaltigen Festungsanlagen (völlig erhalten) und seiner an Spanien orientierten Diplomatie.

Vom Hochadel Europas werden die Medici als »bürgerliche Emporkömmlinge« niemals voll akzeptiert. Katharina und Maria Medici, die

Cosimo I. (1519–1574), aus einer Seitenlinie der Medici-Familie, Generals-Sohn, hatte ein diktatorisches Konzept, ließ gnadenlos verfolgen, verhaften, foltern, umbringen. Zerschlug systematisch die Demokratie. Baute die Toskana zum zentralisierten absolutistischen Fürstenstaat aus. Büste von Benvenuto Cellini (1545, Bargello Florenz).

französische Könige heiraten, treffen auf die Verachtung des Hofes: die eine sei Abkömmling einer Familie von »Krämern«, die andere eine »dicke Bankiersfrau«. Daher unternehmen die Medici alle Anstrengungen, sich Glanz zu geben: sie beschäftigen mehr Hofgeschichtsschreiber als der spanische, österreichische und französische Hof – eine Public Relations-Aktion großen

---

[1] Der deutsche Dichter August von Platen: »Wo nur einmal ich euch, mediceische Kugeln erblicke,... Weckt ihr Haß mir und Furcht, heillose Symbole der Knechtschaft, Denen der edelste Staat, lange sich sträubend, erlag.«

Skulptur vor der Fürsten-Kapelle in San Lorenzo. »Daß ich zur Stadt Etruriens bin gegangen, / Florenz, die alles überstrahlt, – / wird mir drum andres noch als Schmerz bewußt: / Die Medici, die allen deinen Wunden, / den alten, längst ja Heilung schon gefunden, / Sie bringen Heilung nicht dem kranken Mann« (Ludovico Ariosto, 1513).

Stils. Sie übertreibt auch die Vorgeschichte der Medici-Fürsten im 15. Jahrhundert gigantisch, hat erst im 19. Jahrhundert Erfolg und bis heute große Folgen: ihre Geschichtsklitterungen, einseitigen Darstellungen, Lobhudeleien und Fälschungen, die »Geschichte als Glorifizierung der Sieger«, fielen auf fruchtbaren Boden bei Historikern und Kunstwissenschaftlern sowie einem Bildungsbürgertum, das sich in absolutistischen Verhältnissen wohl zu fühlen scheint und die Geschichte der Demokratie verdrängt. Viel Aufklärung steht noch aus...

Der zwielichtige Macchiavelli, einst Beamter der Demokratie, 1512 in Ungnade gefallen, versucht, sich dem neuen Herrscher anzudienen: mit dem erfahrungsreichen Realismus des Toskaners entwickelt er die zynische Ideologie der Beherrschung von Völkern, die sich nie unterwerfen: in seinem Buch »Der Fürst« (1513 geschrieben, erst 1532 erschienen). Seine Kernthese ist bis heute unser Ärgernis am »modernen« Staat: Der Zweck des Staates sei der Staat selbst. Zynisch propagiert Macchiavelli die Zerstörung der Opposition.

Nach außen hin erkaufen die Medici mit hohen Geldsummen die Neutralität und Unabhängigkeit der Toskana von den großen Fürstenstaaten.

War in der Republik der Klerus schon früh entmachtet worden, hatte er sich, auch mit Savonarola, auf die Seite der Demokratie geschlagen, so benutzen die Großherzöge ihn nun zunehmend als Instrument der psychologischen Herrschaftssicherung. Großherzog Ferdinand II. fördert, auch durch Steuerfreiheit, eine Bewegung von Kloster-Gründungen, die die Klerikalisierung des gesamten Lebens betreiben. Rund um Siena gibt es um 1660 12 000 Nonnen (ohne die Stadt selbst). Ferdinand klagt später: »In 60 oder 70 Jahren werden die Nonnen alles verschlungen haben.« – »Wenn das Volk keine Ehrfurcht hat, läßt es sich schlecht regieren«, sagt man noch lange. »Wehe, wenn einer aus unserer Bauernfamilie nicht in die Kirche ging – da dachte der Padrone immer: er rebelliert auch gegen den Herrn.« Auf der Ebene der Religion lassen sich am raschesten Vorurteile einpflanzen und am sichersten aufrecht erhalten.

Macht im Absolutismus

Großherzog Cosimo I. wandelt seit 1537 die Republik in einen absolutistischen Flächenstaat um – mit allen ihren (auch im übrigen Europa) charakteristischen Merkmalen: ein großes Militär, ein System der »inneren Sicherheit« (Zwingburgen in den Städten Volterra, Arezzo, Siena, Pistoia, Pisa) und der Territorial-Sicherung (Burgen, von zwangsverpflichteten Bauern errichtet, sowie Militärstädte wie Terra del Sole gegen Forli und Sasso di Simone gegen Urbino); die Verwaltung wird zentralisiert (Uffizien in Florenz, 1560 von Vasari), um wirksamer Steuergelder für das Militär eintreiben zu können und eine Entscheidungsstruktur nach Heeres-Vorbild zu erhalten. Ein Netz von Spitzeln in allen Gesellschaftsschichten (Reisebericht Edward Wright 1720).

245
249
258
137

137

In Strafaktionen werden Denkmäler der Demokratie zerstört: in Arezzo das Rathaus (1232) und der Volkspalast (1278); die »Glocke des Volkes« wird demonstrativ vom Florentiner Rathausturm auf den Platz geworfen, wo sie zerschellt, »damit wir nie wieder wünschen, den süßen Ruf der Freiheit zu hören«. Das Rathaus selbst, Denkmal der Demokratie, wird im Inneren demonstrativ zum ideologischen Ausdrucksträger des Fürsten umgestaltet. Versammlungen ohne Erlaubnis werden als Kapitalverbrechen bestraft.

Der absolutistische Fürstenstaat verwandelt die Toskana weitgehend in frühmittelalterliche Verhältnisse zurück: die Grundbesitzer dominieren und die Umgangsweisen werden patriarchalisch. Teilweise schlägt dies von oben nach unten durch, teilweise aber auch nicht – dort bildet sich das untergründige Fundament für spätere Aufstands-, Widerstands- und soziale sowie demokratische Bewegungen.

Reformen, Restauration und Einigungsillusionen

Als die Medici-Familie 1737 ausstirbt, fällt die Toskana an Lothringen und damit an die österreichischen (deutschen) Kaiser, bleibt aber selbständig.

Der österreichische Großherzog Pietro Leopoldo (1769–1790) führt eine Reihe von wichtigen Reformen durch: wirtschaftliche und finanzielle, Verwaltungs-Reformen, Abschaffung kirchlicher Privilegien, Auflösung der Jesuiten, Abschaffung der Folter und Todesstrafe (1786). Unter seinem Nachfolger gibt es von 1790 bis 1799 eine große Anzahl von Volksaufständen gegen Teuerung und Arbeitslosigkeit, vor allem in Florenz und Arezzo (1795), 1799 empfängt das Volk begeistert die Franzosen, auf den Plätzen werden Freiheits-Bäume aufgestellt. Rasch wird jedoch die Revolutions-Phase von der Restauration erstickt (»Viva Maria-Bewegung«).

Unter der Decke, in den bürgerlichen Zirkeln und im Volk, gärt seit 1815 der Traum der »Wiedererstehung« (Risorgimento). Die beginnende Industrialisierung des Nordens benötigt ein Expansions-Feld: das ganze Italien. Die »Einigung« wird zum ideologischen Schlüsselwort. Literatur und Kunst, vor allem die Oper (Verdi) stellen sich in ihren Dienst. Politischer Antreiber ist der Republikaner und ständige Revolutionär Guiseppe Mazzini (1805–1872, er lebt zuletzt in Pisa), militärischer Organisator der Freischärler Giuseppe Garibaldi. Die Idee, von Radikalen, Demokraten und Republikanern getragen, wird zum Rausch der Illusion, daß mit der Einheit alle Übel verschwinden werden.

1843 erhebt sich, zuerst in Livorno, das schon in der Restauration widerständig war, das Volk gegen den Großherzog. Seine harten Unterdrückungsmaßnahmen kosten ihn viel Sympathie. Er muß den Demokraten Zugeständnisse machen. Im »Saal der 500« im Rathaus in Florenz treten die beiden Parlamente der Toskana zusammen. Zug der Tausend mit Garibaldi (1860). Bei der Volksabstimmung (1860) stimmen keine 5 Prozent für die Erhaltung des Großherzogtums Toskana. Die Einigung Italiens, für das Florenz von 1865 bis 1871 für kurze Zeit Hauptstadt wird, ist »von unten« erkämpft, vom Volk – unter der Führung von Garibaldi, der zuerst von universaler Brüderschaft, Gleichheit der Klassen und vom Sozialismus spricht, tatsächlich aber kein Konzept hat.

Die Oberschichten unter dem König von Savoyen, Vittorio Emanuele II., und dessen Ministerpräsidenten Cavour biegen die ursprünglichen Ziele um: »Garibaldi ist das blinde Instrument, das ohne Wissen für uns arbeitete« (Costantino Nigra zu Cavour) – aus den Sozialisten werden Nationalisten; an die Stelle der alten Herren treten neue: nicht die Republik, sondern ein Königreich entsteht. Der wirtschaftliche und politische Imperialismus wird vorprogrammiert und später von den Faschisten auf die Spitze getrieben. Die bäuerlichen und regionalen Kulturen werden langsam durch dir bürgerliche ausgerottet. Aus Piemont, dem damaligen »Preußen« der Halbinsel, wird die Bürokratie und das Militärwesen auf ganz Italien übertragen, auch die Diplomatie.

Der Papst, dem 1870 der Kirchenstaat enteignet wird, unterstützt den süditalienischen Banditismus (einschließlich der Mafia) gegen den neuen Staat und die neuen Ideen und gibt die Parole aus: der Katholizismus arbeitet beim neuen Regime nicht mit.

Rasch verfliegt der Rausch der Illusion: angesichts der erhöhten Staatsaufwendungen (Bürokratien, Repräsentation, Klientelismus, Militär), von denen das Volk nichts hat, verschärft sich der Druck vor allem auf die Bauern. Propagandistisch wird er als »Sanierung der Finanzen« dargestellt (wir hören das heute ganz ähnlich). Die Enttäuschung schafft sich Wutausbrüche, auch im Banditismus.

Verbesserte Lebensverhältnisse erhofft sich die Bevölkerung, aber sie erhält nur Repräsentationsgesten. Der Mercato Vecchio (Piazza della Repubblica) in Florenz, seit römischer Zeit der wichtigste Platz, voller Erinnerungen und Leben, wird »gesäubert« – am 20. September 1890 weiht das Großbürgertum das gewaltige Reiter-Denkmal für König Vittorio Emanuele II. ein. Dahinter entstehen 1895 ein gigantischer Triumphbogen (1895) und Portiken (1917).

Soziale Bewegungen

Die Kampfesweisen, die Bauern propagieren, sind typisch für ihre Lage und Schwierigkeiten, sich zu organisieren: subversiv und anarchistisch. Dies führt zum Brigantismus, den es schon früh gibt (Ghino di Tacco, 12. Jh.). Aus der Armut seit dem 17. Jahrhundert, mit ihren Heeren von Bettlern und Vagabunden, entstehen Sozialbanditen. In einem Bürgerkrieg, dem »Krieg gegen die Briganten« (1860–1863) setzt die Regierung riesige Truppen-Massen ein – man spricht von 250 000 Soldaten. 7000 Tote und 2000 Hingerichtete. 20 000 Gefangene. Das Mitgefühl breiter Volksmassen begleitet die Sozialbanditen. Sie verlieren.

Viele Legenden um diese Räuber, die die Reichen ausplündern und die Beute an die Armen verteilen, werden noch nach dem 2. Weltkrieg, vor der Verbreitung des Fernsehens, von Straßensängern auf Plätzen und Höfen vorgetragen. Der Brigantismus ist noch in der frühen Arbeiter-Bewegung ein immenser Diskussionsstoff, auch in der Theorie von Gramsci. Und in den Roten Brigaden fand er ein gewisses Fortleben.

Die frühe Arbeiter-Bewegung der Toskana hat zwei Strömungen: die autoritär organisierten Sozialisten und die unautoritären Anarchisten. Volksdemokratische Tradition wirkt in ihnen weiter. Die anarchistische Bewegung ist vor allem unter den Handwerkern, Eisenbahnern und Bergleuten verbreitet, die Sozialisten unter Bauern und Industrie-Arbeitern. Entsprechend der Bedeutung des Handwerks sind die Anarchisten lange Zeit weitaus aktiver und einflußreicher als die Sozialisten. 1872 schreibt Bakunin seinen berühmten programmatischen Brief an die »italienischen Genossen«. Beim Generalstreik in Livorno (1890) wird Pietro Gori (1865–1911) verurteilt und flieht. 1900 erschießt Gaetano Bresci König Umberto I. 1921 besetzen die Anarchisten Bergwerke, Fabriken und Eisenbahnen. Sie bilden in der Linken eine Mehrheit. Sehr stark sind sie in Arezzo, Grosseto, Carrara, Castelnuovo dei Sabbioni und Pratovecchio. In Arezzo stellen sie eine unabhängige Stadtregierung.

Später saugen die Kommunisten die Anarchisten auf. Es gibt in der PCI auch heute noch anarchistische Tendenzen. In der jugendlichen Linken erwachen sie um 1968 erneut. Das Lied von Francesco Guccini »Die Lokomotive« erinnert an anarchistische Eisenbahner.

1882 wird die Partito operaio gegründet. Nach deutschem Vorbild findet 1891 der erste Kongreß der Partei der italienischen Arbeiter statt (Partito dei lavoratori italiani). Schon mit dem Studenten-Kongreß in Pisa 1896 erhält die Partei wichtigen intellektuellen Einfluß. Am Anfang des neuen Jahrhunderts wird die Partei geschüttelt von den Auseinandersetzungen um den Revisionismus (Bernstein) und reformistischen Sozialismus. Libyscher Krieg (1911). Erst neutral, flüchtet der bankrotte Staat in den Ersten Welt-

Links: Teatro Goldoni (1843) in Livorno – Stätte des Parteitags der Sozialisten 1927. Rechts: Ruinen des Teatro San Marco mit Erinnerungstafel für die Spaltung der Sozialisten und die Gründung der PCI 1921.

krieg (1915): gegen Österreich. Die Sozialisten wenden sich gegen den Krieg.

Die Zehnerjahre lassen breite Schichten rasch verarmen. In der Krise entstehen 1919/20 eine Fülle von Streiks und Fabrikbesetzungen. Die Sozialisten, die es von 52 Abgeordneten (1913) auf 156 (1919) bringen, können sich nicht entscheiden: weder zur Revolution, noch zum Eintritt in eine bürgerliche Regierung. Sie reagieren unaktiv und reformistisch – wie überall in Europa die Sozialdemokraten.

Daher entsteht 1921 beim 17. Parteitag der Sozialisten in Livorno aus ihrem linken Flügel die Kommunistische Partei (PCI). Livorno birgt die historischen Stätten der PCI: die Ruine des Teatro San Marco und das Partei-Haus an der Piazza Republica, in dem noch die erste Fahne zu sehen ist. Amadeo Bordiga und seine Gruppe führen die Partei zunächst im Sinne eines »mechanistischen und abstrakten marxistischen Purismus«. 1923 verändert die kleine Partei ihr Gesicht, vor allem unter dem Einfluß von Antonio Gramsci (1891–1937), der nun Parteiführer wird.

Faschismus und Widerstand

Im Jahre 1919 entstehen zwei Parteien. Die Katholiken kehren zur Politik zurück – in der Volkspartei Don Sturzos, die rechte und linke Interessen verbindet. Der Bund »Fasci di Combattimento« stützt sich vor allem auf das nationalistische Bürgertum. Auch die Kirche unterstützt ihn. Als Mussolini 1922 den »Marsch auf Rom« macht, wird er schon auf dem Weg vom König zum Regierungschef ernannt. Mit Gewalt und Wahlfälschungen erhält er 1924 65 Prozent der Stimmen. Mord am Kritiker Giacomo Matteotti. Krise der Faschisten. 1926/27 festigt sich die zunächst unsichere faschistische Herrschaft zur offenen Diktatur. Umfangreiche Verhaftungen, Schau-Prozesse (Gramsci), Verbannungen, Fluchten und Exil.

Ab 1934 nähern sich in Paris die italienischen Sozialisten und Kommunisten einander. Nirgendwo findet der Faschismus weniger Anhänger als bei den nüchternen Florentinern.

Gramsci analysiert das Scheitern der Räte-Bewegung (1919/20). Er und Togliatti setzen sich von der gängigen offiziell-kommunistischen These des Sozialfaschismus ab und erarbeiten eine neue komplexe Faschismus-Analyse. Gramsci versucht eine Politik zu inszenieren, die die Terrains wirklich und kulturell besetzt: die »Hegemonisierung des Alltags«.

Lohnsenkungen 1926 bis 1934: 50 Prozent. Krise. Arbeitslosigkeit. Ablenkung der Faschisten: ein imperialistischer Krieg (1935) gegen Abessinien soll nationales Prestige bringen. Annäherung an Hitler 1936: die »Achse Rom-Berlin«. Nachdem sich Mussolini noch 1935 gegen den Rassismus

Vandalismus. Obwohl Florenz zur »offenen Stadt« erklärt worden war, verwandelten die deutschen Truppen in der Nacht vom 3. zum 4. August 1944 beim Abzug die historischen Quartiere beiderseits des Arno-Ufers mit Luftminen in eine Trümmerwüste. Nur die alte Brücke (Ponte Vecchio) ließen sie stehen.

ausgesprochen hatte, entstehen auf deutschen Druck hin überraschend die Rassengesetze von 1938. Judenverfolgung. Allerdings: keine Konzentrationslager. Empörung, Widerstand. Breite Solidarität und Hilfe. Erst die Deutschen vernichten italienische Juden.

Der italienische Faschismus ist nur im Prinzip dem deutschen Nazismus ähnlich. In der Praxis wird er »auf die italienische Weise« gehandhabt. Es gibt keine physische Vernichtung der Opposition. Matteotti bleibt das einzige prominente Mordopfer unmittelbarer Verantwortlichkeit. Die Gegner überleben in der Verbannung, ausgenommen Gramsci, der an den Folgen der Haft stirbt. »Einschüchterung und Kontrolle sind weitaus weniger entwickelt als in Deutschland« (Antonio Ferrini). In den Ritzen kann sich Widerstand bilden. Den meisten erscheint die Regierung ebenso als eine Fremdherrschaft wie alle Herrschaft seit Jahrhunderten: sie verinnerlichen den Faschismus nicht. So kann sich der Widerstand gegen den Faschismus in vielen Bereichen ausbreiten – bei linken und aristokratischen Katholiken, bei Liberalen und Sozialisten.

Vor allem aber wird er von den Kommunisten organisiert, die dabei breiteste Bündnisse suchen (Garibaldi-Brigaden). Dieser Leistung und der Tatsache, daß die einst ganz kleine Partei in der Illegalität und im Widerstand reift und sehr elastisch undogmatisch handelt, auch der Tatsache, daß ihre Führung in Verbannung und Exil überlebt, verdankt sie ihren Erfolg in der Nachkriegszeit.

Wichtig ist, daß Italien nicht allein durch die Alliierten, sondern auch durch die Partisanen befreit wird. Mussolini erhält 1943 das Mißtrauen des faschistischen Kronrates, tritt zurück, der König läßt ihn auf dem Gran

Sasso gefangen setzen. Sein Nachfolger, General Badoglio, weigert sich, einen Waffenstillstand abzuschließen, schickt Militär gegen dafür streikende Arbeiter. Die Deutschen besetzen Italien. Der König und die Badoglio-Regierung fliehen in den Süden. Die SS befreit Mussolini, benutzt ihn nun als Strohmann, läßt ihn die »Soziale Republik von Saló« ausrufen und versucht, den Faschismus in nazistischen Terror umzuformen – mit wenig Erfolg.

1944 entsteht im befreiten Süden unter Badoglios Vorsitz in Salerno eine »Regierung der Nationalen Einheit« der antifaschistischen Parteien. Vorbereitung der PCI-Bündnis-Strategie. Im besetzten Norden: über 1 Million Arbeiter streiken. Es gibt über 232000 Partisanen und 125000 aktive Mitarbeiter – trotz Deportationen und Erschießungen. Ablieferungsboykott von Bauern. Steuerstreik von Unternehmern. »In Sansepolcro geht am 17. März die gesamte Bevölkerung trotz Verbotes auf die Straße und Partisanen aus den Mondalpen besetzen die Kaserne«. (Ivano Del Furia). Die Alliierten versuchen vergeblich, die Partisanen zu bremsen.

Härteste Kämpfe zwischen Deutschen und Alliierten an der »Goten-Linie« von Massa Carrara bis Sansepolcro. Nach einem verlorenen Gefecht mit Partisanen erschießen die Nazis die Bevölkerung von Villa Grotta (Arezzo) und bringen Massen um: in Cavriglia, Castelnuovo dei Sabbioni und in Meleto, in Molina di Quosa (Provinz Pisa) das ganze Dorf, in Sant'-Anna di Stazzema (Provinz Lucca) 500 Menschen, 300 in Padule di Fucecchio, weitere Hunderte in Gragnola, Montone, Ponte Santa Lucia und Vinca bei Massa und Carrara. Vor dem Portal von Santa Maria Novella in Florenz: Erschießungen. Hier kommt es zum ersten Male zum Straßenkampf zwischen Partisanen und deutschen Truppen, zum offenen Aufstand des Volkes.

Ein Bericht aus Florenz: »Die Deutschen ziehen sich geordnet zurück. Sie versuchen mitzunehmen, was immer sie bekommen können. Sie zerstören alles und rauben, was immer sie können.« Obwohl zur »offenen Stadt« erklärt, sprengen die abziehenden Deutschen die meisten Brücken und viele Häuser am Arno-Ufer. Der Film der Brüder Taviani »Die Nacht von S. Lorenzo« erzählt vom toskanischen Widerstand.

Aus der Comic-Serie »Sturmtruppen«, die es seit den Fünfziger Jahren gibt: »Judenselbstmord steht nicht im Handbuch des perfekten Henkers.«

Demokratie

Nachkriegszeit

Sofort nach dem Krieg erklären sich die 5 Parteien für gleichberechtigt und teilen paritätisch die öffentlichen Ämter auf – bevor die Alliierten sich regen können. Aber die Revolutionäre haben bereits verloren. Gezielt setzt sich die Rechte mit Hilfe des Südens, der Kirche und der alliierten Truppen Schritt für Schritt gegen die Linke durch. Lediglich der König wird 1946 mit 54,3 Prozent der Stimmen der Volksabstimmung des Landes verwiesen.

Die 1946 gewählte Regierung der »demokratischen Volksfront« umfaßt zunächst auch die Sozialisten und Kommunisten (zusammen 39,6 Prozent Stimmen). Die Sozialisten geraten über die Bündnis-Frage mit den Kommunisten in die Krise und spalten sich: 1947 entsteht die Sozialdemokratische Partei.

Unter dem Einfluß der USA-Politik und der Großwirtschaft drängt der christdemokratische Ministerpräsident Alcide De Gasperi 1947 die Sozialisten und Kommunisten aus der Regierung. Einem Attentat auf den Kommunisten-Führer Palmiro Togliatti folgt ein Generalstreik. Nach einem erbitterten, mit Block-Exkommunikation des Papstes und Antikommunismus geführten Wahlkampf erhalten 1948 die Christdemokraten (DC) die absolute Mehrheit (48,5 Prozent), die Volksfront der Linken sackt auf 31 Prozent.

»1948 war die DC eine kleine Partei von Nobodies. Sie errang einen riesigen Sieg – ohne historische Erfahrung. Die Profiteure machten einen schnellen Schwenk und unterwanderten die Partei. Dann gab es alle fünf Minuten einen Skandal. Die DC ist keine ideologische Partei, sondern eine Vereinigung der Mächtigen zur Machterhaltung. Sie tritt als Chamäleon auf, die allen Leuten alles vorspiegelt«, beschuldigt ein Intellektueller die Christdemokraten.

Nach erheblichen Verlusten in Kommunalwahlen macht die DC 1953 eine betrügerische Wahlrechtsänderung (legge truffa): die Parteikoalition, die 50 Prozent erreiche, solle zwei Drittel der Sitze erhalten – ähnlich dem faschistischen Wahlschwindel von 1924. Generalstreik. Die DC verliert 8,4 Prozent. Minderheiten-Regierung der DC. Viele Kabinette. Die Sozialisten sacken von 20,7 auf 12,7 Prozent ab, die Kommunisten überholen sie (19 Prozent).

»Der Übergang vom faschistischen zum christdemokratischen Regime verlief reibungslos« (Pier Paolo Pasolini). Langsam löst die Führung der DC ihre Politik von ihrem eigentlichen, teils linkskatholischen Wählerpotential und unterstellt sie dem Einfluß der großbürgerlichen Interessengruppen. Der christdemokratische Regierungschef De Gasperi läßt Carabinieri auf

Bauern schießen, die Land besetzen. Jemand sagt mir: »Er war ein großer Staatsmann – zur Aufbereitung des Kapitals für die Amerikaner.« Nun setzt mit Hilfe von Marschall-Plan-Geldern eine stürmische Industrialisierung ein. Schon 1952 liegt die Produktivität 45 Prozent und das Durchschnittseinkommen 31 Prozent über dem Vorkriegsstand.

Zugleich wird von oben her, unter dem Vorwand des »Kalten Krieges«, die soziale Bewegung in große Bedrängnis gebracht: mit US- und vatikanischer Hilfe wird die Einheitsgewerkschaft CGIL gespalten. Die katholische CISL und die republikanisch-sozialdemokratische UIL entstehen. Viele Kommunisten verlieren ihre Fabrik-Arbeitsplätze. Schwarze Listen der Unternehmer. Ein breites »Berufsverbot«. Beamten wird die Entlassung angedroht. Die Kommunisten werden in vielen Bereichen diskriminiert, ausgeschlossen und zur Randgruppe gemacht. Die Rechte hat Erfolg: Die Arbeiter-Bewegung ist lange gelähmt – bis zu den ersten Streiks 1962 in den Turiner FIAT-Werken.

Erneuerung der sozialen Bewegung

Anknüpfend an sehr alte demokratische Traditionen, ausgelöst durch den Anti-Stalinismus in der UdSSR und die Ereignisse in Polen und Ungarn diskutieren seit 1956 Kommunisten offen und kontrovers über einen »italienischen Weg zum Sozialismus«. Schon seit Gramsci wird Kommunismus nicht als reine Lehre aufgefaßt; er hat ein soziales Programm, darüber hinaus herrscht Toleranz, auch im Hinblick auf die Religion.

Das II. Vatikanische Konzil und Papst Johannes XXIII. bringen ein Klima der Öffnung zustande. 1963 gelangen die Sozialisten in das Kabinett Moro. Folge: innere Spannungen, sie spalten sich 1964 erneut – links von ihnen entsteht die PSIUP (Sozialistische Partei der Proletarischen Einheit).

Die PCI spricht nun »vom Kampf für Reformen«, der in der günstigen Wirtschaftsentwicklung fruchtbaren Boden habe. Sie will nicht mehr als Partei die Macht erobern, sondern ein Bündnis von sozialen und politischen Kräften auch unterschiedlichen Charakters soll die Verhältnisse verändern. Die Totalkonfrontation nutze nichts, die Fronten seien differenzierter. Diese Ideen gehen auf Antonio Gramsci zurück, der den linken Pluralismus schon um 1930 theoretisch andeutete.

Die PSI kann ihre Reformen im Kabinett nicht durchsetzen. 1964 fällt die Regierung. Zur selben Zeit arbeitet der Geheimdienst SIFAR in Zusammenarbeit mit der NATO und dem Kommandeur der Carabinieri-Divisionen, Lorenzo, sowie wohl auch DC-Staatspräsident Segni am ersten offenen Staatsstreich-Versuch. Zweite Regierung der linken Mitte. Keine der geplanten Reformen wird realisiert.

Ein einschneidendes Ereignis ist die Studenten-Bewegung (1968). Rektoratsbesetzung in Pisa. Schlacht auf der Piazza San Marco in Florenz. Alle Fragen werden neu gestellt, erschüttern die Linke und regen sie gleichzeitig an. Die Frauenbewegung entsteht.

Die PCI unterstützt den »neuen Kurs« von Dubček in der CSSR, drückt ihre Unterschiede zur Politik der russischen Führung offen aus. Sie bekräftigt das Recht auf Autonomie und eigene Wege jeder Kommunistischen Partei sowie auf Pluralität und Eigenständigkeit innerhalb der Gesellschaft, z.B. für soziale Bewegungen im Katholizismus, bei den Frauen und in den Gewerkschaften. Schon Gramsci hatte gesehen, daß keine Partei die Interessen einer Klasse abdecken kann. Als die DC in die Defensive gerät, gelingt es nicht, die zögernde PCI und die Ungeduld des Anarcho-Syndikalismus zu vereinen.

Dennoch gibt es Erfolge. Die Arbeiter erkämpfen sich nun das Versammlungsrecht, den Zutritt der Gewerkschaften zu Fabriken, die Betriebsräte sowie weitere Rechte. Sie verlieren die Furcht der 50er Jahre. Die Ehe-Reformer erreichen beim Referendum über das Scheidungsrecht 1974 59,1 Prozent der Stimmen. Nun kommen zu den seit 1946 traditionell linken Regionen Emilia Romagna, Toskana, Marche und Umbrien noch Latium, Ligurien und Piemont hinzu, und Florenz, Genua, Neapel, Tarent, Turin, Venedig sowie 1976 Rom erhalten linke Bürgermeister. Die Wahl 1976 hat zwei Sieger: trotz gewaltiger, das Land erschütternder Skandale erhält die DC 38 Prozent der Stimmen; die PCI bucht ihren größten Erfolg mit 33,8 Prozent. Die »Democrazia Proletaria«, in der sich Il Manifesto, Lotta Continua und Avantguardia Operaia verbünden, hat keinen Erfolg bei den Massen, aber bei den Intellektuellen.

Der historische Kompromiß

Unter dem Eindruck des Pinochet-Staatsstreiches in Chile (1973) entwickelt die PCI die Politik des historischen Kompromisses, oft vollkommen mißverstanden als reines Regierungsbündnis. Aus der Erkenntnis erwachsen, daß man nur in weitausgreifenden und von vielen getragenen Zusammenhängen Veränderungen bewirken kann, ist es der Versuch, mit den sozialen Strömungen des Katholizismus, deren Ethik bedroht ist, ein Bündnis zur Umgestaltung des Landes zu schaffen, als gesellschaftliche Perspektive, in die Differenzierung und Pluralität eingeschlossen sind. Die indirekte Unterstützung, das heißt Tolerierung der Minderheitsregierung von DC und Sozialisten, bringt den Kommunisten zwei wichtige Erfolge: eine fundamentale Erweiterung der Rechte der Regionen und damit der Möglichkeiten ihrer Mehrheiten sowie ein zweites, nun links orientiertes Fernseh-Programm (RAI II). 1978 entsteht eine neue DC-Regierung, die von der PCI toleriert wird.

Als die Kommunisten indirekt an der Regierung teilnehmen, entsteht 1969 mit dem Massaker auf der Piazza Fontana in Mailand der Terrorismus: Zunächst, wohl von Geheimdiensten gesteuert, als Provokation, beginnt er bei den Rechtsextremen und zieht dann ein in linke Potentiale. Er ist eine außerordentlich vielschichtige Erscheinung mit vielen Strömungen. Es spielen mit: uralte Traditionen des Sozial-Banditismus, das Mißtrauen, die Kommunisten würden nun nicht mehr an wirklichen Veränderungen mit-

61 *Karikaturen von Forattini: Amintore Fanfani (DC), Papst Johannes Paul II (Woityla), Giorgio Almirante (MSI)*

wirken, die Ungeduld, ein Überspringen rechter Gewalttätigkeit, vor allem aus dem Süden, auf einen Teil der Linken. Es gibt viele Anzeichen dafür, daß in- und ausländische Geheimdienste die Terroristen links und rechts fördern und Provokateure einschleusen, um Vorwände für die innere und äußere Militarisierung des Staates zu schaffen sowie die gesamte Linke, vor allem die Kommunisten, zu diskreditieren.

Die PCI geht rasch zum Gegenangriff über, macht aber erhebliche Zugeständnisse durch die Rücknahme von Freiheitsrechten. Die Roten Brigaden finden keine Massen-Basis, auch weil sie weithin sehr abstrakt bleiben. Der Schriftsteller und Journalist Gian Franco Venè: »Uns in Ober- und Mittelitalien liegt die Gewalt als Mittel politischer Auseinandersetzung traditionell fern. So war der Einbruch des Terrorismus für uns furchtbar: er zerstörte Gespräche, die Dialektik der Kultur, die Vernunft.«

Als der christdemokratische Parteisekretär Aldo Moro 1978 die Kommunisten direkt in die Regierung holen will, um der politischen Realität Rechnung zu tragen, wird er von Terroristen entführt und umgebracht – höchstwahrscheinlich auf Veranlassung der Rechten oder ihres Geheimdienstes –, um die Polarisierung aufrechtzuerhalten und durch den Tod Moros die Linke zu diskreditieren. Es gelingt: das informelle Regierungs-Bündnis ist zerstört.

Ein zweiter Schock: In den Wahlen fällt die PCI von 33,8 Prozent auf 30,4 Prozent. Kritik: der Rückschlag sei eine Antwort darauf, daß die PCI angefangen habe, »die Sprache des Palastes zu sprechen«. Diskussionen um einen Kurs zwischen »Regierungspartei« und »Kampf-Partei«, der in seiner komplizierten Dialektik schwierig ist.

»Die Leute vergessen schnell. Als ob nichts gewesen wäre. Aber man braucht ein historisches Gedächtnis, sonst erkennt man keinen Punkt als Teil eines Zusammenhanges« (Luigi Tommasi).

Dunkle Kanäle der Macht und ihre Skandale

1981 protestiert der linke Flügel der Christdemokraten gegen die »mafiaartigen« Logen in ihrer Partei. Vergeblich. Nach unten sind längst überall Netze nach altrömischem Muster gesponnen: Klientelismus, das heißt Abhängigkeiten durch eine Fülle von Posten und Pöstchen. Eine mittelalterliche Pfründen-Verteilung. Dazu werden Staatsbetriebe willkürlich aufgebläht. Minister Andreotti, im Abonnement in der Regierung: »Macht verschleißt nur den, der sie nicht hat.«

Tatsächlich gibt es heimliche Kommunikationsnetze geradezu verschwörerischer Natur. Eine geheime Liste mit 962 Namen kommt zutage.

Generalsekretär Ciriaco De Mita (DC), Pietro Longo (Spezialdemokraten), Generalsekretär Enrico Berlinguer (PCI).

Unter ihnen befinden sich 100 Abgeordnete des Zentral-Parlamentes – aus allen Parteien, ausgenommen die Kommunisten, die sich »sauber« (pulito) hielten.

Offensichtlich mit Wissen des Großmeisters aller italienischen Freimaurer-Logen, des Florentiner Medizin-Professors Lino Salvini, Mitglied der Sozialisten, baut Licio Gelli, Miteigentümer mehrer Firmen und Finanzspekulant, von seiner Villa Wanda in Arezzo aus eine nach der Verfassung nicht erlaubte Geheimloge auf, die »Propaganda 2«, kurz »Pi due« genannt wird.

Gelli ist nur eine verschobene Figur. Tatsächlich geht es wohl um illegalen Geld-Transfer ins Ausland, vor allem um Geldströme nach Südamerika. Die P2 wächst sich aus: zum Kontaktnetz für Macht und Korruption, »mit tausend Fäden zu allem, bis hin zur Mafia und Camorra sowie zum Drogenhandel«. Zum Einschleusen von Mitgliedern und Günstlingen in Schaltstellen. Zur Finanzierung von Wahlkämpfen mit riesigen Industrie-Geldern.

Schließlich: ein Staatsstreich-Plan. Gelli und Salvini tragen ihn dem (später wegen Korruption abgetretenen) Staatspräsidenten Leone (DC) vor – mit »Säuberung« des Landes, so Salvini. Verbindungen gibt es wohl auch zu den Roten Brigaden. Die Loge verhindert lange Zeit die Terroristen-Bekämpfung: Über den Terror will sie den geplanten Staatsstreich als notwendige Maßnahme hinstellen – nach bekanntem Muster. Auch mit dem Bomben-Anschlag in Bologna 1979 wird die P2 in Verbindung gebracht.

Nach der Aufdeckung der Geheimloge erzwingen die Freimaurer-Logen sofort den Rücktritt des Großmeisters Salvini. Viele Karrieren enden erst einmal. Militärs werden suspendiert. Politiker müssen »verschwinden«. Der sozialdemokratische Handelsminister Pietro Longo muß 1984 gehen, als die Untersuchungs-Kommission des Parlamentes unter dem Vorsitz von

Giovanni Spadolini (Republikaner), Giulio Andreotti (DC), Präsident Sandor Pertini (PSI).

Tina Anselmi (DC) die Echtheit der Liste bestätigt. Der flüchtige Gelli wird in einer Genfer Bank festgenommen, als er am Schalter die Kleinigkeit von 10 Millionen Dollar in bar abheben will – von seinem Konto, das auf über 100 Millionen Dollar geschätzt wird. Er besticht seine Schweizer Bewacher und entkommt nach Südamerika.

Viele Italiener sind überzeugt, daß es so byzantinisch zugeht wie einer sagt:»Die Herren werden zum Fenster herausgeworfen und kommen zur Tür wieder herein.« Gewöhnt haben sich eigentlich fast alle an die ständigen Skandale – auf irgendeine Weise. Resignation und Gleichgültigkeit (Menefregismus) helfen den herrschenden Mächten, die mit antikem Zynismus lavieren.

»Verteidigungsminister Andreotti (fünfmal Ministerpräsident, 13mal Minister) war so gekauft, daß er Herkules-Flugzeuge kaufte. Der Umgang mit Skandalen ist vertraut. Als ein Journalist zu Andreotti sagte: Hier sind die Beweise, daß Sie Geld genommen haben! zuckte er bloß die Achseln. DC-Mäzen Sindona, in den USA zu 12 Jahren Gefängnis verurteilt, Bankier im Vatikan, ließ sich zum Schein von der Mafia entführen. Nach vielem Hin und Her sagte er der Partei, fast ironisch, die Mafia habe nicht 12, sondern nur 11,5 Millionen bekommen.«

Die Dialektik der Skandale

»Weil soviele Skandale geschehen, ist alles entheiligt, nichts mehr unberührbar. Aus diesem Grunde gibt es inzwischen die absolute Freiheit des Redens. Man sagt alles. Aber es passiert nichts, wenn gesprochen wird. Die Macht bleibt eine uneinnehmbare Burg«, sagt der Intellektuelle Marco Erede.

»Die Italiener sind immer von Ausländern beherrscht worden – seit über 1 000 Jahren. Der Staat ist für sie etwas Fremdes. Seit dem Cäsaren-Wahn. Seit den deutschen Kaisern. Das ist wohl der Grund dafür, daß es kein Volk gibt, das eine solche Unabhängigkeit vom Staat entwickelte. Wir haben das Gefühl: der Staat lebt ein absolut anderes, von uns unabhängiges Leben. Der Ausdruck unseres absoluten Mißtrauens gegen den Staat – nicht gerade intelligent, aber treffend – ist der oft benutzte Satz: »Es regnet – daran hat die Räuber-Regierung Schuld« (Piove, governo ladro). Wir sind uns bewußt, daß die, die wir wählen, im Grunde schon korrupt sind. Wer durch die Politik Einkommen und Gewinn erzielen kann, ist meist alkoholisiert von ihr. Die Leute in der Regierung sind oft seit 40 Jahren an der Macht und tun nichts als ihre Sicherheit zu zementieren.«

In der Oberwelt waren die Geheimdienste immer schon ein wichtiges Mittel der Mächtigen: die Unterwelt der Oberwelt. Die Leute machen sich darüber keine Illusionen. Puccini stellt sie in seiner Oper »Tosca« (1900) bloß: Lug, Betrug und Mord. Der SID muß aufgelöst werden, so tief ist er in die Korruption verstrickt – in den Erdölbetrug von 1980 und in illegale Waffenlieferungen. Was fehlt einer Geschichtsschreibung, die die Geheimdienste nicht einbezieht?

»Die Zusammenarbeit von DC mit Mafia und Camorra ist offenkundig.« Der Kommunist Franco Talozzi, sechs Jahre lang Bürgermeister im kleinen Anghiari, artikuliert die Dialektik der politischen Verhältnisse: »Wir leben in einem Land, das einerseits wunderbar ist, auf der anderen Seite ein Abgrund. Wir hier unten überleben nur aufgrund unseres Realismus. Wir durchschauen jede Form von Lug und Betrug und wissen, daß unsere Welt kein Paradies ist. Was für Schläge haben wir in den letzten 15 Jahren einstecken müssen: Regierungen von Räubern und den Terrorismus. Aber wir sind sogar unter den Christdemokraten nach vorn gekommen. Wir. Es gibt ein lebendiges öffentliches Leben, rege Diskussionen, eine freie Presse wie nirgends – in welchem Land hast du das so? Denn trotz oder wegen all dieser Erfahrungen gibt es in der Toskana an der »Basis« im Volk eine tiefgreifende Politisierung. Hohe Wahlbeteiligung. Keine Tradition des Unpolitischen.«

Gegen die Korruption

»Die Kommunisten sind eine große Kraft gegen die Korruption. Tatsächlich haben sie kaum Skandale. Sie könnten sie nicht verstecken, denn die bürgerliche Presse sucht bei ihnen eifrig – in der Hoffnung, eine Kompensation zu den täglichen Skandalen da oben zu finden.« Parteiführer Enrico Berlinguer lebte in einer Mietwohnung – als Symbol dafür, daß man als Politiker nicht reich werden darf. Die PCI ruft ständig zur »moralischen Erneuerung« auf.

Hingegen gerieten die Sozialisten nicht nur durch den Geheim-Logen-Skandal ins Zwielicht, sondern auch dadurch, daß sie – unter Führung von Bettino Craxi – als Zünglein an der Waage zwischen allen Machtblöcken lavieren und grotesk unverhältnismäßige Preise erzielen: nicht etwa programmatischer Art, sondern in Form von Karrieren.

1. Mai in Arezzo: Die rote Nelke, das Symbol der Sozialisten. Rechts: Bettino Craxi (PSI).

Stein im Taubenhaus: die Radikalen

Eine zweite Kraft gegen die Korruption ist die Partito Radicale – »eine unangenehme Partei für alle – sie beißt. Ein Stein im Taubenhaus. Sie bringt Unruhe in den faulen Frieden.« Im 19. Jahrhundert, als bürgerliche demokratieorientierte Partei entstanden, verfiel sie und erlebte ihre Neugeburt mit der Studenten-Bewegung, Bürger-Initiativen und der ökologischen Bewegung, die rasch in die kleine Partei eindrangen und sie zum Vehikel machen konnten.

Ihr phantasiereicher Kopf, Marco Panella, machte nach dem Vorbild von niederländischen Provos und Kaboutern eine Fülle von Happenings. Die Partei ist klein, aber sie hatte viele wichtige Erfolge – so initiierte sie Gesetze zur Scheidung und Abtreibung sowie zur Kriegsdienstverweigerung (allerdings werden die Zivildienstler mit einem zweiten Dienstjahr bestraft), die dann von der Linken durchgesetzt wurden. Viele Radikale begingen kalkulierte Rechts-Brüche, scheuten kein Gefängnis, lenkten die Aufmerksamkeit auf die Aktion – wie zum Beispiel Francesco Rutelli, der »Ungehorsam und Desertation« aus der Armee predigte.

Demokratisches Leben

Der Schriftsteller und Journalist Gian Franco Venè resümiert: »Die Leute haben sich immer zusammengesetzt. Straße und Platz sind wichtige Momente. Die Demokratie ist eigentlich uralt. Es ist die Anarchie des 15. Jahrhunderts. Das Volk nimmt seit jeher an allem teil. Es gibt eine große Freiheit zwischen den Leuten. Ihre Beziehungen sind dialektisch. Oft ironisch. Oft herausfordernd.«

Eine Geschichte aus den 50er Jahren, als die Carabinieri noch gefürchtet waren, erzählen sich die alten Leute in Anghiari, wenn sie erklären wollen, aus welchem typisch toskanischen Geist die Demokratie entstanden ist. »Da gab es einen, der sich gern betrank. Eines Abends kam der Marschall der Carabinieri in die Bar Garibaldi und sagte: »Geh ins Bett, es ist elf Uhr!« – Der Mann stand ruhig auf und ging. An der Ecke des Platzes, vor der Loggia, drehte er sich um und rief: »Oh, Marschall, um welche Zeit muß ich morgen früh aufstehen?« Und alle lachten über den Marschall.«

Politik ist im besten Sinne die Kunst, dem anderen die Freiheit zu lassen und überzeugte Übereinstimmung zu finden. Daher verhandeln die Bürgermeister fast unendlich mit den Vorsitzenden der Fraktionen, reden mit allen, ob christdemokratisch oder kommunistisch – um so weit wie möglich Konsens zu finden.

Gian Franco Venè: »Unsere politische Basis sind Don Camillo und Peppone – aber nicht aus Gleichgültigkeit, sondern weil wir auf der Basis der Tatsachen eigentlich das Gegenteil des Ideologischen sind. Die Etiketten haben wenig Sinn, man muß flexibel sein.«

Grundlage ist eine Toleranz, die aus der Neigung entstand, Klischees nicht mit den Tatsachen zu verwechseln. Toskanischer Sinn für Realität. Roberto Santi, ein junger Kommunist, sagt: »Meine Mutter ist eine Arbeiterfrau. Sie hat immer christdemokratisch gewählt – in einer kommunistischen Gegend. Du könntest ihr den Kopf abschlagen, sie würde das nicht ändern. Das ist Tradition. Aber sie ist ziemlich aufgeklärt. Weißt du, es gibt reaktionäre Kommunisten und revolutionäre Christdemokraten.«

Demokratisches Leben: eine Ratssitzung in Anghiari – ähnlich den mittelalterlichen Volks-Versammlungen. Selbstbewußt nimmt die Bevölkerung teil. Informelle Demokratie.

Der Oberbürgermeister von Bonn, Dr. Hans Daniels MdB (CDU), und der Bürgermeister von Anghiari, Gianfranco Giorni (PCI). Rechts: Freundschaftliches Gespräch zwischen einem reichen Großbürger und dem Bürgermeister von Sansepolcro, Ivano Del Furia (PCI).

Der Erfahrungsreichtum von Geschichte und Gegenwart gibt den meisten Menschen die Möglichkeit, sich in vieles hineindenken zu können. Der Sänger Francesco Guccini formulierte es in einem Lied auf seine Weise: »Ich alles, ich nichts, ich Arschloch und Säufer, ich Dichter, ich Narr, ich Anarchist, ich Faschist, ich reich, ich ohne Geld, ich Radikaler, ich Homo, ich normal, Neger, Jude, Kommunist...« (1975). Einen solchen Text erfindet man nicht.

Daraus geht auch die Weise hervor, mit der Wirklichkeit zu arbeiten: Die meisten Toskaner glauben weder an Wunder noch an die Revolution, die ihnen als eine andere Art des Wunderglaubens erscheint. Ihre Stichworte: allmähliche Umwandlung (trasformazione), über vielerlei Vermittlungen (mediazione). Daraus entstand seit Gramsci und Togliatti die Konzeption der PCI, geradezu klassisch symbolisiert mit Berlinguer – was ihn auch Nichtkommunisten verständlich machte. Die Methode: Verstehen, akzeptieren und die innere Dialektik geschickt, offen und vielfältig beschleunigen – nicht opportunistisch, sondern herausfordernd, nach vorn treibend (was sie oft von anderen Reform-Parteien Europas unterscheidet).

Nur so läßt sich begreifen, warum Gesellschaft und Staat gegen den Terrorismus nicht einfach Rache ausüben, sondern real die Amnestie vorbereiten (kaum in der BRD vorstellbar). Auch daß es in Italien keine Frustration auslöst, nicht in der Regierung zu sein – unter dem Gesichtspunkt der Transformation ist man immer irgendwie dabei, hat immer ein wenig Einfluß, es bewegt sich stets etwas. Diese Verhaltensweisen sind geradezu ungeschriebene Spielregeln geworden, etwa wenn die christdemokratischen Ministerpräsidenten, ohne die Absicht, Wohlwollen zu erlangen, einen Teil der Forderungen aller Parteien, auch der Kommunisten, selbst der Faschisten, in ihre Regierungsprogramme aufnahmen und auch verwirklichten. Dadurch regierten die Kommunisten vor und nach dem »Historischen Kompromiß« mit.

Dieses Gefühl, nicht auszuschließen und nicht ausgeschlossen zu sein, stammt offensichtlich aus der Erziehung und dem Alltagsverhalten in der Familie und auf dem Platz. Von dort her strukturiert es die gesellschaftlichen Prozesse in der politischen Ebene.

So ist es nicht Taktik, sondern Überzeugung, wie in Italien inzwischen auch Christdemokraten zugestanden, wenn die PCI – selbst in Stadtparlamenten – nicht nur über Nicaragua und Beirut diskutierte, sondern sich auch entschieden auf die Seite der polnischen Solidarnoşc-Bewegung stellte. Als Moskau reagierte und »ungeheuerlich, frevelhaft, unannehmbar und absurd« sagte, schrieb die PCI-Führung trocken nach Moskau: Man brauche Argumente und Diskussion auf der Basis der Gleichheit und gegenseitiger Achtung statt Beschimpfungen und Verurteilungen.

Solche Denkweisen prägen auch die Reden, etwa von Antonio Bassolino aus der römischen PCI-Parteileitung, der auf dem Unità-Fest in Arezzo spricht (1984). Er beschränkt seine Feind-Bilder auf wenige Personen, dehnt sie nie auf ihre Anhänger aus, unterstellt ihnen stets Offenheit und Veränderungsfähigkeit, appelliert an die Sozialisten (»ehrliches Nachdenken«). Keine Ausgrenzung, sondern Umarmung. Er skizziert die Weltfragen – bindet sie aber »an den Menschen, der Anfang und Ziel ist« und kommt immer wieder auf Regionalfragen zurück. Er kritisiert selbstbewußt, verfällt nie ins Lamentieren, arbeitet gegen die Angst, leitet über zu Optimismus und zu Forderungen. Er stellt Offenheit her durch Selbstkritik (»Eine Partei, die viele Mängel hat und viele Fehler machte, aber die Hoffnungen trägt«). Er macht Politik sinnlich an Personen (»Berlinguer – ein großer Mann, der genauso wie jeder war, dieselben Gefühle hatte...«). Er appelliert an den Gerechtigkeitssinn (»für das Recht, ohne Raketen zu leben«), an die Verantwortlichkeit, an die Hoffnung, an die Fähigkeit, zugleich oben und unten zu arbeiten.

Innerhalb einer vielfältigen, sehr freien Gesellschaft ist es die Kunst des Politikers, die Leute zusammenzubringen. Nicht von einer Einheit zu träumen, die Illusion ist, sondern ständig zu vermitteln, immer wieder den Konsens zu schaffen, der sich immer wieder auflöst – eine Struktur der Normalität.

»Wir sind nie eine Partei russischer Projektion gewesen«, sagt Parteisekretär Bassolino, »wir sind bäuerlichen Ursprungs... wir sind ein Stück Sozialgeschichte, eine Macht der Tradition und der Modernität, eine Kraft der Freiheit... Rot waren unsere Fahnen, rot bleiben sie...«

Ein PCI-Bürgermeister: »Wir haben es nicht mehr mit einer Masse uniformierter Bauern zu tun, sondern der Bauer von gestern ist heute Kaufmann. Der Rechtsanwalt ist Sohn eines Holzfällers aus dem Gebirge. Aber sie denken in vieler Weise wie einst.« Er fährt fort: »Je nachdem, zu wem man spricht, muß man die Sprache finden. Nicht aus Opportunismus oder Sympathie, sondern weil in der Sprache mehr ist als die Übermittlung der Sachverhalte: hinter dem Wort, das man benutzt, stehen bestimmte Erfahrungen. Und darüber hinaus ist die Sprache eine ganz bestimmte Art der Kommunikation, die ich anerkennen, aufgreifen oder herstellen, aktivieren und investieren will.«

Was Nord- und Mittelitalien – von der Mikro-Ebene der Familie und der Piazza bis in den Makro-Bereich der Politik – charakterisiert, ist die dialogische Struktur. »In einer Minute kann man den Schlüssel zu einem Problem haben – im Gespräch. Das ist Intelligenz. Der Dialog ist die Frucht des Fortschritts und schafft Fortschritt«, sagt Fabiano Giabbanelli. »Ich glaube«, sagt ein junger Kommunist, »daß in den Ostblockländern vieles gut, vieles errungen ist – aber was fehlt? Die Kontakte, die Kommunikation, die Öffentlichkeit. Der von Chruschtschow versprochene Austausch der Ideen ist nicht weitergegangen – das ist ihre Tragödie.« Eine typisch toskanische Kritik.

Oft sind jedoch die Tugenden zugleich die Mängel. Man kann nicht übersehen, daß die flexiblen Umgangsweisen einerseits viele Möglichkeiten und Perspektiven eröffnen, andererseits aber auch ein hohes Maß an Zynismus zulassen und tolerieren. Sie erklären teilweise auch, warum es Korruption, den Schlendrian von Verwaltungen, ja auch Mafia und Geheimbünde geben kann, selbst gelegentlich die Folter von Terroristen.

Andererseits aber wird mit einer Offenheit damit umgegangen, diskutiert, geschrieben, gefilmt (Damiani, Rosi, Taviani), wurden folternde Polizisten ins Gefängnis gebracht, wie es nördlich der Alpen nur selten wahrgenommen wird. Der Zynismus findet immer seine aktive, wenn auch nicht immer wirkungsvolle und erfolgreiche Gegenseite. Denn in dieser dialektischen Struktur sind meist alle Kräfte beweglich.

Die Erfahrung der Vielschichtigkeit fixiert die meisten Menschen nicht mehr auf Patent-Lösungen, schon gar nicht auf rasche. Bereichsweise entstehen sogar demokratische Tragödien: die Anti-Terror- und die Anti-Mafia-Gesetze gehen außerordentlich weit, teilweise auch in ihrer Realisierung, werfen zugleich aber auch Probleme auf, die die Rechtsstaatlichkeit in Frage stellen. Die Leute wissen, daß sie zwischen Skylla und Charybdis leben – und daß man daraus nicht entkommt, schon gar nicht auf simple Weise. Daher bietet selbst die Politik hier weniger simplifizierende Verheißungen an als in den meisten anderen europäischen Ländern.

Kommunist sein – eine Selbstverständlichkeit

Was der Tourist nicht sieht, oft auch nicht sehen will oder kann, ist die Tatsache, daß es für die Mehrheit der Toskaner seit langem selbstverständlich ist, Kommunist zu sein. Aus freien Stücken. Schon der Großvater hat dem Enkel Arbeiter-Lieder vorgesungen. Ganze Familien sind kommunistisch. Sie verbergen es nicht, sagen es nicht entschuldigend oder kleinlaut wie in vielen anderen Ländern, sondern selbstbewußt und stolz – mit dem Hinter-

Partei-Haus: Antonio Gramsci, Enrico Berlinguer, Palmiro Togliatti.

grund, daß sie die wichtigste unter mehreren Kulturen der Toskana bilden. »Vor 30 Jahren kamen die Carabinieri, wenn einer die rote Fahne heraushing – heute ist das normal.« Als sich die CPI von den Ostblockländern absetzte, lief das Gespenst der Feind-Bilder, das ihre Gegner aufgebaut hatten, ins Leere. Heute sind auch sie so klug und die Bevölkerung so aufgeklärt, daß das Spiel mit dem Bürgerschreck nicht mehr benutzt wird. Die Parteien-Konkurrenz hat sich normalisiert, auch in den Medien.

»Die PCI«, sagt eine alte Frau, »ist die größte kommunistische Partei der Welt, die bei freien Wahlen zustande kam.« 1977 hat sie 1,8 Millionen Mitglieder. Bei der Europa-Wahl 1984 wurde sie zum erstenmal in ihrer Geschichte stärkste Partei Italiens (34,4 Prozent; DC 33,3 Prozent). In der Toskana besitzt sie in weiten Bereichen die absolute Mehrheit, einzig die Provinz Lucca ist »weiß«, das heißt christdemokratisch. In Empoli wählten 1979 62 Prozent die PCI. In Livorno erhält sie in breiten Stadtbereichen 70 Prozent. Im Gegensatz zu Frankreich, wo $^9/_{10}$ der Kommunisten in den Städten wohnen, hat die italienische Linke ihre Hochburgen ebenso auf dem Land, vor allem um Siena und im Chianti. Hintergrund: die Landarbeiter-Familien der großen Güter und die Bauern der ehemaligen Mezzadria mit ihrer Sozialgeschichte und dem Streit um die Agrarreform.

Auch wenn die Zentralregierung in Rom christdemokratisch geführt ist und es wohl noch lange Zeit bleiben wird, kann sie heute nicht mehr gegen die roten Regionen Mittel- und Norditaliens regieren.

Verwaltung

Das Volk spottet oft und gern über die Bürokraten. Und der Bürgermeister sprach der Volksseele aus dem Herzen, der Anzeige gegen sämtliche seiner Rathaus-Beamten erstattete: als er eines schönen Montags auf keinem der 204 Arbeitsplätze einen angetroffen hatte.

Tatsächlich sind die meisten Bürokratien Italiens ärgerlich unproduktiv – aus vielerlei Gründen, die mit historischer Fremdherrschaft, Zentralismus, Klientelismus zu tun haben. Bislang durchsetzt die Politik die bürokratischen Apparate lediglich zur Verteilung von Pfründen, kontrolliert sie jedoch so gut wie überhaupt nicht. In den Wahlkämpfen und Tagesdebatten spielen andere Themen eine Rolle.

Innerhalb dessen gilt in Italien die Toskana als die – relativ – bestverwalteste Region. Vor allem in den Gemeinden. Sie besitzt die entwickeltsten Infrastrukturen. Für die Toskaner ist das – vor allem im Vergleich – durchaus fühlbar, nicht nur für den »Normal-Bürger«, sondern auch für Manager und landbesitzende Grafen. Das veranlaßt viele Leute, die sonst wohl keine Kommunisten wählen würden, ihre Stimme der PCI zu geben. Ein solcher Graf sagt: »Ich kann mit dem kommunistischen Bürgermeister am vernünftigsten verhandeln, er ist korrekt, und außerdem haben die Kommunisten Kultur.«

Kritik an der PCI

Gerade weil die Partei offen ist, gibt es in ihren Reihen vehemente Kritik. Viele Genossen verkennen nicht, daß sie in Schwierigkeiten steckt – fügen jedoch hinzu, daß Schwierigkeit ein Normalzustand ist. »Die PCI ist ein großer Elefant, der Mühe hat, der komplizierten Realität zu folgen.« – »Sie soll weniger ans Regieren denken als daran, wie man die Sachen wirklich ändert.«

Die Partei-Struktur ist überholungsbedürftig: die gewachsenen demokratischen Diskussionen nagen an älteren Formen, Versammlungsriten und Verhaltensweisen sowie an der von vielen für unfähig gehaltenen Bürokratie sattgewordener und substanzloser Etablierter, vor allem in der mittleren Ebene. Weithin wird nur getagt und geredet statt gearbeitet – eine Art Aufsichtsrats-Mentalität.

Diese Kritik wird offen formuliert – etwa in Reden bei den Unità-Festen, aber auch in der Tageszeitung »l'Unità« und der Wochenzeitschrift »Rinascimento«. Auch die Reform der Unità-Feste wird gefordert.

»Vor allem haben sich die Probleme verschoben,« sagt der Genosse Franco Talozzi, 47, »viele sind gelöst, der Kampf um das Brot, um den Urlaub, um den Wohlstand ist gewonnen. Heute kämpfen wir vor allem mit den Problemen der menschlichen Entwicklung: um Ökologie und Kultur. Viele Leute begreifen sie schlecht, das ist die Schwierigkeit in und außerhalb der PCI. Sie sprechen ihren Egoismus nicht an, ja sie scheinen ihren Konsumismus zu gefährden, der eine satte Kleinbürger-Mentalität erzeugt hat. Viele fühlen sich wie Fürsten. Ersetzt der Supermarkt den Raum zum Nachdenken über Politik? Die Radikalen haben viele neue Fragen, auch die Jugend- und Frauen-Problematik, stärker aufgenommen und entwickelt. Die PCI darf sich ihnen nicht verschließen. Die Partei ist noch zu wenig sensibel, bringt noch zuviel von den alten Sprüchen. Wir können nicht auf der Basis alter gelöster Probleme agitieren. Auch die alten Mythen sind gefallen: Rußland und China erscheinen uns nicht mehr als Paradies; Polen mit seiner unfähigen und korrupten Partei war ein Choc; es war ein großer Irrtum der UdSSR, die Partei in der CSSR zu zerstören. Wir kannten einst die UdSSR durch Stalingrad; die neue Generation kennt sie nur durch Panzer. Was ist Sozialismus? Doch keine Zauberformel! Wir haben neue Probleme und neue Fronten. Eine Linkspartei muß das sehen, muß nach vorn sehen. Nachdem der Hunger und das Elend überwunden und ein gewisser Wohlstand erreicht wurde, sind viele Arbeiter zu kleinbürgerlichen Fröschen geworden – mit Haus, Auto, Besitz- und Statusfetischen und Selbstgenügsamkeit. Sie kämpfen nicht mehr. Sie machen es wie die Konservativen: sie sehen die Welt vom Sessel aus, nicht als Bewegung. Es gibt viele Probleme: Wie sieht unsere Stadtplanung aus? Unser sozialer Wohnungsbau? Was geschieht mit den Alten? Wie holen wir die Jugendlichen in eine entwickelte Kultur? Wie verteidigen wir die Öffentlichkeit und entwickeln sie in den Beton-Vorstädten? Wie werden die Frauen gleichberechtigt?«

»Man muß den Konflikt als Kraft nutzen. Es waren die Konflikte, die die Renaissance geschaffen haben. Nur wenn wir eine ständige Herausforderung und Schule unserer Leute sind, geht es nach vorn.«

Hoffnung? »In vielen anderen Ländern«, sagt Franco Talozzi, »wird nur gestreikt, wenn das Wasser am Halse steht. Hier machen wir darüber hinaus noch vieles... Da stehen Massen auf dem Platz, aber nicht wie bei Mussolini und Hitler, sondern mit dem Kopf. Wir sind die ersten in der Welt, was demokratisches Bewußtsein anbelangt... Die CGIL-Gewerkschafts-Demonstration gegen das Craxi-Dekret, das die Bindung der Löhne an die Inflation auflöste, war die größte Demonstration der italienischen Geschichte: eine Million Menschen kamen nach Rom... Noch größer: nach dem Tod Berlinguers versammelten sich in und um eine der römischen Hauptkirchen, San Giovanni in Laterano, rund zwei Millionen Menschen... Italien ist nach den desillusionierenden Ereignissen im Ostblock der vielleicht wichtigste Bezugspunkt für eine der großen Menschheits-Ideen geworden – für einen Kommunismus, der unorthodox ist...«

Die kulturelle Tradition der PCI

Neben der niederländischen ist die italienische kommunistische Partei die unorthodoxeste. Das geht auf mittel- und norditalienische historische Traditionen und Mentalitäten zurück, die sich schon kurz nach der Partei-Gründung gegen die Maximalisten durchsetzen. In keinem Land waren die Intellektuellen in der sozialen Bewegung so akzeptiert und integriert und die Arbeiter so offen, sich selbst intellektuell zu entwickeln wie in Italien – gewiß eine Frucht der dialogischen Struktur des Zusammenlebens, wie es die Öffentlichkeit von Straße und Platz förderte.

»Unsere Führer waren teils Intellektuelle wie Gramsci und Togliatti, teils Autodidakten. Da der Faschismus sie nicht physisch vernichtete, wie in anderen Ländern, konnten sie im Gefängnis und in der Verbannung studieren.«

Eines der ältesten und interessantesten Volkshäuser der Toskana: Colonnata in Sesto Fiorentino, einer Arbeiter-Gemeinde nordwestlich von Florenz. Vor allem Florenz besitzt einen Kranz dieser Treffpunkte, die zur Infrastruktur des politischen Lebens gehören.

Von Antonio Gramsci (1891–1937) stammt die wichtigste, komplexeste und subtilste Kultur-Theorie der sozialen Bewegungen. Inzwischen auch in vielen anderen Ländern verbreitet, versteht man sie jedoch erst tiefgreifend, wenn man sie auf dem Hintergrund ihrer spezifisch italienischen Erfahrungen liest. Gegen einen simplifizierenden Ökonomismus, in der sozialen Bewegung weit verbreitet, betont er die Vielfältigkeit der Aspekte. Er hebt hervor, daß die »intellektuelle Tätigkeit... bei jedem bis zu einem gewissen Grad vorhanden ist« – daran habe jede Entwicklung anzuknüpfen. In jeder Tätigkeit soll der Bereich der Intellektualität erweitert werden. Die Bildung benötige eine »demokratische Struktur«. Jeder solle sich die entwickelte Kultur aneignen. Es gibt für Gramsci – wie auch sonst in Italien – keinen Bruch zwischen Hoch- und Volkskulturen. Sie bedingen sich gegenseitig und sind für jeden da.

Im Kampf um die Hegemonie, die in Italien nicht Ausschluß der anderen bedeutet, sondern Führung, müssen auch die Interessen der Klassen berücksichtigt, aufgenommen und entwicklungsfähig bleiben, über die Hegemonie ausgeübt wird. Für Gramsci genügt es überhaupt nicht, in der politischen Ebene formelle Macht zu erkämpfen – es geht um komplexere Entfaltung: Die Auseinandersetzung um die Hegemonie muß als »kultureller Kampf um die Mentalität des Volkes«, um seine gesamte Kulturtätigkeit geführt werden.

Typisch italienisch auch, von langer historischer Erfahrung geprägt: Gramsci will den gesellschaftlichen Stellungskrieg vermeiden durch eine Strategie des Bewegungskrieges. Im Gegensatz zu vielen anderen Bereichen der sozialen Bewegung in Europa fordert er dafür als Tugenden nicht die Disziplin, sondern Mut und Erfindungsgabe.

Die PCI leistet es sich seit langem, in ihre Parlaments-Fraktionen, vor allem in Rom, kulturell Tätige zu holen, etwa Schriftsteller wie Natalia Ginzburg und unlängst, nach Straßburg, Alberto Moravia. Teilweise sind sie überhaupt keine Partei-Mitglieder. Zum Bürgermeister von Rom berief sie den parteilosen Kunstgeschichts-Professor Giulio Carlo Argan. Im Zentralkomitee, das seine Mitglieder beruft, gilt entwickelte Kulturfähigkeit als ein notwendiges Kriterium und hat einen hohen Stellenwert. Partei-Sekretär Alessandro Natta, Sohn eines ligurischen Metzgers, machte an der Universität Pisa das beste Examen, war Direktor des Gramsci-Institutes und gilt als einer der gebildetsten Männer des Landes.

Frauen in der Toskana

Jeden Nachmittag um 16.00 Uhr treffen sich einige Frauen im Palazzo der Camera del Lavoro in Florenz, drei Minuten vom Palazzo Vecchio entfernt. Ihr Interesse: Öffentlichkeitsarbeit in Sachen Frauenfragen. Als ich Sandra um Informationsmaterial bitte, kommt sie mit einem Pappkarton. »Man hat uns zunächst ein Zimmer versprochen, um unsere Sachen unterzubringen. Übrig geblieben sind Schachteln. Die Frauenprobleme der Toskana in Schachteln,« sagt sie lachend. Wie überall arbeiten sich die Frauen auch hier nur schrittweise vorwärts. Immerhin: Sie haben es geschafft, sehr zentral in der Toskana eine Anlaufstelle zu haben. Sandra: »Nur unter starkem Druck haben die Männer Zugeständnisse gemacht. Aber wir bilden die Hälfte der Wählerstimmen. Und es geht auf unser Konto, daß die Christdemokraten 1976 zum erstenmal das Feld räumen mußten. Das sitzt den Parteien in den Knochen.«

In Italien stießen die Frauen auf besonders erbitterten Widerstand beim Durchsetzen ihrer politischen Forderungen. Sibilla Aleramo, die schon 1906 das Buch »Una donna« schrieb, das lange Zeit als feministisches Hauptwerk galt, schreibt am 2. Juni 1946 in ihr Tagebuch: »Zum erstenmal in meinem Leben, nachdem ich fünfzig Jahre darauf gewartet habe, daß den Frauen meines Landes dieses Recht zugestanden wird, habe ich wählen

Eine Gewerkschaftssekretärin führt den Demonstrationszug zur Erhaltung der Buitoni-Fabrik in Sansepolcro an.

dürfen, und ich war sehr bewegt.« – Wie ist trotz dieser ganz offensichtlichen Verzögerung gegenüber anderen europäischen Ländern zu erklären, daß hier seit den 70er Jahren eine Frauenbewegung einsetzt, die in ihrer Dynamik ihresgleichen sucht? Haben die Frauen hier gerade deshalb diese Kraft, weil sie am längsten unterdrückt wurden? Unbestritten ist wohl, daß in kaum einem anderen europäischen Land die Rollenaufteilung zwischen den Geschlechtern derart ausgeprägt war wie in Italien. Zwar gelten die Frauen in der Toskana von jeher als besonders selbstbewußt. Doch, was die konkrete familiäre Situation anbelangt, scheinen die Unterschiede gegenüber anderen italienischen Regionen höchstens graduell gewesen zu sein. In einem alten toskanischen Wiegenlied, das zuweilen heute noch Mütter und vor allem Großmütter den Kindern vor dem Einschlafen vorsingen, heißt es: »Dirindina ist gar nicht zufrieden: Papa vergnügt sich und Mama plagt sich. Papa, der geht in die Kneipe. Mama schuftet in einem fort.« Die Tatsache, daß es dieses Lied und weitere ähnliche gibt, macht deutlich, daß die Frauen lange vor der schubartig einsetzenden Emanzipationswelle ihre Lage nicht nur erkannt, sondern auch beschrieben und ihr, wenn auch vorwiegend im kleinen halböffentlichen Rahmen, Ausdruck verliehen haben. Ihre Wut war eine lang aufgestaute Kraft, die mit der Studentenbewegung in aktive Forderungen und phantasievolle Aktionen umschlug. So ist auch zu erklären, daß die Frauenbewegung, die, wie anderswo auch, zunächst von wenigen intellektuellen Gruppen an den

Universitäten ausging, innerhalb kurzer Zeit zu einer Massenbewegung wurde. Bis zu dieser Zeit bestimmte eine völlig antiquierte Gesetzgebung, die noch aus der Zeit des Faschismus stammte, zumindest vor dem Gesetz das Verhältnis zwischen Mann und Frau: der Mann durfte seine Frau »züchtigen«, er hatte darüber zu entscheiden, ob sie berufstätig war oder nicht, er hatte das letzte Wort in wichtigen Erziehungs-Fragen zu sprechen... Erst 1970 wurde das Scheidungsgesetz – von den Sozialisten initiiert – verabschiedet. Paul VI. nahm es »mit tiefem Schmerz« zur Kenntnis. Aber schon 1974 versuchten die Christdemokraten mit einem Referendum diese Neuerung noch einmal rückgängig zu machen. In großen Massen gingen jetzt die Frauen auf die Straße, forderten ihr Recht und setzten es durch. Ein weiterer Punkt, wofür sie kämpften, war die Forderung nach freier Abtreibung. Für italienische Frauen war das eine besonders heikle und wichtige Frage. Denn da Verhütungsmittel fast völlig tabuisiert und kaum zu haben waren, war die Abtreibung lange vor deren Legalisierung in weiten Kreisen allgemeine Praxis. Die einzige Partei, die die freie Abtreibung voll unterstützte, war die Partito Radicale. Hier gab es einige ganz konkrete Initiativen. So wurde 1970 in Florenz die Klinik CISA (Centro informazione sterilisazione aborto) eingerichtet. Eines Morgens im Jahre 1975 drang dort eine Truppe von Carabinieri ein. Sie nahm nicht nur Ärzte und Krankenschwestern, sondern alle sich dort (zum Teil noch unter Narkose) befindlichen Frauen fest. Es waren an die vierzig. Angezeigt waren sie von einer faschistischen Zeitung. Innerhalb weniger Tage organisierten daraufhin die Frauen in Florenz die erst nationale Demonstration für eine freie und kostenlose Abtreibung und forderten die sofortige Freilassung aller Festgenommen. Der Funke sprang über: Kurz danach gingen die Frauen auch in Rom, Mailand und Turin auf die Straße. Eine Demonstration von 50000 Frauen in Rom löste 1976 eine Regierungskrise aus und war damit Anlaß für den Sturz der christdemokratischen Regierung. Es war folgerichtig und notwendig, daß im Zusammenhang mit dem Kampf um die Abtreibung die Consultori entstehen: Einrichtungen, in denen Frauen von Frauen beraten werden. Die ersten wurden 1973 von engagierten Feministinnen in sozialen Brennpunkten aufgebaut. Seit 1975 ist ihre Einrichtung gesetzlich geregelt. Dieser ganz offensichtliche Erfolg ist allerdings zweischneidig, denn mit der Selbstbestimmung ist es nun weitgehend vorbei. Fast überall werden die Consultori offiziellen Institutionen übergeben und bringen mehr Bürokratie und weniger Selbstverwaltung. Trotzdem schafft dieses – deutlich von der PCI geprägte Gesetz – gegenüber den Verhältnissen von vor 1973 einen gewaltigen Fortschritt, zumal jetzt jede Gemeinde zur Einrichtung einer entsprechenden Anzahl von Consultori verpflichtet ist.

Von Anfang an tendierten die meisten Frauen dazu, sich nicht den großen Parteien anzuschließen, sondern Gruppen mit eigenen Organisations-

strukturen zu bilden. Seit 1974 schlossen sie sich in den »colletivi feministi« zusammen: in Schulen, Universitäten, in Fabriken, Büros und Krankenhäusern.

Wer sich konkret informieren will über das, was aktuell an Frauenaktivitäten in Florenz läuft, gehe in den Frauenbuchladen (Libreria delle Donne, Via Fiesolana 2/B). Dort gibt es nicht nur umfangreiche Literatur, sondern Frauen, die gut und gern Auskunft geben. Die Libreria wurde vor drei Jahren gegründet. Ca. dreißig Frauen arbeiten hier ohne Bezahlung im abwechselnden Turnus. Die Organisation klappt gut. Einmal in der Woche kommt man zusammen, um den Fahrplan für die nächste zu machen. Frauen, die Arbeitsgruppen aufziehen oder daran teilnehmen oder die einfach nur mit anderen reden wollen, benutzen die Buchhandlung als Anlaufstelle. Hier werden auch Kurse organisiert, z.B. über Rechtsfragen, Do it yourself etc. Auch die Case delle Donne (Frauenhäuser, anders als bei uns – nicht Zufluchtstätten für geschlagene Frauen) sind Orte, wo Frauen sich treffen, wo Kurse und Arbeitsgruppen organisiert werden. Trotzdem hört man immer wieder: »Zur Zeit passiert nicht viel in der Frauenbewegung, jedenfalls nicht auf nationaler Ebene.« In der Tat: Den Frauensender Hexe in Florenz gibt es nicht mehr und die Zeitschrift Rosa ist längst eingegangen. Mit Bedauern sagen viele: »Es läuft nichts mehr!« Gemeint sind große Aktionen. Aber: die Arbeit hat sich verlagert. Was läuft, sind viele kleine Gruppen, die in den Stadtteilen aktiv sind, ohne viel von sich reden zu machen.

Verändert hat sich vor allem der konkrete familiäre Lebenszusammenhang. Und das ist wohl das Erstaunlichste, denn die Frage ist berechtigt, ob in einem Land, in dem die Familie einen so hohen Stellenwert hat, die Befreiung der Frau überhaupt möglich ist ohne die fundamentale Infragestellung der Familie. Alexandra aus Arezzo erzählt, welch ungeheuren Aufstand es gab, als sie sich mit 17 Jahren – beeinflußt durch eine Frauengruppe in der Schule – plötzlich weigerte, für ihren Bruder den Kaffee zu kochen oder für sich selbst das Recht einforderte, abends genauso lange auszugehen wie er. »Der Kampf in der Familie war unglaublich hart. Mein Vater hat gelitten – fast bis zum Herzinfarkt. Dann bin ich ausgezogen. Aber heute, nachdem ich mein Studium beendet habe, wohne ich wieder zu Hause. Meine Eltern haben vieles akzeptiert. Sie haben, das kann ich sagen, von mir gelernt. Wir haben uns arrangiert. So kann man gut zusammen leben.«

Die Casa ist längst nicht mehr das einzige Betätigungsfeld der Frauen. Die meisten sind in irgendeiner Weise auch außerhalb des Hauses tätig, weit mehr als sich statistisch ermitteln läßt (das ist typisch auch für andere Arbeitsverhältnisse in der Toskana). Typisch ist ebenso das Auffinden von Lücken. Dazu ein Beispiel aus einer kleinen Stadt bei Arezzo: Vor zwei Jahren haben hier Mutter und Tochter eine Pasticceria eröffnet, einen kleinen Betrieb, in dem man frische Pasta und Kuchen bekommt. Eine Lizenz brauchten sie nicht. Ein Gesundheitszeugnis genügte. Was hier hergestellt wird, brauchten sie nicht erst zu lernen. Sie kennen und können es von ihrer eigenen Küche her. Die Zusammensetzung des Ravioli-Teigs und der Füllung bleibt die gleiche, ob sie nun zu Hause oder in der Backstube zubereitet wird. Was sich lediglich ändert, ist die etwas größere Technisierung der Maschinen. Anna: »Die jungen Frauen haben heute nicht mehr die Zeit, die Pasta selbst zu machen. Sie kaufen sie hier bei mir. Ganz frisch.« Durch diesen kleinen Betrieb schafft man es tatsächlich, das Essen auf annähernd dem gleichen Niveau wie früher zu halten (und das ist nicht unwesentlich für das Leben in der Toskana!), auch wenn die Frau berufstätig ist und nicht mehr soviel Zeit für die Küche aufwenden kann und will. Fast alle Frauen im Ort mit seinen 6000 Einwohnern arbeiten außer Hauses, auch wenn sie kleine Kinder haben. Es gibt hier ein als fortschrittlich bezeichnetes nido (Nest), in das die Eltern ihre Kinder zwischen drei Monaten und drei Jahren schicken können. Die meisten Frauen können es sich heute nicht mehr vorstellen, nur für Kinder und Küche da zu sein. Sie haben eine erstaunliche Selbständigkeit gewonnen. Es gibt wenig symbiotische Zweierbeziehungen. Das hängt mit der Erziehung zusammen, die durch liebevolle Zuwendung in jedem Individuum ein starkes Selbstbewußtsein entstehen läßt. Die emotionale Verbundenheit mit den Kindern ist meist ungleich größer als unter den Ehepartnern. Das hat zur Folge, daß die Kinder diejenigen sind, die im Mittelpunkt stehen und auf deren Bedürfnisse als erstes eingegangen wird.

Maria, eine Frau um die Fünfzig: »Selbstverständlich sind wir emanzipiert. Kein Vergleich zu früher. Ein Beispiel: Die Frauen gehen heute genauso in die Bar wie die Männer, auch allein. Das war noch vor zwanzig Jahren kaum denkbar.« Die Bar, in der man sich nach dem Abendessen meist auf der Piazza sitzend, trifft, ist längst nicht mehr nur Anlaufstelle für die Männer. Man kann allerdings beobachten, daß sich schnell reine Frauen- und Männergruppen bilden. In vielen, besonders den kleineren Orten ist es auch üblich, daß die Frauen abends an bestimmten Punkten vor den Häusern sitzen. Hier werden Alltagsprobleme ausgetauscht, über die Männer geschimpft. Hier stärken sie sich gegenseitig den Rücken und wissen: nicht zuletzt diese sich Tag für Tag wiederholende Solidarität untereinander ist die Quelle für ihre Stärke.

Janne und Christel Günter

Anna Albergo besucht die 94jährige Bianca Cerboni, Kommunistin der ersten Tage, Antifaschistin, Emigrantin.

Demokratische Bewegungen in der Kirche

Italien hat nie einen monolithischen Katholizismus besessen. Er bildete ständig unterschiedliche und auch regional verschiedene Ebenen. Aus der Komplexität der Schriften, ihrer Tradition und ihrer Verflochtenheit mit der gesellschaftlich-kulturellen Praxis in verschiedenen Ebenen gehen seine Widersprüche und Konflikte hervor (ähnlich wie in Lateinamerika).

Der Katholizismus wird tiefgreifend auf italienischem Boden geformt und ist bis heute, das machen sich die wenigsten seiner Mitglieder in der ganzen Welt deutlich, eine italienisch geprägte Religion.

Nach Jesus ist sie drei Jahrhunderte lang die Hoffnung der armen Leute: Brüderlichkeit und Einfachheit in diesem Leben, Gerechtigkeit in einem anderen. Leben gilt als so wichtig, daß man es für unauslöschlich hält – eine sehr italienische Zuversicht. Sie drückt sich besonders intensiv in der Kunst aller Zeiten aus. Die Gestorbenen lebten bereits bei den Etruskern in Häusern (Grabkammern) weiter, zechten, unterhielten sich. Die Christen aßen gemeinsam und hielten sie im Gedächtnis – als Selige und Heilige. In Grabdenkmälern sieht man sie schlafend. Für die Tosca in der Oper von Puccini ist der tote Freund unzerstörbar.

Das Militär-Denken des Unterkaisers Konstantin, dessen Residenz Trier ist, instrumentalisiert die Weltanschauung seiner armen christlichen Soldaten. Er hofft, mit ihrer Hilfe zu siegen, wird Kaiser in Rom und sichert sich seine Anhänger, indem er ihnen zum erstenmal in ihrer Geschichte einen monumentalen Ort errichtet – nach dem Vorbild seiner Palast-Aula. San Giovanni in Laterano. Da es seit einiger Zeit mehrere Kaiser gibt, macht er den armen Zimmermann aus Nazareth zum weiteren Kaiser – und transformiert die Religion nach den sozialen und kulturellen Mustern des Hofes.

Als das Imperium zusammenbricht, ist die höfisch organisierte Kirche die einzige Struktur, die in Italien seine Verwaltung einigermaßen aufrecht erhalten kann.

Gegenüber den neuen Herrschern, die sich als halbnomadische Krieger-Kulturen über völlig andere Sozial- und Kulturtraditionen setzen, verkörpert die Kirche ein ziemlich hohes Niveau an Rationalität. In neuen Institutionen sehr effizienter Prägung, den Mönchsorden, sichert und bereitet sie älteres Wissen, das unterzugehen droht. Gegen die Magie, die sich in Italien im wesentlichen nur in den ländlichen Bereichen gehalten hat, führt sie – bis die Aufklärung des 19. Jahrhunderts sie wirksamer ablöst – einen zähen Kampf.

In ihren Mitteln ist sie typisch italienisch: »alles wird getauft« – und dadurch verändert. Transformation. Vermittlung. Dies führt in den Kern ihrer inneren Dialektik: Weil nirgendwo ausgeschlossen wird, wird man aber auch selbst transformiert. Und es schlägt Aufklärung in Etablierung des Besitzstandes, der Macht, des Aufgehens in Strukturen um – in der Kirchen-Hierarchie und im Benediktiner-Orden, die weitgehend in die Hände des Adels übergehen. Sie verstehen ihre eigenen Aufbruchsstrukturen, ihre frühere Aufklärung nicht mehr – und versuchen sie abzublocken. Mehrfach in der Geschichte wiederholt sich der Prozeß. In der Toskana kann man ihn an einer seiner spannendsten Stellen verfolgen.

Um 1000 steigen viele Menschen aus: als Einsiedler gehen sie in die Berge. Ihre Nachfolger, Mönche aus Vallombrosa, ziehen durchs Land und predigen gegen den Ämter-Kauf (Simonie) und das »große Geld«. Jesus haben die Geld-Händler aus dem Tempel geprügelt. Soziale Probleme werden in religiöser Sprache ausgetragen. Dieser Doppelcharakter wird bis heute nicht völlig aufgelöst.

Straßen-Kämpfe in Florenz – um 1060: Bürgerkrieg zwischen dem Volk mit Mönchen, die die Armut oder zumindest die Einfachheit symbolisieren, und Reichen mit adligen Kanonikern und Bischöfen. Hauptquartier der Mönche ist das Vallombroser-Kloster S. Salvi.

Früh wird in Florenz der Klerus entmachtet. Seine Machtzentren gehen an die Zünfte über. Der Bischof darf den Dom nur noch leihweise benutzen. Der Dom wird tatsächlich und symbolisch zu einer Stätte des Stadtbürgertums. Die Pfarrer schlagen sich auf die Seite des Volkes und sind offensichtlich bei der Demokratisierung aktiv. Zum Alltag des Volkes gehört es, einen Teil des Klerus offen zu kritisieren – bis heute. Boccaccio verhöhnt die Praxis von Klerikern, religiöse Heuchelei und unheilige Heilige, die zur Ehre der Altäre gebracht werden.

Die Katharer des 12. Jahrhunderts wenden sich gegen das Bündnis von Macht und Kirche, gegen Kreuzzug und Krieg. In Florenz entsteht einer ihrer wichtigen Orte, mit ihren gebildetsten Anhängern. In Poggibonsi gründen sie eine eigene Akademie. Alle Volksschichten sind dabei: Schreiber und Weber, das heißt ein intellektuelles Proletariat und proletaroide Intellektuelle. Die italienischen Städte schützen sie vor der päpstlichen Ketzergesetzgebung und dem Holocaust der Inquisition. Der Flüchtlingsstrom

Gherardo Starnina (1354 – um 1410): Einsiedler-Mönche in der Landschaft (Ausschnitt; Uffizien in Florenz)

aus Südfrankreich (Ketzerkriege 1209–1229) wird gut organisiert und findig untergebracht. Die Katharer verstehen es, sich zu tarnen und von innen die Macht auszuhöhlen – unter dem Wutgeschnaube der Orthodoxie, die sie als Heuchler beschimpft.

Ein Aussteiger ist auch Franz von Assisi (1182–1226). Der verwöhnte Sohn und Erbe eines reichen Textil-Händlers wirft alles hin – seinem Vater vor die Füße. Der »Arme« (poverello) zieht sich zeitweise als Einsiedler auf den Berg La Verna in die tiefen Wälder des Casentino zurück. Jeder soll Bruder sein, auch die Kreatur – eine Aufforderung zu umfassender Menschenliebe und zur Ökologie. Er wird nie Priester, bleibt stets Laie. Die Wanderprediger Francescos verkünden den »armen Herrn Christ«, der nicht mit dem Schwert der Macht geht, der lieber stirbt als sich zu wehren – eine heute wieder aktuelle Diskussion. Schon Dante liest Franz von Assisi so: Er habe an die Menschen geglaubt. Von der Herrschaftskirche werden diese »Armen Christi« beschimpft, beschuldigt, denunziert, teilweise auch verfolgt.

Franz will keinen Orden gründen, keinen Besitz, keine Privilegien. Doch zwei Zweige seiner Nachfolger korrumpieren rasch; der dritte, die Spiritualen, spielt eine große Rolle bei vielen folgenden Protestbewegungen. Diese »linken« Franziskaner, die sich auch an Joachim von Fiore orientieren, bilden, trotz Verfolgungen und Hinrichtungen, einen Sauerteig, der die Gesellschaft überall durchsetzt. Das Franziskaner-Kloster in der Arme-Leute-Vorstadt von Pisa wird einer ihrer Kristallisationspunkte. Dante ist geprägt von den Spiritualen.

Der Demokrat Savonarola (1452–1498), dessen Zerrbild zu revidieren ist, ist kein »Theokrat«, sondern steht, obwohl Dominikaner-Prior in S. Marco in Florenz (seit 1491), mit seinen Predigten für die Demokratie und einer nie dagewesenen Armen-Fürsorge tief in der Tradition der franziskanischen Spiritualen. Er nimmt Partei gegen die Reichen und ihre terroristisch auftretenden Söhne, eine Art Burschenschaft, die berüchtigte Bande der »Kumpane«. Nicht Kunstwerke sollen in der vielen Vorbildern in der Toskana folgenden (erst später sehr umstrittenen) »Verbrennung der Eitelkeiten« (1497) zerstört werden, sondern, als politische Tat, ihr provokanter Luxus. Der politische Kampf gegen den Luxus ist uralt: schon 1330 wurde ein Gesetz erlassen. Bei seinen Predigten im Dom sind meist über 10 000 Menschen dabei. Mehrere erfolglose Attentate. Zusammen mit den Mitbrüdern Silvestro Maruffi und Domenico Buonvicini wird er auf Veranlassung des Papstes Alexander VI. Borgia 1498 unter staatsstreichartigen Umständen verhaftet, gefoltert und am 23. Mai auf dem Rathaus-Platz verbrannt (Tafel in der Pflasterung). »Märtyrer der Freiheit« nennen ihn viele, auch Michelangelo.

Aus dieser Tradition entsteht später auch die Lazzarettisten-Bewegung am Monte Amiata: ein früher christlicher Kommunismus.

David Lazzaretti (1834–1878), ein belesener Fuhrmann, zieht sich 1868 als Eremit zurück, gründet 1872 in Arcidosso eine christliche Bruderschaft von Bauern, Hirten und vor allem Handwerkern als gegenseitige lebenslange Hilfe armer Leute untereinander. Sie organisieren Arbeit, Besitz und Lohn kollektiv, je nach Bedürfnissen – ein Versuch, aus eigener Kraft miserable Lebensbedingungen zu verbessern.

Die Demokratie der Lazzarettisten-Gemeinschaft läßt Züge der alten Stadtdemokratien wieder aufleben: Vorsorge gegen Korrumpierung, Mitsprache aller, Auslosung und rascher Wechsel der Ämter. Zum ersten Male in der toskanischen Geschichte sind Frauen gleichberechtigt. Eine der

Oben: Predigten für die Florentiner Demokratie – Fra Girolamo Savonarola (Holzschnitt, 1495). Mitte: Der Dominikaner-Mönch in der Tradition der Franziskanischen Spiritualen – ein Bild in San Marco, gemalt von seinem Freund Fra Bartolomeo (1472–1517). Unten: Am 23. Mai 1478 wurden die drei Brüder Fra Savonarola, Domenico Buonvicini und Salvestro Marutti auf dem Rathausplatz gehängt und verbrannt. Das detaillierte zeitgenöss. Bild (Museo S. Marco) stellt sie links oben als Heilige dar.

beiden Vorsitzenden muß stets eine Frau sein. Eigene Landschulen entstehen – getragen vom Optimismus einer christlichen Aufklärung. Samstags wandert die Gemeinschaft zu Tausenden auf den Monte Labbro – wie einst die Anhänger des Fra Dolcino bei Brescia (um 1300): ein Symbol des Ausstieges.

Zuerst von Rom als Spinner in der Provinz ignoriert, dann psychiatrisiert, mehrfach kriminalisiert, wird David Lazzaretti schließlich von den Carabinieri an der Spitze des großen Zuges der vom Berg Zurückkehrenden am Ortseingang von Arcidosso erschossen.

Die Bewegung des »Märtyrers« erhält sich: Viele sind später Partisanen und werden 1945 weitgehend zu Kommunisten. Überall in Italien verbreitet sich ein Lied »Ich bin am Monte Amiata gewesen, hab dort Jesus Christus gesehen, er war ein tüchtiger Sozialist und starb für die Freiheit«.

Der »unbequeme« Priester Don Lorenzo Milani (1923–1967) wird aus Calenzano wegen seiner Predigten (seit 1947) in einen Winkel des Gebirges strafversetzt, nach Barbiana über dem Mugello, wo er eine Schule ohne Schema und Programm, eine wirkliche Schule des Volkes mit den Kindern von Waldarbeitern und Hirten (scuola popolare) unter dem Motto »Sprich wie du ißt!«, gründet: die »Schüler-Schule«. Das anonyme Buch »Lettera a ma Professoressa«, auch in deutsch erschienen (»Die Schüler-Schule«), wird für den Streit innerhalb des Katholizismus sehr wichtig.

In den 50er Jahren gibt es in der Toskana eine Anzahl von Arbeiterpriestern. Don Bruno Borghi nimmt an Fabrikkämpfen teil, wird kriminalisiert und entlassen. Padre Ernesto Balducci öffnet publizistisch die Diskussion zwischen Christen und Marxisten. Die Basis-Gemeinden, die seit 1968 entstehen, greifen auf Frühchristliches zurück: auf die Zeit der armen Kirche vor 313.

Sie wachsen im volkstümlichen »roten« Milieu. Von 1968 bis 1970 entsteht in der Florentiner Vorstadt Isolotto ein Symbol, für ganz Italien und darüber hinaus. Der »Fall Isolotto« des Priesters Don Enzo Mazzi.

Don Mazzi hatte mit vielen anderen eine Basis-Gemeinde (Comunità di base) gegründet: arm und solidarisch mit den Unterdrückten dieser Welt; unhierarchisch und gegen das Triumphdenken der Amtskirchen gerichtet; anstelle eines Predigt-Monologes diskutieren alle offen über Ursachen und Wirkungen der Verhältnisse; an die Stelle des ritualisierten Umgangs tritt der freundschaftlich-brüderliche; man ißt und bricht dabei das Brot; ein Glaube, der nicht abstrakt bleibt, sondern konkret wird, eingefügt ins Leben des Vorstadt-Viertels.

Messe der Basis-Gemeinde Isolotto (Florenz) um Don Enzo Mazzi im Freien.

Don Lorenzo Milani und Schüler

Als die Gemeinde ihre Kirche als Streitlokal zur Verfügung stellt, vertreibt der Erzbischof sie aus aus ihr und schließt dann auch Don Mazzi aus. Tausende von Priestern und Laien im In- und Ausland bekunden ihre Solidarität. Papst Paul VI. schaltet sich mit einem handschriftlichen Brief in den Konflikt ein, in dem der junge Geistliche den Erzbischof von Florenz, Kardinal Florit, als Gegner und den mit der Linken sympathisierenden Erzbischof von Ravenna, Baldassari, als solidarischen Freund findet. Zusammen mit zwei Mitpriestern, die als Handwerker und Bibliothekar arbeiten, trifft sich die Gemeinde seither jeden Sonntagmorgen auf dem Marktplatz vor der Kirche in Isolotto – bis heute. Man kann teilnehmen.

Eine Anzahl Basis-Gemeinden entstehen, treffen sich zu Kongressen, haben ihr eigenes Kommunikationsnetz, besuchen sich untereinander. 1976 gibt es in der Toskana 37; zu ihnen gehören die Comunitá di Peretola (Don Rosadoni, Kampf der Arbeiter der Vittadello 1969, Psychiatrie-Debatte, Vietnam 1972, PCI-Kongreß), die Comunitá della Resurrezione in Florenz (1958/59 Arbeiter-Kampf in der Galileo-Fabrik, Vietnam, niederländischer Katholizismus, Nachmittagsschule im Volkshaus Rovezzano), die Comunità di San Giusto e Le Bagnese in Florenz, die Comunitá della Casella in Florenz, die Comunitá del Vingoni in Scandicci (bei Florenz, Theater im Volkshaus), die Comunitá della Congre Florenz, San Zeno in

Hoch oben im Gebirge: Barbiana – eine Pfarre für verstreute Bauern. Ort der Schule von Barbiana, heute verlassen und dem Verfall preisgegeben.

Arezzo (seit 1969, Arbeiter-Priester Don Giovanni Furiosi im Arbeiter-Viertel, Scheidungsrecht, Friedensmarsch), Castiglion Fiorentino (Don Enrico Marini, Feierabend-Schule, Behinderten-Kooperative). In Empoli lebt eine Gemeinschaft von 30 Personen in einem Haus miteinander. In Livorno gibt es sieben Gemeinden, eine weitere in Piombino, vier in der Provinz Lucca. (Man findet sie über den Kontakt mit einer der Gemeinden.)

Daß diese Basis-Gemeinden nicht zu einem flächig ausgebreiteten neuen »Protestantismus« geführt haben, liegt an mehreren Gründen: einem Teil der Gesellschaft, der weltanschaulich am ehesten bei ihnen der Heimat finden würde, ist die Religion inzwischen völlig gleichgültig. Für viele andere verhält sich die katholische Kirche toskanisch: flexibel, mehrschichtig offen. Daß es dazu kam, ist der indirekte, unausgesprochene Erfolg der Konflikte mit den Basis-Gemeinden.

Als Giovanni Guareschi um 1948 sein berühmt gewordenes Buch »Don Camillo und Peppone« schrieb, charakterisierte er in satirischer Form eine Beziehung zwischen Christen und Kommunisten, in der jeder auch ein Stück des anderen ist. Jedermann wußte, daß die Ehefrau des PCI-Parteisekretärs Berlinguer in aller Freiheit ihren Katholizismus praktizierte. Berlinguer selbst verhandelte geheim im Auftrag des Papstes in Vietnam über die Beendigung des Vietnam-Krieges. Ein Kommunist: »Einzig die Kirche hat sich um die Drogen gekümmert, nicht Staat, Parteien, Kommunen. Man kann doch die Kirche nicht dafür angreifen, daß sie es getan hat.«

Wie sehr die Geschichte der Vielschichtigkeit des Katholizismus zum Nachdenken Anlaß gibt, deutet ein PCI-Bürgermeister an: »Ein Student, der in der Terrorismus-Szene militant wurde und zu schießen begann, mußte sich entscheiden: für den Weg ins Gefängnis oder – wie die frühen Eremiten – sich in die Berge zum Schafehüten zurückzuziehen.« So mag man neben der Herrschafts-Kirche die Kirche sehen, die – auch in vielen Klöstern – sich mit einer Fülle von Problemen beschäftigt und zu vielen Lösungen beiträgt. Auch wer kein Gläubiger ist, hat sich in der Toskana den nüchternen Blick dafür bewahrt, daß Katholizismus eine sehr komplizierte, komplexe Kultur ist, mit der man sich auch fruchtbar auseinandersetzen kann. Don Camillo und Peppone sind in den letzten Jahren eher zum »Don Bebbone« geworden.

Straße – Platz – Bar

Straße und Platz sind ein wichtiger Teil der toskanischen Kultur. »Man wird auf dem Platz geboren«. Gibt es anderswo kaum ein schlimmeres Schimpfwort als »den Mob von der Straße« oder die »Gosse«, so hat im Gegensatz dazu in der Toskana die Straße ein hohes gesellschaftliches Ansehen. Auch die Reichen gehen auf die Straße. »Sie brauchen sie, weil sie auch Italiener sind.« »Wer nicht zur Passeggiata geht, wird schlecht angesehen, als Eigenbrötler, den die Gesellschaft verachtet. Er hat keine Chance. Man lacht über den armen Menschen, bemitleidet ihn. Wie kann ein Mensch überhaupt so leben?«

»Straße und Reden sind für uns dasselbe.« Auf die Straße geht man, um Freunde zu treffen. Freunde hat jeder Erwachsene so viele wie Kinder sie besitzen, oft noch erheblich mehr. Die Kommunikationsmöglichkeiten der Straße fördern dieses Sozialverhalten. Irgendwann trifft man sich – spätestens zur Passeggiata am frühen Abend zwischen 18 und 20 Uhr. Auch im Winter.

Die Lebensweisen prägen die Bauweisen und die Bauweisen prägen die Lebensweisen: die alten Straßen und Plätze bilden einen räumlichen Zusammenhang, eine Art Wohnzimmer im Freien. Da in vielen Vorstädten diese geschlossene Bauweise von einer offenen für Einfamilien-Häuser oder Blöcken verdrängt wurde, ist dort der Aufenthaltsanreiz gering geworden. Man kann jedoch beobachten, daß die Bewohner oft zum Corso oder zur Piazza fahren. Diese Kommunikation mit vielen Menschen ist ein positives Bedürfnis der Toskaner: sie empfinden sie als eine Steigerung ihres Lebens – nicht nur als Notwendigkeit, sondern als Bereicherung. Sie wurde in langen Zeiträumen von Generation zu Generation weitervermittelt – so ist das Leben auf der Straße vital geblieben, selbst als sich viele Umstände verschlechterten. Auch Fernsehen und die größer und komfortabler werdende Wohnung konnten die Passeggiata nicht verdrängen. Ein Gastarbeiter sagt: »Wenn die ganze italienische Bevölkerung in Deutschland säße, wäre sie auch auf der Straße.«

Was tun die Leute auf der Straße? Zunächst sieht man die meisten reden, schauen, oft reizt auch das Wiederfinden dessen, was man lange kennt. Sie spotten, kritisieren, loben, reden sich in Begeisterung, diskutieren über das Essen, sprechen über Politik, über die »Räuber-Regierung«, die Preis-Erhöhungen. Man klatscht unendlich – und innerhalb von Stunden verbreitet sich: »Die Frau von Tizio hat...« Dafür haben viele Städte die Bürgersteige wieder abgeschafft und – mit langen Verzögerungen gegenüber dem Norden, dann aber rigoros – autofreie Bereiche eingerichtet, so daß solche Straßen wieder den Charakter von Plätzen besitzen. Vor allem Lucca und Siena. Florenz tut sich darin schwer.

Hat die Straße in mancher Hinsicht noch etwas Zufälliges, so ist der Platz eine bewußte Gestaltung, in dem die Erfahrungen der Straße ihre Intensivierung und Steigerung finden – seit Jahrhunderten. Jeder Ort hat eine Piazza. Auch wenn er keinen wirklichen Platz hat, gibt es immer eine Straße, die dann zur Piazza erklärt wird.

Seit jeher nutzen kirchliche und öffentliche Institutionen die Gunst dieses Standortes, aber wenn sie sich zu monumental gebärden, zerstören sie den menschlichen, ja intimen Charakter des Platzes und die Leute weichen dorthin aus, wo sie sich wohler fühlen. In den Details sind die Plätze meist so gestaltet, daß sie überschaubar sind und mit ihrer Pflasterung kleine

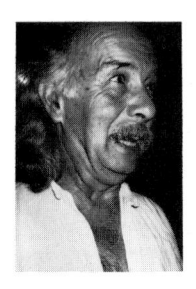

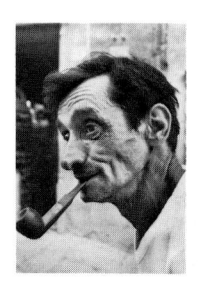

Felder bilden, etwa in Zimmergröße, auf Gruppen zugeschnitten. Der dunkle Grund des Pflasters vermittelt das Gefühl, auf festem Boden zu stehen und blendet bei Sonne nicht. Weil die Streifen schräg laufen, zerschneiden sie den Platz nicht, sondern erhalten den in sich ruhenden Raum. Alles hat psychologische Ursachen und Wirkungen.

Um den Platz geschlossen zu halten, werden die Straßen meist an den Ecken auf den Platz geführt, daß sie ihn nicht aufreißen. Von den Straßen und Gassen aus erlebt man den Platz als Überraschung, als starken Kontrast. Wenn man ihn verläßt, fühlt man plötzlich die Enge der Straße. Manche Städte bieten eine Kette solcher Kontraste: Straße – Platz – Straße – Platz. Solche meist nicht geplanten Folgen machen viele Orte zu interessanten Szenerien.

129

133

Der Platz faßt zusammen, macht überschaubar, wirkt wie ein Theater: man sieht und wird gesehen – das Leben des Ortes scheint sich symbolisch, pointiert, zeitlich zusammengerafft auf dem Platz abzuspielen. Zugleich ist der Platz nach oben hin offen, bringt mehr als in Straßen und Gassen den Himmel in den Ort. »Ein Tag ohne Piazza ist kein Tag.« »Die Bauern sind häuslich, aber die Leute im Dorf und in der Stadt stehen abends auf dem Platz, werden Piazzaiuoli genannt.« »Der Platz ist Auftrittsort für jeden.« »Die Leute sind hier Schauspieler. Jeder spielt seine Rolle.« »Jedesmal wenn ich wegfahre, träume ich nachts von der Piazza und von allen meinen Freunden« (Annibale del Sere).

128

Die Architektur und das Leben auf dem Platz haben etwas an sich, was die Menschen euphorisiert – »eine kleine Droge, die keine Droge ist.« Es ist nicht nur der revolutionäre Haudegen Garibaldi, der sich auf den Sockel gehoben fühlen kann, sondern jeder. Der Platz hebt die Menschen, macht sie untereinander gleich und zeigt wiederum, daß sie darin vielfältig sind. Ähnliches kann man auch an der Architektur beobachten: so egalisierend der Rahmen der meisten Plätze wirkt, so kann in ihm eine Fülle von Individuellem geschehen – an den Fassaden und zwischen ihnen.

129

144/149

An vielen Straßen und an jedem Platz findet man eine Bar. Hier trinken

75 die meisten Leute, nicht nur die Männer, mehrmals am Tag rasch ihren Espresso. Viele holen sich dort auch das Frühstück: einen Capuccino und ein Stück Pasta, das heißt ein süßes Teilchen. »Gehn wir auf einen Cafè!« ist die gängige Aufforderung an Fremde, die man tagsüber auf der Straße trifft. Man steht in der Bar nicht länger als fünf Minuten; so viele Pausen der Toskaner macht – er ist diszipliniert: niemand vergißt die Arbeit.

Abends ist das anders. Wer länger bleiben möchte, setzt sich an einen Tisch im Lokal, meist auf die Straße. Man kann dort den ganzen Tag sitzen bleiben, es gibt keinen Verzehrzwang (ausgenommen einige Touristen-Lokale). Wird die Tasse weggeräumt, bedeutet das nicht, daß man neu bestellen soll. Dies zeigt, daß die Bar eine Einrichtung mit einer geradezu öffentlichen Funktion ist: sie gehört auch den Leuten. Kein italienischer Wirt spielt sich als Eigentümer auf. Die Bar ist so selbstverständlich öffentlich wie die Straße – ist ihr überdachter Teil.

Viele Bars besitzen Hinterzimmer, meist grottenartige Räume mit mächtigen Tonnengewölben, die im Sommer angenehm kühl sind. Man kann in ihnen spielen: Karten (Briscola, Tremezzo, Trasette) oder Schach oder Dame; Tisch-Fußball; Billard; oder eine Art Boccia mit kleineren Bällen auf dem Billard-Tisch. Noch immer schauen die Männer schief, wenn Frauen reinkommen... Manche Lokale haben sich zu kleinen Spielhöllen verwandelt: unter Dauergeknatter von geldeinnehmenden Automaten wird eine imperialistische Kultur des Schießens auf Tiere, Menschen, Mond und Sterne gehirnwaschend infiltriert.

Am Bufett bekommt man nur Kleinigkeiten, kann sich auch ein belegtes Brötchen machen lassen. In kleinen Orten ist die Bar oft auch Lebensmittel-Laden – zur Existenz-Erhaltung des Wirtes und als Versorgung der Bevölkerung.

Man kann Schulden machen, der Wirt schreibt auf, die Leute zahlen, wenn es neuen Lohn gibt. »Es gilt nicht als ehrenrührig, in Italien machen alle Schulden.« In der Bar liegen Tageszeitungen und die Sport-Zeitung aus. Christdemokratische Wirte abonnieren oft eine kommunistische Zeitung und umgekehrt. »Die Bar ist Stammkneipe. Es gehen fast immer dieselben Leute dorthin. Ab und zu wechseln sie die Kneipe, wollen etwas Neues erleben, eine neue Umgebung. Es ist nie so, daß der Wirt dann keine Gäste mehr hat. Es kommen immer neue dazu – das ist wie ein Rad, das sich dreht.«

Auch bei schlechtem Wetter ist die Kneipe meist gut besucht – auch wenn sie häßlich und ungemütlich ist; ebenso im Winter, obwohl sie fast nie geheizt ist – die Leute bewegen sich. Die Lautstärke wird durch den Hall der großen Räume verstärkt; schon wenige Stimmen machen die Szenerie lebendig; oder nervig, vor allem wenn im Hintergrund der Fernseher die Gewalttätigkeit der Hollywood-Produktion unter die Leute bringt. Im Gegensatz zum Norden gibt es in der Toskana fast keine Spezialisierungen der Kneipen, etwa in Szene-Kneipen oder welche, in denen nur alte Leute sitzen.

Familie – Wohnen – Kindererziehung

Zum Fundament der toskanischen Kultur gehört auch die Familie. Ihre Bewußtseinsform mag fremd, antiquiert, unaufgeklärt, unemanzipiert erscheinen, aber die komplexen Tatsachen erlauben keine raschen Schlüsse.

Früher war das große Netz der Familie eine Notwendigkeit: die viele Arbeit erforderte viele billige Arbeitskräfte, besonders auf dem Land; die Sterblichkeit der Kinder war hoch; Kinder waren die Altersversicherung. Diese Strukturen bestanden länger als in Deutschland – bis in die 50er Jahre. Dann übernahm der Staat wichtige soziale Leistungen. Trotzdem haben die meisten Leute das Gefühl, daß über das soziale Minimum staatlicher Tätigkeit hinaus die Familie nützlich ist: wenn man gerade ein Auto braucht, Geld für etwas, ein Haus modernisieren will, gelegentlich als Student arbeiten möchte, Arbeit sucht.

Aber nicht allein Kalkül und Tausch bindet die Familien zusammen, sondern oft auch die Nestwärme der besonderen Kindererziehung: das hohe Maß an Zuwendung erhält sich zeitlebens in der Achtung vor dem anderen und im Mitgefühl, in Freundschaft mit Eltern, Geschwistern und Angehörigen.

Auch in der Toskana ist die Tendenz zur isolierten Kleinfamilie vorhanden, aber weniger ausgeprägt als in anderen Industrie-Ländern, stärker in Großstädten als in Mittel- und Kleinstädten und am geringsten auf dem Land. Die einzelnen Familien versuchen ökonomisch selbständig zu sein.

Die meisten jungen Leute ziehen nach der Hochzeit in eine eigene Wohnung, möglichst in der gleichen Stadt. Aber man ißt mehrfach in der Woche zusammen, sieht sich fast täglich, bespricht sich miteinander, läßt die Kinder verwahren.

Selbst in den patriarchalischen Familien auf dem Land, wo der Verwalter den Vater zwang, den Capoggia, eine Art Unteraufseher über das Familien-Netz, zu spielen, gab es – nach Berichten der Alten – einige Toleranz, oft über die Schlauheit der Mutter, oft über die vielen unkontrollierbaren Nischen des Bauernbetriebes. Tief wurzelten ältere Erfahrungen aus der demokratischen Zeit. In der über Jahrhunderte hinweg antiklerikalen Toskana kam der Zugriff des Klerikalismus im 17. Jahrhundert von außen – aus der Gegenreformation. Als er durch die soziale Bewegung und vor allem im Krieg in Frage gestellt wurde, blätterte er rasch ab.

Als in der Toskana sich bei den Bauern die wirtschaftliche Hierarchie mit dem Verschwinden der Halbpacht (Mezzadria) auflöste, verschwand weitgehend auch der patriarchalische Zustand der Familie; alle stellten sich rasch um.

Innerhalb der Familie sind Konflikte normal, werden offen ausgetragen, lautstark, keiner sagt: Sei leise! Zuhörer werden hineingezogen, machen mit, spielen Schiedsrichter, aber nicht, um den Konflikt rasch zu beenden. Alle wissen, worüber gestritten wird: der Mann erzählt es seinen Freunden, die Frau ihren Freundinnen; italienische Komödien beschreiben das gut. Aber man ist nicht beleidigt, trägt nicht nach. Streit ist Auseinandersetzung miteinander.« Cinzia und Walter, die bei Radio Anghiari mitmachten, haben ihre Auseinandersetzungen oft vor dem Mikrofon ausgetragen – daher war der Sender ein großer Erfolg.«

In weiten Bereichen herrscht große Toleranz: was einer denkt und macht, ist zwar nicht egal, man redet mit ihm, streitet sich auch, aber man respektiert die andere Ansicht. So gibt es in vielen Familien unterschiedliche politische Ansichten und oft Angehörige verschiedener Parteien. Die Gründe liegen darin, daß man nicht mißtraut, sondern daß die Achtung vor der Selbständigkeit der Person hoch entwickelt ist. »Jeder ist Individualist.« »Man hat keine Angst, den anderen zu verlieren.« »Unser Individualismus ist das Gefühl des freien Ausdrucks seiner selbst, daß ich als freier Mensch lebe – aber immer mit Respekt für die anderen.«

Die Kirche wird für die Familien zunehmend weniger nötig. Waren es 1970 in der Toskana nur 2,6 Prozent Zivilehen, so sind es 1980 20,4 – weit über dem italienischen Schnitt mit 13,5 Prozent. »Die Gesellschaft hat sich differenziert: die 60jährige heiratet wieder, die 22jährige will das uneheliche Kind für sich allein haben, verschweigt den Vater und möchte keine Unterstützung.«

Viele Familien holen die altgewordenen Eltern zurück in ihre Wohnung. Das ist möglich, weil es zugewandt und tolerant zugeht. Und es spart die immensen Kosten für Altersheime. (In den großen Städten in geringerem Maße; in Florenz leben 71 Prozent der Alten allein; Landesdurchschnitt: 63 Prozent) Ältere Leute gehören ebenso zum öffentlichen Leben wie die Kinder und Jugendlichen.

Die Auflösung der meisten Psychiatrischen Kliniken und die Reintegration der Geisteskranken, wofür die Aktionsgruppen für eine offene Psychiatrie um Dr. Basaglia kämpften, konnte nur Erfolg haben, weil die Verwandtschaftsnetze und die öffentlichen Beziehungen auf Straße und Platz im wesentlichen am Leben geblieben sind.

Der großen Öffentlichkeit im Freiraum steht das Haus als Rückzugsraum gegenüber. Für den Fremden ist die Wohnung nur selten zugänglich. Eine Einladung zum Essen ist eine Ehre. Übernachten läßt man selten jemanden.

35 Prozent aller Wohnungen in der Toskana sind Altbauten, vor 1945 gebaut. Fast ausnahmslos sind sie gut modernisiert. Ausländer wundern sich oft, wenn sie hinter alten, abblätternden Wänden sorgfältig bis luxuriös eingerichtete Wohnungen finden.

Fremde mögen auch darüber staunen, wie sehr das historisch Gewachsene respektiert wird, wie leicht man die auch hier verwirrenden Angebote des Baumarktes ausschlägt, auch wenn sie billiger sind als das Fenster vom Tischler. Man schiebt eine Modernisierung lange hinaus, macht sie dann aber so, daß man für ewig damit leben könnte und zahlt den Preis dafür.

Die Räume sind sparsam möbliert. Auch im Haus kommt es weniger auf das Sammeln von Möbeln und Gemütlichkeit an als auf die Freiheit, sich räumlich zu bewegen. Der Eßraum ist das Wohnzimmer und nicht die Couch mit Sesseln.

Die Mieten sind staatlich begrenzt, meist niedrig. Auch der größte Teil der Bauern hat seine Häuser modernisiert.

Immer noch ist die Küche Arbeits-, Eß- und Wohnraum. Kinderreichtum ist selten geworden, auch nicht mehr notwendig. Die toskanische Familie ist im Durchschnitt von 4,0 auf 3,0 Personen geschrumpft. Die Toskana hat die niedrigste Geburtenrate aller Regionen. Papst Woytila wettert zwar weiterhin gegen Empfängnisverhütung und Abtreibung, aber selbst eingefleischte Katholiken halten sich nicht daran. Das Gesetz erlaubt Abtreibung in den ersten drei Monaten ohne Vorbedingung. Wo aber Kinder kommen, werden sie hochgeschätzt.

Sie können abends aufbleiben, solang sie wollen, gehen meist mit den Erwachsenen ins Bett. »Kinder sind auf, weil sie bei den Leuten sein wollen.« Oft schlafen sie auf dem Arm der Mutter ein, die sich weiter unterhält. Im Beisein von Kindern wird über alles gesprochen. Wenn Erwachsene lautstark schimpfen, schreien auch die Kinder oft zurück. »Wir mußten als Kinder immer auch als Erwachsene leben – es gab keine andere Lebensweise. Wir waren voll in die Erwachsenenwelt integriert, hatten auch keine Schwierigkeiten, erwachsen zu werden, das kam alles alleine und ohne Brüche.«

Es gibt eine große Fülle von Normen und Regeln – sie werden von der familiären Umwelt den Kindern sehr bestimmt anerzogen. Aber statt zu strafen wiederholt man lieber zehnmal den Hinweis; auf ein energisches Wort, das kurz ist, nicht nachgetragen wird, folgen viele Freundlichkeiten und Umarmungen. Die Kinder werden zu vielem gezwungen – immer lachend, mit viel Zeit und Geduld. In vielen Malereien wird dieser zugewandte Umgang in der Familie dargestellt. Nicht zufällig beherrscht er die Altarbilder der Kirchen, die dadurch eher weltlich als kirchlich sind: in den vielen Darstellungen von Mutter und Kind, zu denen oft der Vater und verwandt Erscheinende hinzukommen. »Das Baby wird wie ein kleiner Messias empfangen.« Dies drückt einen Sachverhalt des Alltags in religiöser Sprache aus; umgekehrt werden religiöse Bilder auf den Alltag bezogen.

In dieser Atmosphäre der Zuwendung lernen alle Beteiligten, sich zu arrangieren: tolerant und nachsichtig zu sein, ohne die Normen in Frage zu stellen. Tatsächlich werden die Spielregeln stets akzeptiert, aber man handhabt sie nicht als Prinzip. Ausnahmen macht man halt, weil es sich in der Situation so trifft – und auch in Fülle.

Niemand tastet den anderen in Konflikten wirklich an. Man darf sehr offen sagen, was einem nicht paßt, das wird als toskanisch anerkannt – aber man darf nicht persönlich werden. »Es ist so, als sei um jede Person ein Kreidekreis gezogen, den man respektieren muß, der keine Zerstörung zuläßt, nur Umarmung.«

In der Schule findet man meist das Verhalten des Elternhauses wieder:

die Lehrer gehen mit den Kindern ähnlich bestimmt, aber freundlich und zugewandt um. »Sie sind Freund aller Familien, besuchen sie oft.«

Der Prozeß des Selbständigwerdens läuft anders als im Norden: von klein an ernst genommen, muß das Ernstgenommenwerden nicht durchgesetzt werden. Ein großer Teil der Kämpfe zwischen Eltern und Kindern entfällt. Man löst sich auch nicht von den Eltern. Alle Eltern sind stolz auf ihre Kinder und drücken dies sehr oft aus. Die unmittelbare Menschlichkeit hat fast immer größeres Gewicht als die Beurteilung der »Karriere«. Die Kinder werden sehr behütet: das gibt ihnen Sicherheit. Sie werden nicht durch frühes Laufenlassen selbständig, sondern durch die frühe Integration in die Erwachsenenwelt.

Die Familie versucht, die Mädchen stärker im Haus zu behalten als die Jungen. Im Prinzip gelingt ihr das in der Toskana nicht mehr. Hinter dem Verhalten der Eltern steckt eher die Sorge, die Ansicht, Mädchen könnten zerbrechlich sein.

Kinder stehen überall im Mittelpunkt. Alle bewundern sie, nicht nur die Familie, sondern auch die Umgebung. Ständig hört man: »Com'e bella!« »Che bel bambino!« Fröhlich fragen Erwachsene ein Kind: »Wer kommandiert?« und erwarten die selbstbewußte Antwort: »Ich.« So gewöhnen sich Kinder daran, daß es angenehm und menschlich ist, ein großes Maß an Anerkennung, ja Bewunderung zu erhalten. Daher gibt es weniger Mißtrauen, mit dem man sich im voraus als Schutzschild umgibt.

Kinder gewinnen ein elementares Vertrauen. Sie wissen später als Erwachsene, daß sie sich wehren können, wenn es schwierig wird. Vertrauen und Selbstbewußtsein machen fähig, sich anderen zuzuwenden, sie anzuerkennen – bis hin zur Bewunderung, die leicht über die Lippen kommt (was Ausländer oft als Oberflächlichkeit, Schmeichelei oder Heuchelei verstehen). In den Gruppen junger Leute hat jeder von sich ein gutes Gefühl und die anderen geben ihm Anerkennung.

Wenn man genauer beobachtet, funktioniert ein großer Teil des Zusammenlebens in der Gesellschaft ähnlich wie die Familie. Die Regeln werden mit großer Flexibilität gehandhabt, aber alle sind sich einig, daß sie weitgehend vernünftig sind, daß man mit ihnen leben kann, wenn keiner rigoros ist. Man fügt sich zwar in Fabrik und Büro ein, nimmt sich aber zugleich seine Freiheiten und wird auch nicht kleinlich, nie scharf kontrolliert. Bei aller Entschiedenheit der politischen Auseinandersetzung, vergißt kaum jemand, daß der andere immer auch Mensch ist.

Die Zuwendungsfähigkeit spielt in der sozialen Bewegung eine große Rolle: Arbeitskämpfe wie Streiks, Fabrik-Besetzungen, Demonstrationen finden hier eine größere Solidarität als irgendwoanders in Europa. »Italien ist ein Wunder – es ist völlig ruiniert, aber die Leute leben, sind fröhlich, optimistisch, feiern...«

Essen und Trinken

Kleine Brotbäcker-Kooperative aus einer großen Familie. Gleiche Arbeit, gleicher Lohn, gleiches Risiko.

Ein Großteil der Gespräche der Toskaner dreht sich ums Essen. Man begreift das als Fremder erst, wenn man die Kultur der toskanischen Küche näher kennen lernt. Die Essens-Zeiten strukturieren den Tagesablauf. Um 13 und um 20 Uhr werden Straßen und Plätze fast menschenleer und Städte und Dörfer für zwei Stunden still. Essen ist heilig, es hat tiefgreifend mit der besonderen Körper-Erfahrung in der Toskana zu tun, besitzt etwas Zeremonielles und ist das einzige Ereignis, das wirklich pünktlich stattfindet.

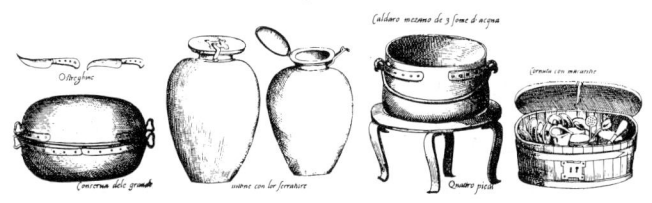

Dazu trägt zunächst bei, daß die Leute morgens nicht Frühstücken (ausgenommen Bauern), nur einen Espresso mit Gebäck oder Zwieback nehmen. Derart trainiert, mit hungrigem Magen zu leben, wird das Essen zu einem elementaren Bedürfnis. Daher darf man die Spaghetti oder Maccaroni (pasta asciutta, seit E. 13. Jh.), die dicke Gemüse-Suppe (minestrone) oder den Risotto (Reis) ruhig schmatzen oder schlürfen. Diese Mengen sollen den Magen füllen – als Fundament für die leckeren Sachen, die folgen. Die Gier des Hungers eignet sich natürlich nicht zum Genießen. Auch das Brot dient zum Füllen.

Bis der Hunger abgebaut ist, benötigt man rund 20 Minuten; daher läßt man sich mit dem nächsten Gang, dem Secondo (Hauptgericht) Zeit. Auch zwischen den weiteren Gängen. Und dies macht das Essen kommunikativ. Lang und viel wird beim Essen gesprochen – sowohl in der Familie wie mit Verwandten und Freunden, die alle mehrfach in der Woche – ganz unförmlich – mitessen.

Erst nach dem Primo, dem ersten Gang, beginnt man zu trinken, denn ohne Fundament würde man sich die Magensäure wegschwemmen. Zum Essen gehört auch die gute Kenntnis des eigenen Körpers und darüber wird auch gesprochen. Überhaupt: viele Leute machen aus dem Essen geradezu eine Wissenschaft: von der Landwirtschaft, über die anhand ihrer Produkte auf dem Tisch gesprochen wird, von der Medizin und seit einiger Zeit auch von den Umweltproblemen, die damit zusammenhängen. Es gehört zur Kultur, daß jeder Toskaner die Meinung hat, Wissen behindere den Genuß nicht, sondern fördere ihn.

Denn typisch ist, daß die toskanische Küche durchschaubar ist: das Stichwort »genuin« (genuino) ist geradezu ein Zauberwort; es bedeutet: natürlich, echt, unverfälscht, wahr. Zunächst muß alles frisch sein, besonders das Gemüse (verdura). Ein früher historischer Zustand wird hier als »Kultur« aufbewahrt. Man sieht, was man ißt: das Produkt des Bauern wird weitgehend so belassen wie es ist; die Soßen und Gewürze (Kräuter, Parmesan, Knoblauch) überdecken und überformen den Geschmack nicht, sondern bringen ihn gut zur Geltung, heben ihn gelegentlich oder lassen ihn über einen Kontrast wirksam werden. Daher wird auch jedes Teil einzeln serviert: der Geschmack soll sich nicht gegenseitig stören. Daraus entsteht eine Folge von Gängen, gewöhnlich fünf, im Fest-Bankett rund 12 bis 15.

Reinheit, Frische, Leichtigkeit, Hygiene, Geschmack, Fantasie sind die bescheidenen Mittel »des volkstümlichen Genius«. Er verzichtet auf schwere und schwerverdauliche Speisen, auf täuschende Präsentationen, auf Vorgekochtes und Zerkochtes, auf Tricks und Routine. Die Kunst der Eßkultur besteht also in der intensiven Kenntnis der Natur und in der Geschicklichkeit, sie deutlich zu machen und Unterschiedliches aufeinander abzustimmen. So fremd es klingen mag, ganz ähnlich sieht die Kultur der Mode und der Architektur aus.

Im Prinzip ist die Eßkultur der Toskana, selbst im üppigsten Festbankett, eine bäuerliche Kultur, eine Kultur genau gepflegter Kenntnisse der »typischen Produkte des Landes«. Daher hat die amerikanische Snack-Kultur, haben McDonalds und Co. in der Toskana keine Chance – außer im »Touristen-Strich« zwischen Ponte Vecchio und Dom.

Die toskanische Küche stammt (ebenso wie die anderen italienischen Regionen) vom armen Volk. Diese Herkunft wurde nie zerstört. Die Reichen und der Wohlstand seit 20 Jahren haben sie nicht umgewandelt, sondern nur bereichert. Ein Zeichen der Armut: die Spaghetti erhielten Ragout, das heißt, das sehr kleine bißchen Fleisch, das sich arme Leute leisten konnten – eigentlich nur den Geschmack des Fleisches. Dann kam ein rasiermesserdünnes Schnitzel hinzu. Das Prinzip: alles ist da; mit zunehmendem Wohlstand kommt lediglich mehr davon auf den Tisch. Und wenn die Zeiten schlechter werden, gibt es weniger Fleisch und Käse. Denn Fleisch ist teuer: für die Bistecca alla Fiorentina, ein 800 bis 1000 g schweres Hochrippensteak am Knochen, von der Lende des weißen Chiana-Ochsen, gegrillt nur mit Salz und Pfeffer gewürzt, ohne Beilage serviert, zahlt man soviel wie sonst für ein ganzes Essen. Das Essen der Armen, wie zum Beispiel die Panzanella, ist zum gesuchten Leckerbissen geworden. »Armes Essen« sind auch die Kastaniengerichte im Herbst.

Zum Essen braucht man viel Zeit, um mit Geduld und Gefühl, mit der Zunge, mit der Nase und mit den Augen gut zu schmecken. Zwar wird das Muster des toskanischen Essens nicht verändert, die Eßgewohnheiten erscheinen auf den ersten Blick konservativ, als »Omas Küche«, in einem bestimmten Rahmen geben sie jedoch einer großen Fülle von Varianten Raum: einem sippenartigen Reichtum an Produkten und einer Vielfalt an

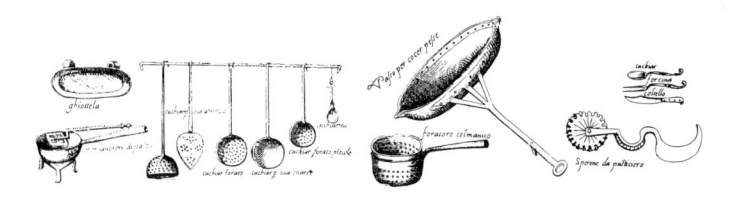

Eine entwickelte Eßkultur über zwei Jahrtausende hinweg. Oben: Großfamilie beim sommerlichen Abendessen. Unten: Sano die Pietro (1406–1481; Pinacoteca Nazionale in Siena). Schon etruskische Malereien in Gräbern (Tarquinia), die Wohnhäuser vorstellen, spiegeln Verhalten und Lust beim Essen.

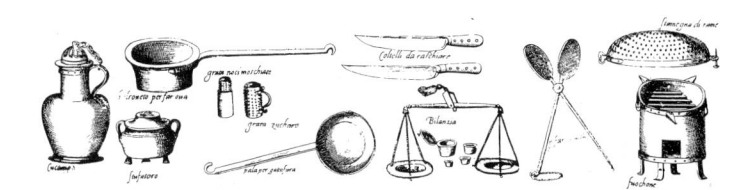

Möglichkeiten der Zubereitung und des Würzens. Man ißt sich geradezu quer durch einen toskanischen Bauernhof, auch mit all seinen Kräutern.

Zu den typischen Produkten der Toskana gehören: Artischocken (carciofi), Zwiebeln (cipolle), kleine Kürbisse (zucchine), Blumenkohl (cavolfiori), mehrere Spinatarten (spinaci), Paprika (peperoni), Kopfsalat (lattuga), Bohnen (fagioli), Erbsen (piselli), Sellerie (sedani), Linsen (lenticchie piccole), Olivenöl (olio di oliva; es gibt auch anderes Öl!). Typische Käsesorten sind der Pecorino (Schafskäse mit scharfem Geschmack) und der Marzolino. Aus den Wäldern stammen Pilze (funghi), Heidelbeeren (mirtilli), Himbeeren (lamponi), Erdbeeren (fragoline) und Kastanien (castagne).

Im Hintergrund der Eßkultur stehen Landwirtschaft, Handwerke, Klein- und Großbetriebe, die im Gegensatz zu manchen Ländern nicht einfach den letzten Schrott verkaufen können, sondern Konsumenten haben, die Qualität kennen und darauf achten. Und der Tante Emma-Laden lebt oft weiter: weil er an der Ecke liegt, wohin man, hat man etwas vergessen, noch eben ein Kind schicken kann, und wo es auch vieles frisch gibt – denn die toskanische Küche erfordert frische Zutaten, frisches Gemüse und frisches Fleisch. Die Leute lassen sich meist nicht in Supermärkte drängen, sie wollen wissen, woher die Waren kommen, zum Beispiel die Kaninchen. Sie wissen, daß der niedrige Preis meist zu Lasten der Gebrauchs- und Geschmackswerte kalkuliert ist. Die Leute zahlen fürs Essen, weil sie wissen, daß es anders nicht gut wird.

Zum Ende des Essens wird Käse (meist aus Schafsmilch) aufgetragen, der »den Magen schließt«. Dann Obst (Vitamine). Danach eine Süßspeise (dolce). An Festtagen kann es ein Stück der kostbaren historischen Sieneser Süßigkeiten sein: Panforte oder Ricciarello (Mandelgebäck), Copate (mit Marzipanfüllung), Cavallucci, Marzapane (Marzipan). Schließlich: ein Espresso – auch wenn man anschließend sein Schläfchen (dormita) von einer halben Stunde macht. Das ist meist wirklich nötig, vor allem im Sommer.

In vielen gemalten Bildern findet man Gastmähler: meist vom König Herodes (Giotto in Santa Croce Florenz, Filippo Lippi im Dom zu Prato), aber in Wirklichkeit malen sich die Leute selber. Zu solchen Festgelagen gehörten häufig Musikanten. Auch heute machen junge Leute oft nach dem Essen Musik. Früher kamen bei reichen Leuten auch Geschichtenerzähler und der Narr dazu. Und manchmal Schlägereien. Festbankette waren und sind häufig und berühmt. Die Haushaltspläne der Florentiner Demokratie setzten stets riesige Summen für die Gelage der Prioren an. Bilder zeigen, daß oft in Loggien getafelt wurde. In Siena gibt es zum Palio mehrfach Bankette, an denen fast die gesamte Bevölkerung teilnimmt. Die Tafeln sind so lang wie die ganze Straße. Kein Fest ohne gutes Essen. Die Unità-Feste haben oft eine erstklassige Küche.

Immer schon saß man zum Essen gern im Freien (banchetto all'aperto), wie viele Malereien es zeigen – auch heute: neben den Restaurants im Garten, vor kleinen Dorf-Kneipen und bei Festen vor dem eigenen Haus.

Die italienische Küche fühlt sich als »Lehrmeisterin der Welt«. Man möchte es für Chauvinismus halten, aber historisch entspricht es bedingt den Tatsachen. Eßkultur ist in der Toskana eine Sache des ganzen Volkes. Das schließt nicht aus, daß man manchmal »Wirte des Unglücks« findet, die wenig Enthusiasmus, aber viel Unverschämtheit im Ausstellen der Rechnung haben. »Essen ist Kennenlernen«, sagt ein Toskaner. »Es gibt welche, die reisen – wie man sagt – mit der Gabel zwischen den Zähnen«.

Die Pizza stammt nicht aus der Toskana, sondern aus dem Süden. Sie gilt als eine »bescheidene, aber große Erfindung«: der urtümliche Fladen-Pfannkuchen (Mehl, Wasser, Hefe, Salz), auf den das Kärgliche, was arme Leute hatten (Tomaten, Kräuter, Käse u.a.), gestreut wurde; bei den Reichen mehr. Sie ist das billigste Gericht, wird aber eigentlich nur abends gegessen, wenn man weniger zu sich nehmen möchte. Wichtigste Zutat der Pizza: die Mozzarella, ein milder Frisch-Käse.

Im Sienesischen Gebiet, rund um den Monte Amiata und in Umbrien kann man sich auf den Märkten oder beim Sonntagsausflug an Wägen an der Straße ein aufgeschnittenes Stück Brot mit gut gewürztem Spanferkel-Fleisch holen: die porchetta.

Was heute jedermann für wenig Geld holen kann, das berühmte italienische Eis, war einst ein seltener Luxus. Von Griechen und Römern wurde es aus eingelagertem Schnee bereitet. Um 1530 entdeckte ein Mann aus Catania, daß man mit Roheis und Salpeter andere Flüssigkeiten zum Gefrieren bringen kann. Gastarbeiter richteten im Ausland Eisdielen ein: 1602 die erste in Wien. 1876 wurde die erste Kältemaschine erfunden, seit 1903 gibt es Rührmaschinen für Eis.

Die Weinkneipe, die Osteria, ist selten geworden. Nördlich vom Amphitheater in Lucca findet man noch eine sehr schöne. Auch am Domplatz in Carrara. Vornehmheit hat auch die einst normale Gastwirtschaft des Volkes, die Trattoria, fast zum Aussterben gebracht. Das Ristorante, einst über die Preise den wohlhabenden Leuten vorbehalten, ist heute das gängige Eßlokal. Der Trattoria-Besitzer hat oft nur das Schild ausgewechselt. Seit kurzem entsteht ein weiterer Typ von Gaststätte: die Besen-Wirtschaft kleiner Bauern, die, wie etwa »Baffo« in Montecarlo, für einige Monate (Mai bis August) ein Zubrot benötigen. Das Angebot ist beschränkt, aber außerordentlich gut zubereitet und vergleichsweise billig.

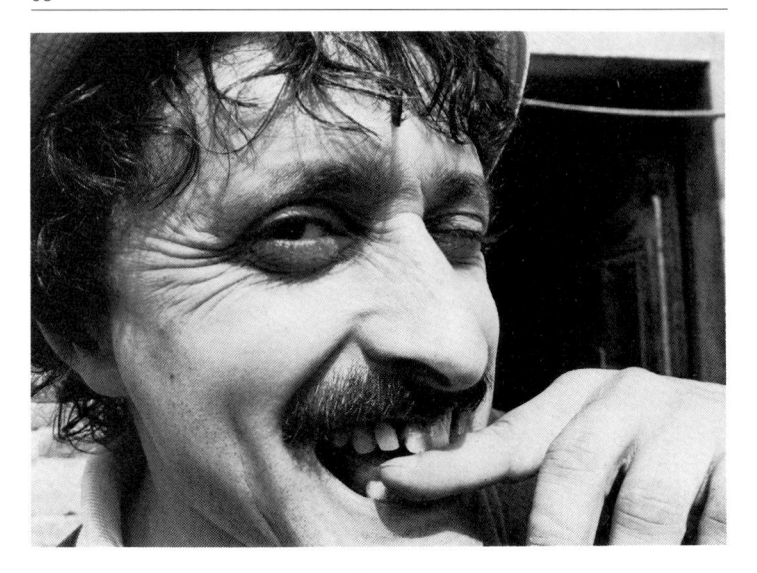

Vino

Nur wer körperlich hart arbeitet, trinkt tagsüber in einer Bar oder Osteria gelegentlich ein Glas Wein, das oft billiger als Mineralwasser ist. Der Wein gehört zum Essen: ganz elementar dient er zum Verarbeiten der Fette, vor allem des Olivenöls, das heißt zum Verdauen. Man trinkt meist nur ein bis zwei Gläser.

Wein ist das weitaus wichtigste Landbauprodukt der Toskana. Die »Baumkultur« der Weinreben, die über Jahrtausende an den Randstreifen der Felder an kleinen Bäumchen emporwuchsen, ist nahezu verschwunden. Heute wachsen die Reben zwischen Zementpfählen, zwischen deren Reihen der Traktor fahren kann. Weinlese ist im September. Feste und Weinmessen begleiten sie – zur Lust und als Markt.

Kenner behaupten, die Toskaner tränken die besten Weine selbst. Viele holen sie sich direkt vom Bauern, meist in halbzentnerschweren Glasbehältern (damigiana). Die rustikalen strohumwickelten Bauchflaschen verschwinden immer mehr (es lohnt sich, sie zu sammeln). Die Bordeaux-Flasche scheint vornehmer zu sein. Neuerdings gibt es eine Schlacht darüber, ob Rom zuläßt, daß Amerikaner, die viel italienische Weine kaufen, ihn in Dosen erhalten dürfen, wie sie wollen. »Eine Schande«, fluchen die Weinfans.

»Wein und Erde haben einen Zusammenhang«, sagt Livio Dalla Ragione, »man muß die Erde schmecken lernen«. Es gibt mehrere Weintypen: den einfachen Toscano, den Rosso, neuerdings den Rosato (meist für den Export), den Bianco und den uralten Typ des Vin Santo toscano, eine schwere, ziemlich süße historische Weinart, von der man oft nach dem Essen ein Gläschen trinkt.

Die meisten Weine, auch die sehr guten, haben ihr bestes Alter im selben

DIE KLASSISCHEN WEINBAUGEBIETE DER TOSKANA

1. Chianti Classico
2. Chianti Colli Fiorentini
3. Chianti
4. Chianti Colline Pisane
5. Chianti Rufina
6. Chianti Montalbano
7. Chianti Colli Senesi
8. Chianti Colli Aretini
9. Nobile di Montepulciano
10. Brunello di Montalcino
11. Carmignano
12. Rosso Colline Lucchesi
13. Montescudaio
14. Morellino di Scansano
15. Parrina
16. Elba Bianco e Rosso
17. Montecarlo
18. Bianco di Pitigliano
19. Bianco Vergine della Valdichiana
20. Vernaccia di S. Gimignano
21. Bianco della Valdinievole

Jahr. Der Vorteil: sie benötigen kaum Schwefel zur Haltbarmachung. Kenner unterscheiden Weine nach Farbe, Duft, Geschmack, Alkoholgehalt, Säuregehalt, Rebenart, ferner, zu welchen Speisen sie am besten passen und nach der besten Serviertemperatur (oft 8 Grad, oft 16 oder 18). Gute Rotweine öffnet man Stunden vor dem Einschenken zur Sauerstoff-Berührung, dies entfaltet den Geschmack. Weißwein ist leichter als Rotwein, wird kühler serviert und daher vor allem im Sommer getrunken, auch am Beginn des Essens und zum Fisch. Den schweren Rotwein trinkt man zu Gebratenem.

Wein ist nichts zum Saufen; man genießt ihn: zuerst riecht man, dann läßt man einen Schluck langsam im Mund herumgehen, schließlich widmet man sich versonnen dem Nachgeschmack. Bei guten Weinen ist der Mund dann trocken. Gute Weine sind in Italien nicht teuer, vor allem wenn man sie mit Bierpreisen vergleicht. Es lohnt sich sehr, ein bis zwei Mark mehr zu zahlen – für eine ganze Flasche.

Große Schilder an den Straßen zeigen oft die Wein-Zonen an. Es gibt 17 toskanische Weine, die nach dem Weingesetz von 1963 das Gütezeichen DOC, das heißt »kontrollierte originale Herkunft« (mit Nummern am Flaschenhals) tragen dürfen: Valdinièvole (Bianco, Vin Santo), Pitigliano (Bianco), Pisano di San Torpé (Bianco, Vin Santo), Valdichiana (Bianco Vergine), Candia dei Colli Apuane (Bianco), Carmignano, Chianti, Chianti classico, Brunello di Montalcino, Elba (bianco, rosso), Montecarlo (bianco), Montescudaio (bianco, rosso, Vin santo), Morellino di Scansano, Parrina (bianco e rosso), Colline Lucchesi, der strohgelbe Vernaccia di San Gimignano und der rubinrote Vino Nobile di Montepulciano. Der Chianti classico (Castellina, Radda, Gaiole, Badia di Coltibuono, Panzano, Greve, San Casciano in Val di Pesa, Barberino Val d'Elsa und Poggibonsi) macht den »Löwenanteil« unter den guten Weinen aus. Aber nur die Chianti-Weine mit Beifügung DOC stammen wirklich aus diesem kargen, landschaftlich eher langweiligen, aber nach der Bodengüte ausgezeichneten Gebiet – und das ist nur der zehnte Teil aller Weine, die den Namen Chianti tragen.

Als der beste, aber auch teuerste Wein gilt der »Brunello di Montalcino«.

Man probiert ihn am besten auf der charakteristischen Piazza in Montalcino oder in einer kleinen Weinkneipe nahe dem Stadttor in Pienza aus. Dieser Wein entstand erst 1880 aus der berühmten historischen Traubenart Sangiovese aus der Romagna, die auf den besonders günstigen steinigen Boden um Montalcino herum geholt wurde (in der Crete, der Lehmerde südlich Sienas, gedeiht kein Wein). Fünf Jahre muß er im Eichenfaß liegen, ehe er seinen Namen führen darf. Nach 20 Jahren erreicht er seinen besten Geschmack. 100 Jahre kann er alt werden. Je älter, desto teurer – von reichen Kennern wird er wie eine Antiquität gehandelt, mit astronomischen Preisen. 150 Weinbauern, einige Halbpächter und 40 Weingüter stellen ihn her. Die Produktion wird gezielt begrenzt (auch bei anderen guten Weinen).

Trotz des strengen Weingesetzes, das unter anderem Zuckerung verbietet, gab es in Italien viele Weinfälscher-Skandale und immer noch versuchen Kriminelle, chemische Weine, gefärbt mit Anilin, herzustellen. Sie sind für die Weinkenner leicht erkennbar, weil sie keine Charakteristik und keinen Duft haben. Seit langem ist der Wein wirtschaftlich in der Krise: durch die Konkurrenz mit billigen und dafür schlechten Massenweinen. Vor allem die Kunden in den Export-Ländern wissen oft nicht, was sie trinken und halten gezuckerte süße Weine für süffig und gut. Im Gegensatz zu Frankreich verstand es die Toskana bisher nicht, im Ausland das Image der Qualitätsweine zu verbreiten – wie es der Realität entspräche. Gezwungenermaßen liefert die Region für den Export auch Massenweine mit niedrigem Alkoholgehalt, oft schlechten Rosé und perlenden Lambrusco. Amerikaner kauften viele Weingüter auf und frisierten deren Produktion um, in großem Stil selbst in Montalcino, wo sie 20 Prozent Brunello mit 80 Prozent Muskateller mischen und einen sehr süßen Wein machen.

Aus dem Rest der Trauben, der Vignaccia, wird Schnaps (grappa) gebrannt, von vielen Bauern schwarz.

Die selbstbewußten und stolzen kleinen Weinbauern (coltivatore diretto) haben sich zu Handels-Genossenschaften zusammengeschlossen. Die Weingüter (fattoria) sind hochmechanisiert und haben meist nur noch drei bis vier Beschäftigte. Der Wein lagert in riesigen Fässern: einige aus Holz, die meisten aus Stahl und sogar aus Beton. Solche Güter sind historisch oft uralt. Reiche Leute kauften sie schon im Mittelalter und organisierten in den Städten den Vertrieb. Die interessanteste »Weinburg« ist das Castello di Gaiole im Chianti (ausgezeichnet restauriert), wo man sich im riesigen Kellergeschoß die historische Herstellung des Weines vergegenwärtigen kann. Und nebenan in der Fattoria die neuesten Weisen.

Kultur

KULTUR-POLITIK

Aus vielen weitreichenden Wurzeln entwickelte sich die Kultur der Massen im Alltag. Und sie findet tagtäglich viele Anlässe und Herausforderungen – in den Familien und auf der Straße – sich lebendig zu halten. Und das bedeutet: selbstverständlich zu sein.

Diese Kultur benötigt keine Verwaltung. Das hohe Maß an Volks-Kultur, von der man in manchen anderen Ländern nur träumen kann, macht – und das ist die Kehrseite des Positiven – Politik, Parlamente, Verwaltungen und Institutionen selbstgenügsam und schläfrig.

Während das Niveau der Stadtbibliotheken (biblioteca communale) noch leidlich ist, wird es in den Stadt-Archiven finster. Meist gibt es keine. Oder sie sind unaufbereitet. Volkshochschulen sind so gut wie unbekannt. Es gibt fast nur freie Theater, mit denen man meist so umgeht, als gäbe es sie nicht. Ähnlich geht es der Musik. In kaum einem der kommunistischen Volkshäuser sieht man mehr etwas von der frühen unverzichtbaren Bibliothek. Einige Volkshäuser entwickeln sich zu Keim-Stätten der Kultur – einstweilen nur wenige und fast alle in Florenz.

Von den hinreißenden Unità-Festen der Siebziger Jahre sprang kein Funke zu den linken Kultur-Beigeordneten der Toskana über, die im übrigen weitgehend ihre Positionen eher als Frühstücks-Direktoren betrachten.

Selbst in Florenz ist Kultur-Politik nur Tourismus-Werbung. Sie verwaltet unbeweglich und verständnislos ihre Schätze und zieht gelegentlich ein Spektakel auf, das man der internationalen Presse als Politur des Nymbus Florenz offeriert. Hier zählt nur Spektakuläres. Sozio-Kultur in den Stadtteilen, für die eigene Bevölkerung, ist nahezu unbekannt. Kulturelle Werte, einst als Aufklärung entstanden, von Gesprächen und Theorie begleitet, vom kenntnisreichen Volk beurteilt, wird den Touristen, die keine Kontexte kennen und die Aura suchen, zur sprachlosen Bewunderung präsentiert. Museumsdidaktik ist ein Fremdwort.

Fassungslos mag man zuschauen, wie in einer so ausgezeichneten Massen-Kultur und einer Fülle exzellenter Intellektueller die Kultur-Politik den Stand des 19. Jahrhunderts pflegt.

Die vielen Festspiele, die in den letzten Jahren entstanden, dienen meist dem Tourismus, seit einiger Zeit auch dem inländischen. Es sind Saison-Blüten, die eine Kultur-Arbeit nicht zu ersetzen vermögen. Die Mühen der Macher im Hintergrund bleiben ebenso unsichtbar wie der Geiz reicher Kommunen (etwa Lucca), deren Politiker, nicht anders als weitgehend überall, die liberale These des 19. Jahrhundert vertreten, daß die Kultur Privatsache sei. Welche Distanz drückt sich darin zur eigenen Vergangenheit vom

13. bis zum 15. Jahrhundert aus, die man tagtäglich in den Stadtzentren vor Augen hat und genießt! Dort war Kultur weitgehend Gemeinschaftsleistung.

Ein kleiner Ort macht Kultur

Es gibt einige wenige Ausnahmen. Etwa Montichiello, wo die Bevölkerung das ganze Jahr über mit dem Theater beschäftigt ist. Und Anghiari, ein Ort mit 6000 Einwohnern. Gianfranco Venè, Schriftsteller und Reporter, geriet durch Zufall und die Großzügigkeit des Gastwirts Primetto Barelli, der Kunst und Kultur fördert, an seinen sommerlichen Schreib-Wohnsitz in einer ausgebauten Scheune neben dem Castello di Sorci. Venè und Franco Talozzi, von 1975 bis 1982 Bürgermeister und PCI-Chef, gründeten 1978 den »Internationalen Kultur-Preis von Anghiari«.

Sie zielten nicht auf den »großen Coup«, auf Fremdenverkehrs-Werbung, auf einen »großen Tag mit einem Star«. Geld hatten sie nur für Reise und Aufenthalt der Preisträger, ein großes Bankett und einige Geschenke – dafür wurde etwas weniger Straße asphaltiert. Aber sie waren findig.

Nicht aus Großmannssucht verteilten sie jährlich 30 Kultur-Preise, sondern weil sie das ganze Jahr hindurch die Prämierten, der Reihe nach, zu Vortrag und Gespräch mit der Bevölkerung, meist Handwerkern, Industriearbeitern und Bauern, in den Rathaus-Saal, das kleine Logen-Theater oder auf die Piazza holen wollten. Tatsächlich kamen auch die Leute und diskutierten.

Die fantasiereichen Macher bezogen die Bevölkerung ferner dadurch ein, daß sie entwickelte Handwerksprodukte aus dem Ort als Preise vergaben. Und an das Hauptereignis des Kultur-Preises, den ersten Sonntag im Mai, knüpften sie eine Handwerks-Ausstellung: die Werkstätten öffneten sich – quer durch den alten Ort.

Pluralistisch wurde das Spektrum der Prämierten und zusätzlich Eingeladenen ausgesucht, aber mit dem Ziel, soziales Nachdenken, vor allem unorthodoxer Art, zu fördern – auch die Differenzierungen der Standpunkte – und dadurch Entwicklungen anzuregen. So erschienen neben dem linkskatholischen Widerstandskämpfer Padre Davide, der über die Brisanz des Franz von Assisi sprach, die republikanische Bürgermeisterin und Schwester des FIAT-Chefs Susanna Agnelli, neben dem einheimischen christdemokratischen Landwirtschaftsminister Zamberletti der kommunistische Vordenker Pietro Ingrao und der Historiker der PCI Paolo Spriani. Es kamen klassische und Jazz-Musiker, Schreiber politischer Kriminalromane und ein Herzchirurg, Vorkämpfer für die von Basaglia initiierte Psychiatrie-Reform und Anti-Mafia-Spezialisten, Karikaturisten und Zukunftswissenschaftler.

Talozzi, Bauernsohn aus einer alten kommunistischen Familie, mehrere Berufe, jetzt mit seiner Frau zusammen ein Bäcker vorzüglicher »Dolci«, sagt: »Weil ich nichts hatte, war ich so neugierig auf Kultur.«

Venè, heute einer der Hauptredakteure des politischen Magazins »Panorama«, setzt angesichts der bürokratischen Verkrustungen auf die »fruchtbare Provinz«, sieht darin eine »uralte toskanische Stärke«. Man braucht keine Metropole, um ein Beispiel zu setzen.« Für Talozzi »stammt alles Böse aus der Unwissenheit, aus der Unkenntnis des Problems. Daher ist Kultur Aufklärung, auch über die positiven eigenen Traditionen. Unser eigenes Maß ist so kurz wie ein Bleistift – daher benötigen wir die anderen Leute. Kultur ist alles, was uns an Problemen umgibt.«

Feste

Man kann an Festen einfach teilnehmen und hat viel davon; aber man kann die Lust daran auch vergrößern, wenn man wie die Einheimischen Genaueres von ihnen weiß.

Seit der Antike gibt es eine üppige Anzahl von Festen, selbst die Sklaven erhielten ihren Tag: den bis heute gefeierten Ferragosto (feriae augusti am 15. August). Die Kirche hängt sich in die Lust am Feiern ein und diente reichlich mit Heiligen. So gab es 180 Festtage im Jahr. Natürlich wurde an den meisten gearbeitet – wie könnte man sonst überleben. Fest bedeutet auch heute nicht, daß alles geschlossen ist.

Am verbreitetsten sind die Kirchweihen. Ihre Prozessionen stammen aus dem höfischen Ritual des spätantiken Kaisertums. Abschluß ist oft ein gewaltiges Feuerwerk, bei dem man denken kann, der Krieg sei ausgebrochen.

Das Volk selbst erfindet einen großen Teil der Feste – oft als emotionalen Preis für harte Arbeit. In Festen spiegelt sich der Alltag in überhöhter Form. Elementar erscheint die Lust am Essen und Trinken, außerordentlich kultiviert schon seit Etrusker-Zeiten. In bäuerlicher Gesellschaft ist er auch ein Ausdruck des Stolzes auf seine Produkte; und in den toskanischen Städten eine Frucht der engen Stadt-Land-Beziehung.

In armen Zeiten, die nicht jeden satt machen, darf man beim Fest einmal aufs Üppigste essen. Feste des Essens: die Sagra della Polenta in Marradi, die Feste delle Fritelle (des Gebratenen) in Greve und Martiana und die Sagra della Bistecca in Cortona. Meist feiert man die Ernte wie in der Festa dell'uva in Impruneta, der Festa della Castagne in Greve und Barberino Val d'Elsa, das Schlachten der Hühner und Schweine bei der Sagra della Porchetta in Monte San Savino und den Forellenfang bei der Sagra della Trota in Loro Ciuffenna und Pratovecchio. Die kommunistischen Unità-Feste haben meist eine erstklassige Gastronomie, die von großen Küchen-Mannschaften von Genossinnen und – bemerkenswerterweise – auch von Genossen gemacht wird.

In Uzzano gibt es das frühmittelalterliche (wiederbelebte) Fest des Gehörnten. Vor der Prozession wird verzehrt, was auch die Schafe essen. Am Schluß wird der Fürst der Gehörnten, das heißt der betrogenen Ehemänner, gewählt: wer als letzter geheiratet hat. Lorenzo Medici wurde vorgeworfen, er habe, nach altrömischem Muster mit »Brot und Spiele«, durch seine groß inszenierten, geradezu zirkushaften Volksfeste die Florentiner von der Politik und davon abgelenkt, über den Verlust ihrer Freiheit nachzudenken.

Neben dem Alltag spiegelten viele Feste auch die Feindschaften der Alltagsgemeinschaften untereinander, vor allem der Stadtviertel (z.B. Siena). Zunächst kleideten sie sich in Spielformen, die so elementar, emotional und wenig gebremst waren, daß sie leicht wieder zum Ernstfall zurückkehrten und bis zum Bürgerkrieg eskalierten. So zum Beispiel die Faust-Kämpfe, die von Hunderter-Mannschaften der Stadtteile gegeneinander ausgetragen wurden. Dazu gehörte auch das Spiel des »Steinregens«, das ebenso wie der Faustkampf erst nach langer Zeit verboten wurde (in Florenz 1629), weil es oft Verletzte und Tote gab (vgl. Rugby, Eishockey, die Schlachten der Fußballfans). Nach dem Verbot wurden andere Spiele zu Schlägereien umfunktioniert, vor allem die Ballspiele, die es seit der Antike gab.

Die brutalen Spiele wurden allmählich durch andere ersetzt, in denen der Kampf durch Rituale gelenkt, entschärft, kultiviert und zugleich lustvoll erlebbar wurde. Im Bereich des bäuerlichen Lebens sind es Geschicklichkeitsspiele wie das Rodeo mit Büffeln (einst in Siena) und der Wettlauf mit

Links: Erinnerung an die Bürger-Milizen der Stadt-Demokratie. Rechts: Hirten-Fest auf dem Dorf – veranstaltet von der Gewerkschaft.

Historische Erinnerung: Auf dem großen Platz in Arezzo kämpfen alljährlich Reiter, einst aus dem Landadel, gegen den plündernden Sarazenen.

großen Weinfässern (in vielen Orten erhalten). Der Palio dei Cerri in Cerreto Guidi (bei Empoli) entsteht in den engen Winkeln des Dorfes und auf den Dreschplätzen der Bauern. Vier Ortsteile messen sich aneinander im Lasso-Werfen, Laufen mit Kübeln und Scheibenschießen; schließlich werfen auch Frauen Ringe auf Stangen.

Die Disziplinierung der Gefühle drückt sich darin aus, daß die Spiele genauere Regeln erhalten. Damit wird allerdings zunehmend auch das demokratische Element verdrängt: daß viele Menschen aktiv teilnehmen. Denn die Kompliziertheit der Regeln verlangt nach Training und Auswahl der Besten. Das Ballspiel in Livorno, das im 18. Jahrhundert regelmäßig auf der riesigen Piazza d'Arme stattfindet, hat bereits den Charakter des Stadion-Fußballs.

Viele Elemente der Feste stammen aus dem Militär: der Umzug (im Gegensatz zur lässigen Prozession) und die einpeitschend emotionalisierende Militär-Musik, die die Soldaten (gemalt in der Sala del Mappomondo im Sieneser Rathaus) in Kampfesstimmung versetzen sollte. In Arezzo kämpfen Reiter gegen die Puppe des großen, einst die Toskana plündernden Sarazenen (Giostra del Saracino). Der Bürgermiliz der Stadt-Demokratien entstammen die Bogenschützen (Arcobaleri), deren Hauptfeste in Sansepolcro, Massa Marittima und Lucca stattfinden.

Zu ihnen gehören die Fahnenschwinger (Sbandieratori), die ein artistisches Spiel mit ihren Fahnenspießen treiben – um im Notfall zu kämpfen oder die Fahne zu retten (Sansepolcro, Massa Marittima, Gallicano). Die Vielfalt ihrer Kostüme stammt aus einer Zeit, wo noch jeder einzelne zum Krieg seine Kleider mitbrachte – vor der Uniformierung in den Massen-Heeren des Absolutismus. Auch die Verhaltensweisen spiegeln den Spielraum des einzelnen, den ihm später die Disziplinierung der absolutistischen Blockstrategie nahm.

Im 19. Jahrhundert verfiel ein großer Teil der Feste. Er lebte erst mit zunehmendem historischen Bewußtsein in den 30er und durch den Tourismus in den 70er Jahren wieder auf.

Aus dem Exil bringen 1944 Kommunisten das Vorbild: Feste der französischen KP-Zeitung »Humanité« in den Dreißiger Jahren, die die Tradition der Volksfeste der Französischen Revolution aufnahmen. Seit 1965 wird das italienische Unità-Fest zur Unterstützung der Partei-Presse zu einem kulturpolitischen Kristallisationspunkt: zerstörte Volks- und politische Kultur wird wiederbelebt und entwickelt. 1978 feierte man über 8500 dieser Feste im Land. Hinzu kommen regionale und nationale Feste (1975 in Florenz, 1982 in Tirrenia). Die Feste dauern meist mehrere Tage und sind je nach dem »Rot«, der Größe und Fähigkeit des Ortes mehr oder weniger entwickelt. »Der Erfolg des Festes entsteht aus drei Elementen: der Tradition kirchlicher Feste, des Marktes und der Räte. Also aus Zeremonie, Tausch und Demokratie« (Alberto Moravia).

»Sbandieratori« aus Sansepolco.

»Küchen-Mannschaft vom Unità-Fest in Anghiari

Die Sozialisten haben die kleineren Feste des Avanti, die Christdemokraten die Feste der Freundschaft (Festa dell'Amicizia). »Der Pluralismus sorgt für eine Fülle von festlichen Ereignissen – und jeder will's besser machen als der andere.«

DER REITER-KAMPF IN SIENA (PALIO)

»Die Sieneser sind alle verrückt«, sagen Luccheser. Das Fest, das die meisten Leute in Ekstase bringt, ist der Reiter-Kampf der Stadtteile alljährlich am 2. Juni und 16. August auf dem Campo in Siena. Es ist ein Pferderennen aus römischer Tradition, wie es einst in Florenz und Arezzo auf dem Corso ablief und heute noch in Castiglion Fiorentino in einer Art Amphitheater vor der Stadtmauer stattfindet. In Siena laufen seit etwa 1100 die Pferde zu Ehren des Dom-Heiligen von der Porta Romana quer durch die Stadt zum Dom. Zu Ehren der Wunder der Madonna von Provenzano wurde 1656 ein zweites Rennen eingerichtet – damit kam der Wettkampf auf den Rundkurs des Campo.

Palio ist der Siegespreis: eine wertvolle Fahne aus Seide. In dem vielschichtigen Fest treffen sich Geschichte und Gegenwart: historisch weitentrückte Tatsachen werden symbolisch lebendig gehalten, halb unbewußt, halb bewußt, ästhetisiert, in gemeinsamer Regie – und bis hin zur Ekstase erlebt. Der Palio geht aus dem Krieg der Stadtteile (Contraden) untereinander hervor; aber im Fest wird er entschärft und zum Mythos überhöht. Freund und Feind versöhnen sich im gemeinsamen Erlebnis.

Palio in Siena: Im zweistündigen Umzug erscheinen alle Symbol-Figuren der mittelalterlichen Stadt. – Drei Minuten Pferderennen. – Ein langer Abend auf der Straße.

Jedes Kind gehört lebenslang seiner Geburts-Contrade an. Da heute alle Kinder im selben Krankenhaus zur Welt kommen, gilt die erste Wohnung des Babies. In vielen Familien mit Angehörigen unterschiedlicher Contraden gibt es Streit; auch zum Feiern geht jeder in seine Contrade.

Der Palio symbolisiert den Übergang von der vorindustriellen Zeit zum Kapitalismus. Zuerst das Prinzip Glück: die Pferde werden den Contraden zugelost. Dann das Prinzip Geld für Leistung: der Jockey, der Fantino, wird von außerhalb eingekauft – das erinnert daran, daß die wohlhabende Bürgerschaft ihre Kriege lieber von Söldnern führen läßt – gegen Geld. Dazwischen mengt sich das Prinzip Bestechung: kurz vor dem Start verhandeln die Reiter: wer gewinnt, muß die anderen mitleben lassen.

Der Wettlauf der Pferde dauert nur drei Minuten. Aber als Fest-Ereignis ist er so weitreichend, daß er für einen großen Teil der Bewohner Sienas das gesamte Jahr strukturiert. Das beginnt damit, daß man meist einer Bürger-Vereinigung angehört, die es in jeder Contrade gibt – als Nachfolgerin der demokratischen Bürger-Miliz, die sich im 13. Jahrhundert gegen die Miliz der Adligen bildete. Dieses Vereinsleben besteht aus vielen Versammlungen, Wahlen, Essen und weiteren Festen. Jede Contrade besitzt ihr eigenes Clubhaus, Ausstellungsräume und ihre Kirche.

Das wichtigste Ereignis, der Palio, beginnt am Donnerstag vor dem Wettlauf mit der Auslosung der Pferde. Sofort ziehen Wachen auf, damit niemand einem der Tiere Gift gibt – auch diese historische Erinnerung gehört, selbst als Ernstfall, zum Spiel. Dann wird die Rennstrecke rund um den Campo mit einer Schicht aus Lehm belegt, der aus dem Umland angefahren wurde. Am Vorabend findet eine Generalprobe statt.

Am nächsten Morgen füllt sich der weite Platz im Laufe vieler Stunden langsam auf – am Nachmittag warten 80 000 Menschen, einst praktisch die gesamte Stadtbevölkerung (37 000 Einwohner) und viele Menschen aus dem Umland auf den Umzug. Diese Prozession, die es schon 1147 gab, führt vom Dom durch die Stadt und rund um den Platz. Zwei Stunden lang. Alle Symbolfiguren der ganzen freien Comune treten auf.

Das Pferde-Rennen kann man kaum wahrnehmen, so schnell und chaotisch läuft es ab. (Das Fernsehen zeigt später in unendlichen Wiederholungen jede Einzelheit). Ablauf und Ausgang sind völlig vom Glück abhängig. Geschrei begleitet es. Geheul von Wut und Enttäuschung. In einer Ecke des Platzes: der Freuden-Rausch der Gewinner-Contrade.

Das Durcheinander auf dem Platz löst sich auf: die Völker der Contraden versammeln sich um ihre Fahnen. Die Gewinner ziehen mit dem Palio in ihr Viertel. Große Rührung, Umarmungen, Freudentränen, Stolz, als habe jeder persönlich gesiegt. Die Fahne wird in die Kirche gebracht und eine Stunde lang der Madonna gewidmet. Unterdessen fließt draußen Wein in Strömen. Das futternde Sieger-Pferd wird bewundert. Dann zieht die Prozession erneut in die Stadtmitte – mit einem Lärm, als habe sie Siena erobert. Die Trommeln dröhnen in den hohlen Bäuchen der steilen Straßen. Gesänge.

Auf dem ovalen Campo machen Hunderte von Trommlern bis Mitternacht eine Höllenmusik. Zwischen ihnen: ein Heer von Fahnenschwingern. Später, im September, folgen die großen Bankette der Contraden: Tausende speisen gemeinsam auf einer Straße ihres Viertels.

Literatur – Theater
Musik – Film

Meist verschweigt Literatur-Geschichte, daß am Anfang das Geschichten-Erzählen steht. Beim Essen, vor dem Haus, auf der Piazza. Es wird gern, oft und spannend erzählt. Das könnte man mithilfe des Tonbands aufzeichnen (Oral History) – wie es eine Gruppe um den Volkskunde-Professor Vittorio Dini betreibt (Material in der Biblioteca Comunale in Sestino).

Vulgär ist die toskanische Sprache, direkt, scharfzüngig, unbestechlich, eine durch Rationalität geprägte Sprache. Drastisch, polemisch, oft auch obszön. Nirgendwo in Italien wird so viel geflucht. »Dio cane – io assassino« (Hundegott – ich Totschläger). Der Fluch ist gesungen, hat geradezu den Charakter einer Skulptur. »Die Florentiner sind seit jeher Individualisten, daher kommen sie nie dazu, den Streit, den sie ständig machen, zu organisieren – es bleibt bei den Worten.« Die Sprache, die stets lange gemeinsame Erfahrungen ausdrückt, ist besonders analytisch. Mit Leichtigkeit schlägt sie große Bögen.

Das Geschichtenerzählen spiegelt sich auch bei Dante und vor allem bei Boccaccio, der es zur Struktur seines »Decamerone« (1348/53) mit seinen 100 Geschichten macht. Der Florentiner Schriftsteller Anton Francesco Doni (1513–1574) schreibt in seinem Buch »Marmi« (1553), er habe die Geschichten aufgeschrieben, die er in warmen Sommer-Nächten auf den Stufen des Domes in Florenz von den Leuten erlauscht hätte (jetzt hat die Verwaltung die Stufen gesperrt!) – die Leute hätten über Philosophie, Moral, Geschichte diskutiert.

Daß die Toskana ein Land großer und volkstümlich verbreiteter literarischer Produktivität ist, führen manche auf das ausgeprägte Interesse der Toskaner an der Realität zurück.

Dies erklärt vielleicht auch, warum hier nie die Kirchenmusik blühte. Aber aus dem Sprechgesang der Mönche entwickelt sich schon früh der improvisierende Sprechgesang, mit dem Bauern und herumziehende Bauern-Sänger die Kaste der gutsbesitzenden Städter ironisch und mit vielen bissigen Tier-Vergleichen verhöhnen – mit messerscharfer Argumentation und Witz. Im dialektischen Wechsel-Gesang konkurrieren in diesem »Bruscello« die beiden Rollen des Bauern und des Städters. Selbstbewußt hält der arme Bauer dem privilegierten Städter vor, nicht er, sondern die Bauern seien die wahrhaft Gebildeten. Der Arme gewinnt stets. Noch heute locken die Akteure große Zuschauer-Massen auf die Unità-Feste oder auf die Piazza.

Ein Meister dieses Sprechgesanges in Ottava Rime ist der toskanische Bauernsohn aus der Gegend von Castelfiorentino, der scharfzüngige und links engagierte Komiker Roberto Benigni, der die Massen und vor allem junge Leute fasziniert. Die Tradition des Redens vor dem »niederen Volk«

(popolo minuto) wird hier künstlerisch intensiviert: wenn er den feinen Bürokraten den bäuerlich-intelligenten Volkswitz gestenreich gegenüberstellt.

»Liest man Dante nicht als eine himmlische Schule, akademisch, pedantisch, eingeschränkt, sondern mit einem sozialgeschichtlichen Schlüssel, wie es viele Toskaner verstehen, dann gewinnt die Literatur Leben und Brisanz« (Franco Talozzi). Die »Komödie« (seit 1304) spiegelt den neuen Realismus der Volksbewegung, der sich auch in der Stadtplanung, Architektur, Bildhauerei und Malerei (Giotto) findet: in der Volkssprache, schonungslos in Erkenntnis und Kritik, im Entlarven von Dummheiten, Lastern und Verbrechen, selbstbewußt, die ganze Welt untersuchend – der einzelne setzt sich selbst nun als Instanz, um über Päpste und die Mächtigen zu richten; er weist sie der Hölle oder dem Himmel zu. »Dante hat die Gesellschaft ohne Beschönigung gezeigt – in ihrem nackten Zustand. Klar formulierte er, was die Massen hier bis heute wissen: Die Großen sind Wölfe« (Franco Talozzi).

Den kritischen Sinn für Tatsächliches besitzt auch der Sieneser Cecco Angiolieri (um 1260 – um 1313), aber auch Eleganz, das heißt Souveränität und weiche Kommunikation des aus dem höfischen Frankreich übernommenen »süßen neuen Stils«. Cecco schreibt Fabeln gegen die Reichen, obwohl er selbst zu ihnen gehört.

Francesco Petrarca (1304–1374), Sohn eines verbannten Florentiners, in Arezzo aufgewachsen, ist ein Intellektueller, der Menschen und Landschaft erforscht und sie mit der Macht einer Sprache, die auch emotional fesselt, beschreibt – bis hin zur Verurteilung der Sinnlosigkeit des Krieges. Am weitesten wird Giovanni Boccaccio (1313–1375) bekannt. Unehelich geboren, Kaufmannslehre, Kämmerer im Rathaus zu Florenz, Diplomat, finanziell stets in Not, ja arm, lebt er seit 1361 zurückgezogen in Certaldo (man kann sein Haus besichtigen). Zu seiner Zeit ist er ziemlich erfolglos. Das »Decameron« ist nicht im geringsten pornografische Literatur, sondern eine sorgfältige, sehr komplexe, schonungslose Beschreibung von menschlichen Verhaltensweisen, entstanden in einer universalen Krise, ähnlich der unseren, in der Zeit der Pest von 1348.

Dichten und Schreiben ist seit jeher die Kultur der breitesten Bevölkerung. Gian Franco Venè meint, es gäbe heute keinen Menschen, der es nicht selbst getan habe. Der Museumswärter zeigt nach einer Diskussion einige Gedichte.

Daß Lorenzo Medici schrieb, ist nicht ungewöhnlich, schon zu Dantes Zeiten lernten es alle in der Schule – und die Schulen waren erstaunlich verbreitet. Michelangelo schrieb ohne Absicht auf Veröffentlichung großartige Gedichte.

Der Realismus der Toskaner führt zu einer umfangreichen Geschichtsschreibung – als Analyse der Politik (Riccardo Malaspini, Dino di Compagni, Villani, Sercambi, Macchiavelli und viele andere).

Daß die Toskana kein Land des Theaters ist, führen manche Toskaner ebenfalls auf den Realismus der Leute zurück, der Illusionen skeptisch gegenübersteht. In Ansätzen entwickelt sich ein Teatro Volgare (Angelo Poliziano, 1454–1494), aber der Fürsten-Staat hat andere Interessen.

Sein Theater auf den neuen Bühnen in den Uffizien (1585) und im Pitti-Palast ist weit vom Alltag entfernt: wie im Mittelalter wird das Theater zur Prozession – jetzt führt sie zu den neuen Göttern und ihren Geschichten. Inhaltlich ist es karg, dramaturgisch kontrastarm und mager; aber eine Flut von Reizen in Bühnenbild, Aufzügen und Kostümen bis hin zu Feuer-

Komiker Roberto Benigni: scharfzüngig und gestenreich.

werken beschäftigen das Bedürfnis gelangweilter Hofleute nach Kulinarik, nach simpler Show.

Eine andere Art von Theater, aus der Volkskultur der republikanischen Stadt Venedig entwickelt, zieht mit den reisenden Schauspieler-Gruppen durch die Toskana: die Commedia dell'arte. Die oft erst vor der jeweiligen Aufführung erfundene Handlung, mit völlig improvisierten Texten, verhöhnen Typen der Gesellschaft und Behörden in raffinierten Anspielungen, drastischer Komik und intelligenter Satire. Brecht wird sie wiederaufgreifen; aus dem Theater unserer Tage sind ihre Anregungen nicht wegdenkbar, vor allem über Dario Fo vermittelt. »Laßt sie nicht lachen, das ist der Anfang der Revolution« (Dario Fo). Ironisches Mitspiel-Theater auf der Straße machen die beiden Clowns Mario Cavallero und Alessandro Fantecchi aus Firenze-Scandicci.

Carlo Collodi (1826–1890), der im Dorf Collodi (Via Rondinelli) wohnt, beschreibt in symbolischen Formen künstlerischer Fantasie präzis das Leben und Denken von Handwerkern: Pinocchio, der böse Bube aus Pinienholz geschnitzt, ist unbürgerlich und ein Ausdruck des toskanischen Anarchismus.

Am Ende der berühmten Zypressenstraße in Bolgeri wächst Giosuè Carducci (1834–1905) auf, der erste Nationaldichter des vereinigten Italiens. In einem abgelegenem Dorf, auf dem Hügel von Castelvecchio bei Barga, läßt sich der Dichter Giovanni Pascoli (1855–1912) nieder, diskutiert und trinkt mit den Leuten aus dem Volk. Pascoli stammt aus der Romagna, kämpft bei den frühen Sozialisten, wird 1879 verhaftet und verurteilt, arbeitet als Lateinprofessor an der Universität Messina. Er entwickelt eine neue lyrische Sprache: einen großen Reichtum an Gefühlsklängen. 1911 hält er im Theater in Barga seine berühmte Rede »Das große Proletariat ist aufgewacht.«

Mitspiel-Theater auf der Straße: Alessandro und Mario.

Unter den Faschisten wird Florenz zum Zentrum kritischer Literaten, die sich hier offensichtlich am sichersten fühlen. Nach 1949 verlagert sich der Schwerpunkt in die Städte mit den großen Kapital-Bewegungen und ihren Konflikten.

Der Literatur-Preis von Viareggio macht den schöpferischen Querdenker Pier Paolo Pasolini bekannt. Curzio Malaparte, 1898 als Sohn eines Deutschen und einer Italienerin in Prato geboren, gestorben 1957, analysiert die Bewußtseinsformen seiner Landsleute in dem brillanten Buch »Verfluchte Toskaner« (Maledetti Toscani, 1956). Im Chianti lebt die Schriftstellerin und Journalistin Oriana Fallaci, die außerordentlich erhellende Interviews mit Potentaten (Kissinger u. a.) und mit Untergrund-Kämpfern machte. In den 70er Jahren wurden ihre Bücher »Briefe an ein ungeborenes Kind« und »Ein Mann«, die Beschreibung des griechischen Widerstandes, berühmt.

Der Geometer Andrea Chresti, auch ein guter Maler, der Postbeamte Arturo Vignai und der Lehrer Aldo Nisi regen 1967 rund 400 Menschen in Monticchiello bei Pienza an, Theater zu spielen. Es soll ein kulturpolitischer Beitrag zur Demokratisierung der Kunst werden. Seither setzen sich jedes Jahr im Oktober viele Leute zusammen und diskutieren, welchen Stoff aus der Erfahrung in ihrem Ort sie im nächsten Jahr als Theaterstück aufführen wollen. Sie entwickeln das Material und die Argumente, und nach einem Monat lebhafter Debatte macht Andrea Chresti daraus ein Schauspiel. Er legt es der Gemeinschaft vor, die nun verändert, ergänzt, detailliert. Und Chresti schreibt es erneut. Dann beginnen die Proben. Monatelang. Vom Mai bis Mitte Juni jede Woche drei Abende, schließlich bis Mitte Juli jeden Tag.

Dann kann man, von Stahltribünen aus, auf der Piazza eines kleinen mittelalterlichen Ortes ein hochqualifiziertes Theater sehen, das nichts Amateurhaftes mehr hat und auf den besten Bühnen Europas bestehen könnte. 14 Aufführungen, Abend für Abend ausverkauft. Im Herbst wird das Stück jeweils im Fernsehen übertragen.

»Compagnia popolare del Teatro povero« nennt sich das theaterspielende Dorf. Ihre Stücke bezeichnen sie als »Autodramma«, als Schauspiel über sich selbst. »Das sind alles lokale Geschehnisse«, sagt ein mitspielender

Ein ganzes Dorf spielt Theater: in Monticchiello (bei Pienza).

Bauer, »das sind die wahren Ereignisse.« Die Texte beschäftigen sich mit dem Widerstand (1969), der Entvölkerung des Landes (1971), der Abwanderung eines Paares nach Rom (1977), mit David Lazzaretti und den christlichen Kommunisten am nahen Monte Amiata, dem Alltag rund um den Dorfplatz (1981), der imperialistischen Zerstörung der Kultur durch den Konsumismus (1983), einem heiklen Thema, das die roten Theatermacher ohne Opportunismus provozierend aufarbeiten. 1984 setzten sie sich mit den TV- und elektronischen Spielen auseinander – »Wessen Spiel spielen wir?«

Die Vielschichtigkeit der Themen wird durchschaubar gemacht, ihre verschiedenen Ebenen freigelegt. Die Geschichte des Ortes (seit 1243 freie Comune) und die Gegenwart spiegeln sich gegeneinander – symbolisch, in realen und traumhaften Szenen, mit genauen Details und präziser, zugleich einfallsreicher Regie, außerordentlich entwickelt in Beleuchtung und Ton.

»Wenn ich im Sommer von der Ernte, vom Feld um 21 Uhr nach Hause komme, dusche und esse ich in einer halben Stunde, damit ich um 21 Uhr 30 auf der Bühne stehen kann. Dort spiele ich seit 15 Jahren in jedem Stück die Rolle des Capoggia«.

In den Städten der Toskana gibt es wenig Theater, außer in Florenz und Livorno, meist nur ein- bis zweimal im Monat. Im Sommer nichts. Weithin ist die Toskana völlig unterversorgt. Es gibt fast nur freie Gruppen. In Livorno: das Teatro Zero (seit 1970), Spazioteatro (seit 1975) und Il Grattacielo (1954 von Jesuiten gegründet). Aus den Einnahmen können die freien Gruppen selten leben, daher üben die Schauspieler und Mitarbeiter tagsüber andere Berufe aus.

Das wichtigste Theater der Toskana findet man hinter einer nichtssagenden Haus-Fassade, Via Manzoni 22, zwischen Fabriken im Arbeitervorort der Industriestadt Pontedera: das »Piccolo teatro di Pontedera«. Es ist ein Ensemble, das außerordentlich stark experimentiert.

Aus der Leidenschaftlichkeit des Sprechens entsteht der Gesang: das vorgesungene und mitgesungene Lied und schließlich die Oper. Jede Sprache eignet sich zur Intensivierung durch Musik, aber das toskanische Italienisch ganz besonders: es ist weich und zugleich präzis – eine seltene Verbindung von gegensätzlich erscheinenden Charakteren, ähnlich der visuellen Sprache in Malerei und Plastik.

»Auf dem Land haben die Leute früher immer gesungen: bei der Arbeit, nach der Arbeit, überall. Beim Heumähen fing einer an. Sie sangen, um die Mühe der Arbeit zu vergessen.« (Giovanni Grohè). Um sich beim langsamen, sachten Rösten der Kastanien in den Röst-Hütten im Wald wachzuhalten, sangen die Bauern Stornelli: improvisierte Reime.

Aus den erzählten Geschichten, die, ungeschrieben, oft durch Jahrhunderte weitergegeben werden, entstanden oft Lieder, etwa über die vielen Sozialbanditen. »Es sangen viele Leute, die weder lesen noch schreiben konnten, in Versen.« Der Hofdichter Ariost spricht von der »Kultur der Campagna.« In Florenz versammelt man sich »in den Sommernächten auf den Straßen häufig... mit den besten Liedern aus dem Stegreif«, notiert der Bildhauer Benvenuto Cellini um 1550.

Geschichten-Sänger ziehen durch die Straßen und von Hof zu Hof, wo sie als Ereignis gefeiert werden – bis in die 50er Jahre, als das Fernsehen ihre Kunst sterben läßt. Auf Festivals findet man sie gelegentlich noch.

In der Toskana entwickelt sich ein großer Reichtum an Liedern: über die Arbeit (»Sie sangen um nicht zu weinen«, sagt Claudio Lazzarini), die

Liebe, das Elend, die Unterdrückung – Lieder des Selbstbewußtseins, der Lebensfreude, der Klage, des Protestes. Das Auffälligste: die starke Politisierung, oft sehr differenziert und poetisch ausgedrückt. Selbst Kinder-Lieder sind oft politische Sozialkritik. Es ist weitgehend eine mündliche Kultur, die vom Vater auf den Sohn übergeht. Franco Talozzi: »Sing, Franco! sagten die Frauen. Ich hab alles gesungen, viele anarchistische Lieder etwa von Pietro Gori über Sante Caserio, der geköpft wurde. Ich hatte das Gedächtnis. Beim Schweinehüten sang ich. Die meisten Lieder drückten auch die Heiterkeit aus, die man sich in und gegen die Armut bewahrte. Nie hat man den Kopf gesenkt und die Knie gebeugt.« Der Volksgesang sei künstlerisch nicht schlechter als Kunst-Musik, aber er gäbe die Geschichte aus der Sicht des Volkes wieder, bemerkt Antonio Gramsci.

Zu allen Zeiten gibt es bekannte Sänger. 1486 notiert Luca Landucci in seinem Tagebuch, der Meister Guido sei gestorben, ein »improvisierender Sänger«, der in dieser Kunst alle übertroffen habe. In Malerei und Plastik finden wir eine Fülle von Abbildungen zur Musik: Sänger, wie wir sie heute unter den jungen Leuten in jedem Ort finden. Etwa Annibale del Sere, der nur für seine vielen Freunde im oberen Tibertal singt.

In der Zeit der Saisonarbeit an der malaria-verseuchten Maremma-Küste entsteht unter vielen Liedern die melancholische Melodie über die »Bittere Maremma«. Der Anarchist Pietro Gori (1865–1911) der in Rosignano Marittimo und Pisa aufwächst, schreibt Lieder, die jeder Toskaner kennt: über Sante Caserio (1894) und Addio a Lugano (1894). In Pisa gibt es während der Studenten-Bewegung die Gruppe Il Canzoniere, die vor allem mit dem Lied »Il potere operaio« bekannt wird, und die in die Gruppe Canzoniere del Proletariato in der Lotta Continua übergeht.

Der toskanische Realismus mag auch der Grund dafür sein, daß die Notenschrift von einem Toskaner entwickelt wurde – vom Benediktiner-Mönch Guido von Arezzo (um 990 – um 1050). Er sieht die Musik als Ausdruck genauer Gefühle an: ein Geisteskranker sei mit einem bestimmten Gesang vom Irrsinn geheilt worden, ein anderer zu »wollüstiger Begierde erregt« und durch eine »bußfertige Tonart« besänftigt worden. Die Notenschrift ist der Versuch, die spontan ausgedrückten seelischen Empfindungen genau festzuhalten, das »Hier und Jetzt« zu fixieren – ähnlich wie es später die toskanischen Maler in der visuellen Sprache entwickeln.

Eigene Gedichte, deren Emotionen und Atmosphäre sich zur Musik intensivieren, also Sprech-Gesang, sind die Lieder von Francesco Guccini, der im Bergdorf Pávana nördlich von Pistoria lebt, sich als »Straßensänger« (cantastorie) fühlt, und großen Einfluß auf junge Leute hat, die seine Texte oft auswendig singen. Der riesengroße, bärtige, gern trinkende, spontane Guccini, übrigens ein Meister des uralten improvisierenden Wechsel-Gesangs, ist einer der wichtigen Liedermacher, die in der Studenten-Bewegung 1968 mithelfen, über die Musik die Jugend zum Nachdenken und in Bewegung zu bringen. Er macht Lieder über den Alltag, in dessen guten und schlimmen Situationen er sich selbst und jeder Zuhörer sich wiederfindet – aber ebenso in den Situationen der anarchistischen Eisenbahner um 1900, im Lied über die Lokomotive. Guccinis politische Bezüge laufen meist über poetische Symbole, die die erschließende Mitarbeit des Zuhörers erfordern: in »Bisantio« steht das kaputte Byzanz für das kaputte Amerika und der Kaiser Konstantin, der eine Hure zur Kaiserin macht, für Reagan.

Die Oper ist die Spielform des Singens und das entwickeltste Schauspiel. Neben Mantua (Monteverdi) zählt Florenz kurz vor 1600 zu ihren Geburtsstätten. Eine Gruppe von Musikern traf sich im Palazzo Bardi (Piazza S. Jacopo tra i fossi 5) und setzte eine Schauspiel-Handlung in Musik um. Der Komponist Peri sagte, er habe versucht, »eine sprechende Person in Gesang nachzuahmen.« Anfangs war dieses »dramma per musica« ganz auf die deklamierende Einzelstimme fixiert. Das erste Opern-Theater gab es in den Uffizien (1585 gebaut, im 19. Jh. dem Museum geopfert).

Die italienischen Opern nehmen viel Volksmusik auf und werden – für den Ausländer kaum zu glauben – volkstümlich: oft singen nach einem guten Essen viele Leute mit Begeisterung eine Opern-Arie nach der anderen. Der Gefangenen-Chor aus Verdis Oper Nabucco »Va pensiero« (1842) wurde in der Mussolini-Zeit ein gemeinschaftlich gesungenes Symbol des Widerstandes, das die Faschisten nicht verbieten konnten. Dieser Gebrauch der Oper zeigt, daß Volkskultur und Hochkultur in der Toskana nicht auseinanderklaffen wie in manchen anderen Ländern.

Für lange Zeit ist die Oper das entwickeltste Gesamtwerk – eine Art Film vor dem Film. Wir entdecken langsam, welche brisanten Themen in Opern in die Öffentlichkeit gelangen und das Bewußtsein vieler Menschen intensivieren. Der Florentiner Komponist Luigi Cherubini (1760–1842) wird in Paris Revolutionär und schreibt eine Revolutionsoper. Giacomo Puccini (1858–1924), in Lucca geboren, schreibt in Torre del Lago und bei Burano »La Bohème« (1896), in der arme Studenten reiche Leute verspotten; sie haben zwar kein Geld, aber sie entfalten ihr Leben. »Tosca« (1900) ist eine Anklage gegen die Verbrechen des Geheimdienstes und ein hohes Lied auf den revolutionären Künstler. Puccini zeigt auch eine Facette der Toskaner, die in der Malerei nirgends sichtbar wird und die man gern übersieht: Schmerz, Leiden, Trauer, Melancholie.

Der in Italien lebende, der PCI nahestehende Komponist Hans Werner Henze (er nahm Rudi Dutschke nach dem Attentat auf) versucht – wohl auf Anregung von Monticchiello und dem Rat der Schriftstellerin Ingeborg Bachmann folgend – in Montepulciano auf der Piazza Grande Laien und Profis zusammenzubringen. Für sie schreibt er die Oper »Pollicino«, ein sozialkritisches »Märchen in Musik«, von der Hungersnot einer kinderreichen Köhler-Familie. Gemeinsam gelingt es den ausgesetzten Kindern, einem gräßlichen Chef-Monstrum von 1980 zu entkommen. Die »Internationale Baustelle für Kunst«, die unter Henzes künstlerischer Leitung in Montepulciano entstand, knüpft an die Werte der vorhandenen Volkskultur und verbindet das Einfache mit dem Raffinierten. Montepulciano wird nach 1976 durch den Versuch, die Bevölkerung künstlerisch zu aktivieren, eine Demokratie der Kunst zu schaffen, in kürzester Zeit ein kulturpolitisches Ereignis von weltweiter Bedeutung. Nach Henzes Ausscheiden 1980 ruinierte es sich jedoch in genauso kurzer Zeit zum Tourismus-Festival und verkehrte sich mit Themen wie »Paris – belle epoque« ins Gegenteil.

In der Opern-Leidenschaft des 19. Jahrhunderts, wo sich selbst kleine Orte die bedeutenden reisenden Gruppen holen und quer durch die Bevölkerungsschichten alle zuhören, steckt die Neugierde nach einer komplexen künstlerischen Erfahrung.

Der Film setzt sie fort. Er macht das komplexe Gesamtwerk noch zugänglicher – schließlich über das Fernsehen bis in die letzte Wohnstube. Italien wird eines der wichtigsten Film-Länder. Eines seiner Aufnahme-Gelände ist von 1939 bis 1969 die Pineta von Tirrenia. Seit dem Neo-Realismus der späten 40er Jahre widmen sich viele Filmemacher den Bauern und Arbeitern, den Traditionen der Landschaft, der Geschichte, der Religion, den lokalen Eigentümlichkeiten und sozialen Veränderungen. Von De Sica,

Visconti und Rossellini zu Rosi, Olmi, Damiani und den Tavianis. Nirgendwo in der Welt sind die Intellektuellen so dicht beim Volk.

Die Toskana besitzt keine besondere Film-Tradition, aber es gibt einige wichtige Filme über die Toskana. In San Gimignano drehen die Brüder Paolo und Vittorio Taviani »Die Wiese«. Ein großer Erfolg ist der Film über den oppositionellen Geistlichen Don Milani (»Un prete scomodo«).

Ebenfalls in S. Gimignano macht Franco Zeffirelli Aufnahmen zum Film »Bruder Sonne, Schwester Mond« – über das Leben des Franz von Assisi. Er zeigt in Schlaglichtern soziale Situationen und Verhaltensweisen, Tuchherstellung und Handel sowie Kriegsgewinne. Roberto Rossellini setzt sich in »Paisaa« mit dem Widerstand in Florenz auseinander. Die Brüder Taviani erinnern an den toskanischen Widerstand gegen Faschismus und die Nazis: in den Spielfilmen »San Miniato, Juli 1944« (1954) und »Die Nacht von San Lorenzo« (1981), in der die Deutschen die in der Kirche versammelte Bevölkerung verbrennen lassen. Typisch toskanisch ist das bäuerliche Denken der Filmemacher: Krieg ist ihnen irreal und unbegreifbar; ein Spiel mit Stimmungen, Gefühlen und Assoziationen, nichts ist linear aufgereiht, alles ist vielschichtig; Erinnerungen, antike Mythen, sakrale Symbole, Erzählungen und Träume gehören zur Realität. Volksnahes Kino mit ästhetischer Kühnheit.

Dokumentar-Filme macht Piero Menechini: »Die letzten Pferdehüter« (1979) in der Maremma, »Hollywood an der Mündung des Arno« (1980) über das Filmgelände in Tirrenia, »Die letzten Schloßherren« (1980) über vier große Landbesitzer der Mezzadria und »90 000 Hektar 7000 Menschen« über die Landbesetzungen 1949, eine Kooperative und die Bauern in der Maremma um Manciano.

Florenz sieht seit 1959 jedes Jahr im Dezember das Festival dei Populi, das einzige Dokumentarfilm-Treffen in Italien, eine sehr politische Veranstaltung.

Die tägliche Dosis von 20 bis 40 Filmen im Fernsehen stammt zum großen Teil nicht aus Italien, sondern ist die in riesigen Paketen billig aufgekaufte Gehirnwäsche mit dem Bodensatz aus Hollywood. Jahraus jahrein. So hängt die Toskana ebenso wie viele andere Länder an der Kette des Kulturimperialismus der USA.

Stadtplanung – Architektur
Malerei – Skulptur

Grundlagen

Der schwierige Zugang zum Leben

Wenn wir nicht bloß bewundernd oder ignorant an historischer Kunst vorbeilaufen (beide Aneignungsweisen unterscheiden sich wenig), haben wir das Problem, den Bezug zur Erfahrung des Lebens herzustellen, aus dem das Gestaltete stammt. Das gelingt immer nur annäherungsweise. Hinzu kommt, daß die Sprache nur Hinweise geben kann: Schlüssel zum Öffnen der Türen.

Nichts von dem, was wir wahrnehmen, ist aus sich selbst verständlich, wie es eine kunstgeschichtliche Strömung unter dem Stichwort »werkimmanente Interpretation« fast ein Jahrhundert lang behauptete; oder wie es Enthusiasten der bloßen Spontanität vorgeben. Jede Gestaltung ist eine Artikulation, die eingebunden ist: in bestimmte Zeichen- und Deutungssysteme, in kulturspezifische Elemente, in einen Grundstock von Mustern, Kategorien und Methoden, in Darstellungskonventionen und in die daraus und aus der Umwelt des Benutzers abgeleitete Wahrnehmung. Die Künstler arbeiten innerhalb der Erfahrungen des Publikums, die sich kulturspezifisch entwickelt haben, und nutzen sie. Dies geschieht innerhalb der visuellen wie verbalen Kompetenz des Publikums. Ein sehr komplexer Prozeß.

Die Schwierigkeit: was auf historischen kulturspezifischen Verabredungen beruhte, ist für uns heute nicht ohne weiteres lesbar, vor allem für Ausländer, die aus einem anderen Kultur-Kontext kommen; man muß es sich erschließen. Mit aneignender Arbeit. Wenn die Kontexte nicht mehr erhalten sind, müssen sie rekonstruiert werden. Man sieht nur, was man, zumindest teilweise, schon weiß.

So besitzt alles Sichtbare Bezüge zum unsichtbaren Kontext. Erst durch aneignende Erfahrung hellt sich der Horizont auf. Daneben gibt es, auch das muß man sich mit Respekt klarmachen, dunkle Felder, die wir heute noch nicht oder vielleicht nie verstehen. Hinzu kommt, daß vielfältige Verweisungs-Zusammenhänge bestehen. Und: jeder Sinn weist über sich hinaus, hat seine – oft offenen – »Sinn-Horizonte«.

Sonne – Deutlichkeit – Raum

Vergegenwärtigen wir uns: Die Menschen, die in der Toskana lebten und leben, machten und machen ihre Erfahrungen im Vorgegebenen und Übergreifenden. Da ist zunächst das, was sich in dieser Landschaft jahraus, jahrein konstant wiederholt: auch wenn es viel regnet, so prägt die Sonne die Landschaft. Sie schafft eine Atmosphäre, eine Stimmung, in der Menschen, Gegenstände und Räume in besonderer Weise erscheinen: weithin ist alles deutlich, klar, fest, genau umrissen, hat Gewicht, ist modelliert, wirkt plastisch, zeigt viele Details – und ist zugleich freundlich, oft weich. Theodor Hetzer hat es »das Italienische« genannt, in einem von Kunsthistorikern leider fast völlig übersehenen Buch »Erinnerungen an italienische Architektur«. Je nach Breitengrad und Landschaft gibt es in Italien Unterschiede. Die

Toskana ist nicht sehr farbig – daher die Vorliebe für Zeichnung und Skulptur. Besonders merkbar wird das »Zwischen« den Körpern (wir nennen es Raum), daher die Vorliebe für räumlich entwickelte Architektur.

Wen dies alles tagtäglich umgibt, dessen Bewußtseinsformen prägt es – ob er es nun ohne Worte fühlt oder darüber mit Worten nachdenkt. So ist quer durch das Volk, nicht nur bei einigen besonders Geübten, die Lust, mit allen Sinnen diese von der Sonne geprägte Umgebung erfahren zu wollen, zugleich als Kenntnis und als Genuß verbreitet – offensichtlich zu allen Zeiten. Diese Lust hat wiederum ihre Geschichtlichkeit: sie besitzt konstante Bereiche; und Bereiche, die sich mit den Verhältnissen wandeln, entwickeln oder auch verfallen.

Natur – Körper-Erfahrung – Raum-Gestalt

Bevor wir uns der Fülle der gestalteten Städte, Straßen, Plätze, Skulpturen und Bilder zuwenden, noch eine weitere zentrale Überlegung. Das milde Klima stimuliert Aktivität. Die Sonne stimmt freundlich und läßt uns auf das Besonnte zugehen. Darin steckt nun nicht allein der Wunsch nach Aneignung des Äußeren, sondern immer auch die Neigung, den eigenen Körper zu erfahren. Der Toskana-Reisende merkt dies rasch – meist unterbewußt, aber intensiv.

Durch den Wechsel des Hochsommer-Klimas zwischen Mittag und Abend, der viel stärker ist als anderswo, wird der eigene Körper besonders intensiv erfahren: Morgens bis 11 Uhr fühlt man sich leicht, angeregt, aktiv, beweglich; nach 11 Uhr spürt man, wie durch ein Übermaß an Sonne die Hitze in den Körper gerät und lähmt. Das Essen scheint wohltätig, macht jedoch schläfrig. Die Mittagshitze drückt. Man döst vor sich hin, wie ein Kranker auf sich selbst zurückgeworfen. Viele Menschen lamentieren. Gegen 17 Uhr nimmt man den Rückzug der Hitze erleichtert als Entlastung wahr, atmet auf, wird wieder frisch, fühlt sich belebt, genießt seine neue Aktivität – besonders zur Passeggiata am frühen Abend. Schwankungen sowohl innerhalb des Tages wie zwischen Sonne und Schatten, aber auch innerhalb der Jahreszeiten führen dazu, daß man die umgebende Natur des eigenen Körpers intensiver erlebt – unbewußt und bewußt. Leben bedeutet tagtäglich den wissenden und sanften Umgang mit der umgebenden Natur.

Die Körper-Erfahrung erklärt sowohl den Tages-Rhythmus als auch die Kultur des Essens und Trinkens, die in besonderem Maße Umgang mit dem eigenen Körper bedeutet. Zu den notwendigen Kenntnissen gehört die Regulierung der Temperatur mithilfe der Bauweise sowie mit Fensterläden, Fenstern und Pflanzen.

Die Hitze bleibt nicht stehen. Es gibt die Aussicht auf Veränderung: in kurzer Zeit. Es wechselt das Gefühl des Ausgeliefertseins an die umgebende Natur mit dem Gefühl einer gewissen selbstgelenkten Souveränität über die Natur – beide können im Gleichgewicht gehalten, ausbalanciert werden.

Leonardo da Vinci formuliert diese Weise des Erfahrens und Verarbeitens für die Malerei: »Malen… zwingt den Geist des Malers, sich in den Geist der Natur zu verwandeln und zwischen Natur und Kunst zu vermitteln.« Genau diese doppelschichtige und ausbalancierte Form finden wir in vielen räumlichen Gestaltungen. Besonders im 15. Jahrhundert wird sie artikuliert. Oft besitzt der Raum eine die umgebende Natur symbolisierende Gestalt und bietet andererseits dem Körper die Freiheit der Entfaltung.

Das sogenannte Kloster-Gewölbe, das auffallend häufig im 15. und 16. Jahrhundert verwandt wird, stellt eine besonders intensive gegenseitige Durchdringung der beiden Erfahrungen dar: es scheint mit der Bewegung des Windes und mit der eigenen aktiven Atem-Bewegung, wie aufgeblasen, leicht zu schwellen. Ähnlich: die berühmte Ockerfarbigkeit der häufigen, wie mit leichter Hand weich geputzten Wände. Sie gibt den Eindruck, als sei sie vom eigenen Atem beeinflußbar und zugleich eine sanfte Natur, die nicht bedrückt. Man lebt im Einklang mit der Natur und gestaltet sie – wie der Florentiner Theoretiker Leon Battista Alberti sagt.

Medium zwischen Ich und Welt: der Tastsinn

Phänomenologen wie Husserl, Merleau-Ponty und Waldenfels haben durchschaubar gemacht, daß der eigene Körper nicht abstrakt, nicht beliebig, kein Automat ist, sondern erlebt und erlitten wird. Daß die Erfahrung der eigenen Körperlichkeit ein zentrales Ereignis ist: mein Körper gehört mir enger als irgendein anderer, weil er das Medium zwischen Ich und Welt ist. Wir vergleichen ständig – unterbewußt und bewußt – mit unserem eigenen Körper und seinen Fähigkeiten, etwa Höhe, Schwere, Erreichbarkeit und vieles mehr.

Ähnlich wie bei Pantomimen, Ballett-Tänzern und Schauspielern faszinieren uns auch in Statuen, Bildern und Räumen elementare Ereignisse dieser Körperlichkeit. Wir erleben sie, weil wir selbst die Sinnschichten des Gegenübers in uns haben. Wir empfinden den Schauspieler als unser »anderes Ich« (Fritz Kahle), oft als Entdeckung des Verschütteten, Verdrängten, Unerfüllten oder als Ziel unserer Entwicklung.

Eine zentrale Dimension in der Erfahrung des eigenen Körpers als

Medium zwischen Ich und Welt ist der Tastsinn: er ist die Mitte des Spektrums der Sinne – der Sinn, in dem jeder einzelne sich selbst am meisten fühlen und tätig zu erleben vermag. Der Tastsinn ist eine Doppelempfindung: er ist Selbstberührung und Empfindung der Berührung; ist zugleich Bemerken und Bewirken. Ähnlich arbeitet der Bewegungssinn. Beim Tasten und Bewegen gehören Selbsttätigkeit und Fremderfahrung zusammen – etwa wenn man abends bei der Passeggiata, mit den Füßen und mit den Augen, über die Piazza geht.

Nicht nur wenn wir real tasten und uns real bewegen, sondern auch wenn wir schauen, gehen darin Tast- und Bewegungssinn ein: so erinnern wir uns beim Blick auf eine weich geputzte oder felsenhaft grobe Wand an frühere reale Tast-Erfahrungen.

Bewegung

In der Körper-Erfahrung haben Tastsinn und Bewegungssinn einen Zusammenhang. Der Toskaner bewegt sich gern, elegant, hat gelernt, nicht anzustoßen, fügt sich ein und ist zugleich souverän.

Da die Bewegung eine große Rolle spielt, interessiert die Leute in allen Räumen, innen wie außen, vor allem die Möglichkeit, sich körperlich zu entfalten: frei, mit Atem zu gehen. So werden die Wände nicht als Aufbewahrungsort für viele Dinge gesehen, wie meist nördlich der Alpen, sind sie weniger im Hinblick auf sich selbst wichtig als vielmehr auf das »Zwischen«: daß sie Raum lassen (lasciare i spazi).*

---

* Es ist bezeichnend, daß die Toskaner bis heute viele Sachverhalte mit diesem Konzept (concetto) des Raumes ausdrücken, etwa in der Politik: Raum geben für..., Raum lassen..., Raum erhalten..., Raum überdecken...

Raum als kommunikative Struktur

Der Kuppelraum des Ostens, eingegangen auch in westliche Architektur, dominiert als gewaltiges Über-Ich, jeweils mehr oder weniger stark, über die Menschen, die sich unter der gewaltigen Wölbung aufhalten. Die mittelalterlichen Wölbungen haben tendenziell einen ähnlichen Charakter. Die holländische Räumlichkeit artikuliert mit ihren kleinen, auf Praktisches zugeschnittenen Dimensionen das menschliche Maß – des einzelnen Individuums. In der Toskana ist – als kollektive Ausprägung, historisch bereichsweise unterschiedlich mehr oder weniger ausformuliert – eine Räumlichkeit entstanden, die zwischen den beiden skizzierten Konzeptionen steht. Wir begegnen auf Schritt und Tritt Räumen, die so gestaltet sind, daß jeder seine eigene Dimension darin ausgedrückt sieht – aber die Dimension des Raumes geht zugleich auch über ihn hinaus, ist immer etwas größer: sie umfaßt auch andere Menschen, andere Gruppen. Man hat immer das Gefühl, daß man ein entwickeltes Selbstbewußtsein haben darf und daß es gleichzeitig andere Menschen gibt. Diese Räumlichkeit begreift Menschliches über Individuelles hinaus als kommunikative Struktur. Sie ordnet zu, vermittelt, bewirkt Wechselwirkungen.

Die toskanische Räumlichkeit ist keine geometrische Hohlform, in die Menschen eingefüllt werden können (wie oft in Architektur-Entwürfen des 20. Jahrhunderts), sondern sie schafft körperlich erfahrbare Bezüge zwischen Menschen. Sie ist eine Art Bezugsgewebe. Das geschieht ähnlich wie im sprachlichen Dialog (untersucht von der Sprachwissenschaft und der Phänomenologie): es »konstituiert sich zwischen mir und dem anderen ein gemeinsamer Boden, mein Denken und seines bilden ein einziges Gewebe... das ergibt ein Sein zu zweien..., wir koexistieren durch ein und dieselbe Welt hindurch« (Maurice Merleau-Ponty, 1966, S. 406).

Raum spielt eine fundamentale Rolle für die Bildung der Erfahrung und der Praxis, das heißt der Tätigkeiten: in ihm wird nicht lediglich Fertiges ausgetauscht, sondern darüber hinaus eine kontingente Sphäre fühlbar gemacht, eine gemeinsame Sinnbildung. Diese sinnlich fühlbare Kommunikation ist Stätte sozialer Produktivität und produktiver Sozialität. Das Medium ist offen – ständig kann weiteres darin geschehen, ständig bildet sich das Gewebe um und fort. Einem Gedanken von Bernhard Waldenfels (1980, S. 195) folgend: »Die übergreifende, aber von niemand (ergänze: auch nicht mehr von einem Über-Ich) umgriffene Einheit bildet ein Zwischenreich, über das niemand von sich aus verfügt.«

Man kann darüber nachdenken, ob es zufällig ist, daß in derart geprägten Städten Gesellschaften entstanden, in denen der einzelne zugleich selbstbewußt war und die anderen im sozialen Gewebe anzuerkennen verstand – eine informelle demokratische Struktur.

Die Dialektik dieser Anerkennung: Die Umstände machen ebenso den Menschen wie die Menschen die Umstände (Waldenfels, 1980, S. 200). Diese Bewußtseinsform, die in vielen Lebensbereichen erscheint, nennen die Toskaner »mediazione«; ein Begriff, den jeder Toskaner häufig verwendet, und der mehr bedeutet als eine pragmatische Vermittlung, nämlich die Herstellung und das Agieren innerhalb einer kommunikativen Struktur, die gemeinsame Existenz, angstfrei, auch langfristig, miteinander fruchtbar macht und in der auch Unterschiedlichkeiten anerkannt werden.

Aus dieser kommunikativen Struktur resultiert, daß es sowohl im Gespräch des Alltagslebens wie auch in der Dramaturgie von erzählten, literarischen oder theatralischen Geschichten, Liedern und Opern, in Städtebau, Architektur und Bildern nicht um das Durchhalten eines Charakters geht, sondern um seine sachte Veränderung innerhalb eines kommunikativen Gewebes, um Metamorphose (diese Idee hat Goethe wohl aus Italien), um Transformation. Die Zuschauer interessieren sich für den elastischen, geschickten, wandlungsfähigen, auch schlauen, einfallsreichen Akteur. Davon handeln nicht nur Boccaccios Geschichten, man kann dieselbe Einstellung auch in der Weise finden, wie über Räume verfügt wird: selten läuft sie auf Einschränkung, Abgrenzung, Spezialisierung hinaus, sondern meist auf die Vielfalt und Offenheit, ähnlich der Erfahrung auf der Piazza.

Loggia im Rathaus von Lucca. Denkmal für den Bildhauer und Architekten Matteo Civitali

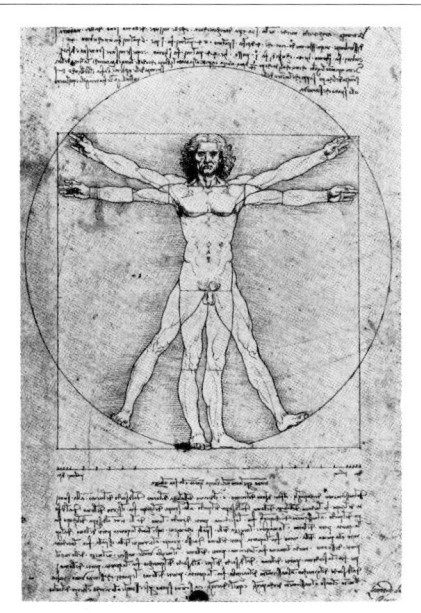

Leonardo da Vinci

An den Fürsten-Höfen stehen die Fürsten über den Menschen. Die Architektur ist Über-Ich. In der Demokratie der toskanischen Städte wollen die meisten Menschen niemanden über sich haben. Sie sind selbst Zentrum ihrer Welt: »Der Mensch ist das Maß aller Dinge.«

Aus der Erfahrung des Selbstwertes im sozialen Zusammenhang entsteht die politische Verfassung. Und in Wechselwirkung damit die Kunst. Die Demokratie ist sozusagen die politische Mutter der Kunst.

Diese künstlerische Tätigkeit in der Toskana gibt weltweit Impulse – bis in unsere Zeit: als Botschaft der menschlichen Würde und des sozialen Lebens.

1 *Die Säule beherrscht den Menschen nicht mehr, sondern wird nach seinem Maß geformt (anthropomorphe Architektur).*

2 *Raum, um die Arme auszubreiten (Ausbreitungs-Raum).*

3 *Raum, der aus dem Atem des Menschen entstanden zu sein scheint (Atem-Raum).*

Nanni di Banco (Orsanmichele Florenz)

Skulptur und Architektur orientieren sich an elementaren Erfahrungen des Menschen. Und regen ihn an. Sie beziehen ihre Struktur aus seinen entwickelten physischen und psychischen Fähigkeiten. Sie spiegeln den ewigen Traum, daß der Mensch frei sei, seine Fähigkeit sinnlich erfahre und seine Umwelt nach seinem Maß gestalte.

4 Körperlicher Ausdruck der Gefühle: Raum für Gestik (gestischer Raum). Zugleich: Raum für Kommunikation (Kommunikations-Raum).

5 Freiheit, sich zu bewegen (Bewegungs-Raum).

6 Zwei Menschen, die miteinander reden, haben Platz, zwei weiteren zu begegnen, ohne ausweichen zu müssen oder können mit ihnen sprechen (sozialer Raum).

Landschaft und Raum

Das Interesse am Raumgewebe wird offensichtlich auch durch landwirtschaftliche Erfahrungen angeregt. Seit jeher ist die Toskana dicht besiedelt; es gibt keine menschenarme Weite zwischen Orten, die das Gefühl der Einsamkeit weckt, sondern man sieht stets andere Orte; und erreicht sie leicht, auch zu Fuß. Dies gibt das Gefühl, in einer belebten Landschaft zu wohnen: überall sind Menschen, überall geschieht menschliches Handeln.

Hinzu kommt, daß die Landschaften meist eine übersehbare Gestalt haben. Besonders im Abendlicht gliedern sich hintereinander oft sehr klar und dadurch intensiv erlebbar: der konkret wirkende Vordergrund, mit einem differenzierten Spektrum an Farben (strohgelb, olivschillernd, tiefschwarz u. a.); ein vielfältiger Mittelgrund von Hügeln, meist im Ocker-Spektrum; und der Hintergrund, oft langgezogene, zusammenfassende Großformen (Appennin oder Monte Amiata, von weither sichtbar).

Architektur als Bühne

So ist es kein Wunder, daß mehrere alltägliche Erfahrungen den Sinn für das Szenische schärften, den Sinn für eine differenzierte Architektur, für die Architektur als Bühne, die sich den Menschen zur Aktion anbietet. Und: hier wird im 15. Jahrhundert entdeckt, daß die Verhältnisse auf dieser Bühne differenziert, das heißt genau darstellbar sind – als Perspektive und als Luftperspektive (theoretisch zuerst von Leon Battista Alberti formuliert, 1436).

Es läßt sich nachweisen, daß uns – unbewußt – immer das Szenische anzieht: in der Stadt, auf dem Dorf und in der Landschaft. Dieses Szenische ist mehr als der bloße Blick, auch mehr als eine einzige Aktion, sondern das körperlich-räumliche Gewebe, in dem wir die eigene Körper-Erfahrung intensivieren.*

In Architektur, aber auch in Plastik und Malerei kann man finden, daß dieses Toskanische zum 15. Jahrhundert hin immer stärker ausartikuliert wird. »Kunst ist, wenn man weiß, daß man weiß, daß man weiß«, sagt der Toskaner Marco Erede.

Dabei handelt es sich um außersprachliche Sinn-Gefüge, die in eigener Art entwickelt werden und deren Theorie sich in engem Bezug zur Praxis bildet.

Beobachtung und Gestaltung des Elementaren

Mimik, Gestik und Bewegungen erfahren wir an uns selbst. Und an den Leuten, in und vor den Häusern. Wir erfahren sie aber auch, immer zugleich uns selbst erlebend, an Statuen und Bildfiguren, auch an Säulen und Pfeilern – sofern sie diese elementare Körperlichkeit ausdrücken.

Wir erleben unsere Körper auch atmend: mit einem Atemraum, der beim Singen oder beim Ausbreiten der Arme fühlbar wird. Und dann ist der hohe Raum, der uns umgibt – im Haus, auf der Straße oder auf der Piazza – ein von uns selbst ausgreifender Atemraum.

---

* Ähnlich erlebt der Singende seinen Körper: bewegt; als räumliches Inneres; mit dem Gefühl, daß er sich räumlich nach außen ausbreitet; mit dem Bewußtsein, daß der Raum, in dem die Musik hörbar wird, ihm antwortet. Besonders gut erfahrbar ist dies bei Puccini.

Merkbar wird dies Elementare meist dadurch, daß es – wie die Toskaner oft betonen – mit Einfachheit erscheint. Wie beim Pantomimen wird Ablenkendes, Störendes, Überlagerndes ausgeschaltet. Es wird also auf das Wesentliche reduziert. Anstrengung, Aufwand und Mühe zielen auf die Genauigkeit der Geste. Auf »das Einfache, das schwer zu machen ist«, wie Brecht es ausdrückte. Dadurch erhält die Geste eine Intensität, die oft fälschlich als Stilisierung und Überhöhung bezeichnet wird. Diese spürbare sorgfältige Gestaltung macht Reflexion sinnlich erfahrbar: so wird die aus dem Alltag stammende Geste zum Symbol. Das Alltagsleben erscheint in einer symbolischen Ebene.

Der Künstler weiß, wie er das macht. Wie in der Pantomime läßt er eine wichtige Gebärde geradezu »gefrieren« (um einen Ausdruck des Films zu verwenden) oder führt sie verlangsamt (als Zeitlupe) vor. Damit tritt Stille ein – ähnlich wie im Theater; dort ist Stille die Grundlage der Konzentration des Zuschauers und der Präsentation auf der Bühne. Wir erhöhen unsere Aufmerksamkeit und werden dadurch erfahrungsfähiger.

Komplexität wird erzeugt durch die Atmosphäre, durch die Eröffnung von Sinngefügen, von Zusammenhängen, von offenen Assoziationen; und durch die Dramaturgie.

Ebenen und Wechselwirkungen

Die folgende Skizze einer Kunstgeschichte der Toskana hat also mehrere Ebenen. Zunächst beobachtet sie die elementaren Erfahrungen des menschlichen Körpers (anthropologische Ebene). Dann: wie diese in langen Erfahrungszusammenhängen (Geschichtlichkeit) durch den regionalen Einfluß geprägt werden (Klima u. a.). Drittens: wie sie durch besondere weitere Konstellationen, sei es persönlicher Art um Gruppen-Zusammenhänge (Familie, Nachbarschaften, Ortsstruktur), sei es übergreifender Art (Arbeit, Politik, Weltanschauung) noch weiter herausgefordert und gestaltet werden.

Daß sich dies elementare Menschliche in der Toskana so außerordentlich entfaltet, dazu tragen besonders die politischen Verhältnisse bei. In Wechselwirkung führen menschliche Bedürfnisse zu demokratischen Stadt-Republiken, in denen die Menschen die Träger, die Subjekte der Politik sind (anstelle der Fürsten) – und diese Verfassung wiederum begünstigt die konkrete Gestaltung des Menschlichen, etwa wenn die Volksbewegung umfangreiche Pflasterungen und Raumbildungen wie Plätze, Loggien u. a. anregt und begünstigt.

Stadt-Planung

Bis heute: Wohnen in antiken Städten

Können wir uns vorstellen, wie Krankheit und Katastrophen erfahren wurden? Was mußte alles geschehen, daß komplexe Sozialstrukturen wie Dörfer und Städte aus malaria-bedrohten Ebenen auf Berge verlegt wurden? Wie umfangreich waren diese gemeinsamen Aktionen? Wie schwierig? Das machten die Etrusker (seit etwa 1000 v. Chr.), Noch heute stehen da viele unregelmäßig gewachsene Dörfer und Städte (Cortona, Chiusi, Cetona, Sarteano, Chianciano, Montepulciano, Arezzo, Volterra, Massa Marittima, Populonia, Vetulonia, Roselle, Magliano, Talamone, Marsiliana, Cosa/Ansedonia, Orbetello). Besucht man sie, dann kann man auch darüber nachdenken, ob Geschichte nur aus Veränderungen besteht (wie uns von der »Erfinder-Geschichte« der Industrie gern nahegelegt wird) oder vielleicht ebenso aus Kontinuität – neben der Gegenwart von Kühlschrank, Auto und Fernsehen.

Ausgegraben ist von den Etrusker-Städten fast nichts, nur ein kleiner Bereich in Vetulonia. Aber die etruskischen Orte stecken in den Mauern vieler heutiger Orte. Ohne Not hat man selten etwas verändert. Wenn man damit leben konnte, beließ man es – oder erneuerte es in derselben Weise. Wo die Gehäuse blieben, darf man auch folgern, daß zumindest ein Teil der Lebensvorgänge der Eltern bei den Kindern gleichblieb.

Daß die Römer, die als die »Preußen Italiens« das etruskische Gebiet eroberten, Städte in der Ebene (Lucca, Florenz, Pisa, Pistoia) anlegten, und zwar in ganz anderer Weise als die unregelmäßigen Etrusker-Orte, hatte eigene Gründe. Am Beispiel von Lucca kann man es am besten sehen. Wohl nur das Militär konnte so brutal sein, ein Heer-Lager im Sumpf (etruskisch: Luc) anzulegen, am Serchio-Übergang, an einer strategisch wichtigen Stelle. Aber die Römer besaßen die Fähigkeit der Wasser-Beherrschung, so daß sie den Sumpf entwässern konnten, um – nach Verschiebung der Frontlinie – im eroberten Land einen dauerhaften Militär-Stützpunkt anzulegen: eine Kolonial-Stadt, besiedelt mit ausgedienten Soldaten, die zuverlässig, das heißt gehorsam waren und die als Bauern, Händler und Handwerker den Staat keine oder wenig Pension kosteten.

Das Achsen-System der Hauptstraßen wie in Lucca wurde nach einem etruskischen Ritual angelegt: nach der Vogelschau. Der Magie folgte die Effizienz: die Straßen bilden ein Schachbrett-Muster. Man erkennt es noch heute im Stadtplan. Im Schnittpunkt der Hauptachsen entstand der einzige Platz: zuerst war er Befehlszentrale des Lagers und Appell-Hof, dann wurde er zum Stadt-Forum ausgebaut. Im Osten: Der Tempel für die Staatsgötter; im Westen: Büros für den Senat, die Finanz-Verwaltung und die Justiz. Seitlich hinter Säulen-Gängen: viele Läden. Nur der Platz ist erhalten. Die tolerierten weiteren Kulte durften sich innen an der Stadt-Mauer ansiedeln, zum Beispiel die christliche Dom-Kirche S. Martino. Außen vor der Mauer: ein Amphitheater (2. Jh.) – nach dem Motto »Brot und Spiele« ein Vergnügungszirkus zur Beschäftigung, Beruhigung und Integration breiter Volksschichten, ähnlich heutigen Fußballstadien.

Auch die römischen Städte, zu denen auf Hügeln noch Fiesole und Arezzo kommen, erhielten sich über die Katastrophen der Zeiten hinweg. (Lediglich Cosa/Ansedonia ging unter.) Die Häuser wurden kaum verändert, meist ein- oder zweimal nachgebaut. Man muß sich vorstellen, daß man in Lucca oder Pistoia noch heute mit der modernen und der mittelalterlichen Innenstadt auch eine römische Stadt erlebt.

SATELLITEN-ORTE FÜR DEN KRIEG: FESTUNGSSTÄDTE

Stadtplanung für den Krieg griff immer auf römische Erfahrungen zurück. So die Volksbewegung in Florenz, die um 1280 die Macht errang und sie gegen den Adel des Umlandes verteidigen mußte, zugleich aber den Willen hatte, die Adelsmacht zu brechen und ihren frühen Flächenstaat zu sichern (»terra murata« = befestigtes Land). Mit größten Investitionen baute die demokratische Volksregierung als erstes, vorrangig vor dem Dom, in Florenz eine neue (dritte), über 8 km lange Stadtmauer. Nun bezog sie – unter dem Einfluß der Handwerks-Bevölkerung – die mit der Entfaltung der Produktivität im 13. Jahrhundert vor der Stadt wild gewachsenen Borghi (Vorstädte) ein und erweiterte die Stadt um das Sechsfache (!). (650 Hektar Fläche.) 73 Türme und 12 Torburgen entstanden (Leitung: Arnolfo di Cambio). Das Werk beschäftigte, wie alle öffentlichen Bauten, fast drei Generationen: von 1284 bis 1333.

Darüber hinaus ließ Florenz eine Kette von Dörfern, wie Satelliten, zu Festungsstädten ausbauen, geplant vom Stadtbaumeister Arnolfo di Cambio (1232–1302): Vicchio (1295), S. Giovanni Valdarno (1296), Castelfranco di Sopra, Castelfranco di Sotto, Santa Croce, Scarperia (1309), Firenzuola (1332), Terranuova Bracciolini (1337). Hinzu kamen weitere Orte rund um das Chiana-Tal: Monte San Savino (1287), Lucignano (1289), Foiana della Chiana und Castiglion Fiorentino. Und im Elsa-Tal: Castelfiorentino und Certaldo. Später am Arno-Ufer: gegen Pisa die beiden Sperrfestungen, Malmantile und Lastra a Signa (beide 1424 von Brunelleschi). Pisa baute Vicopisano, Cascina (um 1293; 1385 Erhöhung und Zinnen für Bogenschützen sowie 12 Türme) und Ripafratta aus. Siena: Monteriggioni (1203), Buonconvento (13. Jh.) und Torrita di Siena. Lucca: Pietrasanta (1242), Camaiore (1255), Montecarlo (1333) und Nozzano (14. Jh.).

Beispielhaft: San Giovanni Valdarno (1296). Wie eine römische Stadt. Außen: eine gewaltige Mauer mit vielen Türmen. Innen: ein Schachbrett-Plan, der die Bevölkerung nach Militär-Effizienz überschaubar strukturierte. Ein Heerlager im Frieden. In der Mitte: ein einziger großer Platz, ganz anders als in der dezentralen Mutter-Stadt Florenz mit ihren vielen Plätzen und ihrem Gassen-Gewirr. Zwischen der Barbarei der Rüstung findet man in der Planung viele wohlüberlegte Gebrauchswerte. Und das Volk brachte seine Weise zu leben ein.

DIE NATUR ALS STADTBAUMEISTERIN: STÄDTE AM BERG

Häufig ist die Natur Stadtbaumeisterin – in Bergorten wie Coreglia Antelminelli, San Miniato al Tedesco, Certaldo, Colle Val d'Elsa, Montalcino, Arcidosso, Sorano, Castagneto Carducci, Vetulonia, Montepulciano, Montichiello Cortona, Castiglion Fiorentino, Anghiari, Barga.

Der Charakter des frühen Straßendorfes blieb vor allem dort erhalten, wo die Lage auf schmalen Bergzügen die Ausbreitung nach den Seiten hin verhinderte, zum Beispiel in Montecarlo und Montòpoli in Val d'Arno sowie in San Miniato al Tedesco und Siena, die sich außerordentlich lang und gewunden auf Höhenrücken hinziehen.

Im Gegensatz zu den streng geordneten römischen Städten schafft hier die Topographie eine Fülle an überraschenden Szenerien, die bis heute die Lust zum Benutzen und Neugier wecken. Über die Grundzüge dieser Stadtplanung scheint es seit jeher kollektive Übereinstimmung zu geben. Das ist selbstverständlich, denn es handelt sich um komplexe Gebrauchswerte: die tief eingewurzelte Neigung, bequem gehen zu können, vor allem bei der abendlichen Passeggiata, und die Notwendigkeit, Lasten zu schleppen, führten dazu, wenigstens einige Wege waagrecht den Höhenlinien anzupassen. Das können wir mit unseren Füßen erfahren, etwa in Barga, Campiglia d'Orcia, vor allem aber in Siena. Diese terrassenartig angelegten Hauptstraßen werden oft mit steilen Rampen verbunden. Besonders gut erlebbar ist dies in Pescaglia. Auch Landwege folgen meist diesem Prinzip. Man kann es zwischen Pienza und Montepulciano deutlich sehen.

Ziel der Demokratie: die schöne Stadt für alle

Als vom 11. bis zum 13. Jahrhundert die konservativen Feudaladligen und Magnaten die Städte regieren, besorgen sie ihre partikularen Interessen. Anders die Volksbewegung, die um 1290 endgültig die Macht übernimmt: sie will die erheblich gewachsenen Städte mit all ihren Problemen besser organisieren und öffentliche Strukturen für alle entwickeln. Ein Reflex dessen ist eine überlieferte Predigt des Fra Giordano a Rivolta aus Pisa (1304): »Seht, wie schön eine Stadt ist, wenn sie wohl geordnet ist und in ihr viele Künste sind... Allzuschön ist eine wohlgeordnete Stadt, in der viele Künste sind, und jede für sich (!) und alle allen gemeinsam(!). Allzugroß ist die Schönheit, weil in jeder Kunst ein Nutzen (!) liegt.... Gleichsam verbinden sie sich zu einer Art Körper (!): Jede wird ein Glied sein...; in dieser Verschiedenheit (!) liegt die Schönheit mehr, als wenn sie alle gleich wären«.

In Florenz setzt sofort eine umfangreiche Bautätigkeit ein: Um angenehm gehen zu können, erhalten die meisten Straßen eine Pflasterung mit Ziegeln (erst im 18. Jh. mit großen Platten) – eine unvorstellbar teure Maßnahme. Eine Markt-Halle wird gebaut (Orsanmichele, 1290, Wiederaufbau 1337, später Zunft-Kirche). Als Symbol der Demokratie entsteht das Rathaus (1299). Weitere Brücken machen die Stadtviertel gegenseitig zugänglicher. Die vor den Mauern gewachsenen Vorstädte der Handwerker (borgi) werden durch einen neuen (dritten) Festungsring in die Stadt geholt und geschützt. Die Zünfte bauen ihren Dom – als Symbol der Stadt (»von dem großen Geist vieler Bürger belebt, die sich in einem Wollen verbunden haben«) und weitaus größer als den alten (seit 1296, nach Plan des Stadtbaumeisters Arnolfo di Cambio). Es gibt nun eine demokratische Beschlußfassung über das Bauen im Stadtparlament und eine gut ausgestattete Bauverwaltung, der der Stadtbaumeister Arnolfo di Cambio vorsteht.

Einzigartig: um 1300 besitzt Florenz 30 Krankenhäuser. Sie sind in städtischer Hand und haben rund 1000 Betten für rund 60000 Einwohner.

Die breite Beteiligung der Bevölkerung führt zu einer neuen Bewußtseinsform: Stadtplanung entwickelt keine Zentralisierung mehr, sondern erstreckt sich, noch heute erfahrbar, gleichmäßig über alle Bereiche der

Stadt. Organisiert in vielen Nachbarschaften tragen die Leute Sorge dafür, daß alle den Vorteil aus den immensen Zöllen (gabelle) ziehen, die mit wachsender Produktion und Handel an den Stadt-Toren hereinkommen. Auch die Kirchen dürfen – im antiklerikalen Klima von Florenz – nicht mehr dominieren, ausgenommen die mit der Religion verbundenen Stadt-Symbole: Campanile und Dom-Kuppel.

Das Volk diskutiert über alles. Auch die Wettbewerbe, selbst über einzelne Bereiche des bürgerlichen Dom-Baues wie Pfeiler und Kuppel, sind Ausdruck demokratischer Verhältnisse. Die Auseinandersetzungen gehen so weit, daß Brunelleschis Modell der Dom-Kuppel (1418) von Gegnern beschmiert wird.

Oberstes Ziel der Stadt-Planung ist die »schöne Stadt«. Dies ist die Leistung vieler Menschen: sie zeigen einerseits Haus für Haus ihre Individualität, andererseits bringen sie diese in einen sozialen Rahmen ein. Ein Bau-Recht entsteht, das beiden Aspekten Raum gibt und sie aufeinander bezieht. Wichtigste weitere Stichworte: Straße, Piazza und Loggia. Niemals vorher und nachher gab es eine so weitgehende demokratische Stadtplanung.

Die politische Formulierung des sozialen Zusammenlebens führt zur gemeinsamen künstlerischen Leistung. Politik zielt auf Ästhetik, Ästhetik macht Politik. Politische Beschlüsse, die Statute, schreiben, wie auch in anderen Orten, das Ergebnis langer sozioökonomischer Entwicklungen und politischer Auseinandersetzungen über die Ausgestaltung der Stadt fest. Die überheblichen (superbi) Wohn-Türme der Magnaten werden gekappt; der Hausbau wird so geregelt, daß sich keiner mehr aufspielen kann. 1295 verbietet Florenz den Bau weiterer Vorkragungen, das heißt die Aneignung eines Teils der Straße. Die Schlichtheit (modestia) toskanischer Haus-Wände, die wir heute bewundern, wird als Grundcharakter der Straße festgeschrieben. Dahinter steht auch die Erfahrung und Weltanschauung nüchterner Kaufleute und Handwerker: »Mäßiges Leben« und »vernünftige Sparsamkeit« (Leon Battista Alberti).

Den Respekt vor dem Gewachsenen, vor sozialen Zusammenhängen und den Interessen vieler Gruppen kann man heute noch in den Stadtplanungs-Diskussionen in Stadtparlamenten und Ämtern sehen. Als Bewußtseinsform. Es wird unendlich viel mit vielen Bürgern gesprochen. Im Neuland können sich Ellbogen-Tätigkeit und Korruption stärker ausbreiten als in den gewachsenen Vierteln. Daher bleibt die Altstadt (Centro storico) stets erhalten – oft auch ohne die Autorität und Mittel der Denkmalpflege (Musterbeispiel: Barga), die übrigens in der Toskana meist von der Linken besetzt und sehr konsequent ist.

Der Florentiner Einfluß ist auch in der Fürsten-Stadt Urbino wirksam, dessen absolute Herren, die stets für Florenz Generäle und Militär stellten, in Teilbereichen demokratische Substrukturen bestehen lassen und fördern.

Stadtplanungs-Theoretiker der Demokratie

Nicht zufällig stammen die wichtigsten italienischen Stadtplanungs-Theoretiker aus der Toskana. Leon Battista Alberti (1404–1472) und Leonardo da Vinci (1452–1519) arbeiten innerhalb des Bestehenden – an seiner Verbesserung. Auch wenn Alberti einem Papst (in Pienza) und Leonardo einem Fürsten in Mailand Vorschläge macht. Leonardo denkt über die Dezentralisie-

Roberto Zozzoli, Die Uffizien in Florenz.

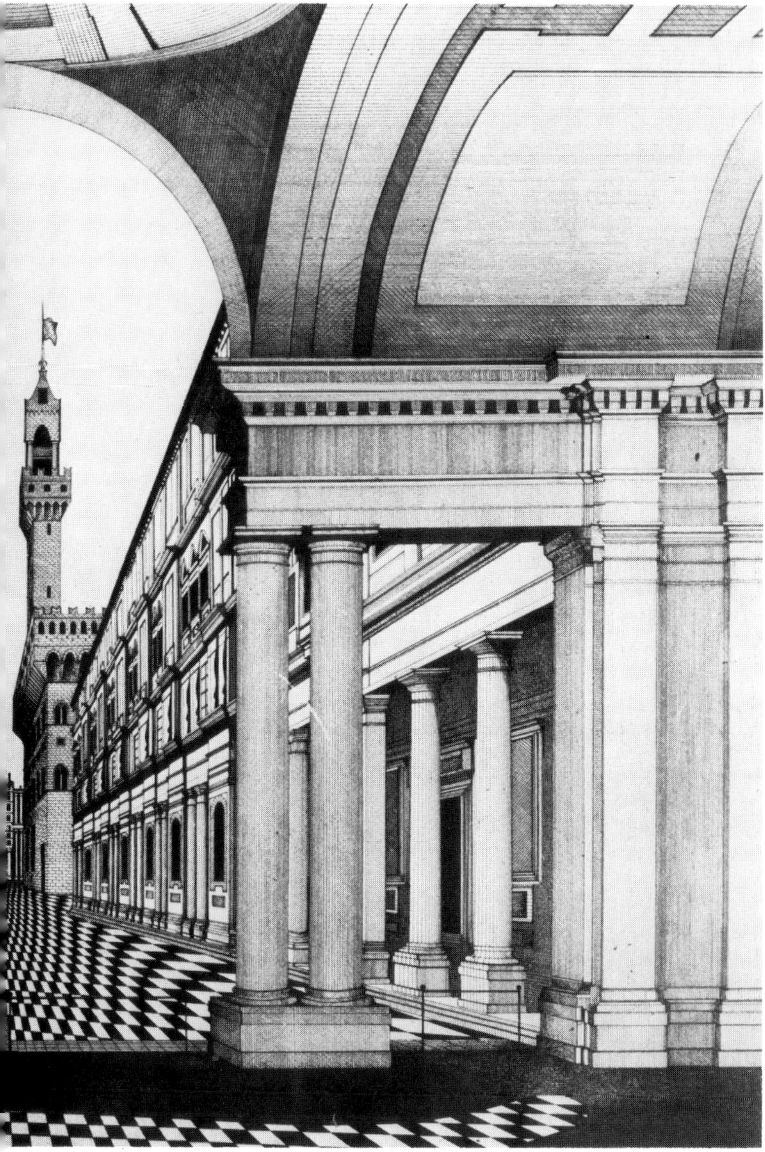

rung von Mailand nach (1497) sowie über ein Wasserleitungs-Netz für Florenz, das die Lebens-Bedingungen für alle verbessern soll (1503).

Alberti formuliert in seinem Werk »Zehn Bücher über die Baukunst« (vor 1472), was weithin alle wissen und denken und was wir auch über seine Zeit hinweg bis heute als verbreitete Denkweise finden. Es ist im Grunde ein ökologisches Konzept: Nicht gegen die Natur, sondern, sie erkennend und liebend, mit ihr gestalten! Alberti legt im einzelnen dar, wie die Ausplünderung der Natur auf die Menschen zurückschlägt. Er schreibt dies schon in einer Zeit, in der die Natur aufgrund weitgehend entfalteter Produktivkräfte beherrschbar erscheint. Neu entdeckt, hat dieses Wissen heute wieder große Brisanz. Zu Albertis Ökologie tritt die Psychologie hinzu: Alles Gebaute ist Ausdruck von Nutzen, Gebrauch, Wohlbefinden, Würde des einzelnen Menschen und des sozialen Umgangs der Menschen miteinander – eine These, die der um 1900 entwickelten, auf Formales reduzierenden Kunstgeschichte fundamental widerspricht.

Einfach soll alles sein, schreibt der Toskaner Alberti, nicht übertrieben! Das wird als Lebendigkeit und menschliche Würde angesehen – und ist bis heute, quer durch alle Schichten, eine verbreitete Bewußtseinsform (civile modestia). Im Hintergrund steht die Einfachheit von Handwerkern und die Idee der Demokratie. Die Kunst besteht darin, zentrale menschliche Erfahrungen zu machen und zu gestalten.

Wenn die Natur nicht einfach als Natur genommen, sondern durch Gestaltung geformt wird, hat dies eine zugleich wissenschaftliche und poetische Intention. Die Natur wird aufgenommen, durchschaut, respektiert, geklärt und in Bezug auf den Menschen gestaltet. Gleichzeitig wird die umgebende Natur und die Natur des Menschen im Zusammenhang gesehen und geformt. Das sieht man, wo immer man durch die Toskana reist.

Fast alles, was wir in der Toskana finden, ist nicht die Frucht eines Einzelnen, sondern geklärtes, artikuliertes, durchschaubar gemachtes, gemeinsames menschliches Wissen. Daher ist Albertis Schrift, als Manuskript für Freunde und Interessierte einsehbar (Druck erst 1485), eine handbuchartige, klärende und ordnende Zusammenfassung. Die Fähigkeit des großbürgerlichen Gelehrten besteht darin, verbreitetes Wissen mit der Macht der genauen Sprache zu artikulieren. Im nächsten Schritt wird die Frucht analytischer Erkenntnis zur synthetischen Form: zum Gestalteten, das wir Kunst nennen.

Alberti hat auch selbst entworfen (Palazzo Ruccellai und seine Loggia in Florenz, 1446, 1460). Er entwickelte das Konzept der Planung von Pienza für den aufgeklärten intellektuellen Papst Pius II., das sein engster Mitarbeiter, Bernardo Rossellino, ausarbeitete (1458): hier sollte ein kleines Florenz entstehen.

Der Fürst als Nabel der Stadt

Die Theoretiker Antonio Averulino Filarete (1400-1469) aus Florenz im »Trattato di architettura« (1461/64) und Franceso di Giorgio Martini (1439-1502) aus Siena in einem weiteren »Trattato di architettura civile e militare« (um 1482) versprechen sich eine aufgeklärte Fürsten-Herrschaft. Aus Opportunismus? Aus Verärgerung über die »schwierige Demokratie«? Als Kritik an ungerechten Herrschern? Vielleicht resignieren sie schon vor dem Absolutismus, der die Toskana von außen bedroht. Im Gegensatz zu den dezentralen demokratischen Städten richten sie ihre Stadt-Entwürfe auf eine beherrschende Gestalt aus: auf den Fürsten. Dieses Konzept wird später fälschlich und ideologisierend als »ideale Stadt« bezeichnet. Martini entwickelt eine Theorie der Ordnung als Unterordnung. »Kein Herr ohne Diener.« In der Toskana setzt sich diese frühabsolutistische Stadtplanung nicht durch. Sie wird als Gewalttat empfunden.

Lediglich in Randbereichen hat sie Erfolg. Auf der Insel Elba soll der Hafen Portoferraio zu einem Cosmopoli (1548) ausgebaut werden (= Cosimo I. und Kosmos). Am erbärmlichsten Platz der Toskana, in den Sümpfen, entsteht eine wirklich absolutistische Stadt: Livorno (1551) – zentralisiert und militaristisch. Symbolisch heißt der riesige Aufmarsch-Platz Piazza d'Arme (Platz der Waffen).

In Florenz lassen die Medici-Großherzöge fünf Jahre nach der Annektion der Republik Siena (1555) für ihre zentralistische Staats-Bürokratie einen riesigen Büro-Palast (Uffizien) bauen (1560 von Vasari) und geben ihm das Aussehen eines römischen Kaiser-Forums. Abgesehen vom Kahlschlag dafür und der Förderung der Palast-Bauten für Hofleute sowie immenser Abrisse für die Ufer-Straßen Lungarno Corsini und Accaiuolo rühren die Medici jedoch den Charakter von Florenz nicht tiefgreifend an – wohl auch aus Angst vor dem Volk. Allerdings hinterlassen sie überall ihre Besitz-Marken, ihr Wappen mit den sechs Kugeln.

Stadtzerstörung durch Spekulation

Als Florenz 1865 die erste Hauptstadt in dem (bis auf den Kirchenstaat) vereinten neuen Italien wird, löst dies eine ungeheure Spekulationswelle aus. Geschäftemacher aus dem damals wirtschaftlich weiter entwickelten Piemont werfen sich auf die Stadt. Zubau von Gärten und Parks. Weitgehendster Eingriff: das Altmarkt-Viertel, mit dem westlich gelegenen Juden-Viertel, wird »saniert« – ganz ähnlich den heutigen »Sanierungen«. Auseinandersetzungen im Stadtparlament. Die Denkmal-Pflege: »Ein Attentat auf den Stadtkern!« Auch in der internationalen Presse gibt es Entsetzensschreie. Eine Privatgesellschaft will für 30 Millionen Lire investieren und dafür 80 Jahre das Nutzungsrecht beanspruchen. Die großbürgerlich regierte Gemeinde führt das Projekt selbst durch, außerordentlich schnell – nicht weniger brutal: 5800 Menschen werden zwangsenträumt, auf die Straße gesetzt, müssen sich mit den Armen in den ärmsten Vierteln Santa Croce und San Frediano die Räume teilen – mit Folgen: rapider Anstieg der Wohndichte, höchste Sterblichkeit an Lungen-Tuberkulose in Italien. An die Stelle des Volkslebens mit seinen oft dargestellten Szenerien tritt eine »gesäuberte«, monströse Großbürgerstadt, international auswechselbar.

Aber schon sechs Jahre später wird Rom Hauptstadt. Die Spekulanten wandern weiter nach Süden. Und Florenz stürzt in eine tiefe Wirtschaftskrise. Bankrott der Stadtverwaltung. Sie zahlt 70 Jahre lang an ihren Schulden. Verkauf fast des gesamten Gemeinde-Besitzes zu Schleuderpreisen – mit riesigen Gewinnen für Spekulanten. Die Faschisten wollen weiterzerstören: die östliche Altstadt soll abgerissen werden. Aber sie bringen es nicht weit.

In der Antike das Forum, im Mittelalter der wichtigste Austauschplatz: der Mercato Vecchio (Alte Markt) im Herzen von Florenz – nach 1865 zerstört, um der Hauptstadt eine großbürgerliche Repräsentationsstätte zu schaffen.

Unbewältigte Industrialisierung

Italien wird erst sehr lange nach England, Belgien, Deutschland und Frankreich industrialisiert. Die frühen Fabriken nach der Mitte, vor allem am Ende des 19. Jahrhunderts entstehen an den Standorten der Rohstoff-Förderung oder der Gewinnung von Energie zu ihrer Verarbeitung aufgrund vorgefundener Rohstoffe – also weit außerhalb der größeren historischen Städte: Larderello (Borsäure-Gewinnung und Erdwärme, umgewandelt in Strom), Abbazia San Salvatore am Monte Amiata mit seinen Quecksilber-Bergwerken (1860 modernisiert) mit einem großen Arbeiter-Viertel, San Giovanni Valdarno mit Braunkohlen-Tagebau und Stahlwerk (seit 1870; mit einem späteren Hochhausviertel), Piombino mit Stahlwerken (seit 1870) und breiten Arbeiter-Vorstädten, Rosignano Marittimo, wo der belgische

Solvay-Konzern Chemie-Fabriken und eine nordeuropäisch geprägte Arbeiterstadt mit Siedlungen errichtet, sowie Santa Barbara (bei San Giovanni Valdarno) mit Braunkohlen-Tagebau, Elektrizitätswerk und Arbeiter-Siedlungen.

Die wachsende Zahl der Menschen für die seit 1850 wachsenden Infrastruktur- und Dienstleistungsbereiche, im Zentralstaat an wenigen Orten konzentriert, werden in Florenz und Livorno, in geringerem Maße auch in Arezzo und Lucca rings um die historische Altstadt, in Ringen bürgerlicher Viertel, angesiedelt – nach dem Vorbild von Paris. Um 1900 werden Neubauten von Bahnhöfen zu Kristallisationspunkten (Pisa, Lucca, Arezzo, Empoli).

Das Bürgertum übernimmt für seine Häuser das Zeichen-System großbürgerlicher toskanischer Stadtpaläste, ausgehend vom Palazzo Medici (Florenz, 1444) und macht es zur klassischen Form, die schließlich von allen Schichten als weitgehend verbindliches Leitbild verinnerlicht wird.

In den historischen Zentren breitet sich die Industrie nicht aus – im Gegensatz zu den norditalienischen Städten. Das geht auch auf die von den Zeitgenossen höher bewerteten Erlebniswerte zurück; vor allem aber auf die späte Industrialisierung. So expandiert innerhalb der Altstadt das Handwerk nicht – wie im Norden – langsam zur Fabrik im Hinterhof, die anschließend den Straßenblock frißt, sondern es entwickelt sich die Industrialisierung, die im wesentlichen erst nach 1953 einsetzt, derart sprunghaft, daß das Handwerk sofort zur Fabrik wird und sich dann sogleich außerhalb der Altstadt oder an einer Überland-Achse ansiedelt.

Vorläufer ist lediglich das Rifredi-Viertel nordwestlich von Florenz, wo sich seit 1908 die Officine Galileo zum ersten Großbetrieb der Stadt entwickelt (1911: 6 metall-, 6 holzverarbeitende und 4 Chemie-Fabriken). Von 1905 bis 1916 wächst ein großes Viertel für Arbeiter (1916: 67%): Einfamilien-Reihenhäuser mit Gärten. Die Bewohner kommen aus dem Stadtzentrum und aus dem Umland. 41% gelten als arm. Hier entfalten sich die Sozialisten, auch mit ihrem Vereinsleben. Es geht von Zusammenschlüssen zur gegenseitigen Hilfe aus (die katholische Kirche folgt unmittelbar nach) und führt zur politischen Mehrheit.

Das Viertel wird – nach historisch kurzer Zeit – heute von derselben Entwicklung völlig infrage gestellt, die die Altstadt von Florenz (und tendenziell weitere große Altstädte in der Toskana) strukturell weitgehend verändert: durch die Umwandlung in Dienstleistungs-Bereiche (terziarizzazione). In den 50er und 60er Jahren entwickeln sich bürokratische Vertriebsformen – Produktion (Handelsgesellschaften), Geldverteilung (Banken) und -sicherung (Versicherungen). Als wirtschaftlich Stärkere verdrängen sie vor allem Kleinhandel und Handwerk sowie einen großen Teil der Wohnbevölkerung. Von 1950 bis 1980 vertreiben sie die Mehrheit der Bevölkerung. Lediglich in einigen Restzonen, wie in den Vierteln San Frediano und Santo Spirito, findet man noch ein wenig die jahrhundertealte Einheit von Handwerk (auf Kunsthandwerk reduziert), Verkauf und Wohnen im Haus. Heute wohnen nur noch 9,6% der Gesamtbevölkerung in der (sehr großen) Altstadt.

Die Ausgestoßenen, auch viele freiwillig Abgewanderte und die Massen, die vom Land in die Stadt sowie vom Süden nach Norden ziehen, lassen sich um die aus Florenz nach außen abgewanderten sowie die neuen Industrien nieder, deren Standorte durch das Verkehrsmittel Auto ermöglicht werden. Dort entstehen städtebauliche »Nebelkonstruktionen«. Die vorhandenen Kerne und Identitäten der älteren Kerne werden nahezu zerstört. Ein breiiger Gürtel von Peripherie-Orten breitet sich aus: Sesto, Calenzano, Campi Bisenzio, Signa, Scandicci, Bagno a Ripoli.

Nahezu total ist die Baufreiheit – unterstützt vom Staatsgerichtshof, dessen Grundsatz-Urteile Reform-Gesetze aufhoben (Enteignung für öffentliches Interesse ohne Zuwachsgewinne) oder unterliefen. Richter stellen die Macht des Geldes fast ohne Einschränkungen über den sozialen Schutz und verhindern die Entwicklung sozialer Sinnstrukturen durch Stadtplanung und Architektur. In diesem Bereich dürfte Italien das Schlußlicht Europas darstellen. Die Auswirkungen sind erlebbar. Nahezu unkontrolliert: Landgebrauch, Funktionen, Zuordnungen, Ausnutzung der Lagewerte. Eine urwaldartige Bauspekulation. Hohe Umweltschäden vor allem durch Grünflächen-Zerstörung und ungelenkten Verkehr mit Autoabgasen und Lärm. Die einen wohnen in riesigen Mietskasernen, die anderen zersiedeln die Landschaft mit Landvillen, umgewandelt in kleine Bürgerliche Münze.

Arbeitsplätze und Einwohner-Zahlen haben sich vervielfacht (Scandicci: von 1951 bis 1981 357%), aber die Infrastrukturen und Dienstleistungen blieben nahezu dieselben. Um Florenz gibt es nur 12 Bibliotheken, in den umliegenden Gemeinden lediglich zwei Museen, kein einziges kontinuierliches Theater- und Musik-Programm. Während im Neubau-Bereich von Isolotto (50er Jahre) langsam die Infrastruktur nachgewachsen ist, gibt es in Argo Grosso nichts.

Bei relativ hohen Löhnen erhalten weite Bevölkerungsgruppen wenig Lebensqualität, Sozialbeziehungen und Kommunikation. Ganze Schichten fühlen sich nicht materiell, aber von ihren Lebensmöglichkeiten her gesehen an den Rand gedrängt und dadurch gesellschaftlich marginalisiert. In Desorientierung und Sinnverlust wachsen Gewalt, Kriminalität und Drogen-Verbrauch.

Gegenmittel sind bislang wenig entwickelt. Die Pläne sind vage, fast ausschließlich an Ziffern orientiert – statt am konkreten differenzierten Leben. Selten spricht jemand davon, daß es nicht genügt, bestimmte infrastrukturelle Dienste anzubieten, sondern daß darüber hinaus die Viertel weitere Erlebnis-Werte benötigen. Aus den Altstädten ist bislang nicht gelernt worden. Zaghaft regen sich Versuche, einige historische Reste, vor allem entlang den Hügeln zwischen Florenz und Prato, zu retten – als Identifikationskerne. Die besetzte und dann von der öffentlichen Hand angekaufte Villa Vogel soll ein Beispiel setzen: zur Revitalisierung eines Bereiches und als Treffpunkt. Neben den Kirchen für die katholisch orientierte Kultur sind vor allem eine Anzahl von Volkshäusern der linken Freizeit-Organisation ARCI Kristallisationspunkte für Kommunikation und Kultur.

Elemente der Stadt

Die Straße: Markt und Wohnzimmer der Nachbarschaft

Elementares prägt bereits die antike römische Straße. Sie ist so breit, daß ein Ochsen-Karren und seitlich je eine Person sich bewegen können. Oder: zwei Paare aneinander vorbeigehen, ohne ausweichen zu müssen. Lange Zeit werden die Maße in der Länge von Körperteilen ausgedrückt: als Fuß oder Elle. Luccas römisch/mittelalterliche Straßen sind fast immer rund 15 Fuß breit. Dieselbe Breite haben übrigens auch die meisten alten Haus-Fassaden.

Einst war fast jede Straße ein Markt. Heute gibt es nur noch Reste davon. Wie früher die Läden aussahen, kann man am besten im Marktstraßen-Viertel in Pistoia, neben dem Rathaus-Platz, erleben: die Häuser, in denen produziert wurde (bottega), öffnen sich torartig zur Straße. Oft treten Stein-bänke als Auslagen- oder Verkaufstische vor. Als Schutz gegen Sonne und

Seit Jahrhunderten eine der wichtigsten Infrastruktur-Leistungen: die Pflasterung der Straßen – um angenehm gehen zu können, Körperlichkeit zu genießen. Unten: Bottega eines Handwerkers. Arbeit ist sichtbar, öffentlich, Bestandteil der Straße.

Regen dienen Vordächer (auch auf der Piazza Cairoli in Pisa). Häufig überspannten Segeltücher die Straße. Auch im Markt-Viertel in Pisa kann man diese urtümliche Weise des Verkaufens noch erleben. In Cortona blieb viel erhalten. Überall klappten nach Ladenschluß die Besitzer große hölzerne Läden vor die Öffnungen. Zur Sicherung, denn in Notzeiten plünderten arme Leute öfters aus Verzweiflung die »Botteghen«. Alter Sitte folgend schließen die Läden auch heute noch für kurze Zeit, wenn ein Beerdigungszug vorbeigeht.

Die Häuser spiegeln in ihren Baumaterialien den Wohlstand, den eine entwickelte Handwerksproduktion und der Handel breiten Schichten verschaffte. Im Gegensatz zu den meisten nordeuropäischen Städten mit ihrem viel billigeren Holzfachwerk mit Lehm-Füllungen besitzen sie Stein- und Ziegelwerk. Teuer daran ist, neben den Löhnen, vor allem der Kalk, aber auch die Energie, die man für das Brennen der Ziegel aufwenden mußte.

Als 1237 in Florenz und dann seit 1290 auch anderswo die Volksbewegung in großem Umfang die Straßen mit Ziegeln pflastern läßt (erst seit dem 18. Jh. Platten), erhält die Straße ihr platzartiges Aussehen. Statute bestimmten auch das Fegen und die Reinigung (z.B. 1249 in San Gimignano).

Masaccio malt in der Carmine-Kirche in Florenz (1428) Straßen-Szenen, die er wohl im Florentiner Volksviertel San Frediano erlebt hat.

Im 19. Jahrhundert wurden die Eigentümer oft von den Stadtverwaltungen gezwungen, ihre mittelalterlichen Ziegel-Fassaden zu verputzen – nach dem nun zum »klassischen« Kanon gemachten Vorbild von Großbürger-Häusern aus der Fürsten-Herrschaft. Dadurch erhielten die Straßenbilder das uns typisch italienisch erscheinende Aussehen. Seit den 60er Jahren hat die Denkmal-Pflege jedoch darauf geachtet, daß auch das mittelalterliche Gesicht freigelegt wurde und sichtbar wird: Ziegelwände mit Bögen und häufig feinen Ornamenten, am besten erlebbar in Lucca.

Pistoia: Das besterhaltene und dichteste Marktviertel der Toskana.

Historische Straßen. Links: Volterra. Mitte: Treppe in Anghiari. Rechts: überbaute Straße in Anghiari.

Als Wohnen und Arbeiten noch nicht getrennt waren – wie immer noch bei vielen Handwerkern und Kleinhändlern –, wirkte die Straße belebend. Hinzu kam, daß häufig vor dem Haus gearbeitet wurde. Die Straße ist bis heute oft Innenwelt der Nachbarschaft: ein intimer Saal. Diese alltägliche Architektur wurde die Grundlage für die Entwicklung der Architektur. Seine von der Volksbewegung in Statuten vorgeschriebenen, durchlaufenden Fassaden-Wände, ohne individualisierende Giebel, bilden eine Einheit des öffentlichen Raumes. Er vermittelt Geborgenheit, ist intim, ohne klein zu sein, schafft Nähe, ohne zu bedrängen.

Dafür, daß es hier nicht um die Gestaltung von mechanisierten, geometrischen, kastenförmigen Räumen geht, sondern um Raum als »Gewebe«, als architektonischer Dialog, kann man eine These von Alberti anführen, die gewiß aus der allgemeinen Anschauung ihrer Zeit stammte: Er lobt die leicht gebogenen Straßen, weil sie vielfältige Situationen und Prospekte schaffen. Die Anschauung davon gaben ihm wohl die Hauptstraßen in Sansepolcro und Castelfiorentino sowie gebogene Straßen in rund angelegten Festungsstädten wie Lucignano und Torrita di Siena.

Alberti empfiehlt breite und gerade Straßen nur zu besonderer staatsoffizieller Repräsentation. Bezeichnend ist, daß der Versuch, in Florenz im

Ein Spektrum von Aktivitäten auf der Straße (Sansepolcro).

14. Jahrhundert eine solche Straßen-Achse zwischen Rathaus-Platz und Dom-Platz anzulegen, auf weniger als dem halben Weg (beim Orsanmichele) scheitert (Via dei Calzaiuoli, erst im großbürgerlichen Absolutismus 1842 durchgeführt). In demokratischen Stadt-Verfassungen denkt man selten an diesen Straßen-Typ, bezeichnenderweise meist im Zusammenhang mit dem Militär (San Giovanni Valdarno, 1296).

Anders im Absolutismus (Zentrum von Livorno), vor allem im großbürgerlichen des 19. Jahrhunderts (Ring-Viertel in Florenz und Livorno). Menschen sind hier nur Einfüll-Material für das von oben vorgegebene Raster. Die großen Bauspekulanten der Nachkriegszeit halten es ähnlich – jetzt mit nackten Wänden. Es ist das Ende der menschlichen Straße. Das Auto tut sein Übriges dazu.

Die Piazza – der Mittelpunkt von Viertel und Stadt

In römischer Zeit wird die Öffentlichkeit aus Angst vor dem Volk stark kontrolliert. Daher gibt es in den römischen Städten der Toskana nur einen einzigen Platz: das Forum. Er ist fast immer ein Innenhof – eine Art Privateigentum der Staatsgewalt, nachts mit Toren verschlossen. Alle Versammlungen werden vom Magistrat geleitet. Diese Piazza faßt zusammen: Verwaltung, Religion (Staatsstempel) und eine Art Bazar. Die römischen Kaiser übernehmen den Forum-Platz auch für ihre Paläste – mit genau kontrolliertem Zugang.

Die Märkte wurden vor den Toren auf freiem Gelände abgehalten. Aus einem davon entstand in Lucca die Piazza Santa Maria Forisportam. Wie ein solcher Markt einst erlebt wurde, kann man noch heute in Lucca beim Vieh-Markt an der Serchio-Brücke sehen. Oder vor der Stadtmauer in Castiglion Fiorentino.

Der Dezentralisierung der Macht im frühen Mittelalter entspricht die Verteilung des Marktrechtes: nun erhalten es auch viele Dörfer. In diesen Marktorten ist die Dorf-Straße verbreitert – zum Platz. Das ist gut sichtbar in Borgo San Lorenzo, Stia, Poppi, Pescia, Montòpoli. Auch Straßengabelungen werden benutzt, besonders eindrucksvoll in Impruneta und Greve.

Der interessanteste gewachsene Platz ist der Campo in Siena: Die Natur-Form der Wiese in der oberen Bucht eines Tales wird relativ spät, 1347, gepflastert – nichts weiteres getan – und damit zur Kunst-Form intensiviert (vergleiche Albertis ökologische Architektur-Theorie).

In den Dörfern sind die Kirchplätze lange Zeit eine einfache Wiese, ein Bereich gewachsener Natur, mit einer Ulme. Gelegentlich hauen Aggressoren den Baum nieder – als Schmach für den Ort. Selbst in der Stadt bleiben einige Plätze eine Wiese – wie in Venedig, wo sie noch heute die Bezeichnung Campo tragen (Dom-Platz in Pisa, San Marco, Santo Spirito und Pitti-Platz in Florenz, Pratovecchio).

Der gestaltete Platz stammt aus der antiken Tradition. Die großen Kirchen in Rom übernehmen ihn vom kaiserlichen Palast. Weitere Kirchen, die später, im wirtschaftlichen Niedergang, ärmer wurden, reduzierten den geschlossenen Vorhof mit seinem allseitig umlaufenden schattigen Wandelgang zur Loggia vor dem Haupteingang (Dom in Lucca). So entstand der freie Platz vor der Kirche, anfangs meist ungepflastert.

Schließlich fiel selbst die teure Loggia fort und es blieb ein kleiner Vorplatz (San Cristoforo in Lucca). Dadurch verminderte sich die Repräsentation der Kirche durch monumentale Bauformen erheblich; an ihre Stelle trat – zunächst ungewollt – der Bewegungsraum für die Menschen. Damit war der Standard-Typ des toskanischen Platzes geschaffen, den wir heute oft betreten.

Die vielen Pfarrkirchen mit ihren kleinen Plätzen sind – bis heute – Mittelpunkt der vielen Nachbarschaften. Um sie herum entwickeln sich seit dem frühen Mittelalter das Leben und die Organisationsformen der Gemeinschaft. Die Kirche ist Melde-Register. Auf dem Platz finden Ankündigungen, Märkte, öffentliche Predigten (Außenkanzel am Dom zu Prato), vor allem der Bettelordens-Mönche (Santa Maria Novella in Florenz), Spiele und Feste statt. Er ist abendlicher Treffpunkt. Politisch: auf der Piazza und in der Kirche werden die Volksversammlungen des Viertels abgehalten. Diese sind schon um 800 offensichtlich überall Brauch, werden oft spontan organisiert, was in der überschaubaren Öffentlichkeit leicht ist, und bilden eine der Grundlagen der späteren Stadtdemokratie. »Auf den Plätzen fühlt man sich, als ob man durch ein großes Haus geht – das sind alles Innenräume« (Franco Talozzi). 36

Nach diesen Plätzen, die sich aus dem antiken Forum und aus dem Kirchplatz entwickelten, entstehen, vor allem unter dem Einfluß der Volksbewegung, die Plätze, die eigens für den Markt und für das Rathaus angelegt werden. Zusätzlich zu den Markt-Straßen werden für Güter, die nicht jeden Tag verkauft werden, und für die Händler von außerhalb besondere Märkte eingerichtet: Markt-Plätze. Welche Ausdehnung dieser Austausch – vor allem aufgrund der hohen Kaufkraft der Stadt – besitzt, zeigt die Größe und Anzahl der Märkte. In Florenz gibt es schon kurz nach 1000 den Alt- und den Neumarkt – dicht gefüllt mit Ständen, Waren und Menschen. 40

Einen Beweis dafür, daß die Piazza der entwickelte Höhepunkt der toskanischen Öffentlichkeit ist, mag man auch darin sehen, wie häufig sie gemalt wird. Besonders eindrucksvoll schildert Ambrogio Lorenzetti ihr Alltagsleben: Gespräche und Handel, aber auch Umzüge (1338 im Rathaus in Siena). Viele religiöse Malereien, in die – unter die Ebene der christlichen Ikonografie – stets Alltagsleben hineinprojiziert wird, zeigen Plätze. Selbst Geburten finden – symbolisch – auf Plätzen statt. Bis heute sagt der Volksmund: »Er ist auf dem Platz geboren…« Masolino und Masaccio malen in der Carmine-Kirche im Volksviertel San Frediano in Florenz die Benutzung eines Platzes (um 1428): da sieht man Arme und Reiche, Bettler, Kaufleute, Volk. – Ähnlich: Plätze in Florenz, von Domenico Ghirlandaio gemalt (1479/86, in Santa Trinità in Florenz). 232 235 171/ 172

Der Platz hat elementare Gebrauchswerte. So muß man bis ins 20. Jahrhundert dort das Wasser holen. Das bedeutet, daß man mehrfach am Tag Menschen trifft.

Brunnen und Statuen werden in der Demokratie niemals in der Mitte des Platzes aufgestellt: denn der Platz dient zuerst der Bewegung der Menschen und ihrer Sichtbarkeit; ein Objekt darf keine Dominanz erhalten. 273

Durch gezielte Abrisse des einen oder anderen Hauses werden Plätze angelegt. Oft geschieht dies, wenn das Vermögen verbannter Familien, vor allem ihre Häuser, beschlagnahmt wird. Die Häuser der Uberti in Florenz werden ausdrücklich mit dem Ziel abgerissen, ihren Wiederaufbau zu verhindern: durch die Anlage des Rathaus-Platzes (um 1298; Ziegelpflasterung 1330). Ähnlich in Lucca: aus den Häusern des Castruccio Castracani wird die Piazza Bernardini (nach 1328) und aus den Häusern der Antelminelli der nördliche Dom-Platz. Bei Erweiterungen wird gewöhnlich entschädigt. 79 258 147

146

Die Piazza (Plätze der Toskana)
S. 146 (1) Impruneta: Markt (J. Callot); (2) Greve; (3) Siena: Campo (nach dem Palio); (4) Lucca: Piazza S. Maria Forisportram; (5) San Gimignano: Piazza della Cisterna (13. Jh.); (6) Anghiari: Piazza Mameli; (7) Lucca: Piazza San Michele
S. 147 (8) Florenz: Rathaus-Platz (18. Jh.); (9) Florenz (D. Ghirlandaio, S. Trinità, 1483); (10) Florenz:· Rathaus-Platz (D. Ghirlandaio, S. Trinità, 1483); (11) Arezzo: Piazza S. Francesco (P. della Francesca, 1459, S. Francesco); (12) Lucignano.

Daher dauert die Herausbildung eines Platzes oft lange Zeit (Rathaus-Platz und San Lorenzo in Florenz).

Die Kette von Plätzen in vielen Altstädten ist Ausdruck einer zunehmenden Spezialisierung des Marktes, für dessen Bereiche eigene Plätze geschaffen werden. Und für die Nachbarschaften in den dezentralisierten Stadtgebilden. Diese Kette wird angereichert durch weitere Plätze, die oft zufällig an einer verfallenen Stelle entstehen. Auch städtische Grundbesitzer, zuerst landbesitzende Magnaten, später auch andere reiche Leute, leisten sich gelegentlich einen Platz. Oft feiern sie darauf öffentlich ihre Hochzeiten. Die Guinigi in Lucca kaufen vor ihrer Loggia Häuser auf und reißen sie ab – damit ein Platz entsteht. Die Reichen stellen ihre Plätze der Öffentlichkeit zur Verfügung und beziehen daraus Prestige. Aber wenn sie einmal durch Gebrauch in die Hand des Volkes übergegangen sind, gibt es keinen privaten Ausschließlichkeitsanspruch mehr auf ihn, weder zur Nutzung noch zum Bebauen. Auf dem Platz sind buchstäblich alle gleich.

Von Anfang an ist es die Demokratie, die Plätze entstehen läßt: zunächst die spontane und informelle Nachbarschafts-Demokratie, im Verbund mit den einzelnen Pfarrern der Volkskirchen (Pieve), die offensichtlich mitmachen; seit 1300 fördern die Volksdemokratien den Ausbau der Plätze. In ihren Parlamenten wird ständig darüber diskutiert.

Die Erfahrung von Körper und Kommunikation, die im toskanischen Straßen-Raum ermöglicht wird, kann sich auf dem Platz intensivieren. Diese Volkskultur ist ein Prozeß des Selbstverständlichen, der von den meisten auch noch in den unscheinbarsten Äußerungen mit Sicherheit gehandhabt wird. Auf diesem Fundament können dann in einer zweiten Ebene Gestaltungsprozesse aufbauen – sie erhalten dadurch ihre sichere Sprechweise und ihre besondere Qualität. Ohne diesen Bezug zwischen den beiden Ebenen gäbe es die künstlerischen Höhepunkte nicht.

Die in der Demokratie entstehenden Plätze beeindrucken auch den aufgeklärten Intellektuellen Enea Silvio Piccolomini, seit 1458 Papst Pius II. Er läßt sich durch seinen Florentiner Architekten Leon Battista Alberti und Bernardo Rossellino in Pienza ein kleines Florenz schaffen: es entstehen eine platzartige Straße, eine Piazza und eine überdeckte offene Halle (Loggia) (1458/64). Die Einteilung der Ziegelpflasterung schafft zimmerartige kleine Flächen um die diskutierenden Gruppen; lange Bänke geben dem Papst-Palast (1459) den Charakter der Umgänglichkeit; menschliches Maß bestimmt alle Platz-Wände und die Säulen, die den Brunnen umrahmen und zugleich den Wert des Wassers betonen. Rathaus, Kirche, Paläste und Häuser unterscheiden sich zwar, aber nichts dominiert: das Wichtigste ist der Platz mit den Menschen. Die Geometrie wird benutzt, um klar zu formulieren und Bezüge deutlich zu machen; sie ordnet sich unter, verselbständigt sich noch nicht. Das Geschehen auf dem Platz wird noch keiner abstrakten Einheitlichkeit unterworfen.

In der Fürsten-Herrschaft hebt sich ein mächtiger Einzelner über die vielen, indem er dem Platz seine Herrschaft aufzwingt: mit einem Denkmal, mit einer Säule oder mit einem Gebäude, das alle auf sich ausrichtet (Hauptplatz in Sansepolcro). Die Medici-Fürsten besetzen einige wichtige Plätze in Florenz mit Denkmälern, den Rathaus-Platz mit dem Reiterstandbild Cosimos I. (1594 von Giàmbologna) und den Annunziaten-Platz mit dem Reiterdenkmal Ferdinandos I. (1608 von Giambologna/Tacca), ferner die Piazza Santa Trinità mit einer Sieges-Säule, die den Sieg über die Demokraten bei Montemurlo 1537 feiert (1560).

Die Geometrie wird nun zu einer Super-Form oberhalb der Menschen und die Perspektive, die einst als ein kommunikatives Verhältnis zwischen Menschen und Dingen entdeckt wurde, zu einem Ordnungssystem, das alles auf den Fürsten beziehungsweise seinen Palast zentralisiert. Jedoch führt die Abneigung des Volkes gegen den ungeliebten Absolutismus und die Vorsicht der Fürsten in der Toskana dazu, daß nur wenige absolutistische Plätze entstehen – ein Forum nach kaiserlich-römischem Vorbild neben dem Palast in Florenz (Uffizien, 1560 von Vasari) und ein riesiger Platz in der Militär-Stadt Livorno.

Die großbürgerlich-absolutistische Herrschaft des 19. und frühen 20. Jahrhunderts knüpft an die absoluten Fürsten an: im Mittelpunkt steht eine Art Übermensch, nun nicht mehr konkret faßbar (Piazza Repubblica in Florenz, 1887 vollendet).

DIE LOGGIA – EIN ÜBERDACHTER PLATZ

In vielen Mittelmeer-Ländern schützte man sich gegen Sonne und Regen seit jeher mit einem Vordach auf Stützen. Schon in den Bauernhäusern der Etrusker, sichtbar an Grab-Beigaben, die als Häuser gestaltet sind. Diese einfache Form wird in den bekannten antiken Säulenhallen monumentalisiert – zur Staatsrepräsentation. Es wurde bereits dargestellt, wie sie sich im Mittelalter zur Loggia vor der Kirche entwickeln.

Von dort übernehmen oft Land-Burgen des Feudaladels in ihren Innenhöfen eine Loggia. Von den Land-Burgen übernehmen die Großbürger diese Nutz- und Würde-Form für ihre städtischen Häuser (Palazzo Davanzati in Florenz, 14. Jh.).

Die Volksbewegung gibt sich damit nicht zufrieden, daß die Kirchen die Loggia auf ihren Plätzen anbietet, sondern beginnt selbst, Loggien zu bauen. Wohl in diesem Zusammenhang entsteht in der Übergangszeit eine Loggia in einem städtischen Lager-Haus in Massa Marittima (Palazzo dell'Abbondanza, 1265, wohl Getreide-Speicher). Dann setzt sie die Loggia in Bezug zum Rathaus: als Ort für das öffentlich tagende Gericht, den Schreiber für die Schreibunkundigen, für Feste, oft auch für die Schule. Am deutlichsten wird der Zusammenhang zwischen Volksbewegung und Loggia am Rathaus in San Giovanni Valdarno (1296 vom Stadtbaumeister von Florenz, Arnolfo di Cambio).

Die Loggia ist nicht nur Zitat, sondern hat hohe Gebrauchswerte. Vor allem ist sie Aufenthalt und Treffpunkt für jedermann. Sich in der Öffentlichkeit zu bewegen und dabei mit anderen Menschen reden zu können, wird von der Volksbewegung als sehr wichtig angesehen: sich zu treffen ist eine Grundlage der Demokratie – und so macht sie es sich zur politischen Aufgabe, diesem elementaren Bedürfnis eine mehr »weltliche« Architektur zu verschaffen. Der Theoretiker Francesco di Giorgio Martini (um 1482): »Eine weiträumige Loggia, auch Portikus genannt, ... wo die Kaufleute oder Bürger mit Vergnügen und ohne Unbequemlichkeit der Regenfälle sich zurückziehen können.« Jedermann genießt den Raum – in vielerlei Weise.

Die Loggia wird meist neben oder gegenüber dem Rathaus gebaut (Florenz, 1346, dort an der Westseite auch die Loggia dei Pisani, 1364, abgerissen; Certaldo), oft auch ins Rathaus eingefügt (Pistoia, 1294; Volterra, 13. Jh.; Sovana, nach 1413; Pienza, 1459; Lucca 1492). In Montalcino entstehen zusätzlich zur Rathaus-Loggia (13./14. Jh.) am Platz zwei weitere (14. und 15. Jh.).

Die Loggia verselbständigt sich früh: als freistehendes Bauwerk für Märkte. So für die Getreide-Börse in Florenz (Orsanmichele, 1290; Cortona; Mercato Nuovo, 1457, und Mercato Vecchio, 1567, in Florenz, heute auf der Piazza dei Ciompi; Loggia del Grano in Pieve S. Stefano, 16. Jh.) Ebenso wie der Platz ist die Loggia Bedeutungsträger: ein Status- und auch Würde-Symbol. Daher bauen auch Zünfte Loggien (Calimala in Florenz, 1308). Später auch reiche Privatleute (Guinigi in Lucca, E. 14. Jh.; Ruccellai in Florenz, 1460; Piccolomini in Siena, 1462; Del Monte in San Savino, um 1500).

Hatten in der ersten Phase der Volksbewegung die Loggien zunächst noch keine besonders artikulierte Gestaltung, so wird in einer zweiten Phase differenzierter auf die Bedürfnisse ihrer Benutzer eingegangen. Der avantgardistische Architekt Filippo Brunelleschi (1377–1446), ausgebildet als Goldschmied, entwickelt dafür die Architektur der Loggia entschieden weiter: zu erheblich größerer Klarheit und Komplexität – vor allem in den Loggien vor Krankenhäusern, die im wesentlichen den demokratischen Gemeinden gehören (Lastra a Signa, 1406; Ospedale del Ceppo in Pistoia, 1424) und dem Findelhaus in Florenz (1419).

Die antiken Vorbilder, die Brunelleschi überall vorfindet und die schon seit langer Zeit studiert werden, dienen ihm als Artikulationshilfe. Alles Wichtige ist in dieser avantgardistischen Gestaltung die Zuspitzung des Zeitgeistes (daher ist der Ausdruck Renaissance = Wiedergeburt der Antike vordergründig, ja irreführend). In verstärkter Weise wird Menschlichkeit erlebbar gemacht. Im wesentlichen sind es vier Momente: menschliche Dimension, aufrechter Gang, Atem-Raum und Bewegungs-Raum.

Dies stammt aus einer komplexen psychologischen Erfahrung der wichtigsten Bedürfnisse der Menschen – angenehm und aufrecht zu gehen, frei zu atmen, mit anderen Menschen zusammen zu sein. Die Kunst schafft dafür Räume mit anregender Atmosphäre. Alles andere ist zweitrangig.

Brunelleschi verstärkt das Moment des Atem-Raumes: Die Gewölbe scheinen sich wie leicht geschwellte Segel zu dehnen. An die Stelle der Pfeiler des vorhergehenden Jahrhunderts setzt er Säulen und intensiviert dadurch das Moment der festen Körperlichkeit zu einer Skulptur mit menschlichen (anthropomorphen) Zügen. Die Säule steht für die Person, für ihre eigene Kraft, die sie – aus ihrem Atem-Zentrum gesteuert – aufrichtet und mit Energie aufrecht hält.

Brunelleschi formuliert genauer als andere vor ihm die Bezüge zwischen den festen Körpern und zwischen den verschiedenen Bereichen des Raumes. So entstehen keine gleichförmigen Räume (wie oft fälschlich interpretiert), sondern erlebte Raum-Charaktere unterschiedlicher Prägung: zwischen den Säulenbögen anders als davor, daneben, dahinter; auf der Erde anders als im Gewölbe. Er artikuliert das Raum-Gewebe der Architektur, klärt es, strafft es und macht sein Sinn-Gefüge, das mehr aus dem »Zwischen« lebt als von den Teilen selbst, komplexer. Für Francesco di Giorgio Martini gehen alle Maße und Zusammenhänge aus der Natur des menschlichen Körpers hervor – bis hin zu ganzen Fassaden, die er aus einem Körper entwickelt.

Der Architekt ist ein Exponent typisch toskanischer Rationalität: elementare Lebensvorgänge werden genau beobachtet und in ihrer Vielfältigkeit dargestellt. Dies geschieht einerseits mit verblüffender Selbstverständlichkeit, aber auch mit geradezu spröder Nüchternheit. Zugleich entsteht durch Konzentration, Intensivierung, Stille – ähnlich wie in der Pantomime – eine Feierlichkeit, die die Personen und die Situationen hebt. Alltag und Feierlichkeit schließen sich nicht gegenseitig aus, sondern verbinden sich. Das kann man überall in einfachen Straßen-Räumen (etwa in Lucca oder Sansepolcro) erleben, aber auch, in gesteigertem Maße, in Architekturen von Brunelleschi.

Wie sehr die Loggia das Bewußtsein beschäftigt, kann man auch daran ablesen, wie häufig und anspruchsvoll sie in Malereien dargestellt wird. Oft entwickeln Maler diese Architektur-Form noch weitergehender als Architekten. Sie verstehen es vor allem, sie deutlich in Bezug zu den Menschen zu sehen, die sie benutzen – und damit den Vorgang bewußter erkennbar werden zu lassen.

Als in den frühen Flächenstaaten des 15. Jahrhunderts die Herren-Sitze ihre militärische Bedeutung als Burg verlieren und zur offenen Land-Villa werden, nehmen sie die Form der Loggia, die die antiken römischen Landvillen besaßen, wieder auf. Am besten ist dies erlebbar im Landhaus der Guinigi in der Vorstadt von Lucca (1418). Wo Bauern die Landwirtschaft um eine Villa betreiben, dürfen sie die Loggia des Erdgeschosses als Arbeits- und Aufenthaltsort mitbenutzen – eine typisch toskanische Übereinkunft.

Die Loggien, die unter der Fürsten-Herrschaft gebaut werden, verlieren meist das fein abgestimmte Maß und werden – ähnlich wie in der kaiserlichen Antike – übermenschliche Hallen (Uffizien in Florenz, 1560 von Vasari; Arezzo, 1573 von Vasari; Sansepolcro, 1591; Loggia dei Banchi in Pisa, 1603; später Piazza Repubblica in Florenz, 1887).

Bogengänge in Straßen

In San Giovanni Valdarno kann man beobachten, wie im 14. Jahrhundert die weiten Vorkragungen der Häuser teilweise durch Loggien ersetzt werden. Sie sind noch schmal, bloß zum Durchgehen, ohne die wohltuende Freiheit für die Bewegung, die man in den Loggien rund um das nahe Rathaus (1296, wohl von Arnolfo di Cambio) erlebt. Die Aneinanderreihung der Portiken vor den Häusern bildet den Charakter der Gemeinschaftlichkeit der Straße heraus: auf privatem Grund entstanden, von Privatleuten unterhalten, sind die Bogengänge eine Gemeinschaftsform der städtischen Öffentlichkeit (Borgo Stretto in Pisa; Firenzuola, 1332; Poppi; Stia; Pratovecchio; Dicomano; Vicchio; Greve; Piazza Alberiga in Carrara). »Unter den Arkaden fühlst du dich wie im Haus, vor allem wenn es im Winter regnet. Die Kinder können spielen.«

Wandelgänge in Innenhöfen

Die Wandelgänge in Innenhöfen stammen aus der griechischen Antike und werden über die Atrien an kaiserlichen römischen Bauten an die christlichen Kirchen weitergegeben: als Atrium-Vorhöfe. Die Mönche des frühen Mittelalters entziehen sie der allgemeinen Zugänglichkeit. Sie werden der Kloster-Gemeinschaft vorbehalten und daher oft an die Seite der Kirche verlegt – als Kreuzgang. In Pisa wird neben dem Dom der Friedhof (1278) in dieser Form errichtet. Bis heute werden in einigen Kreuzgängen Angehörige der Kirchen bestattet (Dom in Lucca).

Feudalherren eignen sich die Form solcher Wandelgänge für die Innenhöfe ihrer Land-Burgen an. Von dort werden sie in Stadt-Burgen übertragen und von demokratischen Rathäusern übernommen (Palazzo del Podestà

1 (oben) 2 3

4 5

6 7 8

9 10

Loggien der Toskana
(1) Bauernhaus; (2) Cortona: San Nicolò; (3) Lucca: Dom (um 1200); (4) Arezzo: Santa Maria delle Grazie; (5) Siena (B. di Fredi, E. 14. Jh.); (6) Montalcino: Markt-Loggia; (7) Florenz: Loggia del Bigallo (A. Arnoldi, 1352); (8) Monte San Savino: Kaufmannsloggia (um 1500); (9) Montepulciano: Marktloggia (16. Jh.); (10) Anghiari: Haus-Loggia (15. Jh.) u. »Passage« (1889); (11) Florenz: vor d. Baptisterium (C. Adimari, 15. Jh.); (12) Florenz: Findelhaus (F. Brunelleschi, 1419); (13) Pistoia: Ospedale del Ceppo, 1424; (14) Florenz: Piazza SS. Annunziata (r. 1419, l. 1516); (15) Florenz: Orsanmichele, ehem. offener Getreide-Markt (1920); (16) Florenz: Kreuzgang in San Lorenzo (1475).

Bargello in Florenz, wohl nach 1325; Rathaus in Florenz, 1470). Im großbürgerlichen Palast-Typ, den Michellozzo für die Medici entwickelt (Palazzo Medici in Florenz, 1444), erhält der Innenhof die Form des Kreuzganges.

Wohl unter dem Einfluß der Volksbewegung entstehen in den von ihr beeinflußten Kirchen viele Kreuzgänge, in denen man besonders gut erleben kann, was menschliches Maß, Atem- und Bewegungsraum für psychische Wirkungen haben könnten (Santa Croce I, 14. Jh., II 1433; SS. Annunziata, Atriumhof, 1447, Kreuzgang, 1450; San Lorenzo, 1475, alle in Florenz; San Francesco in Pienza, 15. Jh.; Impruneta, 15. Jh.; Santa Maria delle Grazie in Arezzo, Vorhof, um 1471).

Überdachte Märkte des 19. Jahrhunderts

Um 1889 wird unter französischem Einfluß in Anghiari die Galleria Girolamo Magi gebaut (Francesco Tuti). Sie wird von den Bewohnern Loggia genannt. In ähnlicher Form entstehen Markt-Hallen, »große Bäuche der Städte« (Zentralmarkt in Florenz, 1874 von Giuseppe Mengoni; Mercato Nuovo in Livorno, 1893 von Badaloni; Markt in Lucca, 1930 aus dem Kreuzgang der Carmine-Kirche). Ihre Größe drückt den Anstieg der landwirtschaftlichen Produktion und die beginnende Zentralisierung des Handels aus, weiterhin die Massen-Versorgung für die wachsenden Städte, einen neuen Umgang mit der Hygiene und schließlich die Ausplünderung der Kolonien mit »Kolonialwaren«.

Ähnlich wie die gleichzeitige Stadtplanung hat diese Architektur Schwierigkeiten, auf die Menschen mit ihren konkreten vielfältigen Bedürfnissen so genau einzugehen wie früher. Bestand in der älteren Loggia eine enge Beziehung zwischen überdachtem und offenem Teil des Platzes, so wird der Innenraum nun in sich zurückgezogen gestaltet: nicht nur funktionell spezialisiert, sondern auch als unabhängiger, eigener Raum definiert. Öffentlichkeit wird reduziert und brüchig. Das Gewicht der Gestaltung wird verschoben: tendenziell von den Bezügen zu Funktionen. Es wird sichtbar, daß die alten Räume eine sehr produktive, genau überlegte, komplexe Form der Beziehungen waren, die neuen Räume dagegen nur spezialisierte Funktionen des Lebens beschreiben. Was hier und da darüber hinaus geht, wird entbehrliches Ornament oder Luxus. In den neuen Vorstädten gibt es keine Loggien mehr.

Bau-Typen

Land-Burgen

Invasoren-Einfälle im frühen Mittelalter, vor allem Sarazenen. Sie kommen mit schnellen Schiffen übers Meer, plündern und verschwinden wieder. Um sich dagegen zu schützen, erinnern sich die Feudaladligen an Wachttürme (burgus), die das römische Heer an den Grenzen angelegt hatte. Sie bauen sie nach: so entstehen zunächst unbewohnte Zufluchts-Türme. Da der Feudalismus ein Rechtssystem auf Gegenseitigkeit ist, haben die abhängigen Bauern ein einklagbares und oft eingeklagtes Anrecht auf Zuflucht. Dafür müssen sie mithelfen: beim Bau, bei der Instandhaltung und bei den Wachen (Frondienste).

Gegen Seeräuber wird im 13./14. Jahrhundert, von Livorno bis zum Monte Argentario, entlang der Küste eine Kette von Wachttürmen gebaut. Ihre Besatzungen verständigen sich mit Lichtsignalen untereinander.

Als die übergreifende Herrschaft des langobardischen Fürstentums aufgerieben ist (774), geraten die Feudaladligen untereinander in eine Fülle von Kriegen (Fehden). Dies führt dazu, daß sich das Militärische noch einmal intensiviert: Die Feudaladligen ziehen sich zum Wohnen in die Zufluchtsburgen zurück und bauen sie aus. Für die Ritter (cavaliere) wird der Militär-Turm zum Wohnhaus.

Die Fülle dieser Burgen durchsetzt die Landschaften der Toskana. In vielen Bildern findet man sie gemalt. Besonders gut sind sie im oberen Arnotal zwischen Florenz und Incisa sichtbar.

In Herren-Häusern um Florenz sieht man noch unter den späteren Anbauten den Turm. Er wird in der Zeit des inneren Friedens im großflächigen Fürstenstaat (nach 1512) zu einer Aussichts-Plattform (Belvedere) umgewandelt.

Die architektonisch durchgearbeitete Form ist das Castello Barbolana westlich von Anghiari (1536): um den herausragenden Mittelturm werden die Anbauten zur Form der Fortezza mit seitlichen Bastionen systematisiert und zum Symbol gestaltet.

Vier Typen der Burg lassen sich unterscheiden: der Wohn-Turm, der ursprünglich Holz-Balkone hatte (nirgendwo erhalten), die große Land-Burg (hervorragend erhalten: Castello Meleto bei Gaiole/Chianti; Poppi, 1274 ausgebaut von Arnolfo di Cambio), die ganze Stadt als Festung, das heißt die Festungsstadt und die befestigte Bürger-Stadt (Florenz, Siena, San Gimignano, Lucca u.a.). Ein Bild im Rathaus von Siena (Sala del Mappomondo, 1383 von Lippo Vanni) stellt alle Typen der Burg dar. Auch wie sie in dieser Zeit wahrgenommen werden: einzeln, freistehend, das Territorium anschaulich beherrschend.

Stadt-Burgen

Vom 11. bis zum 13. Jahrhundert beherrschen die Feudaladligen die Städte. Sie setzen einen Typ ihrer Land-Burg mitten in die Stadt: den Wohn-Turm.

In diesem Turm wohnen die Familien wie in einem Hochhaus. Die einzelnen Räume sind oft nur 16 bis 20 qm groß; fünf bis sieben liegen übereinander; Leitern verbinden sie. Ein unbequemes Haus für eine Großfamilie

Land-Burgen
(1) Turm u. gr. Land-Burg (L. Vanni, 1363);
(2) Fresko i. Pal. Pubblico Siena (A. 15. Jh.);
(3) Poppi; Castello Guidi (1274); (4) Herrenhaus bei Florenz; (5) Gutshaus bei Florenz

Stadt-Burgen
(6) Florenz: Haus-Turm als Laden, Via Por S. Maria 9/11 (13. Jh.); (7) San Gimignano; (8) San Gimignano: gekappte Haus-Türme; (9) Volterra: Haus-Türme Buonsparenti; (10) Krieg zw. Stadtturm-Besitzern (Paris BN Ms. lat. 10136); (11) Siena: Palazzo Tolomei (1208; 1267); (12) Florenz: Burg der Woll-Zunft (1308).

mit 10 bis 20 Menschen. Unten: ein Raum für Bedienstete und Geschäfte. Darüber die Küche. Dann der Aufenthaltsraum für die Frauen (die Männer stehen oft auf der Straße). Dann Schlafräume, in denen man zu mehreren nächtigt.

Großbürgerliche Händler haben im Erdgeschoß ihren Laden, darüber das Lager, etwa für Tuche (Casa degli Amadei in der Via Por Santa Maria 9 in Florenz, 13. Jh.).

Um in der engen Stadt ihren autoritären Charakter sichtbar zu machen, werden die Türme besonders hoch ausgebaut – oft in Konkurrenz zwischen den Sippen. In Florenz werden die ersten Privat-Türme kurz nach 1000 genannt, 1137 das älteste Konsortium – was zeigt, daß sich auch mehrere Familien bei einem Turm-Bau zusammentun, es also auch außerordentlich dichte Bezüge zwischen verschiedenen Familien gibt, wohl durch Heiraten. In Florenz stehen um 1100 insgesamt rund 100 Familien-Türme.

244   Die größte Anzahl blieb in San Gimignano erhalten: 15 von 70. Pisa besaß einen »Wald« von Türmen (Via delle belle torri). In Lucca sollen rund 130 gestanden haben. Gelegentlich fielen verfaulte Holzbalkone herab und richteten großes Unglück an: 1221 in Lucca 250 Tote – was zeigt, wie dicht die Straßen benutzt wurden. Daher erzwingen die Nachbarschaften, die frühe Form der demokratischen Selbstorganisation, oft die Beseitigung von Balkonen.

Der Typ der großen Land-Burg entsteht auf dem Land durch die Ummauerung und den Ausbau eines kleinen Terrains am Fuß des Wohn-Turmes. Die Superreichen bauen sie auch in der Stadt nach. So wird ein

231/   zweites Mal die Land-Burg zur Stadt-Burg (Palazzo Tolomei in Siena, um
232   1205; Palazzo Saraceni in Siena).

Rund um diese Privat-Burgen quartieren die Besitzer ihre Bediensteten
239   und Abhängigen ein. Das führt zur Ausprägung von kleinen Höfen, in denen es bis heute familiär zugeht, zum Beispiel im Urgurgieri-Viertel um die Via Angolieri in Siena.

Oft lassen die Herren ganze Straßen abmauern. Ihre Fehden untereinan-
35   der sind berüchtigt: »weiße Gewalt«. Diese Privat-Burgen und Territorien
156   sind dem Volk seit 1200 ein Dorn im Auge. Nachbarschaften organisieren sich in den zunächst verbotenen Genossenschaften des Volkes (societas populi), überfallen und zerstören Türme. Sie werden als Gemeinschaft mit Bußgeldern bestraft, sind aber bald so mächtig, daß der Stadtrat bezeichnende Kompromisse schließt: er anerkennt die Tat nicht, aber die Kommune zahlt die Buße.

Als die Volksbewegung sich um 1290 durchsetzt, läßt sie die Türme bis auf eine bestimmte Höhe, meist die Dachhöhe der anderen Häuser, kappen
256   – um den »Hochmut« zu besiegen (Florenz 1293). Es bleiben nur Türme stehen, die von der Comune als Strafe konfisziert und für städtische
294   Zwecke umgewidmet werden (Torre del Orologio in der Via Fillungo in
244   Lucca). Lediglich in San Gimignano setzen Reiche es im Rahmen des unauflösbaren Patts der Fraktionen durch, daß ihre Türme geduldet werden – daher stehen sie bis heute.

Offensichtlich gelingt es nie völlig, das Prestige-Gebaren des Turm-Bau-
294   ens völlig zu brechen: Der Diktator von Lucca, Paolo Guinigi, baut um 1400 über einem gekappten Turm erneut in die Höhe.

ZUNFT-BURGEN

Wenn der Feind besiegt ist, nimmt man ihm die Abzeichen ab und steckt sie sich selbst an – ein Verhalten, das sich letztendlich an ihm und nicht an der eigenen Kultur orientiert. Zünfte eignen sich Turm-Häuser aus beschlagnahmtem Eigentum von reichen Familien an. Der Torre alla Castagna an der Piazza San Martino in Florenz wird um 1282 Tagungsort aller Zunft-Vorsteher. Die Woll-Zunft baut 1308 ein konfisziertes Turm-Haus um (Via Calimala 16 in Florenz). Die Zunft-Burgen spielen etwa die gleiche Rolle wie die späteren Volkshäuser: als Treffpunkte, Büros, Festräume.

RATHAUS-BURGEN

Parlamente tagen in Kirchen (Pieve-Kirchen; San Michele in Lucca; San Piero in Scheraggio in Florenz, abgerissen). Lange Zeit gibt es nur selten Rathäuser (Lucca, 1068 nördlich von S. Michele, verändert; Volterra, 1208; Florenz 1208, nicht erhalten; Arezzo, 1232, nicht erhalten; Palazzo del Podestà in Massa Marittima, 1230; San Gimignano, 1239.

Die Volksbewegung, die sich seit 1250 als Ausdruck einer breiten Demokratie große Parlamente schafft, stellt dies auch in eigenen Bauten ausdrücklich und selbstbewußt dar. Sie verstärkt nun den Bau von Häusern für die Tätigkeiten der Demokratie des Volkes: für den Rat (consiglio), für den Podestà (Verwaltungschef) und den Capitano del Popolo (den kontrollierenden Exponenten der Zünfte). So entstehen die großen kommunalen Bauten in Florenz (Palazzo del Podestà/Bargello, 1255), Prato (1284), Pistoia (1294), Siena (Rathaus, 1297; Palazzo del Capitano della Giustizia, um 1300), Pescia (um 1300), Massa Marittima (Rathaus, 1344), Montepulciano (1369).

Arnolfo di Cambio, der Stadtbaumeister von Florenz, der 1274 die Burg in Poppi ausgebaut hatte, entwirft nach ihrem Vorbild das neue Rathaus in Florenz (1299). Aus der realen Festung ist eine symbolische geworden. Darin zeigt sich nicht allein eine Militanz nach außen, sondern auch nach innen, zwischen der Volksbewegung und ihren feudalen/großbürgerlichen Gegnern, eine Spannung, die das Bewußtsein formt. In der Festungsstadt Scarperia wird das Rathaus (1306) sogar zur realen Festung ausgebaut.

Im 14. Jahrhundert werden die Rathäuser meist vergrößert und verlieren nun langsam ihren militanten Charakter (Palazzo del Podestà/Bargello in Florenz, 1319, 1325, 1346; Siena, Erhöhung der Seiten, 1330; Prato; Pistoia, 1348; Massa Marittima). Die Konservativen, die zwischenzeitlich in einigen Orten wieder an die Macht kommen, stoppen die Finanzierung sofort, wo noch gebaut wird (Pistoia).

Spätere Rathäuser orientieren sich immer mehr am Bürgerhaus (Cortona, 1241; Anghiari, 14. Jh.; Borgo a Buggiano, 14. Jh.; Cutigliano, 14. Jh.; Sovana, nach 1413).

Das umfangreichste ideologische Bild-Programm läßt der Stadtrat in Siena im Laufe der Zeiten malen, unter anderem das einzigartige Dokument, wie Stadt und Land bei guter und bei schlechter Regierung aussehen (Ambrogio Lorenzetti, 1338).

Die Medici-Großherzöge machen das Rathaus in Florenz zum »Palast«. Sie zerstören dabei Symbole der Demokratie wie Wandbilder von Michelangelo und Leonardo im Ratssaal, wandeln das Parlament der 3000 (1494) zum Thronsaal um und relativieren den David (1501 von Michelangelo) durch eine neben ihm aufgestellte Figurengruppe des Herkules und Kakus

(1533 von Baccio Bandinelli). Das oppositionelle Arezzo wird durch die Zerstörung des Rathauses bestraft (1539). Ähnliches geschieht in Pisa. Am Umgang mit dem Symbol Rathaus lassen sich auch Widerstand und Gewalt der Unterwerfung ablesen.

STADTBÜRGER-HÄUSER

157 Der Typ des normalen Hauses für Handwerker und Kaufleute, das altrömische Stadt-Haus, hat sich über 2000 Jahre bis heute erhalten. Denn: es ist funktionell durchdacht; in seiner Einfachheit ist es zugleich großzügig und dadurch vielfältig nutzbar sowie anpassungsfähig. Das Erdgeschoß dient der Werkstatt und dem Verkauf – zur Straße hin. In einem Zwischengeschoß, dem Hängeboden, befindet sich das Magazin. Darüber: die große Wohnküche, dann die Schlafräume. Holz-Treppen verbinden sie. Im Winter wärmt man sich an einem offenen Kamin oder bewegt sich – es gibt nur die Körper- und die Punkt-Heizung, meist in der Küche. Denn Brennstoff ist teuer. Die großen Fenster besitzen keine Gläser, nur hölzerne
266 Klappläden. Die Bautechnik: steinerne Seitenmauern, gemeinsam mit dem Nachbarn; eingehängte Holzbalken-Decken; die Fassade bilden dünne Füllwände, oft aus Ziegeln. Im 14. Jahrhundert werden sie, mit steigendem Wohlstand, durch Ziegel-Bögen mit eleganten Säulen-Fenstern ersetzt. In
295 Lucca sieht man es besonders gut. Neben den unbequemen Turm-Häusern erwerben, erheiraten oder bauen sich deren Besitzer im 14. Jahrhundert ein solches bequemes Haus.

STADT-PALÄSTE

Nach dem Sieg der Volksbewegung um 1300 versuchen viele Reiche, die teils politisch entrechtet, teils verbannt sind, sich anzupassen, um in der Demokratie akzeptiert zu werden. Das Volk ist stets mißtrauisch, daß sich keiner überhebe. Dantes Warnung »Die Großen sind Wölfe« bleibt stets aktuell. Immer wieder versuchen sie, sich in bewegten Zeiten aufzuspielen. Die Bau-Gesetze verbieten, daß die Reichen dies an ihren Häusern öffentlich sichtbar machen. Aber im Laufe der Zeit werden die Gesetze oft unterlaufen.

Das beginnt damit, daß große Bürger-Häuser einzelne Ansteck-Zeichen von älterer feudaler Militär-Architektur übernehmen: Zinnen und rustikales Mauerwerk (Bossenquadern) im Erdgeschoß.

Als Exponenten der aufgestiegenen konservativ gewordenen Großbürger drücken die Medici 1444 ihre Dominanz auch baulich aus, für jedermann in der Stadt sichtbar. Zunächst hat Cosimo Medici die Idee, in der Stadt ein Schloß zu errichten – als Ausdruck des von ihm (gegen die Verfassung) erstrebten zeitgenössisch frühabsolutistischen Prestiges, den Fürsten gleich zu sein. Dementsprechend läßt er es von Brunelleschi entwerfen. Dann kommen ihm Bedenken, daß ein solcher Bau die Mitbürger zum Aufstand provozieren könnte.

Er entwickelt mit dem Architekten Michellozzo eine zweite Idee. Sie greift weit in die Vergangenheit zurück und hat damit einen neukonservativen, feudalorientierten Charakter. Das Gebäude, das entsteht, der Palazzo Medici, ist eine Absage an das alte Kaufmannshaus mit seinen offenen Läden. Sein Erdgeschoß ist verschlossen wie eine Land-Burg. Von ihr über

Stadt-Bürger-Häuser und Großbürger-Palazzi
(1) Siena (A. Lorenzetti, 1338; Pal. Pubblico); (2) Lucca: Bürgerhaus; (3) Florenz: Spini-Haus (1289), Piazza S. Trinità; (4) Florenz: Davanzati-Haus (14. Jh.); (5) Florenz: Palazzo Medici (1444); (6) Rückseite; (7) Siena: Palazzo Salimbeni.

nimmt es auch die Rotzigkeit des Steinwerkes in Bossenquadern: Macht und Distanz drücken sich aus. Die Verschlossenheit spiegelt zugleich die Angst vor dem Volk – Angst um Geld und Macht. Das Haus ist zum gepanzerten Tresor geworden.

Mit intelligenter Sophistik kommt der Hausherr zugleich dem Volk entgegen – ein Stück weit: er setzt lange steinerne Bänke an die Straße und gibt dem Volk eine Loggia (nach dem Staatsstreich 1512 wird sie sofort zugemauert). Cosimo läßt das Haus in die Straßenflucht einordnen und verzichtet darauf, einen von außen sichtbaren aristokratischen Fest-Saal (piano nobile) zu bauen. Aber gigantisch sind die Ausmaße (vor 1670 allerdings sieben Achsen weniger). Es entsteht nicht nur erneut eine große Land-Burg in der Stadt, sondern auch eine Konkurrenz zum Rathaus, das früher aus ganz anderen Gründen in ähnlicher Gestalt gebaut wurde. Cosimo, der mit der Raffinesse, Schlauheit und Skrupellosigkeit des antiken Augustus eine subversive, die Verfassung umgehende, nur scheinbar verfassungsmäßige Herrschaft aufgebaut hat, hat sich damit ein Neben-Rathaus geschaffen.

Dieser krass reaktionäre Charakter wird im einzelnen jedoch – das ist der Widerspruch, der oft getäuscht hat – in einer fortschrittlichen Bewußtseinsform ausgedrückt: mit Klarheit, sorgfältiger und disziplinierter Artikulierung der Details, in präzisen logischen Zusammenhängen, abgestimmt, raffiniert nuanciert, einfach, mit selbstbewußter Großzügigkeit. Diese »Schönheit« entgiftet die Wahrheit (Herbert Marcuse). Sie existiert nicht ohne die Wahrheit ihrer wirklichen Inhalte und Kontexte. Zugleich versucht sie, von ihnen abzulenken. Macht erhält durch Schönheit den schönen Schein der Vollkommenheit und des Umgänglichen.

Der Stadt-Palast Cosimo Medicis wird zum Vorbild für viele Großbürger der Toskana und – mithilfe der Kunstgeschichte seit dem 19. Jahrhundert – zur internationalen Ausdrucksweise großbürgerlicher Fassaden-Gestaltung.

Der Großbürger Luca Pitti geht an den Kosten seines ähnlich teuren Palastes in Florenz bankrott (Kernbau seit 1444 von Brunelleschi/Luca Fancelli; 1558 und weitere Male erheblich erweitert). Die rivalisierenden Strozzi benötigen Generationen, um ihre Riesenbaustelle in Florenz zu beenden (1489–1538). Den Bruch mit dem Bürgerhaus bezeichnet auch die Wortwahl: die Reichen nennen ihre Häuser jetzt immer häufiger »Palast« (palazzo). Im Fürsten-Staat werden viele zu Hofleuten aufgestiegene Großbürger durch Steuer-Befreiungen dazu gebracht, sich zu Neubauten von Palazzi zu entschließen.

Vor allem in Lucca kann man den Umwandlungsprozeß vom Stadtbürger-Haus zum Stadt-Palast gut beobachten. Mit zunehmendem Reichtum wird das Haus zu klein. Nachbarhäuser werden erworben, durch Heirat oder Erbe oder Kauf. Mühevolle Um- und Ausbauten. Oft erhält nur die Straßenseite eine Gestaltung, die zeigt, daß der Gebäude-Komplex nun einer einzigen Familie gehört. Auf dem dichtbebauten Grund bleiben die Versuche, Säulen-Höfe anzulegen, oft in den Anfängen stecken. Im Erdgeschoß des Stadt-Palastes verrichten die Bediensteten ihre Tätigkeiten. Wo ein Garten entsteht, muß für ein Gartenzimmer Raum geschaffen werden. Wo der Garten hinzukommt, verändert sich die Organisation des Hauses tiefgreifend: jetzt verlagert sich, schrittweise, der angenehmste Aufenthaltsbereich des Hauses, vor allem für die sommerlichen Feste, in die Ebene des Erdgeschosses und drängt andere Tätigkeitsbereiche in zugehörige Nachbarhäuser ab – macht sie unsichtbar, »purifiziert« das Haus. Arbeit wird abgetrennt, Hauswirtschaft unsichtbar.

Land-Villen

Seit dem 12. Jahrhundert kauften sich reich werdende Stadtbürger Landgüter. Zu ihnen gehörten auch Herren-Sitze. Im 15. Jahrhundert investierte eine breite Schicht der Reichen zur Kapital-Sicherung in Landbesitz. Sie ließ die Form der Villa entwickeln, die sich zur neuentdeckten und befriedeten Landschaft öffnet (Landhaus Guinigi vor der Altstadt von Lucca, 1418). Im heißen Sommer zogen sich die Familien aus der stickigen Stadt aufs Land zurück. Im Herbst kontrollierten sie die Mezzadria-Bauern ihrer Güter bei der Ernte. Bei Epedemien war die Villa ein Zufluchtsort.

Die große Land-Burg wird umgewandelt: in den Mittelblock wird eine Loggia eingesetzt. Der Turm dient der Aussicht und der Jagd (Belvedere). Der militärische Charakter wird bewußt abgelegt. Der Schriftsteller Boccaccio im »Decamerone« und viele Malereien schildern das Leben in den Villen – über Vergleiche: man spielt sich selbst in einer anderen Ebene, als griechisch-platonische Natur-Gottheit, als eine Art erlaubter oder auch laizistischer Heiliger bzw. Engel (Geburt der Venus, 1486 von Botticelli).

Da die Superreichen auch im Fürsten-Staat (seit 1512) und in der Oligarchen-Republik Lucca (Ausschließungs-Gesetz von 1556 und 1628) weiterhin Angst vor dem Volk haben müssen, lassen sie ihre Stadt-Paläste, bei raffinierter Abhebung, relativ dezent gestalten – aber auf dem Land können sie nun unter ihresgleichen, abseits der Stadt, ihre neufeudale Lebenswelt

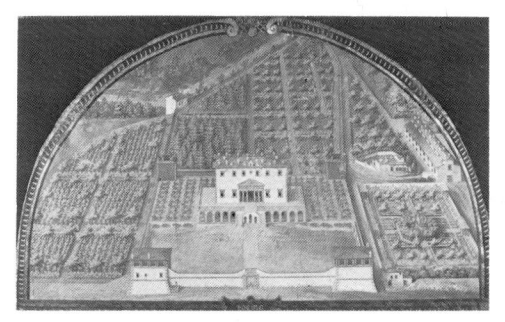

Links: Medici-Villa in Poggio a Caiano (Utens). Unten: Frühe Landvilla (1418) des Diktators von Lucca, Paolo Guinigi.

Oben u. unten: Villa Mansi in Segromigno bei Lucca (16. Jh., 17. Jh., 1742 von Filippo Juvarra).

ausbreiten: oft in riesigen Landschlössern (Collodi; Villa Torrigiani in Camigliano; Villa Mansi in Segromigno; sie zählen zu den wenigen, die man besichtigen kann.)

Der Versuch, Formen des Landlebens in die Stadt zu bringen, hinter der großbürgerlichen Fassade eine Art Landvilla zu schaffen, wie man es in Lucca oft sieht, benötigt außerordentlich viel Fläche. Dies hat weitreichende Folgen für die Struktur der Stadt: Aufkäufe, Verdrängung von Mietern, Zunahme von Mietshäusern (die im Mittelalter selten waren) mit nun immer kleiner werdenden Wohnungen – verstärkt durch den Prozeß des Ärmerwerdens auf dem Lande (17./18. Jh.), der Landflucht verursacht. Reisende des 19. Jahrhundert »beobachten« malerisches Elend in den Volksvierteln – eine Lebensform, die es vorher so gut wie nicht gab, teilweise ausgelöst durch den Anspruch der Reichen, in der Stadt wie auf dem Land zu leben.

Malerei und Skulptur

Aufbruch zur Menschlichkeit

Erfahrungen der Menschlichkeit auf Straße und Platz sind das ganze Mittelalter hindurch so dicht, daß sie sich auch ausdrücken – in allen Kunst-Gattungen: als Unterströmung. Die Darstellungen haben mehrere Schichten. Erste Wahrnehmungs-Ebene: Darstellungen der Macht. Zweite Wahrnehmungs-Ebene: Dunkler und labyrinthischer Grund von engen Ornament-Netzen; höfisch byzantinisch geprägte Linien-Eleganz; Faszination des einsaugenden Goldes, das sich ausbreitet. Dritte Erfahrungs-Ebene: oft erstaunlich menschliche Gesichter, mit weich zugewandtem Blick, in familiärer Nähe, besonders häufig im Abbild der Mutter-Kind-Beziehung, wo unbewußt der Madonna die eigene Erfahrung unterlegt wird. Auch in vielen Halbfiguren-Bildern von Heiligen (Siena, Museo Nazionale).

Diese volkstümlichen Züge unterhalb der rituell-feierlichen Ebene sind wohl auch der Grund für die weite und anhaltende Verbreitung dieser Bilder in der ganzen Toskana.

Im Laufe der Jahrhunderte wird schrittweise diese Menschlichkeit weiter entfaltet: in Gesten, in der ganzen Figur und, immer eingetaucht in Gold, in den Bezügen der Menschen untereinander – in ihrer körperlichen Nähe, Zuwendung, Gesprächen (Maestà von Duccio di Buoninsegna im Dom-Museum von Siena, 1308; Maestà von Simone Martini im Rathaus von Siena, 1315; Madonna im Dom von Massa Marittima, wohl 1316).

Diese neue Menschlichkeit entwickelt sich sacht – immer im Wege der Transformation – in der althergebrachten Aura (Cimabue, Uffizien in Florenz, um 1290), die sich noch lange hält, oft noch im 15. Jahrhundert – selbst als eine Facette des Piero della Francesca (Schutzmantelmadonna im Museo Civico in Sansepolcro, 1445), bei Fra Angelico sogar als Struktur (Museo Diocesano in Cortona).

Ganz ähnlich entwickelt sich innerhalb der mittelalterlichen skulpierten Figuren-Labyrinthe in Reliefs der Blick auf das reale Leben, etwa bei Nicola Pisano (Dom in Lucca; Kanzel im Baptisterium in Pisa, 1260). Er schärft sich am Studium der antiken Grabreliefs, die die Künstler überall studieren können. Entschiedener arbeitet Nicolas Sohn, Giovanni Pisano (um 1245 – nach 1314). Neu: seine Figuren besitzen eine sich aus dem Atem-Zentrum entwickelnde innere Bewegungskraft, ein geradezu aggressives Selbstbewußtsein; sie sprechen mit jäh vorstoßenden Köpfen (Baptisterium in Pisa, 1260; San Quirico d'Orcia; Kanzel im Dom in Pisa, 1302). Sie beginnen nun, sich aus der Architektur, die sie eingebunden und unterworfen hatte, zu lösen; sie treten hervor, es entsteht Raum vor ihnen – wie auf der Piazza. In der Aggressivität der Skulpturen spiegelt sich – unbewußt – die Spannung der Zeit der frühen Volksbewegung.

Während des ganzen 13. Jahrhunderts werden in der Auseinandersetzung zwischen den etablieren Magnaten und Feudalherren und der aufkommenden Volksbewegung Symbole gesetzt und um sie gestritten – vor allem, wie Jesus zu sehen sei: Ob hoch oben in der Kirchenapsis, der Stelle des Thrones, nach dem Bild des Kaisers – oder über dem Hauptaltar als armer sterbender Jesus, als Bild der geschundenen Kreatur des Menschen, eine Darstellung, die seit dem 10. Jahrhundert in Byzanz und im Westen (Gero-Kreuz im Kölner Dom) Streit auslöst. Die Bettelorden, die zu den

166

treibenden Kräften der Volksbewegung gehören, tragen den armen Jesus in viele Volksquartiere (Cimabue in San Domenico in Arezzo, um 1270; Santa Croce-Museo in Florenz, 1271).

Kunst aus dem Geist der Demokratie

Im demokratischen Florenz entwickelt sich das »Italienische« (Theodor Hetzer, Werner Groß) am ausgeprägtesten. Ebenso wie in der Architektur stammt auch in Malerei und Plastik das Bedeutendste aus dem Geist der Demokratie und nicht des Fürsten-Staates: nur die Demokratie vermag zu einer so ausgeprägten Wertschätzung des einzelnen Menschen und seiner Bezüge zu führen, wie man sie in einer Fülle von Darstellungen erlebt – zur Hochachtung des Alltäglichen, das unspektakulär ist, zur Einfachheit des Elementaren. Nur innerhalb dieser politischen Form der Kontrolle der Macht, ihrer Verteilung und Ausbalancierung (die nicht immer gelingt, aber mehrfach wiederhergestellt wird) kann sich die Sensibilisierung für den Träger der Demokratie, den »Jedermann« der Straße und Piazza, entfalten, die später und bis heute bewundert wird.

Exponent des Neuen wird Giotto di Bondone (1267–1337), eine schillernde Figur – einerseits Webstuhl-Verleiher und Wucherer mit skrupellosen Eintreiber-Methoden, andererseits ein intelligenter Analytiker und Gestalter der Realität. Er verbindet den bäuerlichen Realismus seines Herkunfts-Bereiches, des Mugello-Tales, mit dem Interesse an der eigenen Wirklichkeit, das die Volksbewegung entwickelt. Seine Kunst ist auch ein Ausdruck enger Stadt-Land-Beziehungen.

Nicht ein neuer Stil, Mode oder Manier durchbrechen das alte, vom byzantinischen Hof beeinflußte Gefüge des bildnerischen Darstellens, sondern neue Interessen und – daraus hervorgehend – eine neue Methode der genauen Beobachtung der Umwelt. Diese Erfahrungsweise entdeckt: Körper haben ihre Größe – daher malt Giotto sie fast lebensgroß; sie besitzen

Links oben: Duccio di Buoninsegna, (1308; Dom-Museum, Siena). Links Mitte: Margarito d'Arezzo, (13. Jh.; S. Francesco in Arezzo). Baum-Kreuz (13. Jh.; S. Margherita in Cortona). Links unten: Nicola Pisano (1625; Kanzelfuß im Dom zu Siena). Giovanni Pisano, (1302; Kanzelfuß im Dom zu Pisa). Unten: Giotto (nach 1317; Bardi-Kapelle in Santa Croce, Florenz).

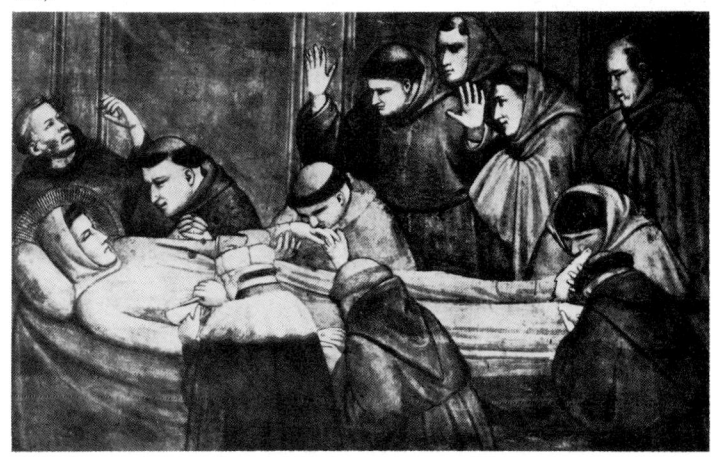

Schwere; der Atem lenkt sie, er bewegt die Glieder im Zusammenhang; die Bewegungen erhalten Freiheit; die Menschen entfalten eine Vielfalt von Gefühlen; sie handeln sowohl individuell unterschiedlich, jeder mit eigenen Gesten, wie auch im sozialen Zusammenhang mit anderen Menschen. Beides läßt sich im toskanischen Alltag gut beobachten.

Giotto ist im Grunde Anthropologe und Psychologe. Diese intensive Beobachtung der Realität leitet ihn dazu an, der beste Regisseur zu werden, den es bis dahin in der Kunst gab (Peruzzi-Kapelle, um 1220/28 und Bardi-Kapelle, beide in Santa Croce in Florenz). Seine dramaturgisch brillanten Szenen finden »hier und jetzt« statt. Aus diesen Aktionen entwickelt Giotto ein sie verbindendes und ihnen zugleich Entfaltungsfreiheit gebendes räumliches Gewebe.

Der Maler Giotto ist in der Lage, die erste Architektur zu schaffen, die an die Stelle einer naiven, ungefähren menschlichen Dimension eine genaue und ausdrücklich sichtbare setzt: in den beiden unteren Geschossen des Campanile in Florenz (1334).

Ähnlich wie Giotto arbeitet der Bildhauer Andrea Pisano (Südportal des Baptisteriums, 1318; Reliefs am Campanile, 1340; beide in Florenz, 1340).

»Giotto in der Plastik« (Robert Ortel): Andrea Pisanos Südportal des Baptisteriums in Florenz (Ausschnitt, um 1330). Besuch im Gefängnis.

Eine reiche Jagd-Gesellschaft entdeckt die Leichen des Massensterbens (Francesco Traini, 1360; Campo Santo in Pisa).

DIE VIELSCHICHTIGKEIT DES 14. JAHRHUNDERTS

Geschichte verläuft nicht linear, sondern in unterschiedlichen Strömen, vor allem dort, wo es soviele Widersprüche in der Gesellschaft gibt wie in der Toskana. In der Zeit nach Giotto sehen viele Bilder so aus, als hätten ihre Maler seine scharfblickende Methode nicht wahrgenommen oder sogar abgelehnt. Selbst der Campanile in Florenz wird nach 1334 nach älteren Vorstellungen weitergebaut. Die Komplexität Giottos besitzt im 14. Jahrhundert niemand.

In dieser von Krisen und Konflikten geschüttelten Zeitspanne entwickeln sich unterschiedliche Realismen. Einen einzigartigen sozialdokumentarischen Realismus entfaltet Ambrogio Lorenzetti in seiner genauen Schilderung von Stadt und Umland von Siena (Rathaus, 1338). Entsetzen erregt der Realismus der Pest-Darstellung im Umgang des Friedhofes (Campo Santo) in Pisa (1360 von Francesco Traini).

232 / 234

209

Die größte Wirkung hat Giottos Dramaturgie. Denn: uralt ist der Spaß am Erzählen; vom gesprochenen Wort wird er in die visuelle Ebene übertragen (Spinello Aretino, rechte Chor-Kapelle in San Francesco in Arezzo, um 1400 und Papst-Geschichten im Rathaus von Siena, 1407).

Daneben greifen viele Maler, vor allem in Krisen wie den Pest-Zeiten, verstärkt auf frühere Erfahrungen zurück, die weitgehend an den Glauben appellieren (Andrea da Firenze, Kapitelsaal der Dominikaner [»Spanische Kapelle«] in Santa Maria Novella in Florenz, 1365 vollendet).

SCHICHTEN DER BILDER

In der ersten Ebene werden in den meisten Bildern Geschichten der Bibel und der Heiligen, oft der »Legende aurea«, erzählt. Diese Ikonologie ist von Malta bis Irland verständlich.

Madonnen
(1) Guido da Siena? (2. H. 13. Jh.; Pinac. Naz. Siena); (2) Duccio di Buoninsegna (1278–1318; Pinac. Naz. Siena); (3) Gregorio di Cecco (Dom-Museum Siena); (4) A. Lorenzetti (1319–1348; Pal. Arcivescovile, Siena); (6) Hochzeit d. hl. Katharina (14. Jh.; Pinac. Siena); (7) A. della Robbia (1437–1528; S. Maria Assunta in Stia); (8) L. della Robbia (1463; Orsanmichele Florenz); (9) L. da Vinci (Privatbesitz N.Y.); (11) Raffael, Madonna della Seggiola (um 1515; Galleria Pitti Florenz); (12) Raffael: Madonna del Cardellino (1506; Uffizien, Florenz); (14) Briefmarke: Raffael, Sixtinische Madonna (um 1513; Dresden).

171

Innerhalb dieser religiösen Sprache, die vor der Säkularisierung im 19. Jahrhundert selbstverständlich war, auch für Veränderungsbewegungen, finden wir eine zweite Ebene: in sie gehen – zunächst unbewußt, dann bereichsweise immer bewußter – die Schichten der alltäglichen kulturellen Erfahrungen ein und finden hier immer mehr ihren Ausdruck. In die christliche Bilderwelt wird der Alltag eingespiegelt – schiebt sich langsam immer weiter ein, bis er dominiert. Aber: er verdrängt die christliche Bilderwelt so gut wie nie.*

Der für uns – nach der Säkularisation – schwer auffindbare Schlüssel zum Lesen der Bilder ist also weder ein rein religiöser, noch ein rein säkularer, sondern das Bezugsgefüge der beiden Ebenen. Diese Mehrschichtigkeit entspricht der besten Seite der christlichen Religion, die seit jeher eine aufklärende, rationale, Natur und Menschen genau beobachtende Ebene besitzt und sich in dieser Weise auf dem Hintergrund kulturspezifischer Erfahrungen als eine typisch italienisch geprägte Religion herausstellt. Bis heute ist diese Art des Lesens ein Bestandteil der toskanischen Kultur – auch in der Linken.

Die Madonna ist zugleich die Mutter Gottes und die eigene Mutter, Schwester, Nachbarin, junge Frau, Freundin, Geliebte. Die Zeitgenossen wissen und haben keine Schwierigkeit zu akzeptieren, daß Raffael seine Madonnen nach dem Bild seiner Freundinnen malte. In vielen Heiligen darf man auch die Personen der Piazza sehen, etwa bei Piero della Francesca, der in Sansepolcro lebte. Nichts wird ausgeschlossen. Man integriert. Die Bewußtseinsweise erklärt der Dom-Kapitular Pietro Lazzarini in Lucca: »Das Heidnische in seinen vielen Formen, bei den Bauern und in der Stadt, wurde nie zerstört, sondern immer getauft.«

Die historischen politisch-religiösen Bewegungen demokratischer Orientierung radikalisieren dies eher noch. Franz von Assisi erklärt sich selbst zum Jesus – in dem Sinne wie die Bibel davon spricht, daß man Gott in seinen Mitmenschen findet. Der gekreuzigte Jesus wird zum »povero Christo« – zum Sinnbild der geschundenen Kreatur, des armen Menschen (Giunto Pisano, Museo di San Matteo in Pisa, um 1250).

Diese Weise der Integration hat nicht etwa verhindert, sondern vielmehr gefördert, daß genaues kritisches Wissen darüber entstand, wie die Erde aussieht – aber auch wie die Religion von der Macht-Kirche in ihrer Erkenntnismöglichkeit blockiert und instrumentalisierend benutzt wurde. Franz von Assisi und die sozialen Bewegungen der Minderbrüder, vor allem die spiritualistische Strömung der Franziskaner, die in der Toskana stark ist, sind unorthodoxe, öffnende Bewegungen. Umberto Eco hat dies in seinem Buch »Der Name der Rose« genauer untersucht.

Ebenso aufnahmefähig für weitere Schichten ist die antike Götterwelt, die im 15. Jahrhundert als symbolische Ebene, sublimierend, als Vergleich und zur Rollen-Projektion benutzt wird – zuerst in der Ebene des Erotischen. Botticellis Venus (Uffizien in Florenz, um 1485) ist eine stadtbekannte schöne Frau, die Simonetta Vespucci, ein Idol, für das viele schwärmen. Sie stirbt an Tuberkulose. Ihr Bild wird in Darstellungen, die nach ihrem Tod angefertigt sind, lebendig gehalten – wie das einer Heiligen. Auf den Gedanken, die schöne Frau, die Venus und die Heilige unüberbrückbar zu trennen, kann erst die spätere nordeuropäische Säkularisation kommen. Diese Ideologie stößt in der Toskana bis heute auf Zurückhaltung.

---

* Rund 85 % aller Bilder besitzen eine religiöse Ebene. Von den anderen sind mehr als die Häfte Porträts. Erst nach 1530 steigt der Anteil der rein weltlichen Bilder (Peter Burke).

»Geschichten aus dem Leben« (Lorenzo Ghiberti, 1425; Detail vom Ostportal des Baptisterium in Florenz)

Giotto stellt die weltlichen Figuren nicht mehr in klassischen Gewändern dar, sondern in zeitgenössischen. Masaccio gibt rund 100 Jahre später den Figuren der Apostel und der »Legenda aurea« (Santa Maria del Carmine in Florenz, 1424/28), wie man vermuten darf, die Züge zeitgenössischer Figuren, eingeschlossen wohl sein Selbstbildnis. Und er stellt sie in einer Umgebung dar, vor Landschaften, Plätzen und Straßen, die uns geradezu identifizierbar erscheinen. Bei Giotto häufen sich die Ansichten im Profil und Schrägprofil, die aus der Wahrnehmung und Präsentation des Alltags stammen.

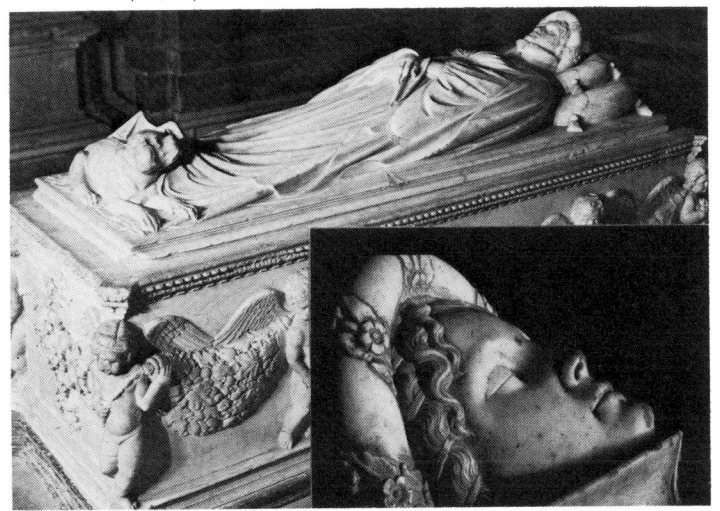

Atem des Schlafes (Jacopo della Quercia, 1408; Dom Lucca).

Die Ausformulierung des Menschlichen

Lange Zeit werden fortschrittliche Erkenntnisse in eher naiver Weise weitergegeben: als einfache Erzählung, wenig ausformuliert, nicht genauer erforscht. Erst um 1400 entwickelt sich der Realismus der Volksbewegung ein weiteres Mal: parallel zum avantgardistischen Architekten Filippo Brunelleschi, artikuliert ihn Lorenzo Ghiberti (1378–1455) in der Bildhauerei (Nord- und Ost-Portal am Baptisterium in Florenz, 1401 und 1425). Der Sieneser Jacopo della Quercia stellt in intensiver Weise Lebendigkeit dar: den Atem einer schlafenden jungen Frau (Ilaria im Dom von Lucca, 1408). Donatello (1386–1466) drückt eine weitere Erfahrung der Piazza sichtbar aus: den »aufrechten Gang« (San Giorgio am Orsanmichele in Florenz, 1416; Bronze-David im Bargello-Museum in Florenz, um 1455).

Diese Künstler erarbeiten Grundformen unseres heutigen realistisch orientierten Bewußtseins. Piero della Francesca (um 1420–1492) beobachtet im Auferstehungsbild im Ratssaal von Sansepolcro (Museo civico, um 1442) die Schwere der Körper; und die Energie, die sie aufrichtet; die Bewegungen aus dem zentralen Atemstrom – man kann es an sich selbst ausprobieren: ein wohltuendes freies Gefühl, aufrecht zu stehen, aufrecht zu gehen, in seiner Umgebung souverän zu sein, ihr nicht mehr wie im Mittelalter ausgeliefert, klein, umschlungen, winzig zu sein, sondern ein Mensch, der etwas vor sich und den anderen gilt. Keineswegs aufdringlich, nicht überheblich. Der Mann vor uns, Christus auch als Mensch, ist kein Held – jeder könnte an seiner Stelle stehen.

Aufrechter Gang: San Marco (Donatello, 1411, Orsanmichele Florenz), San Filippo (Nanni di Banco, um 1412), David (Donatello, um 1430, Bargello-Museum Florenz).

Der Maler Piero della Francesca als Aufklärer. Ein Bild im früheren Ratsaal von Sansepolcro (Museo Civico, um 1442). Piero war dort mehrfach Abgeordneter der Volksbewegung. Vielschichtigkeit: Christliches und ein geradezu sozialwissenschaftliches Studium der Alltagswelt. Egon Erwin Kisch: »Nichts ist verblüffender als die einfache Wahrheit, nichts exotischer als unsere Umwelt, nichts ist phantasievoller als die Sachlichkeit.«

Die Perspektive als Kommunikation

Giottos Dramaturgie wird weiterentwickelt. Jacopo della Quercia zeigt in einem Altar (San Frediano in Lucca, 1416) kleine Gruppen, die selbständig sind und zugleich zueinander in Spannung stehen (kontrapostisches Prinzip) – also eine differenzierte Handlungsfolge. Dies konnte der Bildhauer im Alltagsleben auf der Piazza genauer untersuchen.

Ebenso wie Ghiberti untersucht Donatello, weit über Giotto hinausgehend, wie Ereignisse sich quer durch eine Vielzahl von Räumen abspielen: welche Bezüge es zwischen den einzelnen Szenen gibt (Relief im Baptisterium von Siena, um 1423). Eine Recherche differenzierter Zusammenhänge von Personen und Ereignissen. Sie wird zu immer größerer Schärfe vorgetrieben. Das Ergebnis: eine wachsende Genauigkeit der Darstellung.

Die Erkenntnisse werden oft als System der Perspektive bezeichnet. Was dies im 15. Jahrhundert, in dem die Grundlagen unseres Bewußtseins entstanden, wirklich bedeutete, ist nicht leicht verstehbar. Denn später veränderte es sich mehrmals erheblich. Was wir heute beim Gedanken an Raum und Perspektive für selbstverständlich halten, ist eine Wahrnehmungsweise, die erst sehr viel später für die Zwecke der Industrie geschaffen und verallgemeinert wurde.

124   Vor der Industrialisierung wird Raum nicht als geometrisches, abstraktes, neutrales Kontinuum verstanden, in dem jede Stelle gleichwertig ist.* (Übrigens auch Zeit nicht als eine Addition gleicher Einheiten.) Raum ist viel mehr: erstens die sozial besetzte Stelle, der gelebte Raum, die spezifische Atmosphäre: und zweitens ist Raum der jeweils konkrete, besondere Bezug zwischen Figuren; und zwischen Ereignissen. Ähnlich ist Zeit jeweils spezifisch: sie steht still oder ist reißend – man erinnere sich an die Unterschiedlichkeit der Tempi etwa in klassischer Musik, die diese Inhaltlichkeit der Zeit gut ausdrückt.

Perspektive ist keine Mechanik, wie sie später mißdeutet wurde, sondern ein Mittel, um – je nach Situation – Kommunikation herzustellen. Das wird besonders in Piero della Francescas schon genanntem Auferstehungsbild deutlich: die Gestalten befinden sich nicht mehr – wie in Bildern mit Goldgrund – irgendwo; sie werden nicht mehr einfach durch Bögen oder Rahmen zusammengehalten, sondern: hier stehst du und da stehen sie – genau wie auf der Straße. Nun lassen sich Nähe, Intimität, Beieinander, Entfernung, die näherkommende Bewegung genauer ausdrücken. Eine neue Dimension des konkreten Lebens ist gewonnen: das »hier«.

Mit diesem »hier« ist auch die differenzierte Zeit verbunden: das »jetzt«, das heißt: der genaue, geprägte Augenblick. Nähe und Ferne werden nicht abstrakt, nicht mechanisch beschrieben, sondern als Bezüge, als Zugänglichkeit, als Verständigung – bestimmt von Kriterien der Bedeutung.**

Die Architektur Brunelleschis und die Darstellungsweise der Perspektive in Bildern, an deren Entwicklung Brunelleschi maßgeblich beteiligt ist (um 1410), entfalten sich parallel. Sie haben gemeinsame Probleme. In beiden geht es darum, Beziehungen herauszufinden und gestaltend zu setzen.

---

* Homogener Raum entsteht durch Entkörperlichung des Benutzers (es scheint ihn nicht oder nur als Zutat zu geben). Durch Auflösung des Hier. Durch Dezentrierung. Es ist Raum ohne Eigenschaften. Ohne Spezifik. Der Regreß des Raumes – oft zum monotonen Behälter.

** Alberti: »Bewegungen der Seele erkennt man an Bewegungen des Körpers... Es gibt Bewegungen der Seele, Affektionen genannt, wie Kummer, Freude, Furcht, Sehnsucht und andere. Es gibt Bewegungen des Körpers: Wachsen, Schrumpfen, Siechtum, Besserung und Fortbewegung. Wir Maler, die wir die Bewegungen der Seele mit Hilfe der Körperteile darstellen wollen, bedienen uns hierzu nur der Fortbewegung von Ort zu Ort« (»Über die Malerei«, 1436).

Perspektive als Aufforderung zur Kommunikation. Trinitätsfresko von Masaccio (1425/27, Santa Maria Novella in Florenz).

Einen gemeinsamen Boden für jedes individuell Ausgeprägte zu schaffen. Die Perspektive ist die Intensivierung des Gewebes der kommunikativen Struktur.

Die Perspektive ist eine Wahrnehmungsweise, die konkrete Bezüge untersucht und ordnet, vor allem die Bezüge zu uns. Als die Kunst immer mehr zur Erfahrung der Welt wird, kann sich der Graben zwischen der sichtbaren Realität des Bildes und dem Betrachter einebnen – beide werden dadurch in angstfreier, kontrollierbarer Weise einander zugänglich. So ist die Perspektive eine Weise intensiver Kommunikation. Francesco di Giorgio Martini spricht um 1482 von Bindungen (vincoli) und Brücke (ponte).

Ein Beispiel: Masaccio ordnet im Dreifaltigkeitsbild in Santa Maria Novella in Florenz (1427) den Betrachter nicht mechanisch abstrakt dem Geschehen zu, sondern – und das zeigt, wie man Perspektive des 15. Jahrhunderts verstehen muß – er bedeutet ihm, sich in intime Nähe zu den Personen zu begeben. Man kann es vor dem Bild körperlich nachvollziehen. Fragt man (wie es die Methode des Autors ist) nach einer ähnlichen Erfahrung in Alltagssituationen, dann findet man, daß es genau die Nähe ist, die man in den Familien und auf der Piazza erfährt. Perspektive heißt hier also: einbezogen sein.

Piero della Francesca, der als einer der wichtigen Praktiker und Theoretiker des neuen Darstellungsverfahrens gilt, malt sein erwähntes Auferstehungsbild im Ratssaal in Sansepolcro so, daß wir in die Mitte des Raumes, rund sieben Meter entfernt, gebeten werden. Wir erleben das Geschehen wie auf einer Piazza – weniger als Zuschauer denn jetzt auch als Teilnehmer der Handlung. Durch die neue Darstellungsmethode erhält nämlich das Dabeisein eine besondere Intensität.

Sie ist zugleich eine Steigerung der alltäglichen Erfahrung. Das Bild schafft dem Anwesenden einen Raum besonderer Art – auch im Zusammenspiel mit der Architektur des Ratssaales, die seinen Atem-Raum symbolisiert: im Bildbezug kann er sich ganz ähnlich souverän fühlen wie der Mann in Pieros Malerei – frei und aufrecht stehend zu ihm gewendet, wie auf einem Platz.

Jetzt wird auch deutlich, daß der aufrecht stehende Mann in Pieros Bild nicht mehr wie in mittelalterlichen Darstellungen irgendwohin schaut, auch nicht unterwerfend nach unten starrt, sondern daß sein Blick in den konkreten Raum geht: er schaut den Ratsmitgliedern und uns erwartungsvoll entgegen; er fragt; er fordert zu einer Reaktion heraus – zu einem aktiven, selbstbewußten Verhalten jedes Anwesenden.

Diese Wirkungen des Bildes liegen weithin in der vorbegrifflichen Ebene. Auch die Reaktionen, die Antworten werden in dieser Schicht gegeben.

Die Gesten der Figuren sind in hohem Maße kommunikativ strukturiert: sie sind deutlich – wie die italienisch-toskanische Sprache, klar, präzis, gut artikuliert, hervorragend verständlich – immer für die Öffentlichkeit gesprochen, etwa auch für Anwesende in einiger Entfernung.

Um die Bezüge zwischen Menschen, Objekten und Räumen noch genauer als je zuvor erfassen und darstellen zu können, entwickelt Piero das Hilfsmittel Perspektive weiter. Es ist der Kaufmannsgeist seiner Stadt, der ihn dazu führt, zu vermessen und zu berechnen – am Ende seines Lebens verfaßt er sogar eine Rechen-Schule für Kaufleute.* Die mathematische Beweisführung ist eine logisch-erfahrungsgemäße, noch keine der späteren Naturwissenschaft. Piero versucht zu klären, zu klären, zu klären. Er will für die Wahrnehmung und die Bezüge – die Kommunikation – Sicherheit gewinnen. Besonders problematische Bereiche versucht er sich begrifflich zu erschließen, daher verfaßt er theoretische Schriften (»De prospectiva pingendi«, um 1480).

---

* Zum Beispiel erklärt Piero, wie Fässer berechnet werden können. Den Einfluß des Messens der Kaufleute, die über die Fähigkeit der Proportionierung verfügen müssen, als Vorstrukturierung der Wahrnehmung, hat Michael Baxandall untersucht (1984, S. 112/37). Die Ebene der Zahlen ist im 15. Jahrhundert immer auf Konkretes bezogen; die Maße sind Körpermaße – im Unterschied zur abstrakten, rein auf Rechnung beruhenden Konzeption von Zahl und Maß, die in der Industrie-Kultur entwickelt wird.

Je nachdem, was ausgedrückt werden soll, wechselt die Konstruktion der Zusammenhänge, das heißt der Perspektive. In Pieros Auferstehungsbild gibt es eine Perspektive für die gemalte Architektur: sie richtet sich an den vom (ehemaligen) Portal Eintretenden, nimmt mit ihm Kontakt auf. Und eine zweite Perspektive im Bild: sie wendet sich an die Menschen in der Mitte des Saales. Zwei Bezugsrichtungen findet man auch in Pieros Fresken in San Francesco in Arezzo (1459). Auch Paolo Uccello benutzt im Reiterbild im Dom in Florenz (1436) solche unterschiedlichen Orientierungen. Das Bezugsgefüge des 15. Jahrhunderts, das wir Perspektive nennen, hat Regeln, die sich auf konkrete Inhalte des Bildes oder des Wahrnehmenden beziehen. Später verselbständigen sich die Regeln zur reinen Technik und erstarren.

UNERBITTLICHE REALITÄTSERFAHRUNG

Ein weiteres wichtiges Ereignis in der Malerei: Masaccio (1401–1428), ein junger wilder Bursche aus San Giovanni Valdarno, malt im Weber-Viertel San Frediano in Florenz, finanziert vom Seiden-Kaufmann Felice Brancacci, einem Medici-Gegner, Menschen und Alltag in bisher ungekannter Drastik (Carmine-Kirche, 1424/28, mit Masolino). Offensichtlich ist Masaccio ein Anhänger der Volksbewegung und orientiert sich am einfachen Volk. Nie zuvor hatte ein toskanischer Maler christliche Ikonografie und Zeitgeschichte stärker verbunden. Masaccio ist politisch hochinteressiert: er malt

Links: Magdalena (Donatello, um 1450, Baptisterium in Florenz). Rechts: Petrus verteilt die Gemeinschaftsgüter (Masaccio, 1427; Carmine-Kirche in Florenz). Szene aus dem Weber-Viertel S. Frediano vor einem Betriebsgebäude.

die Güterverteilung der Apostel-Geschichte wohl als Beitrag innerhalb der Konflikte um die Durchsetzung des Katasters, des Grundbuches in Florenz (1427) – einer demokratischen Errungenschaft, die Besitz genauer beschreibt, damit niemand mehr willkürlich besteuert wird.

Als Masaccio mitten in der Arbeit mit 27 Jahren stirbt, hat er eine weitere der großen Herausforderungen für die Bewußtseinsformen geleistet, die Grundlage entwickelten Denkens sind: ein Studium der Realität, auf Straße und Platz, das vor nichts haltmacht – der Blick richtet sich gleichermaßen auf Arme wie Reiche, auf Großes und Kleines, Schönes und Häßliches. Cristoforo Landino (1481): Masaccio war »der beste Nachahmer der Natur... (unverstellt) rein, ohne Schmuck, denn er widmete sich ausschließlich der Wahrnehmung des Wahren.«

42 Diese Breite und Unerbittlichkeit der menschlichen Erfahrung, oft fälschlich Individualität genannt, führt beim altgewordenen Donatello zur Statue der Maddalena (Dom-Museum in Florenz, 1455), die auch die Hinfälligkeit des Menschen zeigt, und zu den Kanzel-Reliefs in San Lorenzo (Florenz, um 1460). Brunelleschi kritisiert Donatellos Kruzifix in Santa Croce (Florenz, um 1420) als »zu bäurisch.«

256/ Piero della Francesca setzt sich über ein Tabu hinweg: er malt eine Madonna als schwangere Frau (1460), wohl zu Ehren seiner Mutter, ohne
258 Auftrag, in der Friedhofskapelle in Monterchi, dem Ort aus dem sie stammte.

Ortsspezifische Realität

Um die Mitte des 15. Jahrhunderts entwickelt Piero della Francesca den genauen Blick für die ortsspezifische Umwelt, in der er lebt. Seine Bilder
256 zeigen Landschaften des oberen Tiber-Tales um Sansepolcro sowie Umgebung, Stadtansicht und den Platz vor San Francesco in Arezzo (Fresken in
247 San Francesco in Arezzo, 1459). Im Hintergrund des Auferstehungsbildes
177 in Sansepolcro: die Umgebung, wie man sie in Richtung Montagna oder Cesena im Appennin findet – die Steineichen, das Spektrum der spröden Erdfarben, der Randbewuchs der Felder, die abgewaschenen Flächen, die Verkarstung, ein Problem, das heute noch existiert. Historisch arbeitende Agrarsoziologen könnten das Bild als Dokument für Pieros Zeit benutzen.

Außerordentlich genau wird die Beobachtung auch im Hinblick auf die Atmosphäre: wir finden bei Piero und in vielen Bildern anderer Maler (Fra
299 Bartolomeo im Dom zu Lucca, 1509) die Erfahrung des frühen Morgens vor Aufgang der Sonne, etwa zwischen 4 und 5 Uhr, wieder – damals stehen alle Leute um diese Zeit auf. Ein Zustand zwischen Schlaf und Wachheit, gereinigt, noch nicht aktiv, aber aufnahmefähig, sensibel für die Außenwelt. Licht und Farben sind gleichmäßig, weich, fein nuanciert. Die aufkeimende Helle weckt Vertrauen und Hoffnung.

Psychologische Erfahrung

In der kommunikativen Struktur des Alltags entwickelt sich die Aufmerksamkeit für den Ausdruck anderer Menschen. In der Fülle der täglichen Herausforderungen lernen alle, ihre Gesten deutlich auszuprägen. Empfindungen und geistige Bewegungen drücken sich körperlich aus. Das wird für

Links: Schmerz und Anteilnahme (Arnolfo di Cambio, um 1300). Rechts: Zuwendung (unbekannter Autor, um 1480; S. Giovanni Fuorcivitas in Pistoia).

andere verständlich, wenn kollektive Absprachen (Konventionen) zugrunde liegen.*

Wenn die Gesten genau der Welt der Zuschauer entstammen, genügt die Andeutung. So entsteht die knappe, oft winzige, oft nur angedeutete Geste – der genaue und dadurch sparsame Einsatz der Mittel. Aus diesem Grund wirkt die Geste bereits im Alltag geradezu symbolisch. Geübt sich auszudrücken, verliert die Geste alle Anstrengung, wird leicht und wirkt dadurch souverän.**

Symbolik und Leichtigkeit läßt das Gesehene oft wie zwischen Traum und Tag erscheinen.

Für den menschlichen Ausdruck entwickeln Künstler einen besonders geschärften, geradezu wissenschaftlichen Blick. Und umgekehrt werden die künstlerischen Gestaltungen von einer breiten Bevölkerung bewundert, etwa Figuren am Orsanmichele in Florenz (wie der Zeitgenosse Luca Landucci berichtet). Alltagsstrukturen und -fähigkeiten stellen sich in der Kunst dar – wie in einem Spiegel findet man das Selbstverständliche nicht mehr selbstverständlich. Man findet auch sich selbst: gegenübergestellt. In einer genaueren, deutlicheren Seinsweise. Die »Macht« der visuellen (wie auch musikalischen und verbalen) Sprache beruht auf dem »Prozeß der Aufhellung, des Transparentmachens, die zu vertieftem Bewußtsein und damit zu größerer Teilhabe am Erkannten führt.

So entsteht der geradezu wissenschaftliche Blick vieler Künstler: sie sind ein bißchen Anatom, Mathematiker, Soziologe, Psychologe – etwas von allem. (In einer anderen Sprechweise als heute.) Sie beobachten genau das Aussehen der Haut, Ausdruck, Gesten – man kann es selbst auf der Straße überprüfen: wenn Leute da stehen, miteinander reden, flanieren. Piero della

---

* Baxandall (1984, 69/75) hat durch den Vergleich mit Predigten nachgewiesen, daß die Darstellungen des Dialoges (discorso) zwischen dem Engel und der Maria ein Spektrum an gestischer Ansprache und Reaktion zeigen – reflektiert gestaltet.

** Auf diesem Hintergrund wird der Stellenwert der Rhetorik in der Schulausbildung verständlich, wo dies verfeinert und intensiviert wird. – Mit Gestik setzt sich besonders das Ballett auseinander.

Oben rechts: Piero della Francesca, San Giuliano (um 1460; Museo Civico in Sansepolcro).
Unten links: Donatello oder Desiderio da Settignano, San Lorenzo (Alte Sakristei San Lorenzo in Florenz).

Francesca studiert die unterschiedlichen Erscheinungsweisen des Schlafens. Die Künstler verstehen sich zugleich als Wissenschaftler und Darsteller.

Den genau beobachteten Alltag findet man bei Piero auch in einem Bild eines jungen Mannes wieder (San Giuliano, Museo Civico in Sansepolcro, um 1460). Ähnlich kann man in dieser Gegend auch heute noch in der Mittagsstille Männer sehen, die auf der Straße zurückhaltend und unbewegt schauen: mit scharfen, aufmerksamen und beweglichen Augen.

Auf dem Stand eines hochentwickelten Bewußtseins, durch analytische

Beobachtung gewonnen, beruht die Synthese, die der Bildhauer Andrea Verrocchio (1435–1488) in zwei Bronze-Figuren am Orsanmichele in Florenz (1483) präsentiert. Er greift zwei Themen auf, die im Alltag eine große Rolle spielen: erstens die Beziehung zwischen zwei Personen, das heißt ihre Kommunikation; und zweitens ihre Bewegung, wenn sie sich auf der Straße treffen. Das Figuren-Muster drückt einen intensiven Bezug aus – ähnlich wie im Tanz oder Ballett.

Kommunikation und Bewegung (Andrea Verrocchio, 1483; Orsanmichele in Florenz).

CHARAKTERE DER VISUELLEN SPRACHE

Die Erfahrungen prägen die Ausdrucksweise – sowohl die gestische wie die nichtverbale, visuelle Sprache des Malers, die musikalische Sprache und die verbale des Schreibenden. »Mit der Weitergabe der Sprache von den Eltern, Lehrern, der Piazza an die Kinder werden Erfahrungen, Verarbeitungsweisen und Ausdrucksweisen übergeben.«

Was bedeuten die beiden Charaktere, die wir in den Umrißlinien toskanischer Bilder und Plastiken so gut wie überall finden? Diese nichtverbale Sprechweise zeigt Weiches und zugleich Präzises – ähnlich der gesprochenen Sprache, dem toskanischen Italienisch. Es ist eine seltene, aber typisch toskanische Kombination. Sowohl in der Malerei und Plastik wie auch in der Sprechsprache sieht man, daß es eine gemeinsame und vieles strukturierende Erfahrung und Ausdrucksweise gibt. Sie hat über Jahrhunderte hinweg eine gewisse Kontinuität.

Die Weichheit läßt auf Zuwendung schließen. Die Präzision ist Ausdruck eines entwickelten Realitätssinnes und der Fähigkeit zu großer Genauigkeit.

Diese zwei aneinander gebundenen nichtverbalen Charaktere drücken sich auch in dem Anspruch aus, den Francesco Lancelotti (1508) an die

Maler formuliert: sie sollen das »Liebliche« (dolce) mit dem »Stolzen« (fiero, im Sinne von Selbstbewußtsein und aufrechtem Gang) verbinden. »Weiche Anmut« sagt Giorgio Vasari über Michelangelos David (auf dem Rathaus-Platz in Florenz, 1401).

Darstellung der Verhältnisse

Es gibt ein großes Interesse an umfangreichen Erzählungen in Malerei und Bildhauerkunst, meist in Reliefs – analog zur Sprache. Zu diesen Erzählern mit hoher Komplexität gehören Fra Filippo Lippi (Dom in Prato, 1452) und Benozzo Gozzoli (Sant'Agostino, 1464, und Dom in San Gimignano, 1465, Campo Santo in Pisa, 1474/78). Die umfangreichste Darstellung, aus der wir Lebensverhältnisse ablesen können, geben Domenico Ghirlandaio und seine Mitarbeiter im Chor von Santa Maria Novella in Florenz (1485/90). Der Auftraggeber, Giovanni Tornabuoni, Chef der Medici-Bank in Rom, möchte nicht nur die »Lobpreisung seines Hauses und seiner Familie« sehen, sondern geradezu sein gesamtes Weltbild: »Figuren, Gebäude, Kastelle, Städte, Gebirge, Hügel, Ebenen, Steine, Tiere, Vögel, Wild vielerlei und jeglicher Art...«.

Komplexität und Dramaturgie eines Weltbildes (Domenico Ghirlandaio, 1485/90; S. Maria Novella in Florenz).

Pluralität

Immer gibt es eine Pluralität der Interessen und ihrer Durchsetzungsfähigkeiten: Ober- und Unterströmungen, unterschiedlicher Parteiungen und Erfahrungsebenen. Das 15. Jahrhundert den Medici zuzuordnen, ist Blindheit gegenüber den Tatsachen. John R. Hale hat nachgewiesen, daß die Medici nur eine unter vielen Auftraggeber-Familien waren und sich ihr Finanzierungsinteresse mehr auf wertvollen Schmuck und Bücher als auf Architektur und Bilder richtete. Auch daß ihnen viel Opposition begegnete, subtile, oft unausgesprochene, aber auch offene. Die Mythen ihrer vielen (späteren) Hof-Geschichtsschreiber stehen zur Revision an.

Innerhalb der Pluralität bilden Masaccio, Donatello und Piero della Francesca einen Strom an Erfahrung, Sehweise und Gestaltung. Am stets konservativeren Siena gehen die neuen Erkenntnisse lange Zeit vorbei – man interessiert sich für anderes. Erst zur Jahrhundertwende orientiert man sich mit dem aus Perugia stammenden Pinturicchio (um 1454–1513) in Richtung Florenz (Piccolomini-Bibliothek im Dom zu Siena, 1502).

Volkstümlichkeit

Die Einbettung in die allen verständliche, nachvollziehbare und zugleich geklärte Denk- und Sprachweise der toskanischen Kultur ist in der gesamten Kunst über lange Zeit hinweg sichtbar. Sie wird noch stärker ausformuliert in den Bildern der Familie Della Robbia, die in ihrer Werkstatt in Florenz seit etwa 1450 eine Fülle von Reliefs in glasierter Keramik herstellt. Meist nach einmal entwickelten Formen angefertigt, macht diese Rationalisierung sie weitaus billiger als gemalte Bilder – daher verbreiten sie sich weithin. Es gibt kaum einen Ort, in dem man nicht Reliefs der Della Robbia-Werkstatt findet.

Sie setzen in klarer Zuweisung zu wenigen Personen und stets zu ganzen Flächen einige wenige Farben sparsam zueinander. Weiß und Blau, in reicheren Reliefs auch noch Grün und Gelb – stark entwickelte Gefühle, die mit Genauigkeit kultiviert werden.

Andrea della Robbia (Museo Civico in Sansepolcro).

*Amico Aspertini, der Heilige von Luni,
San Frediano in Lucca.*

Lernen bei flämischen Malern

Piero della Francesca begegnet am Hof des Herzogs von Urbino, der stets für Florenz militärisch engagiert ist, Malern aus Flandern. Sofort stürzt er sich ins Studium der Bewußtseinsweise des in Flandern verbreiteten bürgerlichen Realismus, wie er vor allem in Bildern von Jan van Eyck und Rogier van der Weyden geschätzt wird (so Giovanni Santi, Vater von Raffael). Piero nutzt ihn, um seine eigene Bewußtseinsweise ein weiteres Mal vorwärts zu entwickeln.

Ein großes und weitreichendes Ereignis ist die Aufstellung des aus Brügge geholten, von Tommaso Portinari für die Kirche des Hospitals Santa Maria Nuova in Florenz gemalten Altares von Hugo van der Goes (1475, heute in den Uffizien). An ihm studieren viele Maler Detailreichtum und Genauigkeit der Portraits. In Lucca läßt sich besonders Amigo Aspertini von den Flamen beeinflussen. (Geschichten des Volto Santo in San Frediano, 1506).

Inszenierung

Wenn man Bilder sieht, ist es hilfreich, sich vorzustellen, daß der Maler wie ein Theater-Regisseur arbeitet: in begrenztem Bereich will er das Wichtigste ausbreiten, entwickelt die Szene, wählt aus, kürzt ab und intensiviert durch Symbole und Metaphern. Die Malerei Piero della Francescas arbeitet wie die Literatur, ja wie unser Kopf auch im Alltagsleben: real Erfahrenes wird über Symbole vorgestellt und damit erneut betrachtet – ein Vorgang, der immer auch etwas Traumartiges besitzt. Piero ist einer der besten Regisseure seiner Zeit – besonders in den komplizierten Geschichten in San Francesco in Arezzo (1459). Seine Zeitgenossen verstehen wahrscheinlich sehr gut, diese Bilder zu lesen – wie wir heute Filme.

Piero della Francesca (1459, San Francesco in Arezzo).

Leonardo, Schlacht bei Anghiari (1495; Uffizien Florenz)

WISSENSCHAFT UND POESIE

Die vielseitigste Figur der toskanischen Kultur ist Leonardo da Vinci (1452–1519). Mit dem Selbstbewußtsein, das seinen historischen Boden in der Toskana hat, setzt er sich über alle Autoritäten, Orthodoxien und Dogmatik hinweg. Das eigene Urteil hatte schon für Dante eine entscheidende Rolle gespielt. Leonardo vertraut, gewachsen aus handwerklicher Tradition, seiner eigenen Neugierde, die nun, verwurzelt in demokratischer Erfahrungsoffenheit, vor nichts haltmacht.

Er vertraut seiner intensiven und komplexen Erfahrungsfähigkeit und seiner sich methodisch ständig weiterentwickelnden Intelligenz: sie führen ihn dazu, seine wissenschaftlich-künstlerischen Möglichkeiten als ein geradezu enzyklopädisches Unternehmen zu entfalten. Einige Jahre sammelt er für eine Summe des Wissens, eine neue Kosmologie.

Wie viele andere bindet er, ausdrücklich, auch nachlesbar in seinem Tagebuch, die Wissenschaft und die Kunst, die Erkenntnis und die Liebe zusammen. Malerei ist für ihn (Michelangelo formuliert es ähnlich) ein wissenschaftliches Erkenntnis-Mittel: darstellbar ist nur, was untersucht und begriffen ist (Verkündigung, 1475, und Dreikönige in den Uffizien in Florenz, 1481). Den Zusammenhang von Rationalität und Gefühl, von Wissenschaft und Bildpoesie drückt er, in seinem Tagebuch, sinngemäß so aus: Du siehst mehr, wenn du etwas liebst; dann hat dein Erkenntnis-Interesse ein tiefes Motiv – und wenn du davon mehr weißt, liebst du es mehr.

In dieser Weise sind viele toskanische Bilder, besonders gut sichtbar bei Piero della Francesca, zugleich weitreichende Aufklärung und Poesie.

THEORIE

Nicht zufällig wird in der toskanischen Kultur des 15. Jahrhunderts zu gleicher Zeit die räumliche, plastische, bildnerische und die sprachlich-theoretitische Artikulation entwickelt – sie stehen in Zusammenhang. Visuelles und Verbales besitzen zwar unterschiedliche Sprachebenen, aber beide werden – über Experimente, Auseinandersetzungen, Vergleiche – zu größerer Genauigkeit und Tragfähigkeit entwickelt.

So kommt es, daß in der Toskana das erste Buch entsteht, in dem ein Künstler, der Bildhauer und Architekt Lorenzo Ghiberti (1378–1455) – als Eigenerfahrung – sein Interesse am Phänomen des Künstlers ausdrückt (Autobiografie: »Commentarii«, 1445). Und daß in Florenz die ersten erhaltenen Theorien der Malerei entstehen: in Ansätzen Cennino Cénnini »Die Kunst zu malen«, um 1390), ausgeprägt Leon Battista Alberti (»Über die Malerei«, 1436, Brunelleschi gewidmet).

Sprache, begleitender Kommentar und Analyse schließen sich nicht aus, sondern fordern und fördern sich gegenseitig. »Ich wünschte«, schreibt Alberti, »es gäbe da eine Figur, die uns über das Geschehen des Bildes belehrt und unterrichtet...« – eine Art Chor-Figur wie den Festaiuolo in den religiösen Schauspielen in Florenz. Dies ist nicht etwa erwünscht, weil das Publikum dumm wäre, im Gegenteil: es ist eine Konzeption der Aufklärung, immer noch mehr wissen zu wollen. Und die eine Erfahrungsebene mit einer oder mehreren weiteren zu begleiten. Bis heute gehört das sprechend reflektierende Begleiten aller Lebensebenen zur Praxis – es schränkt den Genuß nicht ein, sondern intensiviert ihn, etwa in der Weise, wie es Leonardo da Vinci als Zusammenhang von Erkenntnis und Liebe beschrieb.

Auf der These des reinen Geistes oder bloßer Spontanität basierende Kunst-Theorien, wie sie seit dem 19. Jahrhundert entstanden, haben diese Verbindung von Kunst und Wissenschaft, von Analyse und Synthese, weitgehend verschüttet.

Es ist auch kein Zufall, daß ein außerordentlich vielseitiger und beschäftigter Künstler wie Giorgio Vasari (1511–1574) als erster den Versuch unternimmt, eine gesamte Geschichte der Künstler zu schreiben und damit einen für seine Zeit hochentwickelten theoretischen Anspruch zu verbinden. Diese reflektierende Tätigkeit steht natürlich in Zusammenhang vor allem mit dem Nachdenken über Geschichte und Politik, das in Florenz in der ersten Hälfte des 16. Jahrhunderts besonders entwickelt ist, insbesondere bei den Opponenten des Fürsten-Staates.*

Gegen-Utopien

Ebenfalls ein geradezu wissenschaftlicher Beobachter ist Raffael Sanzio (1483–1520), der im florentinisch beeinflußten Urbino aufwächst, einige Jahre in Florenz lebt (1504–1508) und dort unter anderem 15 Madonnen-Bilder malt (Stieglitz-Madonna in den Uffizien in Florenz, 1506). Von Alltagserfahrungen ausgehend, gibt er ein vielschichtiges Bild der Frau. Meist malt er seine Lebensgefährtinnen. In Zeiten der Krise, Epidemie und Krieg, wie man es im Tagebuch des Luca Landucci eingehend nachlesen kann, sind diese Bilder – ebenso wie viele andere – Gegen-Utopien: keine operettenhaften Illusionen, sondern eine orientierende, sinngebende Sehnsucht und das Vertrauen in Menschen. Sie sind dies in zwei Ebenen: zugleich als Blick in die Realität, deren Sinn erlebbar ist, und als eine Art genauer Traum.

170/
172

---

* Siehe: R. von Albertini: Das florentinische Staatsbewußtsein im Übergang von der Republik zum Prinzipat. Bern 1955.

Komplexe Feinanalyse großfamiliärer Bezüge (Raffael, Canigiani-Madonna, um 1507; München).

Ungleichzeitigkeit des Gleichzeitigen

Es dauert lange Zeiten, bis die Demokratie das Bewußtsein durchdringt. Ältere Vorstellungen laufen lange Zeit nach, vor allem weil sie über psychologisch faszinierende Charaktere und Stimmungen vermittelt werden, von denen man sich ungern trennt, keine Epoche hat Gleichzeitigkeit auf allen Ebenen (was Gramsci deutlich sah). Jede ist vielschichtig – und daher auch nicht mit nivellierenden, stets nach Einheit und linearer Ableitung fragenden, die Sachverhalte verdrängenden Stil-Begriffen faßbar.

Zur intensiven und komplexen Erfahrung sind lange Prozesse des Lernens, des forschenden Experimentierens, der Diskussion notwendig. Den größeren Anteil daran haben gesellschaftliche Lernprozesse, den kleineren, aber sehr wichtigen, die individuellen. Zu den Problemen der Erkenntnis-Gewinnung treten die Probleme des Umsetzens in Darstellungen, die ebenfalls lange Zeiten, Experimente und Dialoge nötig haben. Dies erklärt die wichtigste Ungleichzeitigkeit: erst am Ende der Republik konnte sich die Sensibilisierung für Menschliches am intensivsten und komplexesten ausprägen.

Häufig begegnet uns die Ungleichzeitigkeit des Gleichzeitigen in einer unmittelbar sichtbaren Weise. In den stärker kontrollierten Bereichen vieler künstlerischer Leistungen wird eher konventionell gestaltet, in Übereinstimmung mit dem Auftraggeber, an den weniger kontrollierten Rändern (vor allem in Altar-Aufsätzen) und auch in den feinen Gestaltungsweisen, die sich dem verbalen Zugriff des Auftraggebers entziehen, kann sich das Weiterentwickelte darstellen. Interessante Beispiele dafür: Jacopo della Quercias Altar in San Frediano in Lucca (1422) und Piero della Francescas Misericordia-Altar im Museo Civico in Sansepolcro (1445). Noch stärker wird der Unterschied, wenn man Pieros Altar mit dem Auferstehungsbild (im selben Museum) vergleicht, wo das auftraggebende Stadtparlament, dessen Mitglied der Maler ist, Freiraum für die weitestgehend künstlerische Aufklärung dieser Zeit bietet. Auf tiefgreifende Ungleichzeitigkeit des Gleichzeitigen, auf die Parallelität von Rationalität und Ekstase, Phantastik, Irrationalismus im 16. Jahrhundert wies Frederick Antal hin.

Die Kunst des Fürsten-Staates

Staatsstreich in Florenz (1512). Jetzt lenken die Medici-Fürsten die Kunst aus der demokratischen Öffentlichkeit in den engen, meist unöffentlichen Zirkel der höfischen Gesellschaft und der Kenner (Gründung der Akademie, 1540). Anti-Florenz. Michelangelo in einem Sonett: »Schläft die Gerechtigkeit im Himmel denn, / daß einer für sich nehmen darf, was allen / in gleichem Maße gehört?«

Mit der Fürsten-Herrschaft (Prinzipat) wird nun der Staat, im Gegensatz zur Demokratie, zum Selbstzweck gemacht. Niccolò Macchiavelli formuliert, angesichts der militärischen Tatsachen, die Staats-Ideologie. Nun entsteht ein neues Szenario mit neuen Symbolen. Der absolutistische Staat symbolisiert sich im Bild des Fürsten. Er hebt den Fürsten – wie im Mittelalter – mit Größe, Attributen, Eindrucksgesten und alltagsfremder Atmosphäre hervor. Dadurch degradiert er das Volk und seine Alltagskultur, die nun immer weniger darstellungswürdig werden. Die Staats-Repräsentation bildet Mythen, um die Macht zu verklären. Sie läßt sie in außerirdische Bilder einkleiden. Aus der Kunst des 15. Jahrhunderts wird lediglich die Genauigkeit übernommen.

So entsteht in vielen Bildern eine eigentümliche Mehrschichtigkeit. Einerseits: eine Art Mittelalter, eine Welt, in der Autorität und Glaube die wichtigsten Rollen spielen. Neben die christlichen Figuren treten oft die Geschichten und Gestalten der antiken Götterwelt. Andererseits versucht man die Tradition rationaler Verarbeitung der Umwelt für sich zu reklamieren – aber nur in den Details. Der Herrscher läßt einen monströsen Personen-Kult aufführen – macht sich zu einer Art Gottvater. Der Hofstaat spielt die himmlischen Heerscharen.

Die Kunst erweitert sich zu umfangreichen Inszenierungen dieses höfischen Schauspiels – sie lernt vom Theater. Das ist auch in den Bildern sichtbar, in denen nun Zeit als Folge, als Verknüpfung von Handlungen, die in die Tiefe des Bildes laufen, erlebbar gemacht wird. Zugleich aber reduziert sich die Kunst weithin zum Dekor der Macht. Immer mehr wächst die Bedeutung reiner Farb-, Material- und Ornament-Reize.

Wo die Kunst an die Öffentlichkeit tritt, wird sie zum Mittel, dem Volk die Macht psychisch einzuschleifen, zu verinnerlichen.

Rasch sinkt die künstlerische Qualität, weil die Medici-Fürsten ihr das Wichtigste nahmen: menschliches Maß, Kommunikation, Einfachheit – die Einbettung in die alltägliche Erfahrung. Für den Fürsten-Hof war dies nicht brauchbar. So zerstörten die Medici die eigentümliche Kunst von Florenz und in der Toskana. Die Stadt wird künstlerische Provinz.

Benvenuto Cellini (1500–1571) beschreibt in seiner Autobiografie spannend und genau, wie er zwar zunächst vom Großherzog Cosimo I. den Auftrag zu einer Perseus-Statue erhält, sie jedoch nur unter großen Schwierigkeiten vollenden kann (Rathaus-Loggia in Florenz, 1445) – und in welcher Weise sein mittelmäßiger, aber angepaßter Kollege Baccio Bandinelli (1488–1560) eine Fülle von Aufträgen bekommt: für gigantomane Gestalten (Eingang zum Palazzo Vecchio in Florenz, 1533). Höhepunkt des leeren Monumentalismus ist die Fürsten-Kapelle hinter dem Chor von San Lorenzo in Florenz (1602).

Viele Künstler wandern ebenso ab wie Cellini. Zum Teil zum Papst-Hof in Rom, wo sich viele liberale, aufgeklärt intellektuelle Kardinäle aufhalten und die Inquisition nicht eindringen lassen.

Einige Nachklänge in Florenz: Zweifel, Unruhe, Nachdenklichkeit, Ängste, Ungeheuerliches werden von Malern wie Andrea del Sarto, Jacopo Pontormo, (Certosa di Calluzzo, 1522), Angelo Bronzino und Rosso Fiorentino schaubar gemacht (Bilder in den Uffizien in Florenz).

Giorgio Vasari, Architekt, Maler und Hof-Ideologe, konnte nur noch den Abgesang schreiben: In der Zeit des erkennbaren Verlustes eine Geschichte der Künstler (1550). In der zweiten Auflage seines Buches (1568) vermutete Vasari, der inzwischen durch Erfahrung zunehmend kritischer geworden war, mit typisch toskanischem Realismus: die Fürsten-Verherrlichung habe der Kunst nicht gut getan. Er folgerte: Die Kunst bliebe besser für sich. Der Künstler solle frei sein wie die Intellektuellen. Das war eine frühe Forderung nach Autonomie der Kunst, entstanden aus der absolutismus-kritischen Position des späten Vasari.

Links: Bronzino, Bildnisse Bartolomeo und Lucrezia Panciatichi (um 1540; Uffizien Florenz). Rechts: Benvenuto Cellini, Perseus enthauptet Medea (1545/54; Loggia auf dem Rathaus-Platz in Florenz. An der Hof-Tafel gab es eine Verkleinerung der Statue: aus dem Haupt floß Rotwein, den man als Blut der besiegten Demokraten trank.

Der politische Michelangelo

Ein Künstler, der die Zeitenwende übergreift und eine eigene Antwort gibt, ist Michelangelo Buonarroti (1475–1564). Die Kunstgeschichtsschreibung hat ihn mit Legenden überwuchert, vor allem mit Spekulationen eines Neuplatonismus, und in einer Weise heroisiert, gegen die er sich wohl energisch gewehrt hätte. Er ist in seiner Vielschichtigkeit besonders schwer verständlich. Ebenso wie zur gesamten toskanischen Kunst gelingt die Annäherung nur, wenn man Michelangelo nicht in einem »museé imaginaire« isoliert, sondern ihn in seinem dichten, vielschichtigen Bezugsfeld toskanischer Erfahrungen und Bewußtseinsformen zu verstehen versucht.

Besonders an Michelangelo läßt sich zeigen, daß Alltagskultur und Demokratie mit der toskanischen Kunst in Zusammenhang stehen; daß daraus die Blüte die Kunst im 15. Jahrhundert entsteht. Michelangelo hat eine einfache, fast karge Lebensführung, wie sie für Handwerker von Florenz charakteristisch ist. Die Nacktheit seiner Skulpturen ist auch ein Symbol und Protest gegen den demonstrativen Luxus der Medici-Parteigänger (vergleiche Savonarola) und höfische Überhebung. Michelangelo ist glühender Anhänger des außerordentlich volkstümlichen Demokratie-Predigers Saronarola, gehört zu dessen häufigen Zuhörern, betrauert den Ermordeten als »Martyrer«. Von Rom aus verfolgt er mit anteilnehmenden Briefen die spannende Entwicklung der Demokratie in Florenz.

1501 erhält Michelangelo den seinerzeit wichtigsten öffentlichen Auftrag der Republik: eine Freiheitsstatue für den Platz vor dem Rathaus. Er schafft den David: Symbol des wachsamen, zielgerichteten, angespannten Demokraten – unmittelbar vor dem dramatischen Höhepunkt der Auseinandersetzung mit der gigantischen Macht des Medici-Goliath, des verfassungsfeindlichen Tyrannen. Schon Savonarola hatte das Symbol des David im politischen Sinn benutzt. Beim Transport zum Aufstellungsort werfen die Gegner Steine; die Demokraten feiern den David als großes Ereignis.

Ein zweiter Staatsauftrag: für das neue, größte Parlament aller Zeiten, mit 3000 Mitgliedern, soll Michelangelo eine Wandmalerei der für die Republik wichtigen siegreichen Schlacht bei Cascina gegen Pisa (1364) malen. Nicht zufällig ist das Bild nicht mehr erhalten, bemerkte bereits Goethe.

Michelangelo kennt alle interessanten Leute der Florentiner Volksdemokratie, läßt sie in Briefen öfters grüßen. Seine Verachtung für die Fürsten-Diener kultiviert er zornig bis ans Lebensende: »Die sich früh als der Fürsten Esel auf den Weg machen, kriegen ihre Last bis über den Tod hinaus aufgeladen.« Er entzieht sich bewußt dem Leben am päpstlichen Hof in Rom, wird deswegen angefeindet, stört sich aber nicht daran.

Tief erschüttert ihn der Staatsstreich der Medici (1512). Als die Demokratie 1527 neu ersteht, eilt er nach Florenz, läßt sich ins Parlament und dann in den Verteidigungs-Ausschuß wählen, wird General-Gouverneur und General-Planer für die gesamten Verteidigungsanlagen der Republik. Ehrenamtlich. Er lebt von seinen Ersparnissen (arm ist er nie), schenkt der bedrängten Republik den riesigen Geldbetrag von 1500 Dukaten, wie es nur wenige Reiche tun. In dieser Zeit arbeitet er fast ausschließlich in der Politik.

Nach drei Jahren (1530) stirbt die Freiheit von Florenz durch Verrat. Nach Michelangelo wird gefahndet; auch ihm droht die Hinrichtung; er lebt monatelang versteckt. Da der Sieger, der Medici-Papst Clemente VII., Ruhm und Unsterblichkeit durch Kunst benötigt, verspricht er Michelangelo Begnadigung: wenn er das Medici-Grabmal in San Lorenzo in Florenz vollende. Michelangelo nimmt zähneknirschend an.

Aber er dreht den Auftrag in einer zweideutigen Weise um: so entsteht nach dem ersten Blick auf die geplante Fürsten-Verherrlichung durch den zweiten Blick das Grab der Republik. Gefragt, warum er den Statuen der beiden Herzöge keine Porträt-Ähnlichkeit gab, antwortet er in seiner typisch zweideutigen Sprache (wir finden sie auch in Briefen und Gedichten): In 1000 Jahren weiß keiner, wie sie aussahen. Im Klartext: es sind nichtige Personen. Tatsächlich starren sie leer vor sich hin – der eine ein Schönling, der andere ironisiert aufgeblasen als römischer Kaiser. Michelangelo nennt sie in seinen Briefen nur die »Capitani« (Hauptmänner, im Sinne von Obristen).

Die wirkliche Handlung läuft auf anderer Ebene. Sein glühendes Interesse gilt den vier liegenden größeren Gestalten der Tageszeiten: Tag und Nacht, Morgenröte und Abenddämmerung. Der Zwang des Schicksals drückt sie nieder, aber es arbeitet, gärt in den Körpern. Die männliche Figur des Tages verwandelt sich zur Nacht. Neben ihr grübelt die Nacht, eine weibliche Gestalt, in sich hinein. Der Tag wendet sich mit dem Körper ab –

Michelangelo: Grab der Demokratie. Neue Sakristei von S. Lorenzo in Florenz (1521 begonnen, im wesentlichen nach dem Untergang der Republik 1530 bis 1534, unvollendet). Links die »Nacht«, rechts der »Tag«.

ist es Verachtung? Ein Symbol des unterdrückten Volkes – später oft als Symbol der Rebellion gegen die Sklaverei angesehen.

Als ein Medici-Freund schreibt: Weck die Figuren auf!, antwortet Michelangelo bitter: »Solange Schmach und Schande (das heißt die Diktatur in Florenz) nicht vergehen«, preise er als Glück »nichts zu sehen und nichts zu hören.« Die Morgenröte ist Klage: vom kommenden Tag ist nichts zu erwarten. Außerhalb aller gewohnten Darstellungen: das Kind der Madonna, die zu den Figuren gehört, wendet sich brüsk von der Außenwelt ab.

1534 läßt Michelangelo die Arbeiten in der Kapelle unvollendet liegen – er will Florenz erst wieder betreten, wenn es freier Boden ist. Bezeichnend ist, daß die Medici, trotz des großen Rufes von Michelangelo und des Prestiges, von ihm Werke zu besitzen, die Kapelle sehr lange Zeit so gut wie niemandem zeigen.

Nie kehrt Michelangelo nach Florenz zurück – trotz mehrfacher glänzender Angebote des an ihm stark interessierten Medici-Großherzogs Cosimo I. Er weist sie brüsk von sich, fertigt den eigens geschickten Finanz-Minister an der Haustür ab. Sein Bezugsfeld sind die Florentiner Emigranten. Nach dem Tyrannen-Mord am Medici-Herzog Alessandro (1537) macht er eine vielsagende Skulptur: eine Büste des Brutus (Bargello in Florenz) – zur Ehre des Attentäters Lorenzino, der sich als Brutus bezeichnet hatte. Über Freunde bietet er dem französischen König mehrfach an, er werde ihm auf eigene Kosten ein Reiterdenkmal neben dem Rathaus in Florenz (er schreibt nie Palast) errichten, wenn er Florenz von den Medici befreie. Es hätte den Demokraten Michelangelo sein gesamtes Vermögen gekostet. Leider stirbt Franz I. mitten in den Kriegsvorbereitungen (1546).

Michelangelos Hochschätzung des Menschlichen stammt aus der Demokratie. Unter der Fürsten-Herrschaft, in einem neuen Abschnitt seiner künstlerischen Tätigkeit, erhält sie eine besondere Gestaltung: das Schicksal, symbolisch ausgedrückt im steinschweren Druck, in unsichtbarer Last, preßt die Gestalten nieder; sie lehnen sich auf – ohne Erfolg. Aber sie bewahren auch im Scheitern ihre Würde, das einzig Unzerstörbare. Dies wird auch deutlich in den vier »gefesselten Sklaven« (Accademia in Florenz, um 1530). Unbewußt haben viele Menschen über Jahrhunderte hinweg Michelangelo als Symbol des Widerstandes empfunden: um der Würde des Menschen willen – auch wenn der Widerstand keinen Erfolg haben sollte.*

---

* Weitere Werke Michelangelos in Florenz: Innere Rückwand von San Lorenzo (1518), Biblioteca Laurentiana in San Lorenzo (1524), Genius des Sieges (um 1532; wohl Sieg eines David über einen Aristokraten), Pietà (Dom-Museum, 1550), Pietà di Palestrina (Accademia).

Reiseteil

Die Küste Liguriens
Sand und Marmor-Berge in der Versilia

In der Kette der an der Küste aufgereihten Bade-Orte kann man sich in einer Welt fühlen, die mit der Toskana kaum etwas zu tun hat. Aber man kann sich auch das Hinterland erschliessen, das am Strand als Kulisse allgegenwärtig im Rücken steht. Viele Ausflüge lassen sich gut am Nachmittag unternehmen. Die beste Orientierung über die Gegend erhält man, wenn man über **Pietrasanta**, etwa von **Capezzano** oder **Capriglia**, den weiten Blick genießt.

Der Küsten-Streifen zu unseren Füßen sieht noch im 18. Jahrhundert aus wie die Lagune von Venedig: vor dem Gebirge breitet sich ein weiter See aus. Eine Düne trennt ihn vom Meer. Dort hausen in schilfgedeckten Hütten, deren Dächer bis zum Boden reichen, Fischer- und Jäger-Familien. Die Gebirgsbäche, die ungeheure Mengen von Schotter zu Tal schwemmen, so wie Trockenlegungen schaffen im 19. Jahrhundert die »Frucht-Ebene«. Kanäle regulieren die Feuchtigkeit. Die Malaria, lange Zeit schreckliche Geißel der Küste, verschwindet.

Ein Rest der Lagune ist noch sichtbar: der **Lago di Massaciuccoli**, wo lange Zeit auch Torf gestochen wurde. Als er noch einsam abseits liegt, wählt hier der in Lucca geborene Opern-Komponist Giacomo Puccini (1858–1924) seinen Sommersitz: **Torre del Lago** (Museum, Puccini-Festival). Heute ist der See durch Abwässer vergiftet.

Der Sumpfwald von **Migliarino** zeigt – als geschütztes Natur-Denkmal – die Übergangsphase der Verlandung mit ihrer eigentümlichen Flora und Fauna. Auf der Düne breitet sich ein 500 m tiefer Schirmpinien-Wald aus, der letzte, der seinen einsamen Charakter bewahrt, dank seines kaum durchdringlichen Unterholzes. Die Schirm-Pinie, erst von den Römern eingeführt, liefert seit jeher die von den toskanischen Bäckern geschätzten Pinien-Kerne: Zucker für Feinschmecker. Vor dieser Pineta, auf dem Strand verbrennt Lord Byron die angespülte Leiche seines Freundes Percy Shelly (1792–1822), eines anarchistischen Dichters. Es ist eine heidnische Ausdrucksform der Idee, mit der Natur eins zu sein. Später kämpfen in **Viareggio** Liberale und Katholiken darum, ob der »atheistische Engländer« ein Denkmal erhalten darf.

In der Pineta entlang der Küste pflegen im späten 19. Jahrhundert einige Künstler und reiche Leute die romantische Idee, einsam zu leben. Als die Sorge für die Gesundheit und der Lebensstandard wachsen, entsteht zwischen den beiden Weltkriegen der bürgerliche Massen-Urlaub in der jodhaltigen Luft der Küste. Für die Erschließung der Pineta sorgt Mussolini: er läßt seiner fahrbaren Küsten-Artillerie eine breite Ufer-Straße bauen.

Im trockengelegten Hinterland werden Kleinbauern angesiedelt – aus politischen Gründen; denn der aufkommende Sozialismus läßt es als gefährlich erscheinen, hier große Güter mit Landarbeiter-Dörfern entstehen zu lassen. Die Bauernhäuser mit ihren charakteristischen Außen-Treppen sind in reiche Vegetation eingebettet.

Pietrasanta ist eine Festungsstadt

der Republik Lucca (1242): eine lange gerade Hauptstraße, gesäumt von toskanischen Häusern, ein großer rechteckiger Platz zwischen zwei Militär-Anlagen. Parallel-Straßen mit vielen kleinen Handwerksbetrieben. Über der Stadt eine riesige Festung.

Serpentinenreich führt die Straße nach **Capezzano** durch die Oliven-Kultur: sie verfällt, die unbeschnittenen Bäume wuchern breit aus; alte Leute bearbeiten noch einige Haine, jetzt mit Motor-Mähern. Zwischen sie hat sich die neue Villen-Kultur der Wohlhabenden gesetzt. Weite Ausblicke.

Massa Carrara

Nomen est omen. Alle Brutalismen sind hier beisammen. Die unterschiedlichen Repräsentationsposen haben sich gegenseitig stimuliert. Die rotzigste Form der Herrschaft ist die Rocca, die Burg, hoch oben auf dem Felsen weithin sichtbar.

Auf dem Hauptplatz haben die Herren von Malaspina, was soviel wie »Böser Dorn« bedeutet, einen riesigen Palast (um 1560) errichtet, der die damalige Bevölkerung gewiß das Fürchten lehrte.

Diese Architektur, martialisches Bauen genannt, tritt großspurig auf: sie setzt auf die herkömmlichen Architekturformen, Elemente, die wie grobes Gestein aussehen. Über den Fenstern stehen die Büsten von antiken Herrschern. Aggressiv sind die Farben: tiefrot der Grund, düster-gelblich die Fenster-Fassungen. Möglicherweise stammt dieses Gelb von den Mandarinenbäumen, die rund um den Platz wachsen. Der Innenhof (1665), mit zwei übereinanderstehenden Bogengängen, erweitert sich theaterhaft in die Tiefe, zu einer Grotte, in der merkwürdige Wesen erscheinen: Poseidon – Symbol des nahen Meeres; Männlichkeit in Form von rauschhaft waldgeisterartigen Teufeln (Satyrn); Weiblichkeit – als riesenhaft fremde Wesen. Das Geschehen spiegelt symbolisch das Weltbild der Bauherren/-frauen. Der Blick aus dem Palastportal: ein angesägter Marmorberg.

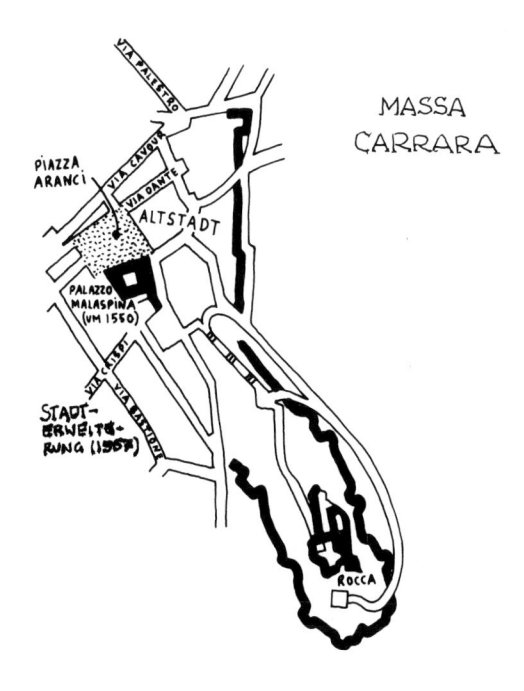

1557 läßt der Stadtherr Alberico I. eine Stadterweiterung im absolutistischen Sinne anlegen: lange, gerade Straßen und Plätze. Südlich des Hauptplatzes wird die absolutistische Geste gesteigert: mit Gebäuden des Großbürgertums des 19. Jahrhunderts, mit Bauten aus der Zeit des Faschismus und schließlich mit einer amerikanisierenden Architektur.

Der Palast versteckt die Altstadt geradezu absichtsvoll. Sie liegt hinter ihm, am Fuß des Berges, früher wie heute von vielen Handwerkern bevölkert. Wir treffen ein lebhaftes Volksleben in gewundenen Straßen und kleinen Höfen – in Kontrast zu den absolutistischen Teilen der Stadt. Eine lange Treppe, von Häusern gesäumt, führt hoch zur Rocca.

Westlich des Ortes eine lange Brücke über dem tief eingeschnittenen Fluß; zu beiden Seiten tags und nachts ein gigantisches Panorama – dorfartige Ansammlungen von Häusern ziehen sich an den Marmorbergen hoch, die bei schlechtem Wetter bis in die Wolken aufsteigen – eine Szene aus einem neorealistischen Film.

und Tritt begegnet man vom Fuß der Berge bis in die Höhen von 1600 Metern der durchgewühlten Erde – den Spuren immenser menschlicher Arbeitstätigkeit.

Die Marmor-Bereiche wurden von den römischen Kaisern erschlossen, als sie für ihre Repräsentation eine ungeheure Fülle wertvoller Baumaterialien benötigten, unter anderem den »lunensischen Marmor«

In den Brüchen arbeiteten einst Sklaven und Zwangsarbeiter für große Firmen. Sie wohnten meist in Lagern –

Marmorbrüche bei Carrara

Zu den Marmorbrüchen

Schroffes Kalk-Gebirge der **apuanischen Alpen**. Oft treten nackte Felsen zutage: bläulicher Kalk. Unter großem Druck wurde er stellenweise zu Marmor. In den Tälern: ausgedehnte Edelkastanien-Wälder.

Der Abbau des Marmors ist eine der ältesten und bis heute spannendsten Auseinandersetzungen der Menschen mit der Natur, in dem man auch als Tourist Einblick erhalten kann. Auf Schritt

ähnlich wie unsere ersten ausländischen Arbeiter. Große Massen von Arbeitern müssen zunächst halbe Berge von unbrauchbarem Gestein wegräumen. So entstehen die wie Schneefelder aussehenden Geröll-Halden. Der Abbau erfolgte von der Antike bis zum Ende des 19. Jahrhunderts mit einer einfachen Technik: in den Marmor wurden Holzpfähle getrieben, mit Wasser angefeuchtet dehnten sie sich aus und spalteten den Block. Das Schießpulver war kaum nutzbar; es verdarb oft 90 Prozent des Materials. Erst die kurz vor 1895 erfundene Spiraldraht und die Scheibensäge, beide aus Stahl, veränderten die gesamte Abbau-Technologie. Der Draht, von Umlenkscheiben geleitet, schleppt die Sägemittel mit sich: Kieselsand und Wasser. 20 cm werden in der Stunde geschnitten. Aber die neue Technik führte zu Massen-Entlassungen.

Die Blöcke ließ man lange Zeit auf dem Hang an Seilen zur Straße hinab – ein gefährliches Manöver. Auf Karren mit jeweils 20, 30 Ochsen wurden sie weitertransportiert. Seit 1876 auch mit der Marmor-Eisenbahn – einem kühnen technischen Denkmal (stillgelegt). Heute befördern LKWs die 30 Tonnen-Blökke auf Serpentinen-Straßen in engen, steilen Tälern zu den vielen Sägereien am Fuß der Berge, von denen es allein in Carrara über hundert gibt. Vom Marmor-Staub, der beim Steinschneiden mit Wasser anfällt, färben sich alle Bäche weiß.

Aus diesen nahen Marmorbergen holten sich die reich gewordenen mittelalterlichen Städte Pisa und Lucca über Kanäle, später auch Pistoia, Florenz, Siena und Orvieto das Baumaterial für ihre vielen Kirchen. Seit 1821 kaufte der französische Multi J. B. Alexandre Henraux die wichtigsten Brüche auf. Gebunden an die Repräsentation der Mächtigen und Wohlhabenden, hat die Marmorproduktion erhebliche Konjunktur-Schwankungen. Mussolini ließ sie hochleben, der Führer seiner Jugendorganisation verdiente als Unternehmer viel Geld am Marmor.

In der Hochkonjunktur in Europa übernahmen Mittelschichten die Marmorprotzerei. Aber mit der Entwicklung der Keramik-Kacheln und der Plastik-Materialien geriet der Marmor rasch wieder in die Krise. Heute gibt es nur noch knapp 1000 Marmor-Arbeiter; von den einst 450 Brüchen wird noch in rund 45 gearbeitet. Die Dörfer und verstreuten Häuser im Gebirge sind verfallen.

Carrara besitzt die einzige staatliche Gewerbeschule für das Marmor-Handwerk. In der Kunstakademie kann man bei der Arbeit zuschauen.

Die Marmor-Industrie kann man sich mit drei interessanten Tages-Ausflügen erschließen. Die historisch älteste Produktion wird im Tal erkennbar, das von **Carrara** nach **Colonnata** führt. Der Weg ist eine kilometerlange Arbeitsstätte mit Marmorschleifereien und -brüchen, seitlich in tausendfacher Weise angenagt. Dazwischen: Werkstätten von Bildhauern. Die Straßen sind oft mit Steinen übersät, die von den riesigen Transportwagen heruntergefallen sind. Gletscherartige Schuttberge neben Souvenir-Läden. An manchen Stellen

Im Marmorbruch bei Carrara *Steinschneidearbeit*

sieht man noch die Tunnels der Marmor-Eisenbahn (Ferrovia Marmifera), die längst stillgelegt ist.

Callagio ist die riesigste Stelle der Marmorgewinnung, die man sich vorstellen kann. Die Landschaft hat etwas genauso Urtümliches wie die Leute, die geprägt sind von ihr: eine Mischung von Nachkommen römischer Sklaven und blonden nordalpinen Eindringlingen, mit lederartigen Gesichtern und straffen Muskeln. Sie sind eigensinnig. Das ist offenbar das psychische Fundament des Anarchismus, der hier seinen wichtigsten Stützpunkt in Italien hat. Die Piazza Palestro in **Colonnata** ist ein geschlossener Platz in einem ehemaligen Koloniedorf von Marmorarbeitern.

Einen ungeheuren Blick hat man, wenn man von Carrara hoch auf den Berg nach **Campo Cecina** geht. Auf dem Weg kommt man durch **Graguana**, wo ein Anarchisten-Zirkel seit dem 2. Weltkrieg beisammen geblieben ist.

Von **Seravezza** aus kann man Richtung **Castelnuovo di Garfagnana** fahren. Möglicher Abstecher: in den Marmor-Bruch-Ort **Stazzema**. Bergauf. Bergdörfer. Vor dem Paß: links Blick auf den Marmorbruch des **Monte Altissimo** (1859 m). Man kann auch die Straße links vom Tunnel hochfahren. Michelangelo soll den Bruch angelegt haben (sagt man). Panorama. Hinter dem langen Tunnel (Galleria del Cipollario) kann man neben dem Gasthaus einen eindrucksvollen Bruch ansehen, dann ein kleines Stück zurückfahren und rechts nach **Arni** abbiegen, im Tal soweit man kommt, einen der Brüche aufsuchen. Zurück nach Arni, dann rechts zum Passo del Vestito (1151 m) und nach **Massa Carrara**.

Immer schon wird das Natur-Ereignis ideologisch überhöht. Am wenigsten wohl von den Arbeitern selbst, die eher mißtrauisch abergläubig sind, am meisten von Fremden. Dante, einige Zeit Gast der Malaspina auf der Oberburg in Massa, läßt den Seher Aronta in der Höhe, zwischen weißem Marmor, seine Höhle haben – mit einem Blick, dem sich nichts in den Weg stellt. Michelangelo, der 18 Monate lang in Carrara Mamor für das Grab des Papstes Julius II. brechen läßt, hat die Idee, eine riesige Figur aus dem Berg zu hauen: für die Schiffer auf dem Meer ein menschlicher Zielpunkt auf dem Land – Orientierung und Sehnsucht.

Die Stadt der Anarchisten: Carrara

Der Name der Stadt **Carrara** stammt vom ältesten verfolgbaren Wort Stein (kar), und der Stein hat diese Stadt geradezu allgegenwärtig geprägt. Sie entspricht überhaupt nicht den Vorstellungen des Kunstfreundes. Und die herkömmlichen Reiseführer machen mit wenigen Sätzen ihre Pflichtübungen. Aber die Stadt ist charakteristisch: ein Ort der Arbeit mit geprägten Menschen.

Da gibt es den »alternativsten« Domplatz, den man sich vorstellen kann. Hier ist Repräsentation geradezu umgedreht: die Seitenfassade des Domes wendet sich zum Platz, die Hauptfassade, ein Wunderwerk des Marmorskulpturierens, ganz absichtslos in einen Winkel; die Kinder spielen auf dem Podest seitlich des Domes; gegenüber eine der kleinsten Weinkneipen Italiens, ein Anarchistentreff, der Wirt spricht die Leute mit »Genosse« und »Rote Garde« an; in der Bar des Hauses Nr. 1, in dem Michelangelo mehrfach wohnte, politisieren von der Arbeit verbrauchte Marmor-Arbeiter; Baccio Bandinelli stellte den Genueser Stadtherren Andrea Doria auf den Platz, einen urwüchsigen Giganten – kein Herrscher, eher ein kräftiger Marmor-Arbeiter; gegenüber brachte der Schmied und Künstler, Filippo Calchini, genannt »Luzifer«, 1981 ein Kunstwerk an einer Hauswand an: aus Werkzeugen der Arbeit in den Marmor-Brüchen; auf einer Tafel liest man: »Freier Raum für freie Menschen«.

Der Anarchisten-Ort besitzt die Wurzeln und die Schubkraft einer langen Tradition freiheitlichen Geistes. Um 1230 entwickelt sich eine Art Nachbarschafts-Regierung: eine kleine Territorial-Herrschaft, in der jedes Dorf gleiche Rechte hat und mit den anderen zusammen die »Kommune des Tals« bildet: eine frühe Form der Räte-Republik. Im Hochmittelalter wird eine einzigartige politische Ordnung erkämpft: Der Stadtherr, der Bischof des nahen Luni und zugleich weltlicher Graf ist, wird entmachtet und in seinen Rechten eng begrenzt: die Stadt-Statuten legen die Einzelheiten gesetzlich fest. 1235 ist Carrara eine der berühmten »freien Kommunen« (libero comune) der Toskana.

Der Bischof erklärt die Bewohner zu Rebellen und verhängt über alle den Kirchenbann. Aber die Querköpfe Carraras halten durch. Es folgen weitere Versuche, die freie Kommune zu unterwerfen: von den Malaspina aus dem nahen Massa, von Pisa, von Castruccio, von den Spinola und Visconti. 1385 schließt die Stadt einen Schutzpakt mit den Visconti, läßt sich aber den Autonomie-Status in den »Statuta et Ordinamenta« garantieren. Den Charakter dieser Volksstadt, ohne Zentrum, aus dem Leben gewachsen, sieht man noch heute. Bequem sind die Leute nie. Sie versuchen, ihre Freiheit zu bewahren oder zu vermehren.

Der Dom ist ursprünglich eine Volkskirche (Pieve) und wird erst später zum Bischofssitz gemacht. Kurz nach dem Fall der Republik Florenz kann sich auch

Carrara dem Absolutismus nicht mehr entziehen (1519). Die Malaspina setzen der Stadt ihren Stempel auf: mit der Piazza Alberica, nach dem Abriß vieler Häuser (heute findet dort alljährlich das Symposion der Bildhauer mit Skulpturen im Freien statt). Sie ordnen den Bau neuer und gerader Straßen außerhalb der Altstadt an und errichten neben dem Castello einen neuen Palast (heute Akademie der Schönen Künste).

Das Großbürgertum des 19. und 20. Jahrhunderts plant im feudal absolutistischen Geist die Stadt weiter – als bandartigen Ort entlang der langen »Viale« zum Meer hin, umsäumt von Villen-Bereichen.

Aus der harten und schlecht bezahlten Arbeit in den Marmorbrüchen, die die Menschen prägt, entsteht ihre Aufnahmefähigkeit für anarchistische Gedanken. In Carrara entwickelt sich nach dem ersten großen Marmorarbeiter-Streik 1872 im folgenden Jahr die anarchistische Sektion, spät im Vergleich zur übrigen Toskana. Neben Livorno und später Pistoia wird Carrara Hauptort dieses Teiles der Arbeiterbewegung, der in Italien bis heute eine große Rolle spielt. Ziele: ein Kommunismus ohne Herrschaft und Bürokratie. Einige ihrer Stichworte lauten: Gegen Staat und Regierung, Selbstverwaltung, Atheismus, Wissenschaft, Wahrheit, Liebe, Harmonie, antiparasitär, brüderlicher Altruismus, Gewaltlosigkeit, ohne Vaterland, Ende aller Kriege.

Solche Gedanken werden sofort verfolgt. Ein Beispiel: 1879 steht ein junger Mann vor Gericht und erhält 19 Jahre Gefängnis. Ihm kann nur nachgewiesen werden, daß er »Bakunianer« ist, aber gegen jede Wahrscheinlichkeit wird ihm in die Schuhe geschoben, eine »bomba all'Orsini« geworfen zu haben. Auch der härtesten Verfolgung gelingt es nicht, der Bevölkerung die anarchistischen Gedanken auszutreiben. 1883 wird die Föderation Carrara gegründet. Die 80er Jahre werden zur heißesten Phase. 1894 verhängt die Regierung Crispi über das Gebiet den Ausnahme-Zustand. Grausame Militär-Justiz.

Auf Betreiben der Sozialisten wird in Carrara 1901 die Arbeitskammer gegründet (Casa del Lavoro). Zuerst im Wesentlichen von den Sozialisten beeinflußt, hat sie dann längere Zeit anarchistische Sekretäre.

Vor der faschistischen Diktatur 1925 gibt es in der Gegend 28 anarchistische Zirkel. Mussolini läßt die Anarchisten besonders hart verfolgen, erfährt aber gerade in Carrara großen Widerstand.

Carrara 1945: erster Kongreß der Anarchisten; Gründung der italienischen Förderation. Viele Anarchisten schließen sich später der wachsenden kommunistischen Partei an. In ihr findet man auch heute anarchistischen Einfluß.

Carrara erhält eine kommunistische Mehrheit.

Die Anarchisten bauten im alten Kern Carraras eine eigene Infrastruktur aus. Die Piazza Alberica ist seit jeher Demonstrations-Platz. Das erste Obergeschoß des Palazzo Nr. 5 war früher Arbeitsstätte und Treffpunkt. Während des Krieges wurde es unter der Hand von einem Marmorbruch-Besitzer gemietet, dem Anarchisten die Maschinen schützen. »Als die Amerikaner 1945 einmarschierten, hing da unsere schwarze Fahne.« Eine Inschrift am Haus Nr. 4 erinnert an den ermordeten spanischen Erzieher und Anarchisten Francesco Ferrer. In der folgenden Via Beccheria geht es hinter der Haustür Nr. 3 in den Keller: im 2. Weltkrieg trafen sich hier geheim die Anarchisten der Umgebung.

In der schräg abbiegenden Straße Ponte Baroncino befindet sich im Haus Nr. 2 der Circolo Anarchico Bruno Filippi. Mit einer öffentlichen Bibliothek, kostenlos. Den Espresso kann man gegenüber im Anarchisten-Café Colibri nehmen. Anarchisten betreiben die kleine Trattoria in der Via Ghibellina, in der man gut und billig essen kann. Einige Schritte weiter am Domplatz: das bereits genannte Weinlokal, 1921 eröffnet. Im Teatro degli Animosi wird der 1. Mai gefeiert. Bücher, Zeitschriften, Poster, politische Postkarten und Informationen findet man im Circolo Culturale Anarchico in der Via G. Olivi 8, ein angenehmer Aufenthaltsort, auch zum Lesen.

In der schmalen Via San Piero 13 druckt die Tipolitografia, eine Kooperative, für die Anarchisten ganz Italiens, unter anderem die Wochenzeitung »Umanità Nova.« Einige Schritte weiter steht neben der Kunstakademie im Park ein Denkmal für den Anarcho-Syndikalisten Alberto Meschi. Große Demonstrationen gab es oft auf der Piazza Farini. Im Hauptgebäude mit den Säulen gehört die ganze 1. Etage der FAI Gruppi Anarchici Riuniti Carrara; jeder Genosse steuert monatlich 5 Mark zur Miete bei.

Hart umkämpft ist der Plan, dem Attentäter Gaetano Bresci, der 1900 König Umberto umbrachte, ein Denkmal zu setzen. Der 35-Tonnen-Marmorblock ist schon da, aber die Rathaus-Parteien sträuben sich. In **Marina di Carrara** kann man ein großes Denkmal für alle Opfer des Faschismus sehen.

Der Buchhändler und Dokumentarist des anarchistischen Kultur-Zentrums in Carrara: »Die ersten, die rebellieren, sind Republikaner, Anarchisten und Sozialisten. Im 19. Jahrhundert – nach der Kommune von Paris. Der anarchistische Einfluß kommt von Malatesta, Proudhon, Bakunin. Aus Frankreich. Aus einer sozialen Ethik. Der ethische Kommunismus ist anarchistisch. Leider existiert in Rußland die Freiheit des Denkens nicht. Bakunin hat die russische Revolution gut vorbereitet, Lenin hat sie organisiert.

Nach dem Krieg sind 1919 die Anarchisten sehr tätig. Alberto Meschi hat in Carrara große, 3 Monate lange Streiks organisiert.

Wir sind keine Partei, haben keine ökonomische Grundlage, aber wir haben ein ideologisches Ziel, das sehr mächtig ist. Wir haben keine Programme. Wir sind ganz spontan, nicht bürokratisiert. Während des Faschismus haben die Anarchisten am stärksten gelitten. Die Kommunisten wurden nur verfolgt, wenn sie wirklich Klassenkampf gemacht haben. Wenn man wußte, daß einer ein Anarchist war, liefen die Polizisten die Straße auf und ab und verhauten ihn. Viele sind Anarchisten geblieben, ohne ein direktes Studium des Anarchismus zu haben. Wir haben während und nach dem Krieg Kooperativen zur Versorgung organisiert: vor allem für die Kinder. Wir sind im Chaos am stärksten. Als der Staat kam, war es aus. Auch wenn viele Leute keine direkten Anarchisten sind, ist es wichtig, daß sie etwas davon kennenlernen. Wenn es das Bewußtsein nicht gibt, gibt es keine Revolution. Ohne Kultur geht gar nichts. Sonst kommt wieder der Fanatismus und das Blutvergießen. Viele Leute, die sich Anarchisten nennen, sind Faschisten. Sie beherrschen andere, sind schlecht und haben keine Kultur. Sie schaden der Bewegung. Dann sagen die Leute: »Guckt mal, die Anarchisten!«

See-Städte: Pisa und Livorno

Es gibt nicht nur den schiefen Turm von Pisa

Einst sah **Pisa** aus wie Venedig, Chioggia, Ravenna – umgeben vom Wasser eine Lagune. Dante verfluchte nicht nur die Lage, sondern daß die Stadt so anders sei als alle toskanischen Orte. Schon in der Antike ein wichtiger Hafen, beherrschte Pisa seit 1100 – neben Genua, Amalfi und Venedig – das Mittelmeer und wurde zur Weltstadt, zog aus vielen Ländern Arme und Reiche an. Die Spuren des Zusammengeholten und Exotischen sind noch heute im Dom sichtbar.

Welche Konflikte und Vorurteile entstanden, macht der Benediktiner Donizo (1115) deutlich: »Befleckt ist die Stadt durch Heiden, Türken, Lybier und Parthen und finstere Chaldäer kreuzen auf ihrem Strand, (aber) rein von ihrem Schmutz bin ich, Burg Canossa!« Von dieser gräflichen Oberherrschaft im entfernten Appennin hielten die Bewohner wenig. Am Kaiser orientierten sie sich nur, weil er für ihre weltweiten Geschäfte Schutz versprach. Die Ideologie der Kreuzzüge diente als Vorwand für Raubzüge und Besetzungen. In aller Welt wurden Militär-Basen angelegt, um den oft keineswegs redlichen Handel zu sichern – zur Erpressung der damaligen Dritten Welt. Zusätzlich verschaffte sich die See-Stadt ein Land-Imperium.

Pisa versuchte die Verhältnisse festzuschreiben – durch das erste Handels- und See-Recht (1161). Mit einer Katastrophe brach das Imperium zusammen: durch den Niedergang des Kaisertums geschwächt, verlor Pisa fast seine gesamte Flotte an das konkurrierende **Genua** (1284).

Folgen der Krise: Innere Spannungen. Wechsel zwischen Demokratie und Tyrannen-Herrschaft. Das Volk entmachtete langsam die Kaiserlich-Großbürgerlichen. Reeder und Seeleute orientierten sich zunehmend am Handelspartner Florenz. Bürgerkriege über die Außenpolitik. Von Florenz erobert, kurze Zeit frei, lange Kriege mit Florenz, 1509 erneut unterworfen.

Über dem »Schiefen Turm« vergessen viele Besucher, daß Pisa als Stadt interessant ist. Einen Rundgang kann man am besten auf der mittleren Arno-Brücke (Ponte di Mezzo) beginnen. Lange Zeit wurden auf ihr, neben der Anlegestelle, Fische verkauft. Goldschmiede arbeiteten auf diesem einst überbauten Schnittpunkt der Fußwege in Buden – wie auf der Alten Brücke in Florenz. Vom Anfang des 15. Jahrhunderts bis zum Verbot 1782 und erneut seit 1935 findet hier das »Spiel der Brücke« (Gioco del Ponte) statt: Symbol der Konkurrenz zwischen den Stadtvierteln der beiden Ufer. Die Brücke verband die Märkte. Auf dem südlichen Platz wurden einst

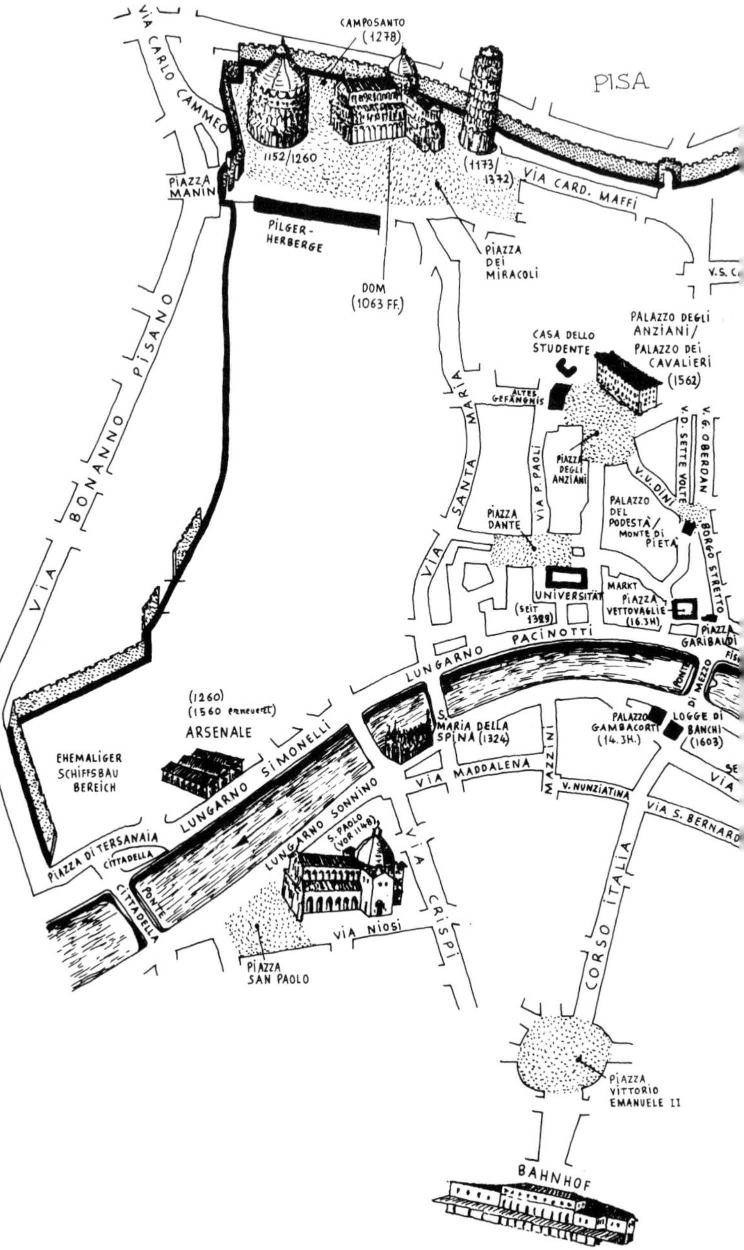
PISA
CAMPOSANTO (1278)
VIA CARLO CAMMEO
PIAZZA MANIN
1152/1260
(1173/1372)
VIA CARD. MAFFI
PILGER-HERBERGE
PIAZZA DEI MIRACOLI
DOM (1063 FF.)
V.S. C
VIA BONANNO PISANO
PALAZZO DEGLI ANZIANI/ PALAZZO DEI CAVALIERI (1562)
CASA DELLO STUDENTE
ALTES GEFÄNGNIS
VIA SANTA MARIA
PIAZZA DEGLI ANZIANI
VIA P. PAOLI
V.D. SETTE VOLTE
V.G. OBERDAN
V.U. DINI
PALAZZO DEL PODESTÀ/ MONTE DI PIETÀ
PIAZZA DANTE
BORGO STRETTO
UNIVERSITÄT (SEIT 1329)
MARKT PIAZZA VETTOVAGLIE (16.JH)
PIAZZA GARIBALDI
LUNGARNO PACINOTTI
PONTE DI MEZZO
(1260) (1560 erneuert)
ARSENALE
EHEMALIGER SCHIFFSBAU BEREICH
LUNGARNO SIMONELLI
S. MARIA DELLA SPINA (1324)
PALAZZO GAMBACORTI (14.JH.)
LOGGE DI BANCHI (1603)
VIA MADDALENA
MAZZINI
V. NUNZIATINA
VIA S. BERNARDO
LUNGARNO SONNINO
S. PAOLO (VOR 1148)
VIA CRISPI
PIAZZA DI TERSANAIA
CITTADELLA
PONTE CITTADELLA
VIA NIOSI
PIAZZA SAN PAOLO
CORSO ITALIA
PIAZZA VITTORIO EMANUELE II
BAHNHOF

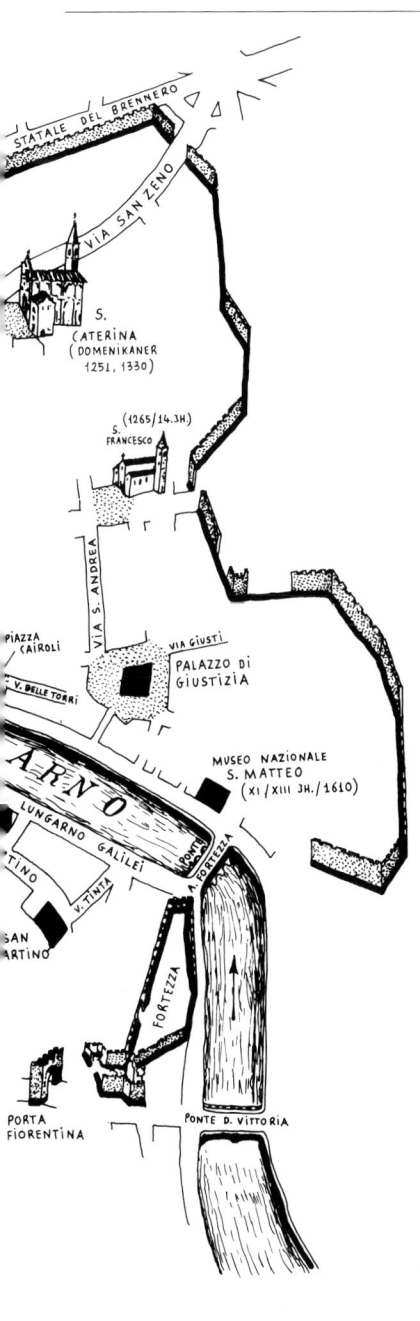

Wolle und Seide gehandelt, wichtigste Export-Güter – vor dem Rathaus der Konsuln des Meeres (Ratsaal, 1603 Logge di Banchi). Rechts das Haus der superreichen Gambacorti (heute Rathaus). Am nördlichen Ufer liegt rest der Bereich des alten Fischmarktes. Östlich hinter ihm: der kleine Platz des früheren Gemüsemarktes (Piazza Cairoli), dessen spätmittelalterliches Erscheinungsbild noch in Resten vorhanden ist (Vordächer, Loggia). Nach Osten kann man in eine Straße mit mehreren Adelstürmen (Via delle belle torri) blicken.

158

Nach Westen zurück: zum lebendigen Garibaldi-Platz, auf dem viele Leute herumstehen, schauen und diskutieren. Das historische »Caffé dell'Ussero« (Café zum Husaren) ist in der Zeit der Erneuerung Italiens (Risorgimento), ein politischer Treffpunkt der unruhigen Studenten und bürgerlichen Demokraten gewesen. 1794 eröffnet, mußte es gegen 1800 geschlossen werden. Wiedereröffnet, hatten sich die Zeiten verändert – und auch die Studenten

Ein kurzer Blick nach Norden in die Straße, deren Namen »Borgo Stretto« enges Altstadtquartier bedeutet.

Zurück und am Westende der Arkaden in die älteste Altstadt. Schräg in die sehr schmale Gasse und rechts durch den Durchgang: vor uns liegt einer der lebendigsten Plätze des Landes, der Altmarkt (Piazza della Vettovaglie), meist voll von Leuten. Was für eine Vielfalt an Szenerie! Ein offener und ein überdachter Bereich: rundherum Loggien (16. Jh.). Schräg gegenüber weiter: zum sehr breiten Straßenmarkt, der durch Abrisse entstand – historischer Fall einer sogenannten Sanierung. Hier kann man noch heute erleben, wie stark die mittelalterliche Stadt ein weit ausgebreiteter Markt war.

Rechts über die Piazza S. Uomobuono zur Piazza Donati mit der städtischen Leihbank, dem »Monte« (Berg an Geld) – am Ende des 15. Jahrhunderts, ebenso wie in anderen Orten, gegen die Wucherer eingerichtet. Die Loggia machte den Ort zum Aufenthaltspunkt. Blick in die interessante Via delle Sette Volte. Einige Schritte rechts: erneut die Arkadenstraße des Borgo Stretto. Links die situationsreiche Via Oberdan.

Zurück zum Monte, durch die gebogene Via Dini, zur Piazza dei Cavalieri, einst Piazza degli Anziani (Ratsmitglieder) genannt: in der Demokratie wichtigster Diskussionsort und Feld für das Stock- und Schild-Spiel. Der Medici-Großherzog Cosimo I. ließ die Spuren der Demokratie beseitigen: an ihrer Stelle baute er den Ordenssitz der Ritter des hl. Stephan (1561 gegründet). In ihm kanalisierte er den beschäftigungslos gewordenen Adel, der teilweise vor dem Ruin stand, auf die staatlich geförderte Piraterie hin – auf die Kreuzzugs-Galeren gegen die Türken. In ähnlicher Weise waren die mittelalterlichen Kreuzzüge eine Ablenkung des Konflikt-Potentials des verarmenden militanten Adels nach außen gewesen.

Im Tor-Gebäude (1607) stecken die Mauern des alten Gefängnisses, in dem sich 1288 ein Drama abspielte: geschockt vom Zusammenbruch der Seemacht (1284) argwöhnten die Pisaner, ihr Oberbefehlshaber, Graf Ugolino, wolle sich zum Diktator machen – gewiß nicht ohne Grund; sie sperrten ihn und seine Familie ein, verschlossen die Kerkertür und warfen die Schlüssel in den Arno. Pisa geriet durch diese Grausamkeit gegen den berufsgrausamen Militär für lange Zeit weltweit in Verruf.

Die Piazza ist Bereich der Studenten. Rechts die Casa dello Studente und die Mensa – mit italienischer Eßkultur. Hier entstand 1329 die Universität – eine der ältesten der Welt und heute noch ausgezeichnet. Für sie wurde der Platz erweitert.

Aufklärung ist stets gefürchtet: daher anerkannte der Papst die Universität erst 1343. Großherzog Cosimo I. ließ sie 1542 »reformieren« – im Klartext: der Ideologie des Absolutismus anpassen. Die wissenschaftliche Forschung wurde unterdrückt. Cosimo III. verbot seinen Untertanen, eine andere Universität als Pisa zu besuchen. Er ließ mitteilen, daß »Seine Hoheit keinem Professor erlaubt... öffentlich oder privat, schriftlich oder mündlich, die Philosophie des Demokrit, der Atome oder überhaupt eine andere als die des Aristoteles vorzutragen oder zu lehren.«

Durch den Fall Galilei wird die Unterdrückung der Wahrheitsfindung ein weltweiter und bis heute aufregender Fall. Der 1564 in Pisa geborene Mathematiker und Physiker, seit 1589 als schlechtbezahlter Professor an der Universität, verläßt sich nicht mehr auf »Überlieferung«, die »bequeme Meinung« und die »Schar angepaßter Professoren«, sondern will der Erkenntnis der Kontrolle des Experimentes öffnen: »prüfe und prüfe noch einmal«. Am Kronleuchter des Domes soll er die Unveränderlichkeit der Pendelschwingungen studiert haben. 1592 geht er an die freiere Universität Padua. Er liefert Beweise für die Lehre des Kopernikus. Sie kommt 1616 auf den Index. Seit 1612 wird gegen Galilei gepredigt. 1633 greift die Inquisition zu und verhört ihn in Rom; er widerruft aus Angst vor dem Scheiterhaufen, entgeht ihm nur knapp, darf dann in seinem Landhaus in **Arcetri** *bei Florenz leben, überwacht und ohne Kontakt mit der Öffentlichkeit. Berufsverbot. Dort stirbt er 1642.*

Reichtum, Macht und eine Religion, die beide sichert, führen zum Neubau des Domes. Pisa, im 12. Jahrhundert die reichste Stadt der Toskana, leistet sich als erste die monumentalste Bauform ihrer Zeit: eine Kuppel über dem Hauptaltar – seit der Antike ein kaiserliches Symbol (in Siena erst 1220). Der Dom ist ein Sieges-Denkmal: 1063 wird der große Bau mit den Raubschätzen des eroberten Palermo begonnen (1118 unvollendet geweiht, verlängert im Westen vor 1200, Fassade von Rainaldo). Der Hauptarchitekt Buscheto fügt die von überall herangeholten Materialien zusammen. Die teuerste Kostbarkeiten werden sichtbar – vor allem Säulen aus antiken Tempeln, von denen jede einst (umgerechnet) eine Million Mark kostete. Aus Ostrom, Frankreich, Asien und Afrika greift der Bau Formen auf, in denen sich damals Herrschaft ausdrückt – man kann die Sprache im einzelnen zu entschlüsseln versuchen. Die Fünfschiffigkeit zitiert die frühen Großkirchen Roms. Anspielungen auch auf den Glanz der Hagia Sophia in Konstantinopel.

Unvorstellbar teuer ist der Bronze-Guß für das Portal neben dem Chor (1180 von Bonannůs). Kanzel von Giovanni Pisano (1302). In der Zeit der größten Macht wird auch der Turmbau begonnen (1173 von Bonannůs). Ein Gesandter stiftet die erste große Summe, dann weitere Bürger, die Dombau-Hütte, die Gemeinde.

Daß der Turm sofort an einer Seite absackt und schief gerät (4,54 m Überhang), mag als spaßiges Kuriosum ge-

165/ 166

S. Maria della Spina

sehen werden. Beim Weiterbau (1275) hat man über dem 4. Geschoß zu korrigieren versucht. Über das Problem der Schönheit, die aus dem Raub hervorgegangen ist, kann man nachdenken. Gewiß darf er zu den schönsten dieser Welt gezählt werden: von Bogen-Gängen ummantelt – ein räumliches Gebilde, vielgestaltig und in seinen Dimensionen bereits erstaunlich menschlich.

Neben dem Portal des Turmes ein Dokument der Sozialgeschichte: ein Flachrelief stellt die Befestigungsanlagen des Hafens mit zwei Schiffen dar. Vom Turm aus blickt man weit ins Umland: die Trockenlegung der versumpften Lagune erfolgte im Prinzip auf holländische Weise – mit parallelen Abzugsgräben. Seit jeher wurde an dieser Landschaft gearbeitet: bereits im frühen Mittelalter leiteten die Pisaner den oft reißenden Serchio ab – eine gewaltige Arbeit.

Galilei machte am Turm Untersuchungen über die Fall-Geschwindigkeit von Körpern – die erste Messung in der Physik.

Ebenfalls auf dem Höhepunkt von Macht und Reichtum entstand seit 1152 das riesige Baptisterium (Diotisalvi) – aus Raubschätzen von Elba und Sardinien. Wie überall bauten Generationen daran. Man sieht den Ausdruckswechsel der Macht-Repräsentation: im Obergeschoß orientiert sich der nächste Entwerfer, Nicola Pisano (1260), an feinster höfisch-französischer Eleganz. Giovanni Pisano schuf die Figuren, die dort stehen sollten (heute im Inneren). Kanzel von Nicola Pisano (1260).

Einer der wichtigsten Friedhöfe ist der Campo Santo (Giovanni da Simone, 1278): eine kreuzgangartige Anlage – mit antiker Raumweite. Unter dem Fußboden wurden alle wichtigen Politiker der Republik und der Zünfte begraben. Die grauenhafte Angst der Zeitgenossen vor dem Tod, der in der Pest-Zeit (1348) wie das Ende der Menschheit hereinbricht, spiegeln die Fresken »Triumph des Todes« (wohl von Francesco Traini). Eine reiche Jagd-Gesellschaft entdeckt auf dem Land bestürzt ein stinkendes Massen-Grab. Entsetzen angesichts der Massen-Vernichtung. Im Tod sind die Reichen den Armen gleich. Wer nur in einer formalen kunsthistorischen Ebene wahrnimmt, hat nichts von der Erfahrungsmöglichkeit durch Kunst.

Einige Hinweise für Neugierige, die Pisa noch weiter erkunden wollen: Die Universität ist über die ganze Stadt hin verstreut. Am rechten Arno-Ufer flußabwärts: die Schiffswerft (arsenale; 1200, 1560 erneuert), Pisa hatte zeitweilig bis zu 300 Galeeren, seine Werften waren die bestorganisierten Betriebe der damaligen Welt. An der Neuen Brücke: ein Bethaus wie ein Grabschrein – S. Maria della Spina (1324; zu den Figuren aus dem Umkreis von Giovanni Pisano). Es lohnt sich, durch das gesamte Volksviertel von West nach Ost parallel zu langweiligen Uferstraßen zu laufen, den Ponte della Fortezza zu überqueren, auch das National-Museum zu besuchen und über die Piazza Repubblica in ein weiteres Volksviertel zu gehen. S. Francesco war einst ein wichtiger Ort kirchlicher Opposition.

Ausflüge rund um Pisa

Wenn man am Meer Urlaub macht, kann man sich leicht das Hinterland von Lucca und Pisa erschließen. Auf dem Schiefen Turm stehend, lassen sich die Ausflüge aussuchen. Etwa am Fuß des Gebirtszuges entlang, der **Pisa** von **Lucca** trennt: nach **San Giuliano Terme** (interessante Stadtanlage), **Ripafratta** und in den Gebirgseinschnitt des Serchio hinein zum Burgort **Nozzano** oder auf den 917 m hohen Monte Pisano, der eine weite Aussicht über das Arno-Tal bietet.

Cascina: Arkaden-Straße

Den Arno aufwärts kommt man in das ehemalige Sumpfland längs des Flusses. Pisa ließ den Ort **Cascina** zur Sperrfestung ausbauen (um 1293) – ähnlich florentinischen Militär-Orten: als schachbrettförmige Stadtanlage mit einer Arkaden-Straße und einer Mauer. Florenz gewann hier 1364 eine wichtige Schlacht gegen Pisa. Ihr Hergang zeigt, wie man weithin Kriege führte: Die florentinischen Söldner badeten im Arno und wurden von den pisanischen Söldnern überrascht (sonst ging man sich meist lieber aus dem Wege); das wilde Handgemenge, wohl eher eine Rauferei, ging zugunsten der Florentinischen aus. Michelangelo erhielt den Staatsauftrag, für das neue Parlament in Florenz (1494) diese Bade-Szene zu malen – was ein Schlaglicht auf die Einstellung zum Krieg wirft. Cascinas heruntergekommenes, teilweise verfallenes historisches Zentrum, in einem Siedlungsbrei gelegen, wartet auf seine Entdeckung und Wiederherstellung. **Vicopisano** liegt auf einem Felsen. Burg und Ort waren einst eine freie Stadt, in Allianz mit Pisa. Nach der Einnahme (1407) ließ Florenz die Militär-Anlagen nach Entwurf von Brunelleschi nachrüsten – jetzt gegen Pisa. Interessante Szenerien. Weiter östlich: der trockengelegte **Lago di Bientina**. In der Ebene, am Arno, breitet sich die Industrie-Stadt **Pontedera** aus. Südlich der Eisenbahn: riesige Fabriken, u. a. Webereien, Stahlwerke, mechanische Werkstätten. Im ersten Weltkrieg wurden hier Motoren für Flugzeuge gebaut, auch die ersten luftgekühlten. Als Fahrzeug für Mechaniker auf dem Flugfeld entwickelte das Werk die »Vespa«: mit ihr begann 1946 die Motorisierung des Landes. Sie wird bis heute in Pontedera gebaut. Nördlich der Eisenbahn: das Schachbrett-Muster der Stadt, mit vielen Straßen und Plätzen, die Namen der sozialen Bewegung im Gedächtnis halten (Sacco und Vancetti u. a.) Teatro Piccolo. Auf einem langgestreckten Hügel jenseits des Arno: **Monte Santa Maria**, ein städtisch erscheinendes Dorf.

Man kann diese Tour auch als Tagesreise von Pisa nach Florenz machen und fortsetzen über **Castelfranco di Sotto, San Miniato al Tedesco, Cerreto Guidi, Vinci, Empoli, Montelupo, Malmantile** und **Lastra a Signa**.

Weitere Ausflüge: in das spröde Hügelland, das sich südlich von Pisa in Richtung Volterra erstreckt.

Oder: nach Westen in die **Tenuta di Rossore** (Landgut der Morgenröte) mit seinem Vogel-Paradies und dem berühmten Pinienwald, von wo die Pinienkerne zum feinen Süßen des Sieneser Gebäckes geholt wurden.

Oder: nach **San Piero a Grado**, wo sich in der Basilika Antike und Mittelalter berühren (9. Jh., Fresken auf den Oberwänden, um 1250). Quer durch die Trockenlegungen und Pinienwälder der **Tenuta di Tombolo** zur Küstenstraße. Dieser Pinienwald war Jagdgebiet der Großherzöge, später undurchdringli-

Cascina: Rekonstruktion der Festungsstadt
Straßen-Markt mit Pfeiler-Arkaden
Kirchenbezirk mit Stadt-Turm

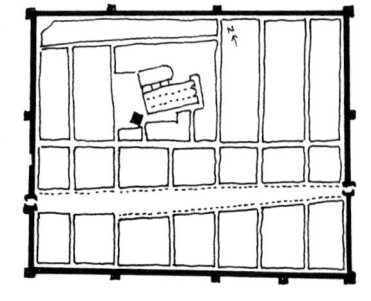

cher Zufluchtsort für Partisanen, nach 1945 ein wilder Bereich für Schwarzmarkt, Prostitution und Drogen – und heute eine US-Militär-Kolonie mit Massen-Vernichtungswaffen. Ganz friedlich und ästhetisch gepflegt sieht das von außen aus – aus Angst vor Sabotage von Partisanen haben die Amerikaner den Urwald geradezu gefegt. Für die U-Boote legte die US-Armee einen 15 km langen Tunnel unter Waser an. Sie tragen Atom-Raketen. Auf dem ehemaligen Filmgelände vor **Tirrenia** fand 1982 das nationale Unità-Fest statt.

Amsterdam der Toskana: Livorno

Im stehenden Wasser der Sümpfe, heimgesucht von Seuchen mit Massensterben, war einst die Hälfte der Bevölkerung malariakrank. Heute ist Livorno die zweitgrößte Stadt der Toskana und der drittgrößte Hafen des Thyrrhenischen Meeres, umgeben von einem gigantischen Chemie-Gürtel, der gelbe Wolken bläst; dazwischen: Werften und Eisen-Industrie.

Katastrophen und Krieg haben diese jüngste Stadt der Toskana geschaffen: als erbärmliche Zufluchtsstätte für Verfolgte aus vielen Ländern; und als hochgerüsteter Militär-Stützpunkt des Großherzogs. Nach der Versandung des Pisaner Hafens und auch des neuen **Porto Pisano** soll das 1421 den Mailändern abgekaufte Fischerdorf Livorno (um die Piazza della Fortezza vecchia gelegen) dessen Rolle übernehmen – als einzige Verbindungsstätte von Florenz mit dem Meer. Von Pisa aus wird ein Kanal durch Sümpfe und einen großen See (später trockengelegt) gezogen.

Unter Cosimo I. und Fernando schaffen ungeheure Investitionen im 16. Jahrhundert ein Amsterdam der Toskana, die planmäßigste aller ihrer Städte, eine sogenannte »Idealstadt« – ein typisches Produkt des Absolutismus, den man (trotz aller Veränderungen, besonders durch Kriegszerstörungen) hier gut mit Kopf und Füßen studieren kann: orientiert auf die Autorität, das Militär und eine militärähnlich durchorganisierte Infrastruktur.

Die Militär-Fläche der Altstadt ist größer als die Stadtfläche: Die gigantischen Mauern und Bastionen sind entlang dem Stadtgraben (Fosso reale) stellenweise erhalten, vor allem in den beiden Polizei-Burgen zur inneren Beherrschung des Ortes, der Fortezza Vecchia und der Fortezza Nuova. Noch größer ist das dreiteilige Hafenbecken für Militär- und Handelsschiffe, mit riesigen vorgelagerten Molen (Fußweg auf der Mediceischen Mole). Kunst soll die Defekte der Natur ersetzen, heißt es. Lange Zeit hat die Stadt mehr Soldaten als Einwohner.

Bezeichnend: der Hauptplatz erhält den Namen Waffenplatz (heute Piazza Grande und Piazza Municipio). Er beherrscht zentralistisch das Stadtgefüge, ist der Schnittpunkt aller Hauptachsen, der größte Platz Italiens (nach 1945: Quergebäude zur Unterteilung) – ein Paradeplatz für das Militär, mit 500 Schritten Länge und 122 Schritten Breite; er entfaltet sich zwischen Kirche (Dom) und Herrschaft (Großherzoglicher Palast). Am (heute verkehrszerstörten) Westteil stehen rechts das Rathaus und links das Hafen-Zollamt (heute Handelskammer). Später bemächtigen sich Faschismus und Neofaschismus architektonisch des Platzes.

Um die Stadt in dieser erbärmlichen Gegend zu einer interessanten Seehandelsstadt zu machen, läßt der Großherzog sie 1592 für die Emigranten aller Länder öffnen und ihnen Sonderrechte einräumen. In dieser Zeit gewaltiger europäischer Kriege sind nicht alle Flüchtlinge arm – viele bringen Geld, Beziehungen und Wissen mit. Die Köder: Gewerbefreiheit für Kaufleute, Freihafen, Steuerbefreiung auf 25 Jahre, ein Haus mit Ratenzahlung von zwei Dritteln des Kaufpreises, Glaubensfreiheit, großzügiges Übersehen des Vorlebens jedweder Art. In der offenen Stadt entwickelt sich sofort hohe Kriminalität.

Welche Religion die Flüchtlinge mitbringen, ist dem Großherzog gleichgültig. So entstehen – einzigartig in Italien – Kirchen der armenischen Orthodoxen, der unierten und der orthodoxen

Griechen, der Holländer, Engländer, Juden und sogar der Türken, die der Großherzog im Kreuzzug auszuplündern versucht. (Erhalten blieb der evangelische Friedhof, der Cimitero Valdese, südöstlich der Via Cavour, früher vor den Mauern).

Es gibt wenig Süßwasser, die Brunnen sind schlecht, Trinkwasser muß transportiert werden und kostet auch die Armen Geld.

1829 und 1842 werden riesige Zisternen angelegt.

Die Reichen leben, so wird 1725 berichtet, in vornehmen Häusern; man gibt große Essen, trinkt, spielt Karten, feiert mit Masken den Karneval, trifft sich zum Ballspiel auf dem Waffenplatz, der dann mit Zuschauer-Gerüst wie zu einem Spiel der »Fiorentina« oder »Pisana« ausgebaut ist. Die Bewohner pflegen in Landsmannschaften ihre Kulturen. Die Arbeiter und Tagelöhner wohnen in großen Mietshäusern – wie noch heute, vor allem im nördlichen Erweiterungsviertel neben der Zitadelle. »Neues Venedig« wird es wegen seiner Kanäle gennant. Der beiderseits gemauerte Ausbau seiner hochgelegenen Uferwege für Fußgänger und Karren wird gelobt. »Alles sei wohlangelegt« (Martini, 1725), für die Großkaufleute sei der Wasser- und Trageweg zu den Magazinen bequem – es wurde also, wie in Amsterdam – eine entwickelte Transporttechnik geplant. Am Kanal neben der Dominikanerkirche, der den bezeichnenden Namen »Zufluchtsstätte für Flüchtlinge« (Scali di Rifugio) trägt, wird das Dominikanerkloster später zum

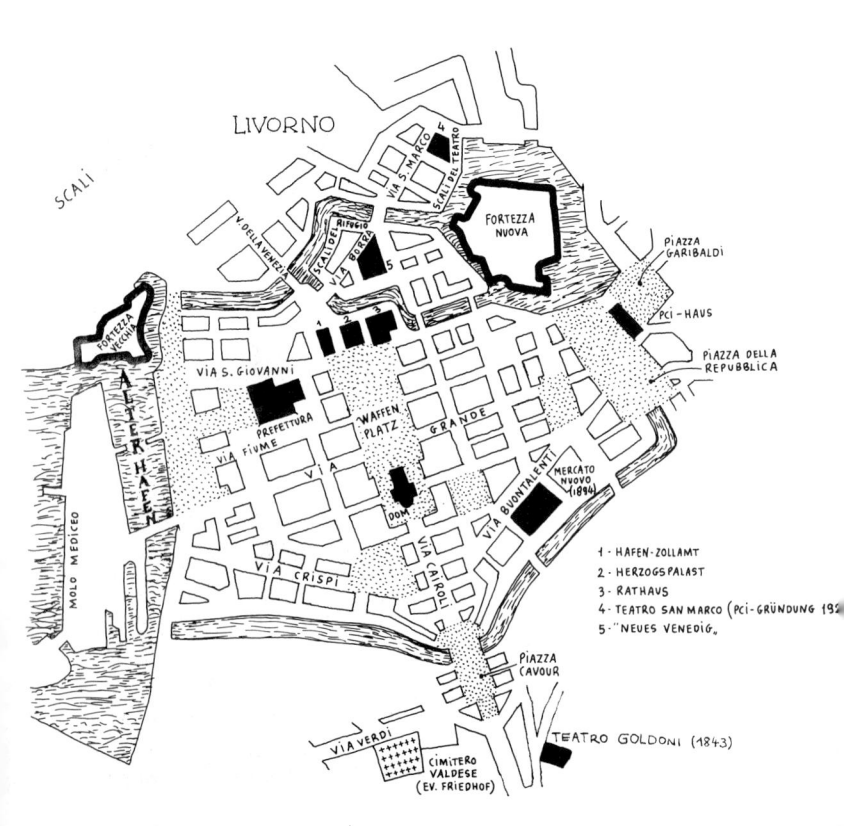

LIVORNO

1 - HAFEN-ZOLLAMT
2 - HERZOGSPALAST
3 - RATHAUS
4 - TEATRO SAN MARCO (PCI-GRÜNDUNG 192
5 - "NEUES VENEDIG"

Gefängnis umgebaut; eine Gedenktafel weist darauf hin, daß hier auch der Widerstandskämpfer und spätere sozialistische italienische Staatspräsident Sandro Pertini gefangen war.

Am Hafen, vor der Stadtmauer, wird 1595 dem Großherzog Ferdinand I. als Großmeister des neuen Kreuzzugsordens zum hl. Stephan ein Denkmal gesetzt (Bildhauer: Giovanni Bandini): zur »Befreiung« des Meeres von den türkischen Piraten. Jede Partei sieht die Geschichte auf ihre Weise. 30 Jahre später werden vier gefesselte Schwarze – angeblich Seeräuber – auf den Sockel des Monumentes gesetzt (1623 von Pietro Tacca). Diese Schwarzen sind die Opfer, die unter dem Zwang der Verhältnisse die Galeeren ihrer Feinde gegen ihre Landsleute rudern müssen; der Fürst hält sie für seine drei Galeeren in der berüchtigten großen Kaserne Livornos, im Bagno. Rund 1000 Menschen logierten hier einst in der Winterzeit: Zwangsarbeiter, Kriminelle und Freiwillige. Sie fertigten Pfeifen, Schachteln, Schuhe an. Unter ihnen befanden sich Sklaven, die in diesem wichtigsten Umschlagplatz des Menschenhandels im nördlichen Mittelmeer als Ware umgesetzt wurden.

So riesig die alte absolutistische Stadtanlage ist, gegenüber den großbürgerlich-absolutistischen Erweiterungen im 19. und 20. Jahrhundert rund um sie herum erscheint sie klein. Der »kultivierte Gigantismus« der Großherzöge wird später unter der Schubkraft entfesselter Produktivität, nostalgisch aufgenommen und nach Pariser Vorbild weitergeführt, vor allem nach Süden, gegen die Hügel und zur Steilküste des Meeres hin, wo sich die Reichen luxuriös ausbreiten.

Teilweise zerbombt, tritt an seine Stelle nach 1945 der »ungeschminkte Gigantismus« des Hochbauens. Wer sich ein Bild machen will, in welchem Maßstab die Produktivkräfte entfesselt werden, vergegenwärtige sich, daß der heutige Hafen mehrere hundert Mal ausgedehnter als das alte Hafenbecken ist. Zur riesigen Halle des Mercato Nuovo (1894). Westlich von ihm: die Wallstreet Livornos, die Via Cairoli. Banken schaffen absurde Architektur.

Neben Carrara wird Livorno eine wichtige Stadt für die toskanischen Anarchisten, deren Tradition heute meist innerhalb der PCI lebendig ist. Nicht zufällig ist Livorno der Geburtsort der Kommunistischen Partei Italiens – zwischen der Polizei-Burg und dem Platz der Inquisitions-Dominikaner: am 21. Januar 1921 verließ eine Gruppe von Sozialisten ihren 17. Parteitag im Teatro Goldoni und gründeten am Abend im Teatro San Marco an der Visa S. Marco die Kommunistische Partei (Gedenk-Tafel). Vom Theater blieb nur die Ruine erhalten.

Die Geld-Seite der Industrie-Stadt Livorno präsentiert sich im südlichen Vorort am Meer; der mondäne Badeort gibt

Partisanen-Denkmal

Einblick in die Geschichte des großbürgerlichen Badewesens. Man ließ sich auf vornehmen Boulevards sehen, baute sich bühnenartige Villen mit Dachterrassen, feierte die Elektrifizierung der Straßenbahn 1890 mit einem triumphbogenartigen Torbau (Barriera Regina Margherita), setzte in den Zwanziger Jahren avantgardistische Villen unter Bauhaus-Einfluß daneben.

Follonica. Und der Küstenstrich bei **Castiglione della Pescaia – Marina di Grosseto – Marina di Albarese. Orbetellos** Sand- und Felsenstrände sind wenig zugänglich, meist nur für die Flotten der Motorboote badefauler italienischer Ferienhaus-Eigentümer. Überall wo der Strand schön ist, findet man auch Campingplätze, oft in größerer Zahl, etwa südlich von **S. Vincenzo**.

Die Maremma-Küste

Die Küste der Toskana ist über 300 km lang. Überall, wo es einst Lagunen gab, findet man die charakteristische Düne mit ihrer tiefen Pineta und ihrem flachen Sandstrand. Bilden die Badeorte der **Versilia** geradezu eine dichte Kette, ineinander übergehend, so liegen sie südlich von Livorno in Abständen in der Landschaft.

Die meisten Bereiche sind mit dem Zug erreichbar. Auch die öffentlichen Verkehrsmittel sind gut. Selten führt die Hauptstraße am Meer entlang. Die schönste Aussichts-Strecke: südlich von Livorno bei **Antignano/Calafuria** – eine Steilküste wie im Bilderbuch. An einigen Stellen kann man schwimmen. Gelegentlich ein Blick auf die See: am Golf von **Baratti** (Nebenstrecke). Auf dem Deich fährt man ein kurzes Stück lang nördlich von **Follonica** (Nebenstrecke). Ein bißchen Sicht aufs Wasser: zwischen **Fonteblanda** und **Albinia** sowie auf der nördlichen Straße am **Monte Argentario**. Sonst muß man eigens ans Meer heranfahren.

Die Wasser-Vergiftung ist bereichsweise immens. Kein Fluß, keine Stadt, kein Industrie-Werk besitzt Kläranlagen. Oft steht der Dreck in breiten Streifen vor der Küste. Besonders giftig: die Chemie von **Livorno** (Raffinerien) und **Rosignano Marittimo** (Solvay), sowie die Stahlwerke von **Piombino**. Dazwischen und im Süden ist das Wasser relativ sauber. Den schönsten Badestrand hat die Strecke von **Marina di Castagneto** über **S. Vincenzo** bis **Populonia**. Aus dem Bilderbuch: der kleine Golf von **Baratti**. Ferner: ein Bereich um

Raubbau an der Natur

Wenn man das Küsten-Gebiet nicht nur als Bade-Vergnügen erleben will, gerät man mehr als anderswo in Schwierigkeiten, die Vielschichtigkeit seines Sinngefüges als gewachsener Landschaft zu durchschauen.

Auch an dieser Küste ist der Raubbau an der Natur unübersehbar. Vor allem durch einen chaotischen Ferien-Haus-Tourismus, der eine Baugesetzgebung auf dem Stand des Liberalismus des 19. Jahrhunderts und die Korruption ausnutzt. Das geht so weit, daß Spekulanten, um ihr Land dem Naturschutz zu entziehen, selbst Waldbrände anlegten und anschließend das Gelände teuer an reiche Leute verkauften. Zu Tausenden entstanden »wilde Villen« – ohne Baugenehmigung. Die Bauwut wuchs 1983, als die Regierung Craxi, um der Staatskasse Geld zuzuführen, ankündigte, sie werde ein Amnestie-Gesetz einbringen. Für lächerliche Buß-Gelder sollen die folgenreichen Gesetzes-Übertretungen verziehen werden, die anschließend für die Gemeinden, das heißt für die Staats-Kasse, riesige Finanzierungsverpflichtungen auslösen: wenn die »wilden Villen«-Besitzer »menschenwürdige Infrastrukturen« fordern (für die sie als Zweitwohnsitz kaum Steuern bezahlen).

Urlaubsgrüße von der Küste bei Follonica: Abgeblätterte Pracht und stillgelegte Erzbergwerke.

Vor allem der steile »Silber-Berg«, der Monte Argentario, wurde als Gold-Grube mißbraucht: überzogen von Ferien-Häusern vieler Bau-Moden, die Küste übersät von Motor-Booten. Baden kann man kaum und es badet auch kaum jemand. Von weither kommen die Besitzer, meist von Rom – zur Freude der Auto- und Mineral-Öl-Industrie.

Nur sehr langsam wächst die Einsicht und noch langsamer das Instrumentarium, die Natur-Ressourcen der Küste, vor allem die Naturgebiete wirksam zu schützen. Zunächst: die weitgehend an der gesamten Küste durchlaufende sehr schöne und vogelreiche Pineta, am interessantesten zwischen **Marina di Castagneto** und **Populonia**; seit den 60er Jahren den Bereich zwischen Ombrone und **Talamone**; die fischreiche Lagune von **Orbetello** mit ihren 130 Vogelarten, vor allem ihre südliche Düne, die Feniglia (nur mit Sondergenehmigung zugänglich); schließlich die Lagune von **Burano**. Allerdings ist die Durchsetzung des Natur-Schutzes schwierig und die Tugenden des »all'italiana« kehren sich hier oft in Schwäche um.

Der Tourismus wollte die charakteristischen Landschaften für viele Menschen aufschließen. Doch als sich die gleichermaßen hilflosen und kurzatmigen Hoteliers und Bürgermeister mit den Fremden auf einer reduzierten Konsum-Ebene trafen, fraß der Tourismus weitgehend auf, was er anzubieten hatte: die charakteristische Landschaft. Die meisten Bade-Orte besitzen heute das austauschbare Aussehen des Konsum-Tourismus. Hinzu kommt, daß der rasch hochgeputschte Boom stark konjunktur-anfällig ist. Zunächst wanderten viele ausländische Touristen in andere, billigere Länder. Jetzt schwindet der Geld-Strom der lückenbüßenden Italiener. Daher sind Camping-Plätze, Hotels und Restaurants oft selbst im August erheblich unterbelegt.

Innerhalb dieser allgegenwärtigen Struktur lassen sich jedoch an dieser Küste Entdeckungen in mehreren Sinnschichten machen: die »bittere Maremma« (Maremma amara); dann, in die Maremma hineingewoben, das älteste Industrie-Gebiet Europas (hier würde man es wohl kaum vermuten), mit einem kleinen Ruhrgebiet, dem Gesicht des anderen Italien; drittens eine Kette interessanter älterer Orte und schließlich die Inseln.

Wanderarbeiter: Ernte in der Maremma

Bittere Maremma

Meer-Gebiet (Marittima) heißt die Küste in der Antike. Der Dialekt macht daraus Maremma. In römischer Zeit ist sie die Kornkammer der Toskana. Soziale Konflikte. Der Volkstribun Tiberius Gracchus strebt eine Landreform an. Landwirtschaft in Großgütern – mit vielen Sklaven. Als Rom Ägypten zu billigen Getreide-Lieferungen preßt, ruiniert es die Maremma – der Mechanismus wird sich nach 1945 wiederholen: der Imperialismus gegen die Dritte Welt zerstört riesige Wirtschaftszweige Europas. Was zunächst für die Konsumenten billiger erscheint, müssen die Nachkommen in der Maremma jahrtausendelang, bis heute, bitter bezahlen – sie tragen die volkswirtschaftlichen Dauer-Kosten. Land-Verödung. Zusammenbruch der Bewässerungs-Systeme. Große Überschwemmungen. Abschwemmen von fruchtbarem Boden. Versumpfung. Malaria. Das Land wird weithin zur einsamen Wildnis. Viele Menschen müssen sich in die Berge zurückziehen. Aber dort ist der Boden karg, wuchert zu, wenn er von verzweifelten Familien erneut verlassen wird, muß erneut gerodet werden. Die Schicksale wiederholen sich. Seeräuber-Einfälle an der Küste. Im 13./14. Jahrhundert wird ein Netz von Wachtürmen angelegt, nach altrömischem Vorbild. Einsam ragen sie aus dem Buschwald (vor allem auf den **Monti dell'Uccellina**). Die verbliebenen Großgrund-Besitzer holen zur Getreide-Ernte und Oliven-Lese Saison-Arbeiter aus der Toskana – arme Leute von überall her. Vor allem in der Zeit der Verarmung der gesamten Region nach 1620. Der Hunger in den kargen Bergdörfern treibt sie, zu Fuß wandern sie 50 km, nisch-ironisches Sprichwort sagt: »In der Maremma wird man in einem Jahr ein reicher Mann, aber in sechs Monaten eine Leiche.« Die Armut erzwingt Kriminalität: die Maremma wird zu einer Art »Wilder Westen der Toskana«. »Sei beim Feuer abends im Haus, wenn du eine heile Haut behalten willst.« Banditen rauben heimkehrende Saison-Arbeiter aus. Viele Banditen aber sind stolze Männer, Kohlhaas-Naturen, die vor der Entstehung der Arbeiter-Bewegung im Ausrauben reicher Leute und Verteilen der Beute an die Armen die einzige

Tod in der Maremma (1895)

hausen in Lagern, arbeiten von der Morgenröte bis Sonnenuntergang. Für einen Liter Öl muß man 17 Kilo Oliven sammeln – in zwei Tagen. Dafür gibt es am Ende der Saison einen Scheffel Öl oder entsprechendes Geld.

Sprichworte, Gedichte, Lieder beklagen die »bittere Maremma«. »Alle nennen sie dich Maremma / alle nennen sie dich bittere Maremma«, singt man mit einer melancholischen Melodie, »der Vogel, der dorthin fliegt, verliert die Feder. / Ich habe einen lieben Menschen verloren / und zittre jedes Mal, wenn du hingehst, / denn ich habe Angst, daß du nie mehr zurückkehrst.« * Ein zy-

Möglichkeit des Protestes, der Umverteilung der Gerechtigkeit sehen. Ihre Geschichten werden abends vor der Tür erzählt, weitergetragen, auch von den Straßensängern.

Zwei Jahrzehnte benötigt die Obrigkeit, bis ihre Carabinieris den Briganten Domenico Tiburzi, der sich, müde geworden, nach **Capalbio** zurückgezogen hatte, umzulegen vermögen. Lange Zeit beherrscht Antonio Magrini die Gegend um **Montieri** und **Roccastrada**. Um 1860 gibt es im Gebiet um Grosseto wenigstens 300 Sozialbanditen, viele Frauen. Sie finden bei vielen Sympatisanten Unterschlupf, kampieren oft draußen, leben wie Nomaden, oft auch wie Eremiten-Aussteiger des Mittelalters. Die Geschichten spiegeln ihre Unabhängigkeit, ihren Stolz, ihre Listen, mit denen sie den Carabinieris oft über-

---
* »Tutti la chiaman maremma, maremma, / Tutti la chiaman maremma amara, / L'uccello che ci va perde la penna. / Io c'ho perduto una persona cara / E tremo ogni volta che ci vai / Perché ho paura che non torni mai.«

Der erschossene Sozialbandit Domenico Tiburzi – ausgestellt für den Fotografen

legen sind – »Waffen« der Schwachen gegen die Starken, eine Weise toskanischen Denkens. Im langen Briganten-Krieg »säubert« die Regierung die Maremma – unter entsetzlichen Opfern.

Die Trockenlegungen ziehen sich über ein Jahrtausend hin: Klöster beginnen damit. Leonardo projektiert sie. Cosimo und weitere Großherzöge scheitern am Kapital-Mangel, auch die österreichischen Lorena-Herrscher (1765). Die Küste bleibt einsam und wirtschaftlich uninteressant – auch für die Eisenbahn, deren erste Strecke erst 1907 und nur von **Livorno** nach **Vada** entsteht: für die neue Chemie-Stadt Rosignano-Marittimo des belgischen Multi Solvay.

Erst in den 30er Jahren gelingt die Umwandlung in fruchtbares Ackerland, nach 1945 die Beherrschung der Malaria. Heute wächst eine Garten-Kultur, oft in Treibhäusern. Die Spuren der Einsamkeit sind noch immer fühlbar, die Menschen sind spröde, oft einsilbig. Im Wirtschaftsboom verlassen erneut viele das Land. Und an der Küste zieht die auswechselbare Allerwelts-Kultur ein.

Die wichtigste Stadt der Maremma, **Grosseto**, spiegelt das Schicksal des Landstrichs. Im Mittelalter zwingt die Bevölkerung dem Stadtherrn die städtische Demokratie ab. 1336 unterwirft die Demokratie von Siena die Demokratie von Grosseto. Die Stadt fällt noch nach Montalcino 1559 dem Absolutismus in die Hände. Durch die Malaria schrumpft sie von 10 000 Einwohnern auf 1000. Was für ein Kontrast: innerhalb einer gigantischen medicäischen Befestigungsanlage, »kleines Lucca« genannt, wird Grosseto zu einem erbärmlichen Landflecken. Bei der Trockenlegung versuchen alle Beteiligten, sie wieder mit Prestige auszustatten: sie errichten den Glanz toskanischer Geschichte noch einmal – eine historische »Theater«-Stadt entsteht: eine mittelalterlich-sienesisch aussehende Domfassade (1840, Inneres 1294), ein Rathaus als florentinischer Palast, zugleich an die Französische Revolution erinnernd (1870), einen Provinzregierungs-Palast wie ein Rathaus in Siena (kurz nach 1900 und schließlich ein faschistisches Bankgebäude. Heute ist die Provinzstadt Grosseto ein zentraler Ort, in dem es eine Anzahl von interessanten Intellektuellen gibt, die unter anderem die Volkskultur der Maremma erforschen.

Nach der Trockenlegung des Sumpflandes wurde **Cecina** als neue Stadt geplant: ein Schachbrett-Raster von Straßen, mehrere Plätze, das übliche Hochhaus. Noch größer, noch mehr Hochhäuser: **Follonica**. Diese Orte machen sichtbar, was die Abwesenheit langer Entwicklungsprozesse für die Gegenwart bedeutet: ohne die Verknüpfung dessen, was in vielerlei Zeiten gewachsen ist, gibt es keine Komplexität, die für Einheimische und Fremde – unterbewußt, oft nicht eingestanden – die Faszination des Ortes bewirkt. Die Geschichte macht die Städte – viele Menschen machen die Geschichte – die Planer einer Stadt sind lediglich Mitwirkende.

Erdwärme-Kraftwerk bei Larderello

Das älteste Industrie-Gebiet Europas

Schon um 1000 v. Chr. wird hier Bergbau betrieben: in den Erzbergen des Hinterlandes, den **Monti metalliferi**, und in Elba, besonders dem Eisenberg von Rio Marina (bis 70 % Eisen) – bis heute. Auf ihnen basiert die Ökonomie der Etrusker.

Der Hafen **Baratti** unterhalb von **Populonia** ist der wichtigste Umschlagplatz, die Etruskerstädte **Vetulonia** (Reste erhalten) und **Roselle** (Stadtmauer erhalten) besitzen in der einstigen Lagune weitere Häfen. Neben Baratti entsteht ein ausgedehntes »Industrie-Gebiet«: eine Fülle von Schmelzöfen, Familienbetriebe, mit primitiver Produktionsmethode, die die Hälfte der Erze in der Schlacke zurückläßt. Häuser, Wege, Arbeiter-Hütten, Rauch... Breit werden die Schlacken-Hügel, wälzen sich langsam über die ausgedehnte Totenstadt – als man zwischen den Weltkriegen den Eisenschutt wieder benutzen will, stößt man auf sie und gräbt sie aus (Führungen in Gruppen von 10–12 und 14–18 Uhr).

Die Vielfalt der Erze wird von etruskischen Handwerkern in hochqualifizierter Weise verarbeitet – ihr Export wird die Basis ihres relativen Wohlstandes. Sie zieht aber auch die imperialistischen Römer an, die dieses Volk von untereinander völlig friedlichen Stadtstaaten unterwerfen. Unter der Oberherrschaft leben die Völker weiter. So erhalten sich in der Toskana die etruskischen Handwerks-Fertigkeiten, spielen in den mittelalterlichen Städten und wohl bis heute eine Rolle. Ohne die Kenntnis langer Zusammenhänge, das heißt Geschichte (Norbert Elias), wäre die Gegenwart undurchschaubar und könnte nur als unerklärbares, vielleicht mit mystifizierendem Glanz umhülltes Phänomen wahrgenommen werden.

Im Mittelalter ist **Massa Marittima**, lange Zeit Massa Metallorum genannt, das Zentrum des Bergbau-Gebietes. Eine der wichtigen freien Kommunen. Hier entsteht die älteste bekannte kodifizierte Gesetzgebung, der »Codice Mine-

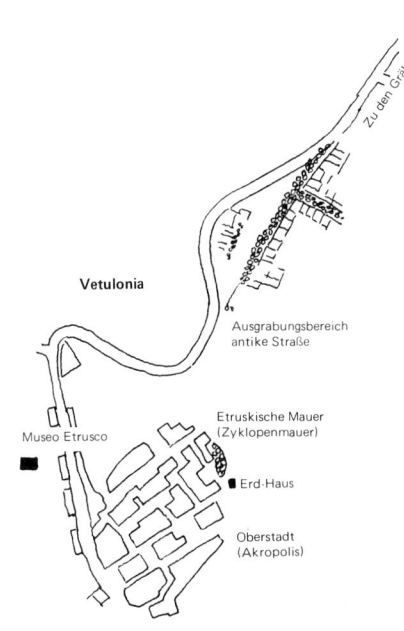

Älteste Erd-Häuser von Dauern (Vetulonia), ritualisiert im Etrusker Grab, in Siena gemalt, bei Grosseto noch als Stall im Gebrauch.

rario Massetano« (1310; in der Biblioteca Comunale).

Massa Marittima erleidet das typische Maremma-Schicksal: von der Malaria verheert, ist es 1735 ein ärmliches Dorf mit 327 Einwohnern, die ihre Häuser nicht vor den Wölfen zu schützen vermögen.

Als im 19. Jahrhundert, mit der beginnenden Industrialisierung, der Bergbau wiederbelebt wird, steht auch sein städtisches Zentrum wieder auf. Es wird, jetzt allerdings – im Gegensatz zu Grosseto – mit einem genauen, erinnernden Blick auf die wichtigste Zeit seiner Geschichte rekonstruiert. Jedoch ist seit einiger Zeit Massa Marittima erneut in Gefahr geraten: die Entvölkerung des Landes und die Schließung der Zechen (die letzte 1985) entzieht der Stadt die wirtschaftliche Existenz-Grundlage. Den Bewohnern erscheint die Situation absurd. Ein alter Bergmann: »Es gibt doch noch für 50 Jahre Pyrit.« Als Gegenmaßnahme wurde die Straße Follonica-Massa M. ausgebaut: sie soll den Touristen-Strom von der Küste – mit einem Tagesausflug (24 km) – durch die spröden Buschwald-Berge und die Großgüter in der Ebene ins Hinterland lenken – in die lohnende historische Altstadt von Massa Marittima. Ob dieser Tourismus einen zentralen Ort in einer weithin entleerten Gegend tragen kann?

Die Altstadt, die sich auch für einen längeren Aufenthalt lohnt, betritt man am besten von der Piazza Mazzini aus, wo (neben dem faschistischen Bau des Finanzamtes) einst unmittelbar hinter dem Stadt-Tor das Städtische Lager-Haus (Palazzo dell'Abbondanza, 1265, wohl Getreide-Speicher) steht. In seiner Bogen-Halle, einer der frühesten Loggien, wurden an der öffentlichen Quelle die Zug- und Trage-Tiere getränkt, verhandelten die Kaufleute, schwatzten die Leute im angenehmen Schatten. Links hoch kommt man auf den Hauptplatz, eine Piazza, die ihre Wirkungen aus ihrer zufälligen und dadurch unregelmäßig-vielfältigen Gestalt zieht. So entstand, verstärkt durch Nutzung und formende Intensivierung, ein Reichtum an Szenerie, der zum Besten der Toskana zählt. Die spannende Dramaturgie von Zufall und Gestaltung wird unterkühlt von der Spröde des Stein-Materials und dem herben Charakter der einzelnen Bauten.

Frühestes öffentliches Monumentalgebäude: der Dom. Am Beginn der Entstehung des städtischen Selbstbewußtseins, am Anfang des 13. Jahrhunderts, erhält er eine neue Fassade, die seinen öffentlichen Charakter intensivieren soll. Fast 100 Jahre baut man daran (1304; Chor-Verlängerung 1287), zitiert Pisas Ausdrucksweisen des Monumentalisierens und wechselt sie nach dem Vorbild des Baptisteriums in Pisa: am Ende orientiert an feinster höfischer Eleganz Frankreichs. Für das Volk wird eine Treppe angelegt, eine der interessantesten des Landes: mehrfach geknickt – zum Zuschauen und zum Gesehenwerden, zugleich Bühne und Zuschauer-Raum.

Gegenüber der Dom-Fassade wird dem Podestà und der vergrößerten Verwaltung ein Gebäude errichtet (1230). An seiner Rückwand, in der Seitenstraße angebaut: die Münzpräge-Stätte (Zecca). Heute haben dort die Balestrieri, die Armbrustbögen-Schützen ihren Sitz. Mit dieser Waffe, die aus der Entwicklung der Handwerkstechnik zu großer Genauigkeit und aus dem Kalkulieren mit enormer Disziplin resultiert, erhielt die »freie Stadt« in der Verteidigung eine technologische Überlegenheit über die Ritter zu Pferde. Denn die Waffe war aufgrund ihrer Treffsicherheit außerordentlich gefährlich und tötete oft gezielt die Heer-Führer.

Unter sienesischer Oberherrschaft, in der die Volksbewegung dominierte, wurde – auch als Zeichen einer begrenzten Selbständigkeit – das Rathaus errichtet (1344) – aus zwei Turm-Häusern (13. Jh.), die wohl durch Beschlagnahmung an die Volksbewegung fielen (später in der Mitte erhöht). Gegenüber: der überdeckte Teil des Platzes, die Loggia (1873 rekonstruiert).

Der dreieckige Platz geht in den kurzen Corso (Via Libertà über, der zu einem weiteren Platz und von dort in einen Stadtbereich kleiner Leute (popolo minuto) führt. Zwischen der Hauptstraße und der westlichen Parallelstraße läuft eine schmale, mehrfach überbaute Gasse, die ahnen läßt, daß es einst auch eine Kehrseite der Hauptfassaden gab (heute touristische Laden-Zone).

Von der Loggia aus lohnt es sich, die steile, oben treppenförmige Via Moncini hochzusteigen. Oben vor der Stadtmauer (1228) steht der Turm (Donjon) der Kommunal-Festung (später Uhr-Turm). Die Entwicklung der Produktivität, der Anstieg der Handwerks-Bevölkerung und der Zulauf vom Land, veranlaßte die Volksbewegung kurz vor 1300, oben vor der Mauer, eine zweite Stadt anzulegen, die Neustadt. Nach dem Muster der Festungs-Städte der Volksbewegung von Florenz. Ein genau berechnetes rechtwinkliges Straßen-Netz, eine breite Mittel-Achse, am Hauptplatz (Piazza Matteotti) eine Loggia, darüber ein Lagerhaus für die Waffen, und eine Kirche des Minderbrüder-Ordens San Agostino (1299), die zeigt, daß es ein Bereich der kleinen Leute war.

Das Museo di Mineralogia des Istituto

Bergbau-Museum

Tecnico Mineraria besitzt eine große Sammlung von Mineralien. Das Bergbau-Museum (Museo della miniera), in einem Arbeiter-Viertel, dokumentiert in einem 700 m langen Stollen vor allem die Arbeit der Bergleute. Auf dem Felsen: ein Denkmal für 1944 ermordete Bergarbeiter.

Das stadtnahe Bergbau-Gebiet findet man seitlich der Straße in Richtung Siena. Eine Fülle von Anlagen, heute stillgelegt, stehen im Buschwald. **Boccheggiano** besaß ein Bergwerk mit 1400 Arbeitern. Bei Kilometer 14 hat das Wasser des Flusses aus dem eisenhaltigen Gestein eine canyonartige Szenerie herausgebildet. Hoch oben auf dem Berg: **Chiusdino**, ein sehenswerter Ort.

Den Tagesausflug nach Massa Marittima kann man auch nach Norden in Richtung **Pomerance**/Volterra fortsetzen, wo man nach rund 30 km ins Zentrum des 200 qkm großen geothermischen Feldes von **Larderello** kommt. Schon die Etrusker gewannen hier aus Erd-Dämpfen und heißen Quellen Borsäure zur Herstellung von Email. Der österreichische Apotheker Hoefer (seit 1877) und der französische Graf de Larderel (seit 1818) legten acht Fabriken an, in denen durch Verdunstung des mit Borsäure angereicherten Wassers Bor- und Ammoniak-Derivate erzeugt wurden. Seit 1846 nannte man die wachsende Stadt Larderello.

Nach der Entwicklung der Elektro-Energie wurde die Nutzung des Dampfes zur Erzeugung von Strom (seit 1905) wichtiger – als Nutzung eines Natur-Kreislaufes von rund 40 Jahren: Regenwasser versickert in der Tiefe, gerät in Magma-Kammern, wo es erhitzt wird und durch Bohrungen an die Erdoberfläche zurückgelangt – dort wird es zum Antrieb von Dampf-Turbinen benutzt (Besichtigung nach Voranmeldung möglich). Der Bereich von Larderello und des Monte Amiata, wo ebenfalls Strom gewonnen wird, ist die größte geothermische Einheit der Welt. Zusammen produzieren sie über 400 Megawatt Strom (vergleichbar: Buschhaus oder Bremen) – für das gesamte Eisenbahnnetz Mittelitaliens.

Wie man im späten Mittelalter Eisen verhüttete, kann man sich an einer Hochofen-Anlage in **Capalbio**, südlich hinter Orbetello, vergegenwärtigen: in einer Art mehrfach vergrößerten Schmiede. Die Massen-Verhüttung von Erzen in Groß-Hochofenanlagen der entwickelten Industrialisierung suchte sich Standorte, die für die Schiffahrt, das heißt für den gesteigerten Massen-Transport, erreichbar waren – große Flüsse, Kanäle oder am besten die Küste. So entstand Italiens wichtigste Eisenhütten-Stadt: **Piombino**. An der Stelle, wo bereits die Etrusker Erz aus Elba an Land brachten, die Römer ihren Hafen Falesia hatten und sich bis heute der wichtigste Überfahrts-Ort nach **Elba** befindet. 1892 als gigantische Investition aus dem Boden gestampft: die Eisenhütte der Magona Italia mit 500 Arbeitern. 1892 noch größer: die Ilva (Italsider) mit 3500 Arbeitern. 1906: neben dem Bahnhof Portovecchio die Prodotti Prefrattari. Nach 1900 verbrauchten die Hochöfen Holzkohle (im Ruhrgebiet bis 1860) und plünderten damit die Natur aus.

Unter den Staubwolken der Hütte breitet sich die Vorstadt Projetto aus, ein Arbeiter-Dorf. Der Ortsteil Cortone und der Bereich um den Bahnhof Portovecchio ist das andere Italien – eine Art Ruhrgebiet wie um **Hamborn**, mit ähnlicher Luftvergiftung. Im Bereich der Altstadt gibt es viele Stätten der Arbeiter-Bewegung: Piazza Gramsci, Piazza Costituzione, Piazza Verdi. Nach großen Versammlungen, in denen die Anarchisten eine wichtige Rolle spielten, zogen die Demonstrationen zum Rathaus ...

Die Transport-Möglichkeit zu Schiff und mit der eigens dafür von **Livorno** aus angelegten Eisenbahn (1907) bewogen den belgischen Chemie Multi Solvay zu Füßen des kleinen alten Ortes **Rosignano Marittimo** (Burg mit straßenartigem Innenhof, außen: Denkmal für den Anarchisten Pietro Gori (1865 – 1911), eine gigantische Industrie-Anlage zu errichten. Daneben – nach nordeuropäischen Vorbildern – eine Gartenstadt für die Angestellten mit einer zu ihrer Zeit sehr umfangreichen Infrastruktur (Krankenhaus 1924, Theater 1927, Post, Schulen, Bibliothek, Badeanstalt, Clubs, Freizeit-Anlagen) und, neben der Hauptstraße, Arbeiter-Siedlungen. Belgien in Italien – wie eine Kolonial-Stadt.

Vorstadt **Projetto Piombino**. Niedrige Häuser. Enge Straßen. Eine vielfältige Szenerie. Der Bewohner Landino Landi, der dort im Arbeiter-Dorf einen kleinen Laden hat, sagt: »Tag und Nacht donnern hier riesige Lastwagen durch. Die Luft ist sehr schlecht. Hier gab's früher eine Straße in die Stadt, sie ist auf den Berg verlegt worden. Die Arbeitersiedlung ist weitgehend abgerissen worden. Es waren lange 4-geschossige Miethäuser. Einige seht ihr noch. Es gab Familienbäder und Waschhäuser. Die Kirche wurde abgerissen und anderswo neu gebaut. Bei Südwind (Schirokko) wird es ganz schlimm mit der Luft. Dann sind wir schwarz.

Die Betriebserweiterung hätte man weiter südlich im Sumpf machen müssen und nicht hier, wo die Leute wohnen. Schuld der Stadtverwaltung. Die Luft ist schlecht für die Lunge. Alle haben Silikose, eine Berufskrankheit. Aber es gibt nichts dafür. Bedenkt: die Italsider ist staatlich. Schule und Kirche liegen nebeneinander; aber hier glaubt keiner mehr an Priester, Schwestern und Brüder.«

Egidio Guerrieri, 68, erklärt **Piombino** *anhand der Erfahrungen seiner Lebensgeschichte: »Ich wurde 1914 geboren. Mein Vater war im Bergbau. Dann im 1. Weltkrieg. Dann krank. Mit 8 Jahren mußte ich nach der Schule arbeiten. Wurde geprügelt, für nichts. Ich lernte Eisengerüstbau. Dann war ich Soldat im Afrika-Krieg. Der Vater bekam eine Steinstaublunge – das nannten die Ärzte Asthma. Mutter lag mal 9 Monate krank im Bett. 1941 wieder in den Krieg – ich hab geheult wie ein Baby, war gegen den Krieg, wußte: das ist der Holocaust der Völker. 1947 zurück. In eine stark bombardierte Stadt. Seit 1936 arbeitete ich in der Fabrik. 1953 wurde ich rausgeworfen, wie ein Verbrecher, wie die meisten Kommunisten. Damals machte Innenminister Scelba, Christdemokrat und Mafia-Freund, das berühmte »Schwindel-Gesetz«. Gegen Kommunisten wurde eine gigantische Lügen-Kampagne aufgezogen. Kommunistische Arbeiter erhielten in Massen Berufsverbot. Die Arbeiter-Bewegung wurde kriminalisiert: die Polizei rückte in Kolonnen an, provozierte, griff willkürlich Leute auf. Minister Togni, später in den Bodenspekulations-Skandal des Flughafens Fiumincino verwickelt, ließ seine Klientel, christdemokratische Arbeiter, nach Piombino schaffen, damit sie uns kommunistische Arbeiter ersetzten. Dadurch sollte die »rote Hochburg« aufgelöst werden. Damals wurden viele Leute aus Sizilien und Sardinien geholt, die den Priestern glaubten. Religion war für sie wie eine Droge. Ich glaube an die Vernunft, ich liebe die Menschen. Alle Arbeit in den Werken geht auf Ausnutzung der Personen. Auspressen wie eine Zitrone. Nach dem Rauswurf 1953: lange Arbeitslosigkeit. Dann als Maurer. Aber die Baufirmen nutzten uns aus. Habe mit meiner Rente viele Nachteile. Wenig Pension.«*

Ansedonia. Am besten fragt man nach der »Tagliata Etrusca« an der Ostküste des kleinen Vorgebirges. An diesen eigentümlichen Fels-Spalten entzündeten sich Fantasien, die ihnen Namen gaben, wie »Spalte der Königin« (spacco della Regina) und magische Wünsche – bis heute. Man kann sich die Anlage detektivisch rekonstruieren. Zunächst gab es hier eine Lagune mit vielen Fischen und einen kleinen Fischer-Hafen (Reste sichtbar), vor dem Felsen unter der römischen Stadt Cosa. Der Weg der Schiffe führte vor dem Felsen entlang durch eine wegen des Wellenganges möglichst schmal gehaltene Hafen-Einfahrt, der zusätzlich eine Mole Schutz gab (Reste sichtbar).

Nachdem der erste Hafen an der Westseite von **Cosa** bereits versandet war und dem zweiten dasselbe Schicksal drohte, existenzgefährdend für die Stadt, entstand das Problem, die Versandung zu verhindern, Die Natur brachte die Hafen-Architekten auf eine Idee: offensichtlich war bei einem Abbruch der Steilküste ein Teil der Felsen so ins Meer gefallen, daß er vor der Küste eine lange Spalte bildete. Mit Hilfe von Steinmetzen wurde sie nun zu einem schmalen Wasserkanal ausgebaut, um Wasser auf eine ruhige Weise in die Lagune zu holen und damit den Wasserspiegel der Lagune zu stabilisieren. Wahrscheinlich hat man, als das nicht genügend half, in einem kleinen Steinbruch quer durch den Felsen einen zweiten, 20 m hohen Schacht gehauen, der die Wasserzufuhr verstärkte.

117

Alte Städte an der Küste

Der schönste alte Ort im Küsten-Bereich ist **Castagneto Carducci**: eine kleine Stadt auf einem Hügel, ohne irgendeine der Attraktionen, die gängige Reiseführer zur Aufmerksamkeit verleiten könnten – es genügt eine städtische Szenerie, deren gewachsene alltägliche Vielfalt eine große Wirksamkeit hat. Auf der Piazza del Popolo: Denkmal für den Anarchisten Pietro Gori (1865–1911). Unterhalb des Platzes des Belvedere – mit einem weiten Rundblick.

Westlich kurz vor Castagneto Carducci führt eine 4 km lange eindrucksvolle berühmt gewordene Zypressenallee schachtartig zum winzigen Burg-Dorf **Bolgeri**. Hier wuchs der Dichter und Nobelpreisträger Giosuè Carducci (1835–1905) auf.

Auf einem Felsen liegt **Talamone** – eine kleine Hafenstadt. 1303 kauft die Republik Siena sie für immens viel Geld aus dem Streubesitz der Abtei **San Salvatore sul Monte Amiata** – um einen großen Plan zu realisieren: mit Genua und Pisa in Konkurrenz zu treten. Dante bricht darüber in Hohngelächter aus. Das Resultat war mager.

Ambrogio Lorenzetti hat uns in seinem gemalten Bild (vor 1348; Pinacoteca Nazionale in Siena) nicht nur eine Ansicht, sondern auch eine zeitgenössische Interpretation des Ortes gegeben: Stadt ist hier als erstes eine zinnengespickte Festung; ihr Inneres ist republikanisch geprägt: eine dezentralisierte Bürger-Stadt mit vielen Plätzen. Heute bestimmen luxuriöse Wochenend-Appartements das Innere des Ortes und Motorboote den Hafen.

Eine ähnlich sienesische Stadt, eine Entdeckung, wo man sie kaum vermutet: das Centro storico von **Port'Ercole**. Es hängt an der steilen Küste. Eine schmale hohe Straße, die alles Draußen vergessen läßt, führt zur Piazza – sie öffnet sich als große Terrasse auf die Bucht. Eine Loggia: um sich an dieser Stelle geborgen zu fühlen.

Harter Kontrast – wie ein Film-Schnitt: auf dem gegenüberliegenden Felsen zeigt die gigantische spanische Festungs-Anlage, wie der Militär-Aufwand im Absolutismus eskalierte.

In der fischreichen Lagune von **Orbetello**: ein kleiner Hafen, einst auf einer Landzunge gelegen, von 1414 bis 1555 sienesisch, dann ausgebaut zur Residenz einer Kette von spanisch-imperialistischen Militär-Basen (**Talamone, Porto Santo Stefano, Port'Ercole, Porto Azzurro** auf Elba) – zur Erpressung italienischer Fürstentümer. Weil die spanische Staatskasse durch Kriege ständig bankrott ist, dauert der Ausbau zur Festung mehrere Generationen, bis 1620 – dann ist sie uneinnehmbar.

Links oben: Castagneto Carducci. Links unten: Zypressen-Allee nach Bolgeri. Unten: Ambrogio Lorenzettis Wahrnehmung der sienesischen Hafen-Stadt Talamone (Vor 1438; Pinacoteca Nazionale in Siena).

Die archipelagischen Inseln

Von vielen Stellen der Küste aus sieht man Inseln. Mit einer Stunde Schiffsfahrt erreicht man von **Porto S. Stefano** aus die **Isola del Giglio**, die Lilien-Insel. Von dort fährt nur einmal in der Woche ein Boot zur Insel **Montecristo**. Sie ist ein steiles Granitmassiv, einst wie Elba ein Vulkan (beide 7 Millionen Jahre alt) seit 1971 zum »Museum der Natur« erklärt, buchstäblich ein Rückzugsort für Pflanzen und Tiere, die vom Aussterben bedroht sind. In ihrer Einsamkeit wohnen nur wenige Menschen.

Von **Livorno**, noch besser von **Piombino** aus, erreicht man in einer Stunde Schiffsfahrt **Elba**: 30 km lang, 18 km breit, ein 1000 m hohes Granitmassiv eines erloschenen Vulkans, mit kahlem Gipfel und alten Kastanienwäldern. Seine 150 km lange felsige Küste mit vielen Buchten und das gute, klare Wasser machten sie zum bevölkerten Touristen-Ort. Im Rahmen der militärischen Vorposten-Strategie des Großherzogs Cosimo I. wurde zugleich mit Livorno der Hafen **Portoferraio** ausgebaut (seit 1548), auch zum Erztransport. Er sollte zur Weltstadt werden (Cosmopoli) – ein vergeblicher Traum.

Seine Bekanntheit verdankt Elba einem Ereignis, das meist als Anekdote wahrgenommen wird, selten nachdenklich. Nach dem Rußland-Feldzug 1812 wird dem abgesetzten Napoleon I. 1814 mit Elba das entlegenste und dörflichste Rückzugs-Fürstentum Europas zugestanden. Die versprochenen jährlichen 2 Millionen Francs aus Frankreich bleiben aus. Napoleon läßt zwei Residenzen improvisieren: für den Winter die Villa dei Mulini in der Stadt Portoferraio, für den Sommer das 6 km entfernte **S. Martino**. Lang hält er es nicht auf der Insel aus – nur 300 Tage. Dann stürzt er sich erneut in die Politik. Er verliert die Schlacht bei Waterloo – und sein Leben weit entfernt in der Verbannung auf der Insel St. Helena.

Das gängige Geschichtsbild stellt Napoleon als gekrönten Diktator, Egozentriker und Amokläufer gegen die Weltgeschichte dar. Tatsächlich war diese schillernde Figur zu ihrer Zeit der fortschrittlichste Machthaber Europas: er initiierte eine Fülle von Reformen – nach ihm breitete sich finstere Reaktion über Europa aus. Bei aller persönlichen Fähigkeit ist Napoleon vor allem das Ergebnis von historischen Konstellationen – man mag in Elba darüber nachdenken, warum gerade diese Insel ein Symbol darstellt. Die Demokraten Europas haben Napoleon überall begrüßt – zur Strecke brachte ihn die große Koalition rückständiger Kronen.

Südtoskana:
Rund um den großen Vulkan

Gutshof im Oberland der Maremma

Die Südtoskana: »Oberland« der Maremma und Umland eines gigantischen Vulkans, des **Monte Amiata** (1 738 m). Allgegenwärtig steht er vor Augen, unbewegt, ein liegendes Kamel mit zwei Höckern. Dieser Teil der Toskana ist am wenigsten bekannt. Touristen besuchen ihn selten: er entspricht nicht den gängigen Klischees und hält keine sogenannten großen Denkmäler bereit. Doch ist gerade hier die Toskana urtümlich erhalten. Der Grund ist bitter: die Entvölkerungskatastrophe war an dieser Stelle besonders brutal. Die Dörfer sind oft geradezu Altenheime. Was wir als ungestört bewundern, hat seine tiefgestörte Innenseite.

Vom Meer aus durchquert man zunächst eine charakteristische sienesische Landschaft: sanfte Lehmhügel. In diesem Maremma-Gebiet besetzten 1904 Landarbeiter den Boden, auf dem sie arbeiteten. Zwischen **Marsiliana** und **Albinia** drehte Piero Mechini 1982 auf dem Gut Polverosa einen Dokumentarfilm über die Kämpfe von 1949 für die Landreform. Dann erreicht man die Hochfläche. Steil graben sich Flüsse in den weichen vulkanischen Tuff-Schlamm. Trocken ist das Plateau, üp-

Sovana um 1900: Nachbarschaftliche Arbeit

Pitigliano

pig wuchert es in den Tälern.

Hoch auf dem nackten gelben Felsen: **Pitigliano**. Der Tuff liefert billiges Baumaterial, bricht ab, Häuser stürzen in den Abgrund. Ein gewaltiger Äquadukt (1545), dann theaterhafte Szenerien: eine Burg, innen wie ein städtischer Hinterhof; ein weiter Platz zwischen den beiden tiefen Felsentälern; Aussichten. Auf der südlichen Achse durch ein Gassengewirr zur Felsenspitze; auf der nördlichen zurück. Die jüdische Bevölkerung, die sich im 15. Jahrhundert ansiedelte, besitzt noch heute eine Synagoge.

Das kleine Dorf **Sovana** (gutes Standquartier für Touren) gibt Stoff zum Nachdenken: Unter den Etruskern eine große Stadt. Verfall. Die Aldobrandeschi machen den Ort mit einer Mauer und einem riesigen Kastell (11. Jh.) zu einer gigantischen Festung. Einer ihrer Burgherren ist der Papst des Investitur-Streites: Gregor VII., der Kaiser Heinrich IV. nach Canossa gehen läßt (1077). Er wird von den aufständischen Römern vertrieben. Kriege und Katastrophen lassen Sovana erneut verfallen. Kurzer Aufschwung unter der Republik Siena nach 1413. Instandsetzung der Häuser. Rathaus und Loggia. Zuwanderung von 120 Familien. Neue Kriege, neue Not. Großherzog Francesco II. läßt 58 Familien aus dem Norden ansiedeln – alle sterben aus.

Das Elend des kleinen Ortes überliefert – ein Glücksfall – ein unbekannter Fotograf um die Jahrhundertwende in vielen seltenen Aufnahmen. Es steht in kaum mehr glaubhaftem Kontrast zum heutigen Erscheinungsbild des langen Straßendorfes mit seinem interessanten Hauptplatz. Denn eine tüchtige linke Gemeinderats-Mehrheit von **Sorano**, zu dem **Sovana** gehört, schuf eine beispielhafte Wiederbelebung – mit einer soziokulturell sorgfältigen Konzeption: Modernisierung, Denkmalpflege, Straßenpflasterung, Aufbau einer Gastronomie mit zwei Hotels, Aufarbeitung der Ortsgeschichte, Postkarten, Lärmschutz für Einheimische und Fremde.

Der interessanteste Bereich der vielen etruskischen Totenstädte rund um den Ort liegt westlich im tief eingeschnittenen Waldtal. Nach einer großen Straßenschleife kommt man zu Fuß zu den Felsengräbern, die sich dort einst sichtbar, heute durch Wald verdeckt, aufreihen. Unter jedem führt ein kurzer Stollen in die Großfamilien-Kammer: Der Tod wird wie das Leben angesehen. Der »rote Graf« Bianchi-Bandinelli, Kommunist und Archäologie-Professor, entdeckte sie. Die Wanderung führt zu einem Natur-Schauspiel von großer Wildheit: das Wasser grub tiefe Schächte in den weichen Tuff, die dann als Steinbrüche genutzt wurden. Wenn man durch den letzten aufsteigt, ans Licht kommt, in der Waldschneise die Kirche von Sovana erblickt, kann man sich vorstellen, wie Dante – irgendwo in der Toskana – zu seiner intensiven Erfahrung der Landschaft kam. Weiter unten im breiter werdenden Tal kommt man zur größten Grabanlage, der fantasiebesetzten Tomba Ildebranda (um 200 vor Chr.).

Abstecher: In den Schwefelbädern von **Saturnia** kann man sich unter den Wasserfällen draußen im warmen Wasser aalen – ein einzigartiger Genuß der Natur.

Die Felsenstadt **Sorano** erschließt sich in einer Dramaturgie, die aus einem Film stammen könnte: Ein wildes Tuff-Tal; eine Brücke; in den Felsen eingeschnitten: die Straße; der Eingang zum Ort – mit spannendem Ausblick: gegenüber Felsengräber (1. Jh. v. Chr.). Die mittelalterliche Stadt zählt zu den eindrucksvollsten der Toskana: was man in spätmittelalterlichen Bildern als fantastische Malerei ansehen möchte, hat man hier (noch) original vor sich. Jede der zahlreichen Straßen lohnt es sich hoch- und herunterzugehen.

Beim langsamen Aufstieg zum **Monte Amiata** gibt es weite Blicke: bis zum Meer. Auf dem Friedhof in **S. Fiora** Grab des christlichen Kommunisten David Lazzaretti (1834–1878). Er lebte in der mittelalterlichen Stadt **Arcidosso**, (dort gab es im Kampf zwischen Siena und den Medici (1556) Überläufer und 169 Verbannte). Viele Häuser tragen das Symbol der »Gesellschaft christlicher Familien« Lazzarettis. Auf der Piazza Independenza sollte 1869 ihre große Kirche entstehen. Jeden Samstagnachmittag macht die Gemeinschaft zu Tausenden den langen Fußweg auf den Monte Labbro – symbolisch ein ähnlicher Ausbruchsversuch wie ihn viele soziale Bewegungen machten, die Eremiten-Aussteiger, Franz von Assisi, die Leute um Fra Dolcino. Sie versuchen, sich der Unterdrückung einer korruptscheinheiligen Gesellschaft zu entziehen und ihre eigene Republik zu errichten.

Das Thema ist immer noch heiß: der Bischof von Grosseto und das christdemokratische Ministerium blockieren den Straßenbau. Das einsam stehende Haus mit drei Windgeneratoren ist einer der Nachfolge-Sitze der »Republik Giurisdavidica« Oben auf dem kahlen Berg, in 1193 m Höhe: der Versammlungsplatz, die Eremitenwohnung, links die vom Haß »rechtgläubiger« Geistlicher zerstörte Kirche, rechts die Grotte, darüber der von der Gemeinschaft als Symbol für das Bündnis zwischen Gott und den Armen gebaute Turm (heute auch Beobachtungs-Sitz des Waldbrand-Wächters). Grandioses Panorama: der Vulkanberg. Dampfwolken aus dem Erdwärme-Kraftwerk von Bagnore (man kann es besichtigen). An der Einfahrt nach **Arcidosso**, neben der großen Treppe zum Hügel des Gefallenen-Denkmals steht ein Gedenkstein für David Lazzaretti: an der Stelle, wo ihn 1878 Carabinieris umbrachten – bei der Rückkehr vom Berg.

Der Vorgang: Carabinieri-General De Luca: »David, hör auf und geh zurück, im Namen des Gesetzes!« – »Ich gehe im Namen des Rechtes nach vorn.« – »Zeig mir die Erlaubnis.« – »Hör auf mit dem Komplott.« – »Ich gehe nach vorn im Namen von Christus, wenn ihr Frieden haben wollt, bringe ich ihn, wenn

David Lazzaretti

ihr Blut haben wollt, hier meine Brust, ich bin das Opfer.« Ein Brigadiere schießt. Tote. Der Erzpriester von Arcidosso nach dem Mord: »Es tut mir leid, aber es gab keinen anderen Weg, ihn wegzuräumen.«

Im Dorf **Poggio Marco** hatten die Giurisdavidici stets die meisten Anhänger. Dort lebt die Kirche weiter, trotz vieler Drohungen – bis heute. In **Zancone** wohnt ihr Führer: Turpino Chiappini. – Sie sympathisieren mit den Kommunisten, die in der Umgebung die absolute Mehrheit haben.

Castel del Piano: eine interessante Altstadt. Ein weiter Ausblick. Den Fuß des **Monte Amiata** überziehen ausgedehnte Kastanienwälder, einst für die Bauern nützlich. Auf 1000 m Höhe: kühler Buchenwald. Der Vulkan entstand vor 2,3 Millionen Jahren und erlosch vor 400 000. Sein reich mit Mineralien gefüllter Bauch wurde seit jeher »ausgegraben«. Die Etrusker gewannen hier Zinnober. Seit 1846 förderten die Bergleute in den Gruben von **Abbadia S. Salvatore** vor allem Quecksilber. Ihre Modernisierung von 1860 schuf ihnen noch härtere Arbeitsbedingungen, mit schweren Gesundheitsschäden, – dennoch wollten die Bergarbeiter von der Bewegung der christlichen Kommunisten David Lazzarettis, die einen breiten Anhang in der ganzen Umgebung fand (und bis heute große Sympathie genießt), nichts wissen. 1929 wurden hier 35 % der Weltproduktion gewonnen. Unterhalb des Werkes stehen ausgedehnte Arbeiter-Siedlungen.

Die Benediktiner-Abtei (6. Jh.) war einst einer der größten Landbesitzer der Toskana. Sie verlor ihren Einfluß an die produktiveren, Geld schöpfenden Stadtrepubliken. Die Bevölkerung des Ortes erstritt sich als Volksbewegung 1314 die Selbstverwaltung. Die Altstadt liegt szenenreich auf der Talkante. Sehr lebendig ist die Piazza del Mercato. »Hier sind 90 % Kommunisten«: Über vielen Türen findet man, ähnlich wie die Zeichen der Dreikönige, Hammer und Sichel angebracht. Das Haus Via Pinelli 32 erinnert an »Cesare Daddi, den Gründer der Arbeiter-Gesellschaft und Rechtsberater der Arbeiter sowie Kämpfer gegen Aberglauben und Vorurteile im 19. Jahrhundert.«

Die Kamelhöcker des Vulkanberges Monte Amiata, von Südwesten aus gesehen.

Siena

Siena hat seine eigene Geschichte und seinen eigenen Charakter – in vielem anders als Pisa, Lucca, Arezzo oder Florenz. Er ist für den Fremden, den Augenschein fasziniert, nicht leicht durchschaubar. Wenn man sich Siena erschließen will, kann man – ausnahmsweise – ungewöhnlich anfangen: auf dem Rathaus-Turm. Von hier aus wird ein Charakterzug der Stadt gut erkennbar. Siena streckt sich auf den Hügeln aus wie die Finger einer Hand. Zugleich wächst das Land in die Stadt hinein – es reicht bis knapp hinter das Rathaus.

Tatsächlich besitzt Siena eine besonders eigentümliche Stadt-Land-Beziehung, die sich deutlich von der von **Florenz** unterscheidet. Der weite Ausblick hat hier etwas Territoriales: er gibt den Eindruck, über ein ganzes Land hinwegblicken zu können.

Dieses territoriale Bewußtsein stammt nicht allein aus dem unmittelbaren Augenschein, sondern stark aus der besonderen politischen Entwicklung Sienas und seines Umlandes. Seit römischer Zeit wohnen Landbesitzer in der Stadt. Dort sprachen sie sich schon früh ab und organisierten sich in einem Verband. Ihr Stadt-Bewußtsein richtete sich gegen ihre Landbesitzer-Konkurrenten im Umland: um deren Herrschaft zu brechen, zwangen sie sie, in die Stadt zu ziehen. Für das Bürgerrecht mußte jede Adelsfamilie ihren Herrschaftsbereich der Stadt unterwerfen und ein Haus in Siena bauen. Etwa 50 Familien sind es schließlich. Sie errichten ihre Sitze in der Stadt nach dem Vorbild der ländlichen Burgen: als Wohn-

155/8

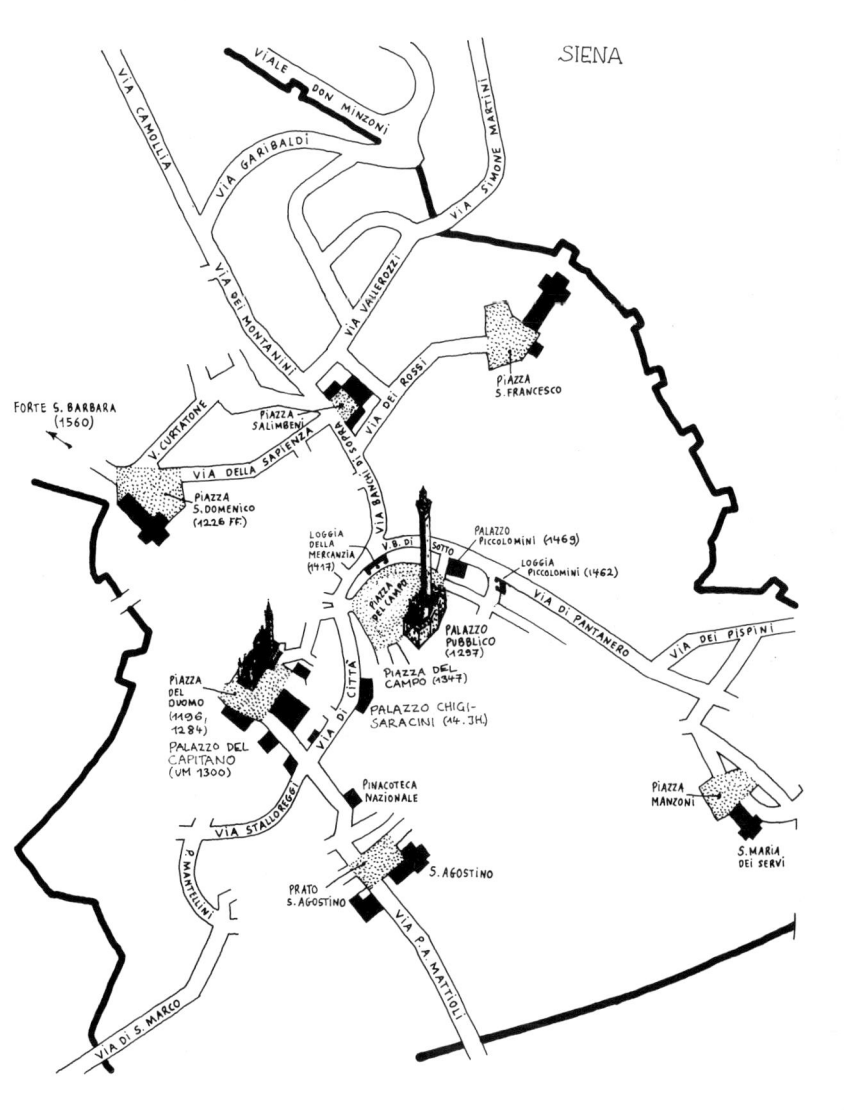

Ambrogio Lorenzetti: Die gute Regierung in der Stadt...

türme; oder sogar als große Kastelle. Alte Stadtansichten zeigen einen Wald von hohen Türmen, die fast die Höhe des Rathaus-Turmes erreichen. Vom Stadtturm aus sieht man immer noch, daß die Mitte von Siena von diesen Burgen monumental besetzt ist.

Die Landbesitzer kaufen über Jahrhunderte hinweg in der Südtoskana und im Küstengebiet (Maremma) immer mehr Land auf. Städte, die den Verkauf an Sieneser behindern, werden militärisch bedroht. Auf einem großen Teil des Landes wird – bis heute – Getreide angebaut. In Siena wird es weiterverkauft. Und bei Hungersnöten damit spekuliert. Die Salimbeni und weitere Sippen werden superreich davon.

Aus diesem besonderen Stadt-Land-Bezug geht die Landschaftsmalerei hervor, die sich in Siena früh entwickelt. Ihr wichtigstes Werk ist die Darstellung der guten und der schlechten Regierung im Saal der Beigeordneten (Sala della Pace) des Rathauses (1338 von Ambrogio Lorenzetti). Diese weit ausgefaltete Landschaft ist ebenso wie in späteren Bildern (meist in der Pinacoteca Nazionale) mit einem Herrschaftsbewußtsein wahrgenommen: als Überblick über den Besitz und als genauer Einblick in die Details seines Funktionierens. Die Bilder zeigen uns im einzelnen, wie es auf dem Land aussieht und zugeht. Wir streifen durch die Formen des Ackerbaues, beobachten die Arbeit der Bauern, ihre Häuser und Dörfer, sehen den Wald und die Einöden, erkennen aber auch die militärischen Herrschaftsformen in den vielen unterschiedlichen Landburgen. In mehreren Schlachtenbildern der Sala del Mappamondo im Rathaus werden am Rand des Geschehens die erbärmlichen Hütten der Bauern dargestellt: zeltartige Holzgestänge mit Strohdächern.

Die Landbesitzer investieren ihre Gewinne auch in der Stadt. Ebenso wie draußen kaufen sie offensichtlich geradezu manisch Boden auf und lassen darauf bauen. Oder sie erwerben Häuser. Um 1320 gehört ihnen ein großer Teil der Stadt. So hat zum Beispiel die Sippe Malavolti um S. Egidio 90 Prozent aller Gebäude mit kleinen Läden in der Hand, die Sippe der Ugurgieri um S. Vigilio 75 Prozent. Die Händler müssen von ihnen ihre Lokale mieten. Die Adelssippen umgeben sich also auch in der Stadt mit einem kleinen Territorium: mit vielen Häusern und kleinen Höfen (zum Beispiel Castello Ugurgieri an der Via Cecco Angolieri). Jetzt kann man auch begreifen, warum Siena ganz anders als Florenz aussieht: diese Großgrundbesitzer haben das Interesse, den Boden für ihre Mietshäuser erheblich höher auszunutzen als die Fülle der Mittelschichten-Eigentümer in Florenz. So entstehen in Siena Straßen mit außerordentlich hohen Häusern – bis zu acht Geschossen, eine Art Manhattan des Mittelalters. Diese Enge und Steilheit der Straßen und Gassen hat die Fremden seit jeher überrascht. Es darf auch nicht wundern, daß das zentrale Thema der Florentiner

... und auf dem Land (1338/1339); Palazzo Pubblico in Siena

Kunst, die Entwicklung des auf den Menschen bezogenen Raumes und einer daraus resultierenden Figürlichkeit in Plastik und Malerei, in Siena immer nur eine nachgeordnete Rolle spielt und Florentinisches stets eher als eine Art herrschende Mode angeeignet wird. In Siena dominiert eher der vom großen Landbesitz stammende Charakter archaischer Größe – von den Details der riesigen Türen und Fenster bis zu den Großformen der Privat-Burgen.

Die Klassen der Bevölkerung bleiben nicht rein erhalten. Die städtischen Landbesitzer wenden sich schon früh bürgerlichen Tätigkeiten zu: alte Adelsfamilien werden auch Geldwechsler und Bankiers; und eine großbürgerliche Bankiers-Familie wie die Chigi investiert in Landbesitz und wird adlig (1377); adlige Familien wie die Malavolti und die Piccolomini gründen weit ins Ausland reichende Handelsgesellschaften. Dies verstärkt die Tendenz der Regierungsweise, stets Teilhabe und Interessenausgleich zu suchen. Zunächst mischt sich der Bischof in die Grafen-Herrschaft ein, drängt ihn früh in den Hintergrund. Dann muß er den Adelsfamilien eine schrittweise Selbstverwaltung zugestehen und findet sich schließlich politisch entmachtet. Schon kurz nach 1200 regieren Konsuln, gestellt von den Adelssippen. Ihre Zweierzahl bedeutet, daß es innerhalb des Adels Machtgruppen gibt und daß man über eine Beteiligung den Ausgleich sucht.

Um 1200 beginnt das Volk, sich politisch zu organisieren – in den einzelnen Stadtbereichen (Contraden): als »Vereinigungen des Volkes« (società del popolo, zuerst 1213) – gegen die Militär-Organisation der »Ritterschaft« (milites). 1261 setzt es durch, daß die 18 Bürgermilizen sich als städtische Einrichtungen organisieren können. Die Lage ist gespannt: nachts halten in jedem Stadt-Drittel 500 Männer formell Wache – tatsächlich jedoch aus Furcht vor einem Staatsstreich der Magnaten und Adligen. Mißtrauen beherrscht die Stadt. Der Milizen-Sprecher, der Capitano del Popolo mit Sitz in der Via del Capitano, bildet schon seit 1250 ein kontrollierendes Gegengewicht gegen den Podestà.

Der Höhepunkt der Macht der kaisertreuen Ghibellinen mit dem überaus blutigen Sieg über die Florentiner Guelfen 1260 bei **Montaperti** (10 000 Tote und 15 000 gefangene Florentiner) ist ein Phyrrhus-Sieg. Der mit den Guelfen verbündete Papst steckt ganz Siena in den Bann. Das bedeutet, daß die Schuldner die Sieneser Kaufleute nicht mehr bezahlen müssen. Folge: eine große Wirtschaftskrise. Sie ist offensichtlich die Stunde des Volkes, der Handwerker und Händler in den Vorstädten. Sie treibt auch viele große Kaufleute – opportunistisch – auf die Seite der guelfischen Volksbewegung. Schon zwei Jahre nach Montaperti (1262) muß die Oberschicht dem Volk das Recht auf die Hälfte aller öffentlichen Ämter zugestehen – gewiß nur unter großem Druck.

Ambrogio Lorenzetti: Die gute Regierung

Als dann sechs Jahre später Karl von Anjou den äußeren Schutzherrn der Ghibellinen, den Sohn des Staufer-Königs Konrad IV., Konradin, bei **Tagliacozzo** schlägt (1268) und in Neapel spektakulär hinrichtet, besiegen die Guelfen von Florenz 1269 Sienas Ghibellinen. Innenpolitische Folge: die Volkspartei gewinnt in Siena die Oberhand.

Ähnlich wie in anderen toskanischen Städten werden die »Großen« zunächst weitgehend politisch entmachtet: 1277 kommen 53 Sippen auf die Liste der entrechteten Adligen, 1310 90, als nun auch der kleinere Adel eingeschlossen wird. Der Adel reagiert mit »weißem Terror«: die Tolomei legen sich eine Privatarmee zu, besetzen zwei außerhalb gelegene städtische Burgen und beschäftigen lange Zeit die Heere der Republik. Die Salimbeni entfachen mehrere Bürgerkriege in der Stadt und werden dann verjagt. Entführungen. Grausame Morde.

Aber die Mittel- und Unterschichten haben erheblich weniger Wirtschaftsmacht und sind weit weniger zahlreich als in Florenz, auch weniger gut organisiert. Dies hat weitreichende Folgen. Die Stadtregierung wird nie, wie in Florenz, zu einer Demokratie der Wirtschaftsorganisation (Zünfte) entwickelt, sondern getragen von der Militär-Organisation der Bürger (Bürger-Milizen) der verschiedenen »Berge« (monti) – von den 17 Stadtbereichen (Contraden). Sie haben 1310 sogar eigene Bürgermeister. In ihnen bilden sich nun Machtgruppen, die quer durch alle Schichten verlaufen. Den diskriminierten Adelsfamilien gelingt es aufgrund ihrer Wirtschaftsmacht und mit Gerissenheit immer wieder, in sie einzudringen und sie zu dirigieren. Auf vielerlei Weise. Daher sind und bleiben die Guelfen Sienas von Anfang bis Ende eine Partei, in der sich der adlige und großbürgerliche Anspruch viel stärker entfaltet als in Florenz und die daher erheblich konservativere Züge trägt. Dante spottet grimmig über die Reichen Sienas: Der Tod macht diese Mächtigen gleich, nach dem Tod spricht keiner mehr laut über sie.

Auf die Dezentralisierung in Stadtteile geht auch die überaus große Zahl der Tore zurück. Ihre Öffnungszeiten wurden vom Stadtteil selbst bestimmt. Vor allem im Reiterwettkampf des berühmten Palio symbolisiert sich bis heute das Eigenleben der Contraden. In den Zeitungsläden findet man regelmäßig erscheinende Zeitschriften, die über das Leben in den Stadtbereichen informieren (Il Mangia, Periodico Contradaiolo 3 di vita senese).

Die erste Volksbewegung 1262 führt dazu, daß ein »Rat der 24« gegründet wird – aus Mitgliedern der kaisertreuen Ghibellinen-Partei. Nach der Niederlage Sienas 1269 wird der große Rat des Volkes mit 600 Mitgliedern und eine Exekutive, der »Rat der 36«, aus allen Machtgruppen gebildet – mehrheitlich aus Großkaufleuten der Guelfen. 1277 wird diese Mehrheit ein für allemal festgeschrieben. Nach dem »Rat der 15« (1280) entsteht der »Rat der 9«. Das bedeutet: stets werden Machtgruppen ausgebotet. Auf dem Weg über die Querbeziehungen der Guelfen wird mit Florenz ein langer Friede bewahrt.

In dieser Epoche des relativ volksnahen großbürgerlichen Regierens werden umfangreiche öffentliche Bau-Maßnahmen entwickelt: zur Verschönerung der Stadt-Pflasterungen, der neue Dom (unvollendet), viele Brunnen, erweiterte Stadtmauern. Vor allem das

Palazzo Pubblico: Sala del Mappamondo

RATHAUS (1297, ›Palazzo Publico‹)

– ein typischer Ausdruck der Volksbewegung. Um Mühe und hohe Kosten für Häuser-Abrisse zu sparen, wird es hinter der Markt- und Spielwiese des Campo gesetzt. Als große Landburg in der Stadt – mit militärischen Macht-Gebärden: Haussteine, Mittelturm (1860 seitlich erhöht), Zinnen. Seine Ausmalung ist die umfangreichste der Toskana und gibt reiche sozialgeschichtliche Einblikke. Man kann sehen, wie der Maler Spinello Aretino 1407 die Stadt wahrnimmt und Galeeren-Sklaven Krieg führen müssen. Im Hauptsaal wird die Mutter-Gottes (1315 von Simone Martini) als Königin, Schutzpatronin und Sieges-Göttin präsentiert. Militär und Krieg dominieren. Im Bild an der gegenüberliegenden Wand gewinnt allein der Söldnerführer den Krieg (Simone Martini, 1328). Das Interesse an der Landschaft erschöpft sich in ihrer Darstellung als leerer Aufmarschplatz. Den armen Bauern wird zwischen ihre erbärmlichen zeltartigen Hütten ein Heerlager gesetzt. Darunter: eine weitere Militär-Anlage (14. Jh.)

Im linken Bild an der Längswand (1383 von Lippo Vanni) ist die Landschaft ebenfalls ein Aufmarschplatz. Diese Malerei erklärt die gesamte Kriegführung ihrer Zeit – bis ins Detail. Der Krieg wird zum erstenmal nicht mehr wild, sondern mit wissenschaftlichem Anspruch (»dottrina«) betrieben. Ferner sieht man alle Typen der Militär-Architektur: den Wohnturm mit Balkonen, das große Kastell, die Festungsstadt und die befestigte Bürger-Stadt.

In der Zeit der beginnenden Krise (Kriege, Hungersnot 1326) erhält der Sitzungssaal eine eindringliche und detaillierte pogrammatische Mahnung: die bereits genannten, je 14 m langen Wandbilder (1338) von Ambrogio Lorenzetti) stellen die Folgen des »guten und des schlechten Regierens« vor Augen. Sie gehören zu den aufschlußreichsten sozialgeschichtlichen Dokumenten in der Malerei, sind Bestandsaufnahme und stellen zugleich die Ideologie der einflußreichen Auftraggeber vor.

Aufschlußreich ist die Bewußtseinsform: diese Regierung legitimiert sich nicht mehr in naiver Weise; in ihren Reihen gibt es Diskussion. Weiterhin macht das Bild deutlich, daß es in der Stadt mehrere Zentren gibt; und daß die Kirche sich einordnet. Die dargestellten Folgen »schlechten Regierens« sind bis heute aktuell: Hausverfall, Ruinen, verwaiste Felder, tote Bäume, Mord, Willkür, überall Militär und eine Justiz des Teufels.

Schwindelerregend hoch ist der Rathaus-Turm (1338/48) – er übertrifft mit seinen 102 Metern, konkurrierend, den Stadt-Turm von Florenz (94 m). Die Glocke rief die Leute zu den Volksversammlungen auf den

Blick vom Rathaus-Turm

CAMPO.

Ursprünglich war der Platz vor dem Rathaus ein Feld, ein Dorf-Anger, wie es der Name Campo noch heute ausdrückt. Weitere Spuren seines ältesten Charakters: die Form der Bucht im oberen Tal; und die Quelle. Hier entstand im Laufe der Zeit ein riesiger Markt für alles und jedes. Schon früh verlor er den Viehmarkt, den man auf die andere Seite des Rathauses, auf den Mercato Nuovo (heute Piazza del Mercato) verlegte, 1407 auch den Getreidemarkt. In einem langsamen Prozeß der differenzierenden Spezialisierung werden seine Funktionen verteilt: auf Straßen wie die Via Beccheria (Schlachterei), Via Pollaioli (Geflügel), Via Pescheria (Fisch), Via Porchettaie (Schweine), Via Galluzza (Hühner).

Wilde Spiele hat der Campo im Laufe seiner Geschichte gesehen – Gefühlsausbrüche großer Volksscharen, Spiele mit demokratischer Struktur: die Jagd auf dem Stier (Bufalata), eine Art bäuerliches Rodeo, und die Asinate (Eselei), ein kollektiver Boxkampf, zunächst als sehr schön bezeichnet, aber schon 1317 zur Stein-Schlacht degeneriert, vor der bei Anbruch der Dunkelheit jedermann flüchtet. 1324 kommt es noch schlimmer: 1800 Männer, in Stadtdrittel-Mannschaften von je 600, kämpfen mit Fäusten gegeneinander – greifen sich dann Knüppel, lassen sich von ihren Leuten Degen, dann Schwerter und schließlich Wurfspieße reichen; immer mehr Menschen strömen auf den Platz, kämpfen mit, zünden Häuser an – am Ende bleiben in diesem ganz unpolitischen Bürgerkrieg eines archaischen Campanilismo (Kirchturm-Denken) vier Tote auf dem Schlachtfeld. Der Magistrat verbietet das Spiel – aber nun werden Ball-Spiele (eine Art Rugby) zu Massenschlägereien umfunktioniert.

Auch beim Reiter-Wettkampf, dem Palio, gehört die Schlägerei zu den Ritualen. Die mittelalterlichen Spiele sind Ausdruck von noch wenig gezähmten Gefühlen. Was für ein Ausmaß an Grausamkeit diese noch wenig kontrollierte Gefühlswelt mit sich führte, läßt die Nachricht ahnen, daß durch eine Amnestie von 1334 1500 geflohene, des Mordes Angeklagte wieder in die 37 000-Einwohner-Stadt zurückkehren durften.

Palio auf dem Campo

1347 lassen die Bürger die Naturform des Platzes zur Kunstform intensivieren – das ist eigentlich die ganze »geniale« Gestaltung: mit einem Ziegel-Pflaster und Wasser-Abläufen aus Streifen widerstandsfähigen Materials – zugleich zur Gliederung. In der Zahl der Streifen darf man eine Anspielung auf den »Rat der 9« vermuten. Die Quelle (schon 1343 gefaßt) bleibt Brunnen und Pferde-Tränke. Ihre Figuren (1409 von Jacopo della Quercia) sind vielleicht ein Freiheits-Symbol für die 1404 nach dem Tod des Visconti-Herrschers wiedergewonnene Republik.

Das weite Becken des Campo besitzt keine menschliche Dimension: vor allem beim Palio kann man erleben, daß er ein Platz für riesige Massen ist.

Was Massen-Vernichtung bedeutet und welche zeitlich und strukturell weitreichende Folgen sie hat, dafür gibt die Pest in Siena ein erschütterndes Beispiel: sie rafft 1348 die Hälfte der Bevölkerung weg, darunter die beiden fähigsten Maler, Pietro Lorenzetti mit 43 Jahren und seinen Bruder Ambrogio mit 29 Jahren. Tiefste Krise: Unzufriedenheit im Volk, Putsche von Lumpen-Proletariat und Adel, jahrelange Bürgerkriege, Massen-Ausweisungen hochqualifizierter Handwerker. Drei Generationen lang (bis 1404) gelingt es nicht, alle Kräfte auszubalancieren, trotz Beteiligung aller Interessen-Gruppen.

Wechsel zwischen Demokratie und Diktatur: 1487 putscht einer der emigrierten Reichen, Pandolfo Petrucci, und regiert, ähnlich den Medici in Florenz, bis zu seinem Tod 1512. Sein Sohn wird 1516 verjagt. 1525 wehrt sich die Volksbewegung der Libertini erfolgreich gegen einen neuen Putsch und gegen das Heer, das der Medici-Papst Clemente VII. schickt. Aber 1530 muß man das kaiserliche Heer in die Stadt lassen, das sich dort eine Generation lang festsetzt. Es erpreßt eine großbürgerliche Verfassung. Die Volksbewegung vertreibt es 1552 zweimal in harten Straßenschlachten. Der kaiserlichen Rache dient sich Medici-Großherzog Cosimo I. trickreich an: ein Jahr lang belagert er die Stadt – und zerstört 1555 die Republik Siena. Im ungeheuren Widerstand war die Bevölkerung auf 8000 Menschen geschrumpft. Über 650 Familien versuchten ein letztes Mal, die Republik zu retten: sie emigrierten nach Montalcino und richteten sie dort wieder auf. Zusammen mit vielen emigrierten Oppositionellen aus Florenz. Nach vier Jahren starb diese – neben Lucca – letzte Republik der Toskana unter der Gewalt der Waffen des absoluten Fürsten.

Am Hauptpunkt des Straßensystems von Siena, das im Halbkreis ziemlich eben über die Hügelkette führt, baute sich die Kaufmannschaft ihre Loggia, ein Symbol für ihren Einfluß (1417/1444 von Sano di Matteo und Pietro del Minella). Von hier aus ist der Charakter des Stadtzentrums gut erkennbar: schmal erscheinende Straßen, gekrümmt, ungeheuer hohe Häuser, spröde Fassaden. Das »gemeine Volk« wohnt seit jeher in den Seitenstraßen und Vorstädten. Die Handwerkszweige gruppieren sich in Siena nicht um bestimmte Straßen. Vom Luxus der Reichen sieht man heute noch die Schaufenster gefüllt: mit

Hof im Urgurgieri-Viertel

den typischen Süßigkeiten wie dem Panforte, Cavallucci und vielen anderen Sorten, von vielen Firmen des Ortes hergestellt, die aus Handwerksbetrieben erwuchsen; man kann sie 100grammweise kaufen – und inzwischen ziemlich billig.

158 Links neben der Loggia: ein Turmhaus mit Balkon, unten mit Läden. Unmittelbar südlich neben der Loggia kann man am Vicolo di S. Paolo in der kleinen Bar rechts seinen Kaffee auch auf dem Balkon über dem Campo trinken. Südlich der Loggia wird die Straße breiter. Der Laden Nr. 48 (Lombardi) bietet die umfangreichste Postkarten-Auswahl. Vor ihm: ein Blick auf den Campo und das Rathaus.

Bergauf an der Krümmung der Straße
158 kommen wir zum Palazzo Saraceni (14. Jh.), der Kombination eines Turmhauses mit einem Bürgerhaus. Eine spröde Fassade – mit gewaltigem Prestige-Gebaren: Konkurrenz zum Rathaus. Bänke neben dem Eingangstor. Im Erdgeschoß eine große Durchgangshalle, dahinter ein Hof mit Brunnen, hoch umschlossen, unten und oben Loggien.

Schräg gegenüber imitiert der Palazzo Piccolomini den Medici-Palast von
162 Florenz (1460/1495 von Bernardo Rossellino). Ein genaues Zitat – allerdings
161 ohne Bänke und Loggia. Das heißt: er ist noch brutaler als sein Vorbild.

Hinter einem in die Straße vorspringenden Turmhaus kommt man rechts in die breite Via del Capitano. Links: der steinerne Palazzo del Capitano (um 1300), in der einst der Sprecher der Bür-
158 ger-Milizen der 17 Stadtbereiche seinen
159 Sitz hatte. Er sieht wie eine Landburg aus, ebenfalls sein Hof. 1371 machten Weber des Bruco-Viertels unter Führung ihres Volkshelden Barbicone einen Aufstand, stürmten den Palast und warfen den dort residierenden Polizeichef zum Fenster hinaus.

Schon früh geht der

DOM

in die Hand der Stadt über: 1196 entsteht ein Bürger-Ausschuß zur Finanzierung und Aufsicht über die Bauarbeiten. Größter Geldgeber ist die Stadt, hinzu kommen viele vermögende Bürger – das bedeutet Verfügung über die Kirche und ihre Politik. Der Campanile wird ein Stadtturm. Den unteren Teil der Dom-Fassade entwirft der Bildhauer und Ar-

Große Stadt-Burg der Chigi Saracini

chitekt Giovanni Pisano (1284/1296). Äußerlich gesehen zitiert er die Eleganz der Königskirche von Reims, aber genauer betrachtet macht er etwas aderes daraus: eine Loggia, die von vielerlei Ornamenten überkleidet wird.

Die Kirche sieht völlig anders aus als die spröden erdbraunen Gebäude der Stadt: wie eine Art Juwelenkasten, der vom Himmel gefallen zu sein scheint. Dieser Charakter verstärkt sich im Inneren, wo man sich rundherum in Ornamentik eingetaucht fühlen kann. Die Räume versammeln über Jahrhunderte hinweg das meiste, was über den Alltag hinaus angefertigt wird, und heben es auf. Sichtbar. Öffentlich. Sie sind Vorläufer der Museen.

Nach dem Verzicht auf die Dom-Erweiterung wird von 1369 bis 1518 viel Geld in das einzigartig reiche Bildprogramm der Marmor-Einlege-Arbeiten des Fußbodens investiert. Sie spiegeln in Symbolen das Bewußtsein: Angst vor der Zukunft (Sybillen), Kaufmannsgeist (Merkur), politische Allianzen mit anderen Städten, die Hoffnung auf Glück (Fortuna), Jagdleidenschaft, die Angst vor Massakern (Tod der unschuldigen Kinder, Militär, Krieg, Grausamkeit, sieben Lebensalter; Könige werden aufgehängt; der David ist wohl – ähnlich wie in Florenz – ein Freiheitssymbol.

In Nicola Pisanos freistehender Kanzel (1265, mit Giovanni Pisano u. a.) dokumentiert sich, neben der Bedeutung und Lust des Redens vor dem Volk, in den Reliefs der Spaß am Geschichtenerzählen, die wachsende Beobachtung von Gefühlen und Leidenschaften, Zuwendung und Kommunikation, auch die erwachende Lust an der Körperlichkeit.

An der Südwand: die Piccolomini-Bibliothek (1497). Pinturicchio malt die Versammlung bei der Krönung des Papstes Pius III. (1503) auf einem Platz: eine eher freundliche Anarchie, mit einem Hund im Vordergrund, der das Ritual symbolisch relativiert. In der Bibliothek läßt die Sieneser Piccolomini-Familie einen weiteren ihrer Söhne feiern: den Intellektuellen Enea Silvio, der lange zuvor (1448) zum Papst Pius II. gewählt worden war. Der Maler Pinturicchio macht in vielen Bildern, offensichtlich nach niederländischen Anregungen, einen sozialdokumentarisch sehr interessanten Streifzug durch einen großen Teil der alten Welt, wie sie kurz nach 1500 aussieht.

Der Ehrgeiz Sienas ging so weit, daß 1339 der alte Dom von einer noch gigantischeren Halle übertroffen werden sollte – um die größte Kirche der Toskana, größer als der Bürger-Dom von Florenz, zu besitzen. An der Nordseite: eiliger Aufkauf von Häusern für das neue Hauptschiff, das sich mit einem Platz zur Hauptachse Sienas, der Via della Città, orientieren und den alten Dom als Querschiff nutzen sollte; hektischer Bau der Rück- und Seitenwand – man kann sie sehen. Dann beendete die Pest-Katastrophe (1348) das Werk. 1355 erkannte man, daß die ausgeblutete Stadt die Mittel für ihren Ehrgeiz nie würde aufbringen können. Die Ruine symbolisiert die Massen-Vernichtung.

Die Treppe hinter dem Chor hinunter kommen wir nach rechts wieder zur Hauptachse, links zur Kaufmannsloggia. An der Wegegabel hinter der Loggia links. Der Straßenname Banchi di Sopra gibt an, daß sie im Mittelalter eine Banken-Straße ist, eine Art Wallstreet. Bis heute gilt Siena als reiche Banken-Stadt, als eine Art Schweiz der Toskana. 1938 heißt es, daß es keine schönere Straße gäbe, auch nicht in Florenz, aber sie sei beschädigt und leider seien jetzt Schuhmacher und Schneider hergezogen. Eine Anordnung schrieb nämlich vor, daß hier nur Bankiers, Seidenwarenhändler, Goldschmiede und Waffenhändler Läden eröffnen dürfen.

Vor der Säule mit der Wölfin, dem Stadtsymbol des mittelalterlichen »neuen Rom«, für das Siena sich damals hielt, steigt der gewaltige Burgpalast der Tolomei auf, einer der ältesten Sienas. Den Charakter kalter distanzierender Macht im Erdgeschoß (1208) gibt die Eleganz der Obergeschoß-Fenster (nach 1267) eine besondere Deutung: Macht als Schönheit. Eine Miniatur-Ausgabe dieses Festungshauses: Nr. 50/52.

Am folgenden Privatplatz: drei gewaltige Palast-Burgen. Die mittlere ließ die Familie Salimbeni bauen (14. Jh.) – Großgrundbesitzer, Getreidehändler und Bankiers, 1419 enteignet. Rechts baute 1470 der Bankier und Finanzmanager des Papstes Pius II., Ambrogio Spannocchi. Er ließ seinen Florentiner Architekten Giuliano da Maiano die neue Palast-Architektur von Florenz zitieren.

Salimbeni-Stadt-Burg

Zurück zur Wölfin und links in die Via Angolieri – einst Territorium der Ugurgieri-Sippe. Ein Viertel mit enger Nachbarschaft. Auf der Via Banchi di Sotto kommen wir zum riesigen Palast der Piccolomini (Nr. 52, 1469 wohl von Bernardo Rossellino) – ein weiteres Zitat von Florenz. In der Loggia feierten die Piccolomini und die Öffentlichkeit Feste.

Der folgende Brunnen gehört zu einem wegen der Hügellage sorgfältig ausgebauten Brunnen-System. Um ihn gruppierte sich einst viel Handwerk. Durch diese Straße ziehen die Palio-Umzüge – mit ungeheurem Trommeln. Man erkennt gut den Charakter der Stadt: eine lange Straße auf dem Kamm des Hügels.

Links kommt man auf der Via Pispina ins Nicchio-Viertel – im 13. Jahrhundert, wie viele andere, noch vor der Mauer gelegen. Eine Handwerker-Vorstadt mit kleineren Häusern. Rechts Nr. 68: das

Palio-Museum der Contrade. Dann folgt die Kirche der Contrade, die ebenfalls eine Ausstellung des Palio besitzt. Auf dem Platz finden die Essen nach dem Palio statt. Das Haus des Stadtteils ist Bar, Restaurant, Ausstellungsort, Treffpunkt. Von der Terrasse blickt man auf das Tal mit Olivenkulturen und über die Stadtmauer hinweg ins Land.

Rund um Siena

Die Lehmberge (crete)

Im Mittelalter bedrängt Florenz die Republik Siena, sitzt ihr immer auf dem Leib. So orientiert sich Siena nach Süden: in die Landschaft der Crete, des Lehmbodens. Als Getreideoberfläche ist er goldgelb; nach der Ernte wird er in der langen Sommertrockenheit steinhart, rissig, nimmt seine typisch aschgraue Farbe an – mit vielen Nuancen. Nach dem Regen, klebrig und schwer, verfärbt er sich rot. Jahrhundertelang pflügen ihn die charakteristischen riesigen Ochsen, die heute den Treckern gewichen sind und nur noch ihres begehrten Fleisches wegen in den Ställen stehen.

Je weiter man sich von Siena entfernt, desto höher und großflächiger werden die Lehmhügel. Auf ihren blanken Kuppen stehen oft einzelne Bäume oder Bauernhäuser – ein surrealer Anblick. Aber: Die kleinen Weizen-Bauern haben keine Existenz mehr, wandern in die Stadt, ihre Häuser verfallen – Spuren einer Katastrophe. Dörfer werden zu Alten-Orten. Durch Aufkauf bildet sich neuer Großgrundbesitz.

Das Regenwasser reißt tiefe Furchen und Rinnen in viele Hänge; oft bleiben nur schmale Stege stehen: Mondkrater-Landschaften entstehen – am eindrucksvollsten erlebt man sie um **Ascanio** und die Abtei des **Monte Oliveto Maggiore** (sozialgeschichtlich interessante Fresken von Luca Signorelli, 1497, und Sodoma, 1505).

Über die kleine Festungsstadt **Buonconvento** (13. Jh.) kommt man auf den Berg nach **Montalcino**, einer wichtigen Stätte der Demokratie: nach dem Fall von Siena (1555) war es die letzte Bastion gegen den medicäischen Absolutismus – vier Jahre als »Republik von Siena in Montalcino« zäh verteidigt.

Großartig ist die Inszenierung der Altstadt: eine gekrümmte Straßenschlucht baucht sich zum Marktplatz aus – zum Platz des Volkes. Welches Selbstbewußtsein drückt dasRathaus (13./14. Jh.) mit seinem steilen Turm aus! Drei Loggien bilden überdeckte Plätze: im Rathaus und gegenüber (14. und 15. Jh.) Dort im Freien sollte man sich den besten Wein der Toskana leisten: den Brunello di Montalcino. Straße für Straße kann man den kleinen Ort durchstreifen und an seinen Rändern die Ausblicke genießen.

Eine lohnende Tagestour zu Fuß ist der Weg durch die Garten-Landschaft, stets den Vulkanberg vor Augen, nach **San Antimo** (1118), einem der mächtigsten landbesitzenden Klöster des Mittelalters, und seinem kleinen Dorf.

Vielfältige Szenerien findet man in den kleinen Orten **San Qurico d'Orcia** (Kollegiatskirche mit Südportal-Statuen von Giovanni Pisano, Volkskirche S. Maria, 12. Jh.), **Rocca d'Orcia**, unterhalb einer riesigen Felsen-Burg, **Castiglione d'Orcia** und schließlich hoch oben im Terrassendorf **Campiglia d'Orcia**, vor einer weithin sichtbaren Felskuppe gelegen, mit weitem Ausblick.

In die eindrucksvolle Kargheit dieser Landschaft versetzt der sienesische Maler Sassetta (1392–1450) seine schaurigen Szenen aus dem Leben des Einsiedlers Antonius und gibt der Vermählung des Franz von Assisi mit der Frau Armut den Hintergrund des Monte Amiata.

900 m hoch, auf der Spitze eines erloschenen Vulkans, auf einem Basalt-Felsen, findet man **Radicofani** – einen Ort mit selbstbewußt-querköpfigen Leuten, die der **Abtei S. Salvatore** die Verfassung einer freien Kommune abtrotzten (A. 14. Jh.), auch unter Siena Demokratie blieben, sich zusammen mit Montalcino gegen den Großherzog wehrten. Der Ort mit seinen Häusern aus Basalt, sorgfältiger Straßenpflasterung und einer Kette von Plätzen liegt am Paß der alten Hauptstraße durch Italien, der Frankenstraße. Lange Zeit gilt der Vulkan-Kegel als »böser Berg«.

In der bis heute weitverbreiteten und lachend erzählten Legende des Räubers Ghino di Tacco steckt sozial-

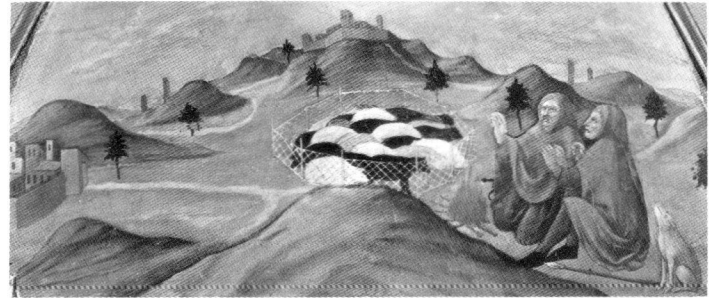

Veduta panoramica dell'Abbazia da est

(1) Landschaft bei Siena; (2) Sano di Pietro (1406–1481), Botschaft an die Hirten, P.N. Siena; (3) Giovanni di Paolo (1399–1492), Madonna, P.N. Siena; (4) Östlich vom Kloster Monte Oliveto Maggiore.

geschichtliche Wahrheit: sie spiegelt die Verhältnisse und die toskanischen Bewußtseinsformen der Menschen. Boccaccio erzählt im »Decamerone«: Ghino, ein Adliger aus Siena, wird verbannt, weil er bei der Jagd einen Totschlag beging. Zum Habenichts geworden, wendet er sich der Umverteilung zu: er wird ein gutmütiger Brigant. Eines Tages überfällt er den feisten Abt von Cluny, der wegen eines Magenleidens ein Heil-Bad aufsuchen will, sperrt ihn ein – und kuriert den luxusverwöhnten Herrn durch strenges Fasten. Eine andere Quelle erzählt, er habe einen Kardinal aus Österreich auf diese Weise kuriert. Soviel lebenskundige Schlauheit wird belohnt: Ghino erhält die Pfründe eines Zeremonienmeisters in Rom. Dante schien einverstanden: er übergab ihn lediglich dem Fegefeuer.

Montepulciano und Pienza

Am weiten Hang des **Monte Cetona** liegt **Sarteano**: in der interessanten großen Altstadt haben sich für den uralten Wettkampf der »Giostra del Saraceno« die Viertel ähnlich organisiert wie in Siena, sogar mit eigenen Club-Häusern«.

Von der Terrassenbucht, auf der das Heilbad **Chianciano** liegt, erschließt sich das weite **Chiana-Tal**.

Auf der alten kurvenreichen Ochsenwagen-Straße kommt man zur Bergstadt **Montepulciano**. Stundenlang kann man die Unter- und Oberstadt zu Fuß durchstreifen. Das Rathaus an der Piazza Grande entstand in der relativ späten Zunft-Demokratie des Ortes (nach 1369).

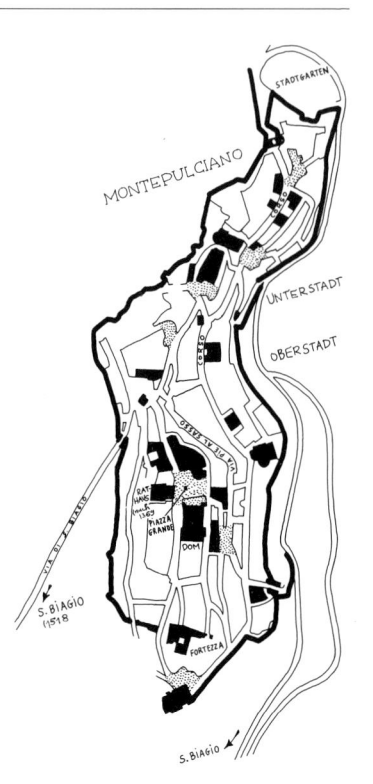

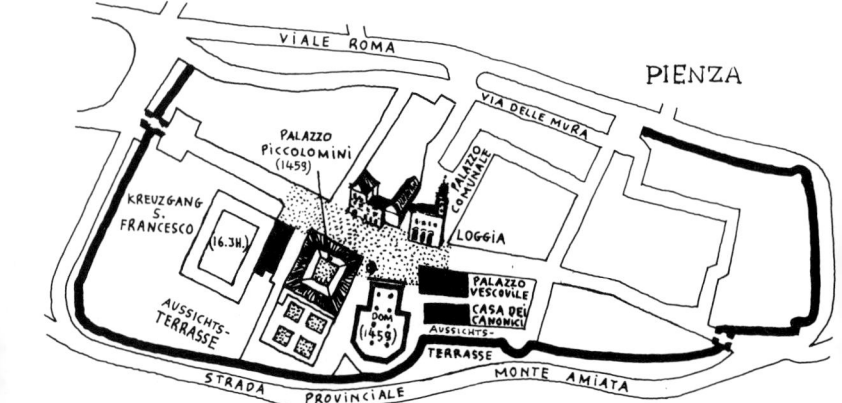

Wer Zeit hat, geht zu Fuß westlich den Berg herab, genießt die Ausblicke und kommt zur Wallfahrts-Kirche S. Biagio (1518 von Antonio da Sangallo). Finanziert von der superreichen Familie Ricci, drückt sie den neuen absolutistischen Geist aus: die virtuos durchgerechnete komplizierte Logik der Architektur löst sich vom menschlichen Maß. Riesig werden die Räume, dröhnend die Instrumentation der Bauglieder und Details. Gegenüber: das Kanoniker-Haus mit Bogenhallen (1595).

Unweit findet man zwei kleine Orte: **Montefollonico** S. **Francesco** und, noch interessanter, **Montichiello**, wo die gesamte Bevölkerung eines der interessantesten Theater Italiens macht – die Dramaturgie des Ortes in vielfachem Sinne nutzend: seine Inszenierung und die Fülle seiner Geschichten. **Pienza** ist die Stadt des reichen Enea Silvio Piccolomini, eines humanistischen Intellektuellen. Ein Freund des guten Lebens, auch als geistlicher Herr, mit mehreren unehlichen Kindern, 1446 klagend, Venus habe ihn verlassen – er wird Papst und schafft sich in seinem Geburtsort, der damals Corsignano heißt, ein kleines Florenz, das er nun nach sich selbst Pienza nennt, abgeleitet von seinem Papst-Namen Pius II. Wenn man den großen Palast (1459) durchstreift, kann man sich die Lebensart des Mannes gut vorstellen.

Das Faible, das der weitgereiste Intellektuelle für Deutschland hat, geht so weit, daß er sich eine westfälische Hallen-Kirche, die Ausdruck städtischen Bürgertums ist, nachbauen läßt. Allerdings fällt sie am Ende ziemlich toskanisch aus.

Der Hauptplatz steht in feinsinnigem Bezug zur Landschaft: seitlich der Kirche bereitet sich der Ausblick vor, den man dann links neben der Kirche auf der Stadtmauer weiträumig genießen kann: ein Panorama – über die Lehmhügel hinweg – bis hin zum gigantischen Vulkanberg.

Der Klosterhof von S. Francesco, eine menschliche Architektur, ist ein angenehmer Aufenthaltsort (Bar und Aussichts-Terrasse), auch die kleine Kneipe nahe dem Stadttor, wo es vorzüglichen Pecorino, Brunello und den Vino Nobile di Montepulciano gibt.

Nördlich von Siena: Jahrhundertelang Kriegsschauplatz

Das **Elsa-Tal** läßt nicht mehr erkennen, daß es jahrhundertelang der Schauplatz grausamer Kriege zwischen Siena und Florenz gewesen ist. Die Söldner-Heere gingen sich aus dem Weg, weil länger leben mehr geplünderten Reichtum verhieß, raubten die armen Bauern aus und »schnitten ihnen oft noch die Hälse ab«. Dante verglich die riesige sienesische

Certaldo: Haus von Boccaccio

Festung **Monteriggioni** (1203, vergrößert 1213, nachgerüstet 1260) mit ihrem 570 m langen gewaltigen Mauer-Ring und ihren 14 hohen Türmen mit Riesen, die rings um den tiefsten Höllenkreis stehen. Über historischen Wandel mag man nachdenken, wenn man heute hinter dem Tor in ein einfaches Dorf mit Platz und Gärten tritt und in der Kneipe einen Espresso trinkt.

In der strategischen Zone baute auch Florenz riesige Festungen – **Staggia Senese**, **Rencine** und **Castellina**. Die beiden Mächte stritten sich auch um die Bergstadt **Colle Val d'Elsa**, einen Weberort mit szenenreicher Unter- und Oberstadt. Eine typisch florentinische, durchkalkulierte Festungsstadt ist **Certaldo**: schnurgerade führt die Hauptstraße zu Rathaus (Neubau 15. Jh.) und Loggia. Aber trotz des Militärs sind die Schauplätze interessant – der Schriftsteller Boccacio genoß sie von 1361 bis

San Gimignano: Romantischer Blick auf die Stadt-Burgen

zu seinem Tod 1375. Sein Wohnhaus kann man besichtigen.

Eine schöne Straße führt zum Bergort **San Gimignano**. Seine Türme gelten als ein Symbol der Toskana – aber was bedeuten sie wirklich? Warum bleiben sie erhalten, während sie in anderen Städten abgetragen werden? Früh macht sich die Stadt zur freien Kommune. Harte Fraktionskämpfe mit wechselnden Mehrheiten. Auch als sie 1353 unter den Einfluß von Florenz gerät, läßt sich das Patt der Parteien nicht auflösen: daher bleiben die feudalen und großbürgerlichen Türme in großer Zahl erhalten, heute 15 von den ursprünglich 72 – ein konservatives Symbol.

Die privaten Türme dürfen jedoch die beiden Stadt-Türme nicht übertreffen: den »Räudigen« mit 51 m – gegenüber der Dom-Fassade – am Palazzo del Podesta (1239; 1337) und den »Dicken« mit 54 m am Rathaus (Palazzo Comunale, 1288, 1323) links am Dom-Platz.

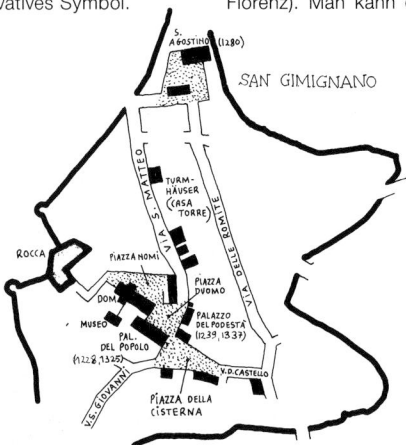

Das Zentrum hat eine vielfältige Platzfolge, die man mit den Füßen erleben muß: Großer Platz (Brunnen 1273, Platzerweiterung 1346), Domplatz mit einer Freitreppe (1263), südlicher Dom-Platz und Kreuzgang des Domes. Der Dom ist eine der reichstausgemalten Kirchen Italiens (Benozzo Gozzoli, 1465, und Domenico Ghirlandaio, 1475, beide aus Florenz). Man kann die vielen Szenen neben ihren religiösen Bedeutungen auch in der Ebene einer Sozialgeschichte des Alltags lesen und macht eine Fülle interessanter Beobachtungen. Geht man nördlich des Domes die Hauptachse weiter, findet man rechts vom Stadttor in S. Agostino (1280) einen weiteren Fresken-Zyklus mit 17 Bildern (Benozzo Gozzoli, 1464).

Leider hat der Tourismus in San Gimignano zu einer derart auf Sauberkeit bedachten Denkmalpflege geführt (wir kennen diese Erscheinung aus der BRD), daß es schwerfällt, sich das ursprünglich toskanische Leben zwischen dieser geleckten Disney-World des Mittelalters vorzustellen.

Südwestlich von S. Gimignano kommt man in die langgestreckte, leicht gewellte Hochebene, der hier besonders wichtigen Oliven-Kultur. Im 8. Jahrhundert aus Südkleinasien eingeführt, ist das ausgezeichnete Öl dieser Bäume, die ihre volle Frucht vom 30. bis zum 300. Jahr haben, nach dem Wein das zweitwichtigste Anbau-Produkt der Toskana – heute allerdings in einer katastrophalen Überproduktionskrise.

Auf rauher Höhe über ausgewaschene Schluchten, im Gebiet der Erdrutsche des weichen Ton-Gebirges (balze): die außerordentlich interessante Altstadt von **Volterra**. Man gerät in eine ganz und gar mittelalterliche Atmosphäre – hier im Gegensatz zu S. Gimignano mit Leben erfüllt. Die freie Kommune schafft eine demokratische Stadtplanung mit dezentralisierten Plätzen. Die Piazza dei Priori zählt zu den charakteristischsten des Landes. Das Rathaus ist wohl das älteste der Toskana (1208, 1254); gegenüber steht der Sitz der Volkskapitäne (13. Jh.) mit einer Loggia.

Man kann sich die Stadt auf vielen Wegen erschließen – in allen Himmelsrichtungen; nach Westen auf der gewundenen Via Francesschini; nach Norden entlang der Stadtmauer mit dem Blick auf das tief unten in einem Abbruch des Berges liegende kaiserzeitlich-römische Theater; nach Osten ein altes Volksviertel.

Die gigantische Zwingburg der Medici ist heute ein schreckliches Gefängnis, mit üblen Bedingungen, im westlichen Teil für Männer, im östlichen für Frauen. Hier werden die sogenannten Fahnenflüchtigen des Militärs zusammen mit Schwerverbrechern eingesperrt.

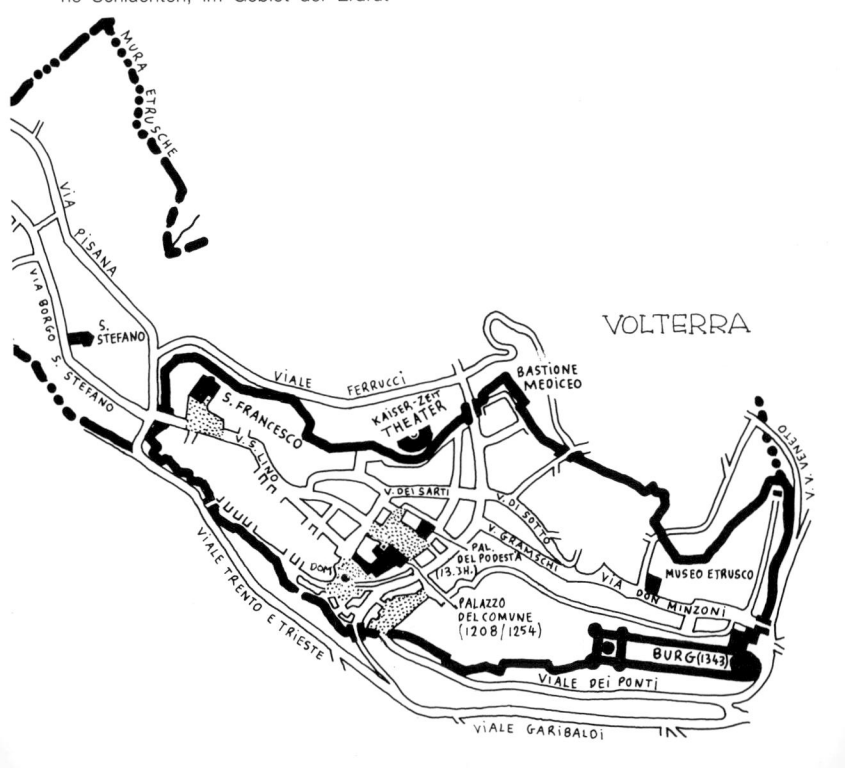

Chianti: eine Ruine

Ein liebliches Hügelland mit gartenhaften Weinbergen stellt man sich vor, aber man findet ein ernstes graues Mittelgebirge, 500 bis 800 m hoch. Felsen mit niedrigem Eichengestrüpp, wenig Ausblick, Menschenleere. Grauer, in steilen Schichten gelagerter Kalkstein, oft nackt; hohes Heidekraut und Wacholder. Dazwischen: einsam gelegene Großgüter, die oft bis heute dem Feudaladel oder großbürgerlichen Neufeudalen im südlichen Teil aus Siena, im nördlichen aus Florenz gehören. Sie produzieren rund um Burg oder Villa auf der dünnen steinigen Erdschicht einen trokkenen, kräftigen, würzigen Wein – »man trinkt die Erde« (Livio Dalla Ragione).

Wie der Wein hergestellt wurde und wird, kann man im **Castello Meleto** in **Gaiole** sehen. Die Trauben wurden von den Bediensteten durch einen unterirdischen Gang vom Feld in den Wirtschaftskeller getragen, gepreßt und gärten in einer Fülle riesiger Holzfässer. Bei Hitze oder abends stiegen die Herrschaften in die unterirdische Kühle hinab und zechten auf langen Holzbänken. Seit dem 15. Jahrhundert managt der Besitzer selbst den Weinverkauf in Florenz.

Die Burg, einer der besterhaltenen Herrensitze des Landes und vorzüglich restauriert, läßt heute noch an der Fülle ihrer Details das frühe Alltagsleben von Herren und Knechten nachvollziehbar werden: eine Bank vor der Tür; die Geschlossenheit eines ganz kleinen Innenhofes; ein riesiger Kamin in der Küche, unter dem man beim Kochen steht; ein zimmergroßes Theater mit dem Spruch »Brot und Spiele« an der Empore; der »französische Stil« der Ausgestaltung für das »süße Nichtstun«.

Heute werden auf 35 Hektar Fläche Trauben für die »moderne« Fattoria gezogen, eine Weinfabrik, finanziert aus dem per Zeitungsanzeige gesuchten Kapital von 1750 Aktionären. Hochmechanisiert arbeiten in mehreren Hallen nur noch vier Arbeiter, beaufsichtigen die Kontroll-Apparaturen an den riesigen runden Beton- und Stahlfässern.

Die Burgen mit Weingütern entstanden um die Jahrtausendwende; aber schon kurz danach unterwarfen die aufsteigenden Städte eine nach der anderen – ihre Besitzer arrangierten sich. **Radda** und **Castellina** wurden als Festungsstädte zur Sicherung des frühen florentinischen Flächenstaates ausgebaut.

In den einsamen kleinen Dörfern wohnen die Landarbeiter. **Castelnuovo Berardenga** gehört einem einzigen Besitzer. Die Arbeiter-Häuser aus Stein und ohne Putz sind Hinweise auf die Armut. Villa und Garten der sienesisch-römischen Bankiersfamilie Chigi sind um ein Mehrfaches ausgedehnter als der Ort.

Die Landwirtschafts-Krise seit den 60er Jahren ist auch eine Weinbau-Krise. Sie führt zu tiefgreifenden Struktur-Veränderungen: Planierraupen-Technologien, Reben-Reihen an Betonpfählen mit Gassen für pflügende und pflanzenbesprühende Trecker, Rationalisierung der Kantinen. Wer dafür die gigantischen Investitionsmittel nicht aufzubringen vermag, muß verkaufen – oft an amerikanische Firmen. Die multinationalen Handelsorganisatoren plündern über die Risiko-Verlagerung zu den Produzenten und äußersten Druck auf Preise die Hersteller aus. Ein Teil der Landarbeiter wird von höheren Industrie-Löhnen in die Städte gelockt, ein anderer Teil durch Rationalisierung »freigesetzt«.

Unter den vielen Dörfern ist auch **Villa a Sesta**, hoch auf einer Bergnase gelegen, ein ausgeblutetes Landarbeiter-Dorf. »Heute sind nur noch die Alten hier.« – Ausländer haben den größten Teil der Häuser im Chianti aufgekauft. Sie sind selten da, lassen das Land verfallen und integrieren sich meist weder sprachlich noch mit verständnisvollem Verhalten. Sie wollen allein sein – und das in der Toskana!«

Von **Siena** aus kann man sich das Chianti-Gebiet so erschließen: **Castelnuovo Berardenga** (Chigi-Ort) – **Castello di Brolio** (spätromantisch restauriertes Schloß) – **Gaiole** – **Badia a Coltibuono** – **Radda** – (Rathaus, 15. Jh.) – **Castellina in Chianti** (Ausblicke) – **Greve** (dreieckiger Straßen-Markt mit Arkaden) – **Impruneta** (Markt). Ebenso von **Arezzo** aus. Von **Florenz**: in umgekehrter Reihenfolge.

Das Chiana-Tal: Arezzo und Cortona

In der Antike breitete sich hier ein großer See aus – ähnlich dem nahen Lago Trasimeno; 100 km lang. An seinen Rändern pflügten die etruskischen Bauern den fruchtbaren Schwemm-Boden mit Ochsengespannen der schweren Chiana-Rasse – so zeigt es ein ausgegrabenes Weihegeschenk.

Dann erleidet das Gebiet dasselbe Schicksal wie die Maremma: wirtschaftlicher Ruin der Bauern, Versumpfung, Malaria. Immer wieder Versuche, den Sumpf trocken zu legen. Der Hauptkanal entsteht (Canale Maestro) – ein wichtiges technisches Denkmal (leicht auffindbar). Die Ebene wird fruchtbar. Viel Mais und Sonnenblumen. Am Saum des Flachlandes liegen die Städte: **Arezzo, Castiglion Fiorentino, Cortona, Monte S. Savino, Lucignano, Foiano della Chiana**.

1098 erkämpft sich die Bevölkerung **Arezzos** eine Konsulats-Verfassung. 12 Jahre später belagert und zerstört sie den Sitz des Bischofs, das Kastell Pionta, und zwingt ihn, in die Stadt zu ziehen – um ihn kontrollieren zu können. Kaiser Heinrich V. bestraft die Leute entsetzlich: er läßt die Stadt erobern, plündern, ihre Mauern niederreißen, sie müssen die Bischofs-Burg erneut aufbauen, damit der geistliche Herr sich dort wieder verschanzen kann. Was für eine andauernde Wut müssen die Leute haben, daß sie kaum 20 Jahre später die Aktion wiederholen – mit Erfolg.

Die Aretiner zwingen auch den Adel und die mächtigen Klöster der Umgebung, sich in der Stadt niederzulassen: sie dürfen zwar ihren Grundbesitz behalten, werden aber als politische Kraft

Piero della Francescas Wahrnehmung von Arezzo (1459; S. Francesco)

entmachtet. 1192 ist die volle Selbständigkeit erreicht: das Volk ist souverän – mit drei Parlamenten: der Generalversammlung, dem Rat der 400 und dem kleinen Rat.

Wie in anderen Städten, versucht die Volksbewegung in Arezzo, die breite Bevölkerung in den Handwerker-Vororten zu schützen; so entsteht die teure (sechste!) Stadtmauer mit 13 Toren. Das neue Selbstbewußtsein spiegelt sich darin, daß ein »großer Platz« angelegt wird (1194, Piazza Vasari, später durch Zubauten verkleinert). An seiner Ost- und Südseite vermag er eine Vorstellung vom Leben in der »freien Kommune« zu geben: Läden, Verkaufbänke, Vordächer, Turm-Häuser, teilweise mit (rekonstruierten) Balkonen, Ziegelpflaster, ein Brunnen für das Viertel – Treff der Frauen. Früher wurde hier Markt gehalten. Ein Pranger. Gruppen redender Leute. Scherenschleifer. Wächter. Puppenspieler. Bänkelsänger. Rast auf der

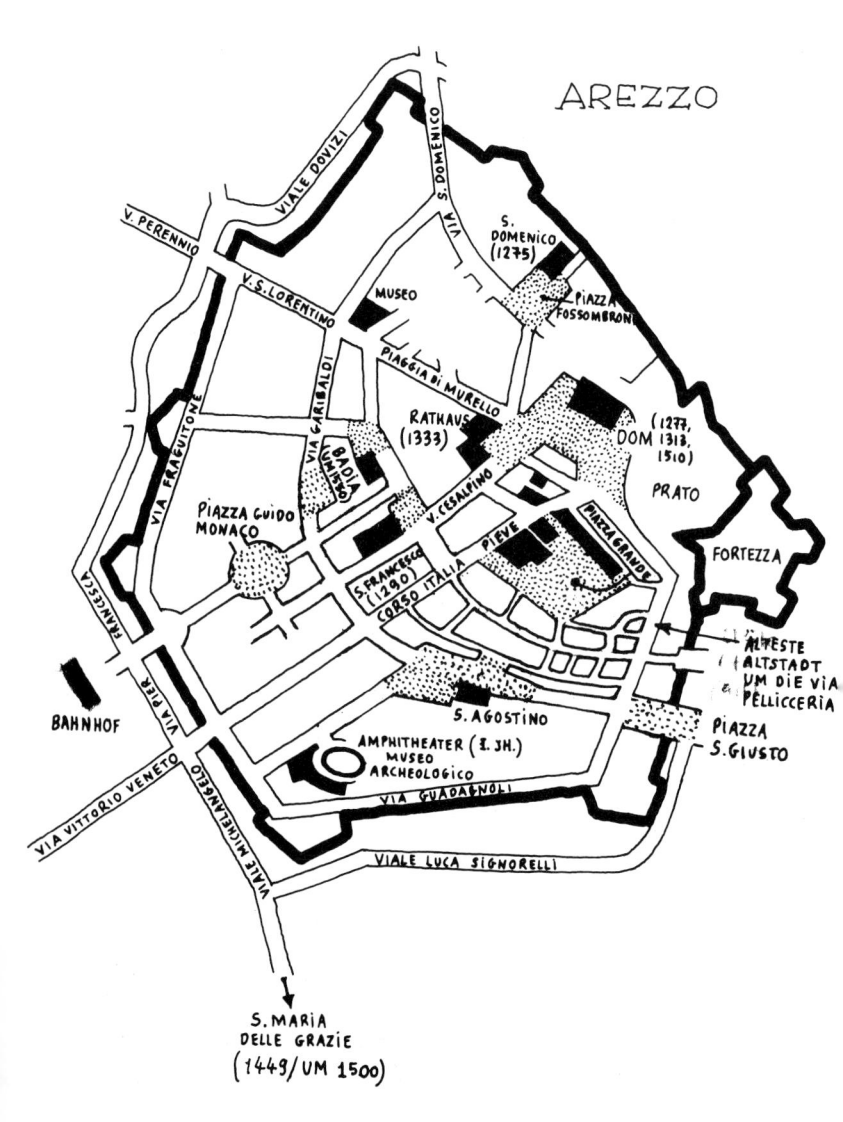

Arezzo: Pieve

Treppe. heute ist alles ein bißchen zu sauber restauriert. An die Stelle des Handwerks traten Antiquariate.

Im Gegensatz zum Mittelalter hält sich das Großbürgertum des Fürstenstaates das Volk vom Leib: es läßt ihm 1687 mit einer Inschrift verbieten, unter den schattigen Bögen der Loggia (1573) von Vasari, die der Bruderschaft der Barmherzigkeit gehört, sich aufzuhalten – unter Androhung von Gefängnis.

Wie selbstbewußt die Bevölkerung im Mittelalter ist, zeigt auch die Tatsache, daß ihr die kleine uralte Hauptstraße, die Via Pelliceria (gut erhalten) im stinkenden Gerber-Viertel und die Via Fontanella nicht mehr genügen. Nun wird der für seine Zeit auffallend breite Corso Italia angelegt, eine der interessantesten Straßen des Landes, im Charakter typisch toskanisch: platzartig, mit meist dreigeschossigen Häusern aus Haustein (später oft verputzt), sanft ansteigend, in Abschnitten ein wenig konkav gebogen, so daß sie besonders intensiv räumlich wirkt. Die Seitenstraßen folgen dem Geländeverlauf, weich gekrümmt, am Hang des Hügels entlang.

Der Corso ist Stätte des Palio: eine lange Rennbahn für Pferde ohne Reiter (vergleiche Siena). Als der volkstümliche Brigant Federigo Bobini, mit Spitznamen Gnicche genannt, in der Nacht des 18. Oktober 1883 aus dem Gefängnis im Palazzo Pretorio, einem früheren Wohn-Turm an der Ecke Via degli Albergotti, entkommt, steht die ganze Bevölkerung diskutierend auf den Straßen – ein unbeschreibliches Ereignis.

Die ansteigende Straße besitzt ihre Dramaturgie: im Norden, sozusagen an ihrem Kopf, stehen alle wichtigen öffentlichen Gebäude beisammen. Der Turm der Volkskirche (Pieve; 12./13. Jh., Fassade um 1220, Campanile bis 1330) eigentümlich flächig gestaltet, bildet eine Fassade für die Straße. Wie sehr die Pieve eine Kirche der arbeitenden Leute ist, zeigt eine wichtige Stelle des Baues, das Hauptportal: unmittelbar neben der Madonna wird dort in Reliefs Arbeit dargestellt. Weitere Symbole der freien Stadt entstehen: 1232 das Rathaus und 1278 der Palazzo del Popolo (abgerissen).

Ganz oben: die Gemeinde-Wiese. Früher war sie Gerichtsort, hier stand der Galgen, hier wurden jährlich im Durchschnitt zehn Menschen hingerichtet, hier fanden die Feuerwerke der Feste statt. Und die Ball-Spiele. In großer Ruhe läßt sich der Ausblick in die toskanische Garten-Landschaft mit ihren kleinteiligen Hügeln und dem Appennin genießen.

Einige Schritte weiter: die Medici-Polizei-Burg. In Park und Burg kann man im Schatten eine Merenda (improvisiertes Essen) und den Mittagsschlaf machen; sich nachher an einem Kiosk einen Espresso holen.

Die Medici lassen nach dem Staatsstreich (1512) die Militär-Anlage auf dem Hügel ausbauen; unter diesem Vorwand reißen sie – als Strafaktion gegen die Demokraten Arezzos – deren Symbole ab, das Rathaus und den Palazzo del Popolo, eine Aktion, die gewiß lange Zeit den Ingrimm vieler Menschen erregt.

Wie das Volk den Bischof in eine Außenseiter-Rolle drängt, als er 1203 in die Stadt ziehen muß, kann man an der

Arezzo: Unitá-Fest

Lage des Domes (seit 1218) erkennen: er steht am Rand des Hügels. Das Zugeständnis des Bischofs an das Volk: Der Innenraum wird nicht als Basilika gebaut, die sich am Königtum orientiert, sondern als Bürger-Kirche – damals erkennbar am Typ der Halle mit fast gleichhohen Gewölben. 1524 wird die Seitenfassade zur Treppen-Bühne umgestaltet. Das Volk habe, so wird geschrieben, dort die Statue des Medici-Großherzogs Fernando I. aufstellen lassen, im Jahre 1605 – schon zu seinen Lebzeiten! Als Dank für die Trockenlegungen im Chiana-Tal. Hat der Herzog den Spaten in der Hand gehabt? Für die wirklich Tätigen gibt es nicht einmal eine Erinnerung. Protest entstand: Am zehnten Jahrestag der Aufstellung schneiden »einige Individuen« Seile der Domglocken ab und schlingen sie als Strick um den Hals »seiner Hoheit« – wie zur symbolischen Hinrichtung eines Gauners. Große Aufregung. Untersuchungen. Die Täter werden nie gefunden. Die Stadtverwaltung bittet hochoffiziell um Verzeihung. Der neue Großherzog erklärt, es sei die Tat eines Irren gewesen, ähnlich dem Mann in Livorno, der die Madonna geprügelt hatte.

Schräg gegenüber: der hochmittelalterliche Prioren-Palast (1333, heute Rathaus). – Abstecher: nach Westen, in der Piaggia di Murello 26, gab es seit 1270 eine Gießerei, die Glocken herstellte. Zurück und die Via Cisalpino langsam abwärts. Das Haus Nr. 49 gilt (ohne Nachweis) als Geburts- und Wohnhaus von Guido Monaco (um 992 – um 1050), der die Notenschrift entwickelte. Links in der Via dell'Orto 28: das Geburtshaus des Humanisten Francesco Petrarca (1304–1374).

In der Via Cisalpino breitete sich einst das Quartiere latino aus, das Universitäts- und Studenten-Viertel. Seit 1215 besitzt Arezzo eine hohe Schule – eine der ältesten Europas, besonders bekannt durch das Jura-Studium. Die Universitäten sind im Prinzip geradezu antikirchliche Bildungsstätten – Orte des freien und unabhängigen Geistes. Sie lehren meist keine Theologie. Aus Arezzo wird berichtet, daß viele Studenten »das Sakrale nicht respektieren.« Als das freie Florenz 1384 seine Oberherrschaft gewaltsam durchsetzt, schließt es die Stätte des Freien Geistes: die Universität. Das Verhältnis zwischen den beiden wichtigen Städten ist lange

Predigtsaal der Minderbrüder: S. Francesco (1290). Chor-Fresken von Piero della Francesca:
1) Tod Adams; 2) Die Königin von Saba verehrt das Holz des Kreuzes (der Brücke). Sie trifft Salomon; 4) Verkündigung; 5) Traum Konstantins; 6) Schlacht zwischen den Kaisern Konstantin und Maxentius; 7) Folter der Juden; 8) Wiederauffindung des Kreuzes; 9) Schlacht zwischen Heraklius und dem Perser-König.

den beiden wichtigen Städten ist lange Zeit von erbitterter Feindschaft geprägt; die Aretiner machen im 15. Jahrhundert einen Aufstand nach dem anderen – vergeblich.

147 Die Bettelordenskirche S. Francesco, außen karg, ohne Fassade, innen ein riesiger Kasten-Raum, ist eine Predigt-Kirche (1290) im Volksviertel. Im Chor findet man Malereien, die zu ihrer Zeit so etwas wie lange Filme darstellen: 169 rechts zuerst von Spinello Aretino (um 1400), in der Mitte von einem der größten Regisseure, Wissenschaftler, Aufklärer und zugleich Künstler der Geschichte der Malerei, von Piero della 180 Francesca. 14 Jahre lang malte er, mit 186/7 langen Unterbrechungen von 1453 bis 1466, an der komplizierten Geschichte des Kreuzes.

Wir gehen weiter abwärts bis zur Via Garibaldi, links weiter bis zum lebhaften Markt auf der dreieckigen Piazza S. Agostino rund um ein altes Markt-Gebäude. Links kann man in einem roten Café seinen Espresso einnehmen und im Partei-Haus darüber nach Postern (manifesti) fragen.

Südöstlich vor der Stadtmauer, heute an der Viale Mecenate, lag einst ein Wäldchen: eine soziale Nische für Liebes-Paare. Bis der heilige Bernhard von Siena 1428 gegen die »Unsittlichkeit« predigte: er stiftete dazu an, den Wald abzuholzen und der Madonna eine Kapelle zu errichten (1449 Neubau). Vor ihr entstand ein weiter Gras-Platz mit Pinien und seitlich mit schattigen Arkaden – ein Ort, an dem man sich lange aufhalten kann. Die Loggia (um 1490 von Benedetto da Maiano) zählt zu den interessantesten der Toskana. Am Hügel über

Der Mönch Guido von Arezzo (um 990 – um 1050), der die Noten-Schrift entwickelte: »Es ist kein Wunder, daß die Mannigfaltigkeit der Töne das Gehör ergötzt, wie die Mannigfaltigkeit der Farben das Auge erfreut, die Mannigfaltigkeit der Düfte den Geruchssinn erquickt und die Zunge an der Verschiedenartigkeit des Geschmackes Genuß findet. So dringt nämlich die Lieblichkeit der erfreulichen Dinge durch die Fenster des Körpers in das Innerste des Herzens ein.

Daher kommt es, daß bestimmte Geschmacksempfindungen, Farben und Gerüche oder auch der Anblick von Farben das Wohlbefinden des Herzens und des Körpers vermindern oder vermehren. So wurde einmal, wie geschrieben steht, ein Geisteskranker durch den Gesang des Arztes Asklepiades von seinem Irrsinn geheilt. Ein anderer wurde durch die süßen Töne der Zither derart zu wollüstiger Begierde erweckt, daß er in seinem Wahn in das Schlafzimmer eines Mädchens einbrechen wollte. Als aber der Zitherspieler von der wollüstigen Tonart in eine bußfertige überwechselte, ließ die Erregung nach. So hat auch David die Besessenheit Sauls mit der Zither gemildert und die dämonische Wildheit durch die Kraft und Lieblichkeit dieser Kunst gebrochen...«

der Kirche: die Villa Wenda, das Haus von Licio Gelli, der über die Loge P2 italienische Politik dirigierte.

In der südlichen Vorstadt **San Zeno**, am Fuß der Hügel neben dem Industrie-Gebiet, steht die Kirche und das Freizeit-Zentrum, in dem Don Giovanni Furiosi – ähnlich wie in Isolotto – eine links-katholische Basis-Gemeinde (1969) gründet. Der Bischof spaltet sie.

Der Berg, an dessen Fuß entlang man nach Süden fährt, ist der **Parco naturale di Lignano**.

Castiglion Fiorentino, von Arezzo im Typ einer Militär-Stadt ausgebaut, ist bis heute geprägt durch die Herrschaftsgeschichte, die sich in der Wiederholung von Kriegen ausdrückt. Die trockenen Zahlen sind für alle Nachdenklichen Erinnerungen an Katastrophen: Was bedeutet es, daß der befestigte Ort seit 1014 mehrfach an Arezzo fällt, 1345 bis 1369 an Perugia, dann an den Kirchenstaat, acht Jahre später wieder an Arezzo, 1384 an Florenz und so weiter? Wer dort lebt, ist entweder ein »armes Schwein« oder einer der vielen Schurken, die ihre »Tugenden« aus den bis heute im Grunde stets gleichen Beschwörungen von Feindbildern ziehen.

Aus der langen Militär-Geschichte erklärt sich, daß hier gegen die Französische Revolution eine der Hochburgen reaktionär-katholischer Bewegung entsteht: die »Viva Maria«. Im Gegensatz dazu wachsen in der Umgebung, in Foiano della Chiana und Cortona, zur gleichen Zeit starke soziale Bewegungen der Bauern. In welchem Ausmaß Geschichte gegenwärtig ist, zeigt sich auch hier: bis heute ist Castiglion eine konservative und katholische Hochburg.

Nördlich vor der Stadtmauer: ein reichhaltiger Wochen-Markt. Um den Garibaldi-Obelisken: einmal im Jahr ein römisches Pferde-Rennen. Hinter dem Stadttor führt eine tpyisch toskanische Straße kurvenreich bergauf. Auf halber Strecke kann man, rechts abbiegend, auf einer terrassenartig angelegten Straße rund um die Burg gehen. Am Hauptplatz bietet die Loggia (um 1560) einen weiten Blick ostwärts ins Tal. In der Via del Mercato Nr. 9 eine der wenigen ziemlich originalen Kneipen der Toskana, die Trattoria Roggi.

Einen sehr schönen Blick auf das Tal kann man genießen, wenn man von Castiglion Fiorentino die Straße einige Kilometer in Richtung Sansepolcro hochfährt.

Weiter südlich: ein außerordentlich hoher, schlanker Turm auf einem Hügel – **Montecchio**. Einst war es eine feudale Landburg, im späten 13. Jahrhundert gelang es den Bediensteten, Handwerkern und Bauern, sich frei zu machen: als kleine Comune libero (freie Stadt). Ein weiter Ausblick über das Chiana-Tal.

Cortona – eine der bestgelegenen toskanischen Städte, am lang fallenden Berghang, mitten in weiten Oliven-Kulturen – über dem sommers staubigen Chiana-Tal. Eine vielfältige Abfolge von Plätzen. Markt. Hier geht es seit Jahrhunderten ganz genauso zu wie heute, und niemand hat das Bedürfnis, irgendetwas daran zu ändern, was die Leute jedoch nicht hinderte, sich politisch links zu orientieren. Piazza Repubblica: über der Treppen-Bühne (1241, 1509) das Rathaus (1275), östlich über einer weiteren Bühne eine Terrasse; über alten Läden mit Vordächern steht der Palazzo del Popolo, ein Symbol der Volksbewegung (um 1300).

Wenn man die Innenräume eines superreichen hochmittelalterlichen Bürgerhauses sehen will, gehe man ins Museum im Palazzo Casali (13. Jh.). Den burgartigen Innenhof umgeben riesige Säle. Weite Ausblicke, vor allem vom Gang, der über die Mauer führt, nach Westen: zu den Chianti-Bergen und zum Vulkan Amiata. Man kann die gemalten Bilder und Plastiken in ihren Kontexten, als Sozialgeschichte lesen: ein Querschnitt von den Etruskern bis heute.

Es lohnt, die Vielfalt der Stadt zu genießen: Straßen, wie die Via Dardano, und Gassen, Treppen und Überbauungen, Plätze und kleine Höfe, Formungen aus Stein und Natur.

Wer mehr Zeit hat, gehe durch die Gärten hoch zur Fortezza Medicea, dem höchsten Punkt der Stadt, von wo aus sich ein weites Natur-Panorama eröffnet. Vor dem Ospedale della Misericordia: eine der menschlich gestalteten Loggien (um 1440).

Über die abschüssige Via Roma kommt man unmittelbar vor dem westlichen Stadttor rechts in die schmale Via Manelli. Hier gibt es noch eine Zeile von Häusern, die einst überall in der Toskana standen: mit vorkragenden Obergeschossen.

Cortona

Chiusi – eine stadtplanerisch arg mißhandelte Stadt. Museo Nazionale Etrusco. Am Lago Trasimeno interessant gelegen: **Castiglione del Lago**. Unten ein passabler Strand. Das Waser ist stark vergiftet (1983 war das Baden verboten). Man kann rund um den See radeln oder autofahren.

Auf einem Hügel: die kleine Festungsstadt **Foiano della Chiana**. Eine Tafel am Rathaus ruft die Erinnerung an einen demokratischen Märtyrer wach: an den Bruder Benedetto da Foiano, den Erben Savonarolas: als faszinierender Volksredner stärkte er in der letzten kurzen Republik in Florenz 1527 bis 1530 die Demokratie und wurde nach der Niederlage in den Verliesen des Vatikans umgebracht. Daneben: Erinnerung an drei 1944 erschossene junge Partisanen. Im westlichen Halbkreis rund um die Stadtmauern: interessante Szenerien.

In Richtung Lucignano kommt man an einer historischen Tabakfabrik vorbei; dann zur Vorhalle des alten Krankenhauses (Ospedale), das wie üblich wegen der Ansteckungsgefahr außerhalb des Ortes angelegt wurde. Am Fuß der spröden Chianti-Berge zieht sich ein Streifen kleinteiliger, vielfältiger Gartenlandschaft entlang.

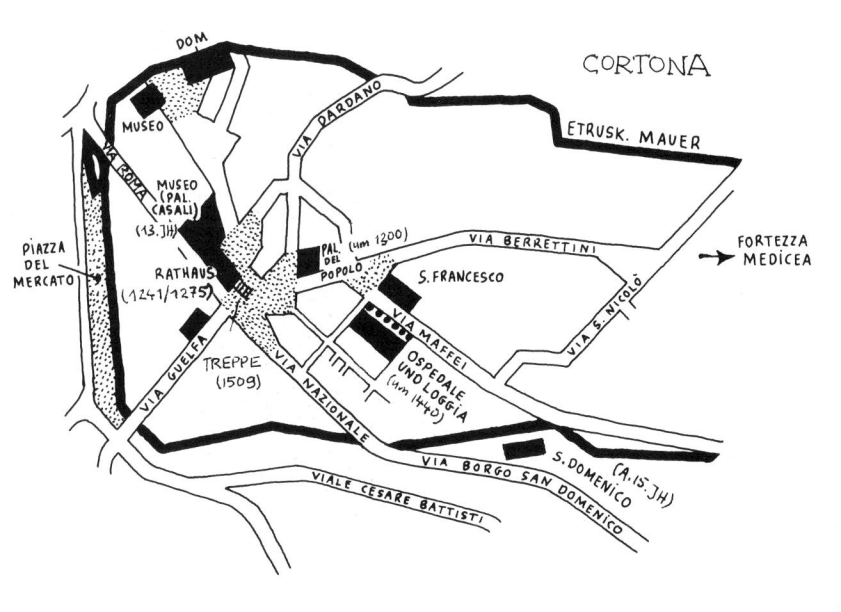

Auf dem Hügel steht **Lucignano**, eine weitere von Florenz nach 1296 ausgebaute Festungs-Stadt. Die Hauptstraße läuft innen hinter der Mauer in Form einer Ellipse im Rund. Nach oben führen Rampen und Treppen – zum Rathaus (14. Jh.). Vor dem Tor im Volkspark: ein Denkmal für Nazi-Opfer.

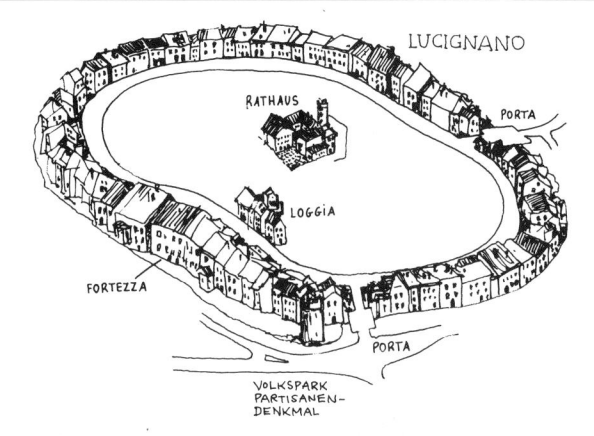

Unweit: die dritte Festungsstadt, 1287 von Florenz ausgebaut – **Monte San Savino**, ähnlich wie Lucignano reich an malerischen Winkeln. Eine lange Markt-Straße. Der reiche Kardinal Del Monte stiftete den Händlern gegenüber von seinem Haus (von Antonio da Sangallo d. Ä., um 1500) eine weiträumige Loggia (vom selben Architekten). Dort feierte er auch seine privaten Feste – als öffentliches Ereignis.

Anghiari

Oberes Tiber-Tal

Von vielen Stellen der mittelalterlichen Altstadt von **Anghiari** überblickt man das weite Becken des oberen Tiber-Tales, einer besonders geprägten Landschaft, die immer nach Umbrien, den Marken und der Romagna hin Wechselbeziehungen besessen hat.

»Stradone« heißt die lange schnurgerade Straße, die vom Ospedale in Anghiari, entlang am terrassenförmigen Hauptplatz, steil zu Tal führt, an der kleinen frühmittelalterlichen Kirche S. Stefano (ravennatisch, 7./8. Jh.) vorbei, dann das Schlachtfeld der für Florenz wichtigen Entscheidung von 1440 (Gedenkkapelle von 1440, Bild von Leonardo da Vinci) durchquert, einst über eine (heute baufällige) Tiber-Brücke führte und vor den Toren von Sansepolcro endet. Sie ist ein Dokument des absolutistischen Versuches des Aretiner Bischofs-Grafen Guido Tarlati, die Welt strategisch zu ordnen (1321). Der Maler Piero della Francesca (um 1415–1492) hat von der Piazza in Anghiari aus räumliche Erfahrungen für seine Untersuchungen zur Perspektive entwickelt: man kann selbst sehen, daß in dieser wie ein Saal überschaubaren Landschaft sich nicht zufällig das Nachdenken über Nähe und Ferne und die genauen Bezüge des Sichtbaren zueinander und zum Beobachter entwickelt.

Piero hat hier gelebt; seine Spuren sind im Museo Civico in Sansepolcro und in einer Kapelle beim Festungsort **Monterchi** (Schwangere Madonna, um 1450) sichtbar. Nur wenige Städte in der Toskana besitzen den szenischen Reichtum Anghiaris: eine Altstadt auf einem Bergsporn (florentinisches Rathaus, nach 1384) mit einer Kette von kleinen Plätzen, die sich im 14., 15. Jahrhundert vor das Tor fortsetzen – zum Hauptplatz, der überdachten Galleria Magi (1889 von Francesco Tuti), einem Platz mit einer reich entfalteten Theater-Kulisse (1790), Treffpunkt der Jugend, die Stradone abwärts zu einer Brunnen-Loggia – man benötigt einige Zeit, um dies alles zu durchstreifen und kann dann, vor allem abends, an der Piazza Baldaccio in den Bars erleben, daß man – wie in einem Theaterstück – innerhalb einer Stunde fast jeden Bewohner einmal zu sehen bekommt.

Durch die kleinteilige gartenhafte Ebene kommt man nach **Sansepolcro**, einer frühen mittelalterlichen freien Kommune, einer Stadt mit großer demokratischer Tradition, seit dem 11. Jahrhundert, in der es später, ebenso wie in der ganzen Umgebung, heftigen und über die Jahrhunderte anhaltenden Widerstand gegen die absolutistischen Medici gibt; Schaltzentrale ist das Haus der Graziani (vor der Biblioteca Comunale); die Medici legen schließlich in jedes Dorf berittene Polizei.

Die älteste Dorf-Straße Sansepolcros, unterhalb der Abtei-Kirche der Camaldulenser (heute Dom), ist an ihrem gewundenen Lauf erkennbar: sie schafft interessante intime räumliche Situationen. Vor allem im westlichen Teil, dem ältesten Stadt-Bereich, stehen die frühen Wohn-Türme. Die Volksbewegung erzwingt ihre Abtragung – überall ist das sichtbar. Sie erweiterte die Stadt mehrfach, nach Norden und Osten, so daß sie mit ihrem Schachbrett-Raster heute wie eine römische Anlage aussieht. Der östliche Stadtteil gilt seit jeher als ärmeres Viertel. Er besitzt viel inter-

Anghiari: Altstadt, Stadt-Turm, Burg, Tiber-Tal. Unten: Theater

Sansepolcro

essantes Handwerk und hat einen volkstümlichen Charakter.

Gegenüber der Abtei-Kirche (1112 ff.) und der gigantischen Loggia aus der Medici-Zeit (1591) steht das alte Rathaus (heute Museo Civico) mit einer Treppe; früher stand hier eine Loggia. Piero della Francesca malte für den Saal des Parlamentes ein politisches Bild (um 1442). Der Maler war selbst Ratsmitglied – auf Seiten der Volksbewegung. Rechts: der Palazzo del Podestà. Durch seine Tor-Überbauung hindurch kommt man links zum lohnenden Museo Civico und einige Schritte geradeaus zu einer Pest-Kirche, die eine einfache, elegante Loggia besitzt (1518).

Etwas weiter, unmittelbar vor der Stadtmauer: die Fabrik des Lebensmittel-Multis Buitoni, Stätte großer Kämpfe der sozialen Bewegung. Nordwestlich vom Bahnhof: das früheste Industrie-Denkmal der Gegend, die Tabak-Manufaktur (2. H. 19. Jh.). Die Tabak-Bauern sind, ebenso wie viele weitere Bauern, in einer roten Kooperative organisiert, die ihr Lagerhaus und Büro neben der zweiten (neuen) Buitoni-Fabrik hat. Die Trockenlegung des einstigen Sumpflandes darf als eine wichtige Tat der frühen Camaldulenser-Mönche gelten; sie verlegten den Tiber von Anghiari nach S. Sepolcro (12. Jh.)

Das Bergland der Umgebung bietet viele Möglichkeiten für kleine Touren, auch für Fußwanderungen: zur uralten einsamen Eremitage von **Monte Casale**, mit drei freundlichen, für jedermann offenen Mönchen, wo man wie ein Pilger übernachten kann, in Erinnerung an Franz von Assisi und Bonaventura, die hier auf dem Weg Station machten. Oder in die **Alpe della Luna**: nach **Montagna**, einem fast verlassenen Dorf;

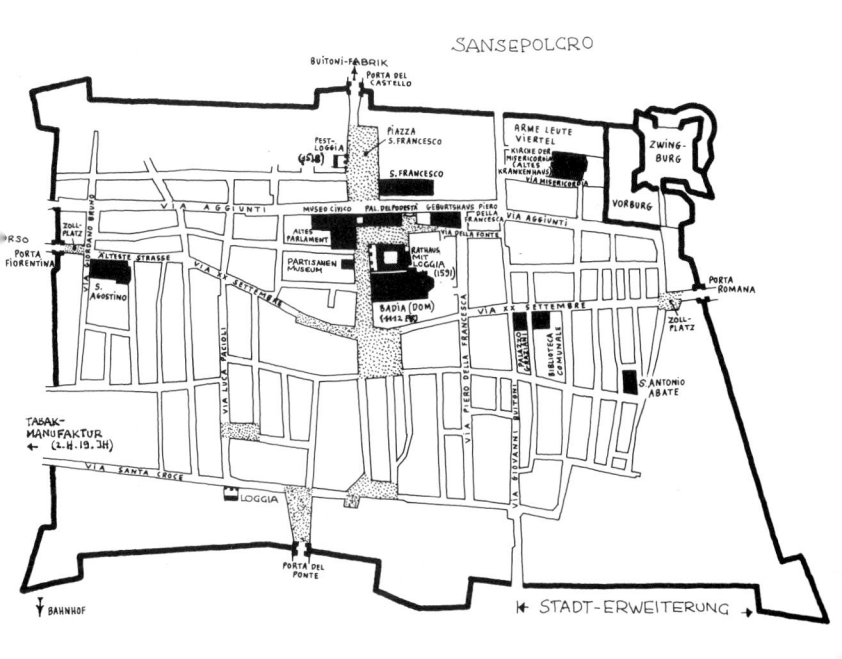

nach **Germagnano**, wo die Regione Toscana Schafe züchten läßt, zur **Spinella**, vor der ein Partisanen-Denkmal steht, und nach **Pian di Castagno**, wo die Nazis Partisanen gefangen hielten, freiließen und dann abknallten. Hier lief die Goten-Linie des deutschen Militärs im 2. Weltkrieg entlang.

Lohnend ist auch der Ausflug nach **Caprese Michelangelo**, das hoch über der Talschlucht des Singerna steht. In der Casa del Podestà in der Burg wurde Michelangelo Buonarotti 1475 als Sohn des Gemeinde-Direktors geboren. Interessantes Skulpturen-Museum, großenteils im Freien. Weiter Blick ins spröde Umland. Auf dem **Prato della Regina** picknicken sonntags viele Familien. Wie man die Aufforstungsprojekte mit weicher Technologie findet, zeigt der Geometer Pavesi im Büro der Comunità Montana in **Pieve S. Stefano Loggia**.

Kurz hinter S. Sepolcro entsteht beim Friedensvertrag von 1440 durch einen Fehler die **Republik Cospaia**: ein Flüßchen sollte die Grenze bilden, aber es gab zwei mit demselben Namen. Um neue Verhandlungen zu vermeiden, fand man eine italienische flexible Lösung: die Parteien ließen den Bereich in der Größe von drei ganz kleinen Dörfern mit rund 200 Bauern, an einem Hügel gelegen, selbständig. Die Leute schufen sich eine ideale Staatsform: sie verzichteten auf jede Art von Oberhaupt. Fast 400 Jahre bestand diese Republik – bis zur gewaltsamen Aufhebung (1826).

Die kurvenreiche Strecke steil hoch zum Paß der **Bocca Trabaria** (1 049 m) bietet ein weites Panorama über das Tiber-Tal. Oben steht man auf dem **Kamm des Appennin**, der langsam zur Adria abfällt. In **Borgo Pace**, das im **Metaurus-Tal** der Marche liegt, kommt man auf einer unasphaltierten, interessant geführten Straße in den abgelegensten Zipfel der Toskana: in die sehr abwechslungsreiche, kleinteilige Landschaft des Beckens um **Sestino**. Das nagende Wasser und die Winterkälte schufen im weichen Gestein viele Bergabbrüche. Vittorio Dini, Professor an der Universität Siena/Arezzo, erforschte die innerhalb einer Generation aussterbende Bauernkultur in diesem abgelegenen Bereich volkskundlich-sozialwissenschaftlich, auch mit Hilfe von Tonband-Aufzeichnungen von Gesprächen alter Leute (Oral History). Das Material befindet sich in der Biblioteca Comunale in Sestino.

Dieser Ort, dessen Name eine Wegstrecken-Einteilung an der römischen Straße spiegelt, einst sogar mit einer Thermen-Anlage ausgestattet, ist ein langer Straßen-Markt fast städtischen Gepräges, früher voll von Handwerkern. Auf dem Weg sieht man häufig im Norden ein freistehendes gigantisches Bergmassiv, den **Sasso Simone** (1 204 m), vom Fürsten-Staat als Grenzfeste ausgebaut. Diese Gegend eignet sich besonders für einen Urlaub mit viel Natur, zum Campen und Wandern.

Auf dem Weg zum nächsten Becken um **Badia Tedalda** kommt man an einem auf einer Bergnase liegenden kleinen Dorf vorbei: **Colcellalto** (das Auto am Aufgang zum Dorf stehen lassen!). Dann eine großformige Landschaft. Man umfährt allmählich das dunkel bewaldete gigantische Bergmassiv der **Alpe della Luna**. Auf dem **Passo di Viamaggio** (983 m) kann man, über dem Tiber-Tal und dem Bergland der nahen Romagna, in oder vor der Gaststätte des antikenbesessenen ehemaligen Lehrers Montini vorzüglich und familiär essen, den Abend geniessen und auch, wenn man will, preiswert übernachten. Und am nächsten Tag zu den **Tiberquellen** (Poggio delle Vene), den **Balze** (Erdbrüchen) und zum **Monte Fumaiolo** (1 407 m; Panorama) fahren.

Piero della Francesca: Schwangere Madonna (um 1450; Monterchi)

Der Felsen des heiligen Franz: La Verna (Domenico Ghirlandaio, 1483; S. Trinità in Florenz)

Rückzug in die Wälder: Pratomagno und Casentino

Früher war der gesamte Appennin von Wäldern bedeckt. Im **Pratomagno** und vor allem im **Casentino** haben sich Teile davon erhalten können: Bereiche mit Buchen, Eichen, Edelkastanien und Weißtannen. Man kann in diesen Gegenden wandern wie in nordalpinen Mittelgebirgen.

In dieses einst sehr einsame Gebiet, wo man auf Maultierpfaden tagelang durch unendlich erscheinende Wälder gehen mußte, zogen sich seit der Jahrtausendwende immer wieder Aussteiger zurück: Menschen, denen meist der Reichtum ihrer Familien zum Hals heraushing, die auch seine ungerechten Ursprünge sahen und daher das »Gespräch mit der Armut« suchten.

Um 1000 verließen die Mönche Paolo und Guntelmo ihr steinreiches **Kloster Settimo** bei Florenz und blieben in fast 1 000 m Höhe in **Vallombrosa**. 1013 stießen zu ihnen der querköpfige Giovanni Gualberto aus der reichen Adels-Familie der Visdomini und ein Freund. Sie bauten sich Hütten und führten ein Leben, wie sie es von den Eremiten am Rande der ägyptischen Wüste gehört hatten.

Auf 1111 m Höhe zimmerte sich im Jahre 1012 ein Mann namens Romuald eine Eremiten-Hütte **(Eremo di Camaldoli)**. Innerhalb einer Ummauerung folgten – wie ein Dorf dieser Zeit – 19 weitere, jede mit einer Kammer, Studierstube, Bethaus und kleinem Garten. Drei Kilometer unterhalb legten die Brüder an einer Quelle mit bestem Wasser ein Pilger-Hospiz, Krankenhaus, eine Försterei (foresteria) und ein Kloster sowie eine Apotheke (Ausstattung von 1543) an.

Dieser Romuald ist ein schillernder Mann: »in früher Jugend den Sünden des Fleisches ergeben, versucht er durch Züchtigung seines Körpers mit seinen »heißen Trieben« fertig zu werden, durch Bußrute und Fasten. Er bringt einen Gegner um und flieht in die Einsamkeit. Als er bei den Mönchen von S. Apollinare in Classe in Ravenna zu revolutionieren versucht, entgeht er knapp dem Todessturz aus dem Fenster. Predigend wandert er durch Venetien und Gallien, gründet Einsiedeleien. »Noch als Greis«, heißt es beim Historiker Davidsohn, »fiel er in widerwärtige sinnliche Ausschweifungen zurück, die

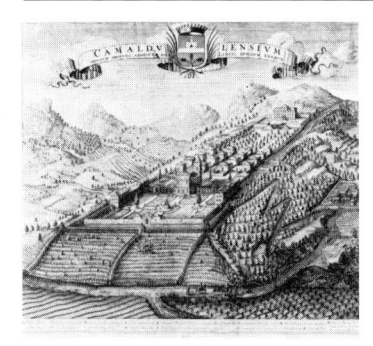

Camaldoli: Eremiten-Häuser

bei den Geistlichen der Zeit allgemein und in noch ärgerem Maße verbreitet waren als in der Laienwelt.«

Ein junger reicher Kaufmann namens Francesco wirft seinem Vater den teuren Kleiderluxus vor die Füße und sagt das Härteste, was in italienischen Familien geschehen kann: Du bist nicht mehr mein Vater! Radikal bricht er mit der entstehenden kapitalistischen Gesellschaft in den Städten und mit ihrer christlichen Heuchelei.

1213 zieht er sich »auf den rohen Fels, der den Arno vom Tiber trennt«, so Dante, in eine Höhle zurück; dort entsteht auf dem von einem Grafen geschenkten Land das **Kloster La Verna**, 1128 m hoch, oft in den Wolken – auch anschaulich ein Ort mystischer Weltentfremdung. Sechsmal kehrt Francesco auf den Berg zurück.

Aber Macht und Geld holt auch die Rückzugsorte der Aussteiger ein und verwandelt sie, nimmt ihnen die Provokation, macht sie glatt und gefällig – dem Aussteiger Franz widerfährt es schon zu Lebzeiten. Hier oben auf dem Felsen könnte das Geschehen spielen, das Umberto Ecos Buch »Der Name der Rose« beschreibt – ein literarisches Kriminalstück, das ein vorzüglich recherchiertes historisches Panorama der Krisen des Mittelalters zeichnet.

Die Klöster forsten – entsprechend der »Regel des Eremiten-Lebens« Wälder auf. Heute finden wir rund um **Camaldoli**, das man auf der Straße von Poppi über das wilde Bach-Dorf **Moggiona** erreicht, langsam am Hang mit dem Blick auf die weitläufige Landschaft hochfahrend, 800 Hektar reinen Edeltannen-Wald, bis zu 40 m hoch. Die Buchen La Vernas, oft mit 3½ m Umfang, stammen aus der Zeit Michelangelos – kaum vorstellbar.

Diese Aufforstungen waren kein reiner Luxus, sondern die Lebens-Grundlage der Mönche und Bauern. Für so wichtig wurden die Bäume angesehen, daß zum Fällen eines einzigen Stammes nicht der Prior, sondern die Gesamtheit der Mönche Camaldolis die Erlaubnis geben mußten. In diesen Wäldern fanden Schweine-Herden reiches Futter. Wildschweine wurden gejagt. Kastanien-Mehl wird zu Fladenbrot gebacken oder zu Purée gestampft, auch zu Kuchen verarbeitet – angeblich nach etruskischem Rezept. Pilze gibt es in Fülle – heute ist das Sammeln geradezu Nationalsport. Als die einheimischen Schäfer abwanderten, zogen ärmere sardische nach.

Die Klöster mit ihrem punktweise geschenkten Streu-Besitz entwickelten keine Lust, sich zu Flächenstaaten zu entwickeln – im Gegensatz zu den reichen Abteien. Sie machten wichtige zivilisatorische Arbeit: neben den Aufforstungen legten sie Sümpfe trocken, zum Beispiel das obere Tibertal um Sansepolcro und Anghiari. Die Mönche schreiben und kopieren Manuskripte. Später ziehen sich hierhin auch Gelehrte der ersten Aufklärung zurück, werden oft verborgen gehalten, dem Zugriff der Inquisition entzogen. Heute stehen einige Brüder in diesen stets relativ offenen Stätten der linken Bewegung des Manifesto nahe.

Pratomagno und Casentino sind von der Entvölkerung besonders schwer betroffen. Weil die Bauern fehlen, wuchern die Wälder mit Unterholz zu, das früher am Samstagmorgen als Brennholz von den Familien geholt wurde. Heute sind Pratomagno und Casentino fest in deutscher Hand: die »Tedeschi« kaufen die Höfe – aber sie integrieren sich nicht; selten sieht man sie auf der Piazza.

In dieser einst abgelegenen Gegend konnten sich die Feudalherren am längsten gegen die Städte behaupten – bis ans Ende des 13. Jahrhunderts. Einzig die Guidi widerstehen mit Hilfe ihrer mächtigen Burg in Poppi bis zur Schlacht von Anghiari (1440).

Bibbiena. Auf einem Hügel eine mittelalterliche Altstadt mit Atmosphäre. Von der Piazza aus: ein weiter Blick ins Tal nach **Poppi**. Einen Kilometer entfernt liegt **Santa Maria del Sasso** – nach einem Brand mit Hilfe der Bettelpredigten Savonarolas wiederaufgebaut (1486 von Guiliano da Maiano, Chor später von Stefano di Firenze). Ein schlichter Kreuzgang florentinischer Art.

Mehr Abwechslung als das kleine Poppi, weithin sichtbar auf einem Hügel gelegen, kann ein Ort kaum für Füße und Augen bieten. Ein langer Straßen-Markt – wie in **Stia** und **Pratovecchio** von Arkaden begleitet. Er gabelt sich um eine (später eingefügte) Kirche und läuft wieder zusammen.

Die Burg wurde in zwei Phasen gebaut: rechts um 1260, links 1274 von Arnolfo di Cambio, der nach ihrem Vorbild später das Rathaus in Florenz entwarf. Sie besitzt eine der wichtigsten historischen Bibliotheken der Toskana mit 600 Handschriften, die ältesten aus dem 11. Jahrhundert, und 14 000 alte Bücher.

Den Arno aufwärts kommt man hinter Poppi zum Bereich des Schlachtfeldes von **Campaldino**. Dort siegte 1296 die Volksbewegung von Florenz über das konservativ orientierte Arezzo. Dante gestand, er sei mit Angst in den Krieg gezogen.

In **Pratovecchio** begann die Flößerei auf dem Arno: Das im Bereich um **Camaldoli** geschnittene Rundholz wurde von Ochsen zum Fluß geschleift, dort zusammengebunden und nach dem Regen bei einigem Wasserstand stromanwärts nach Florenz und zum See-Hafen Livorno geschwemmt: zum Haus- und Schiffsbau. Im 19. Jahrhundert entstand im Umkreis von Pratovecchio eine Holz- und Papier-Industrie. Anarchistische Tradition.

Die Altstadt (nach Kriegszerstörung gut wiederaufgebaut) ist das größte Ensemble an Plätzen in der Toskana: neben zwei Straßen gibt es vier Plätze, alle von Arkaden begleitet, teils Wiese mit Bäumen. Westlich vor der Altstadt:

Poppi, Burg

Arbeiter-Häuser.

Die Schmalspur-Bahn, die von **Arezzo** aus das **Casentino** erschloß (1888, 45 km/h) endet in **Stia**. Daß der Volksmund Arezzos ihr den Namen »Transsibirische Eisenbahn« gab, zeigt, für wie abgelegen man das Gebiet ansah.

Im kleinen Kern des Ortes **Stia**, am Berghang: eine sich platzwartig breit öffnende Markt-Straße, begleitet von Arkaden. Einige altertümliche Läden, eine Trattoria, in der man auf dem Platz essen kann.

Westlich: das wilde **Tal des Arno**, eine alte Brücke, ein kleines Stadtviertel auf der Gegenseite. Um Stia gab es vom Mittelalter bis heute zahlreiche Woll-Fabriken, die die Casentiner Wolle mit ihren leuchtenden Farben erzeugen.

La Verna heute

Tour: Florenz

Viele Fremde setzen die Toskana mit Florenz gleich. Die Wirklichkeit sieht anders aus. Zwar hat Florenz den Löwenanteil an Einrichtungen, aber die Toskaner erstarren nicht in Hochachtung vor der mit rund 460 000 Einwohnern größten Stadt der Region.

Das politische Leben blüht genauso in **Siena, Livorno** und **Arezzo**. Und Kultur-Politik ist in Florenz ebensowenig entwickelt wie in anderen Städten. Florenz ist Dienstleistungs-Schwerpunkt. Hinzu kommt ein weit verbreiteter Kleinhandel. Große Industrien fehlen, abgesehen von den Officine Metallurgiche e Mechaniche del Nuovo Pignone, der Fabrik für optische und Präzisionsgeräte »Galileo« und der Tabak-Manufaktur.

Die Fülle an Dienstleistungen empfindet der Toskaner auch als nachteilig: eine Unübersichtlichkeit, die er nicht gern hat. Davon, daß Florenz von allen Städten den größten Anteil an Touristen besitzt (sieht man von der Küste ab), haben die meisten Einheimischen, außer als Wirtschaftsziffer, wenig. Im Gegenteil: die Preise liegen ein Drittel höher und im Sommer 1983 sah sich die Stadtverwaltung gezwungen, eine Werbekampagne zu machen, die einer unterschwelligen Korrumpierung entgegenwirken sollte: wo Touristen in großen Massen erscheinen, wird der Umgangston oft unfreundlich – auch untereinander. In den weniger vom Tourismus »geschädigten« Bereichen des Landes geht man meist anders miteinander um.

Die Metropolen-Funktion von Florenz ist beschränkt: auf Theater, Mode und Verwaltung. Florenz ist auch nicht das Zentrum für gutes Essen und Trinken, schon gar nicht die Touristenzone zwischen Rathaus und Dom, von den Einheimischen verachtungsvoll »Pizza-Strich« genannt. Florenz ist nur für die Ausländer ein Mythos – und dies wegen seiner magischen Präsentation von Juwelen der Kunst, ein im 19. Jahrhundert gemachter Mythos, dessen Vordergründigkeit langsam sichtbar wird: der Realität dieser Kunst und der Stadt entspricht er nicht. Aber es ist schwer, die Realität unter der touristischen Überlagerung mit all ihren Werbereizen, die zur Vermarktung der Stadt eingesetzt werden, wiederzugewinnen.

Viele Intellektuelle und Künstler wohnen nicht in Florenz, sondern in anderen Städten, oft in kleinen Orten. Dafür haben sie genau die Gründe, die für die Provinz sprechen: sie ist verkehrsmäßig gut erschlossen, das heißt, man ist rasch in Florenz; die Provinz hat hohe Lebensqualitäten im Hinblick auf Landschaft und Stadt und sie bietet vor allem dem kleinteilig strukturierten Leben eine Chance: man schätzt das Netz der Familie und der Freunde sowie die Übersichtlichkeit kleinerer Orte.

Da hockt zum Beispiel der Komiker Roberto Benigni mit den Bauern um Castelfiorentino Abende lang zusammen und ist bei seinen Freunden in kleinen Orten – macht seine Tourneen von hier aus. Das ist weder Abstieg noch Wohltätigkeit, sondern das Gefühl von Gleichwertigkeit von Land und Stadt.

Es war nicht immer so, vor allem nicht in den 60er Jahren, wo die Zuwanderer diskriminiert wurden. Aber seit einigen Jahren hat sich die Tendenz umgekehrt, daran ist auch die Tatsache schuld, daß durch die ökonomisch erzwungene Entvölkerung der Gebirge sich die Bewohner in den flachen Bereichen zusammendrängen müssen. Das »moderne« Florenz ist das typische Resultat dieser Katastrophe. Während oben in den Bergen Francesco Rosi Filme über eine erneut archaisch gewordene Landschaft mit melancholisch stimmenden Spuren der Verlassenheit drehen könnte, muß man sich, von der Autostrada del Sole kommend, durch den chaotisch wirkenden Brei an Zementklötzen des Florentiner Westens durchfressen. Laut, übervoll und hektisch geht es in den Straßen zu, die oft Schluchten sind; aber zugleich beklagen die Leute die Distanz, Anonymität und Kälte, die gerade aufgrund dieser chaotischen Dichte entstanden sind. Da herrschen die gleichen auswechselbaren Großbanken wie in aller Welt, meist spekulativ nach dem Motto hochgezogen: Länge mal Breite mal Geld.

Hier wohnt der größte Teil der Einwohner – das muß man sich vor Augen halten, wenn man an das historische Zentrum denkt. Er lebt hier wenig anders als in ähnlichen Stadtteilen Mailands, Turins und Roms. Er besitzt wenig von all dem, was die Fremden nach Italien zieht. Die Bars sind nicht mehr wie in kleineren Orten Treffpunkt für stundenlangen Aufenthalt, sondern

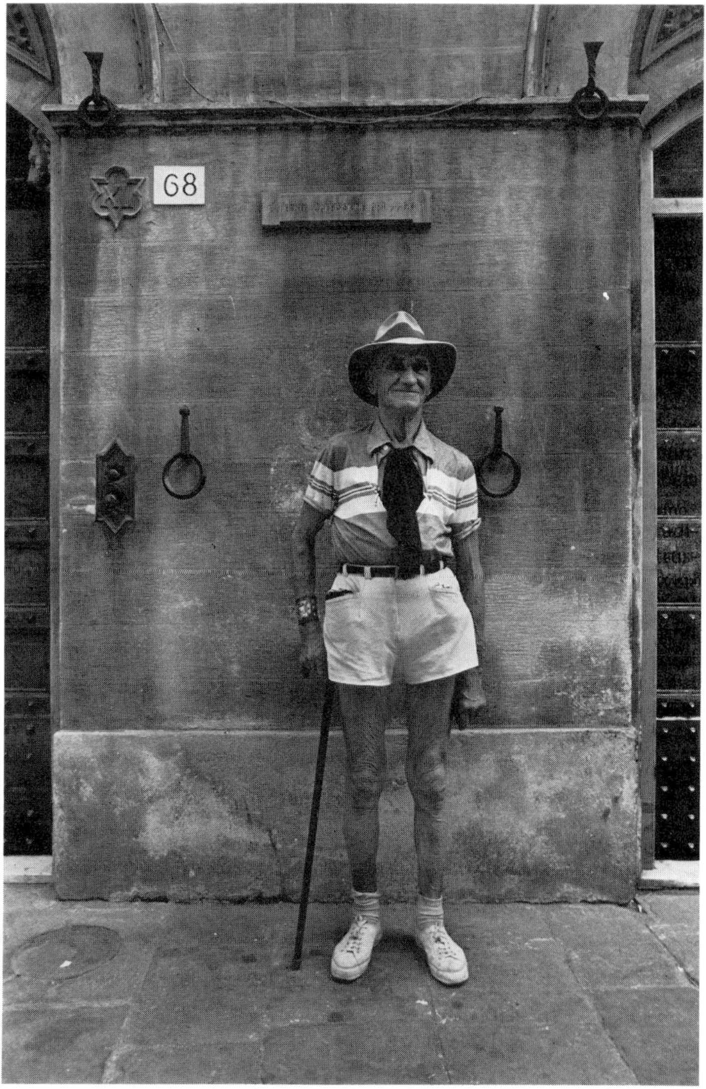
68

FLORENZ

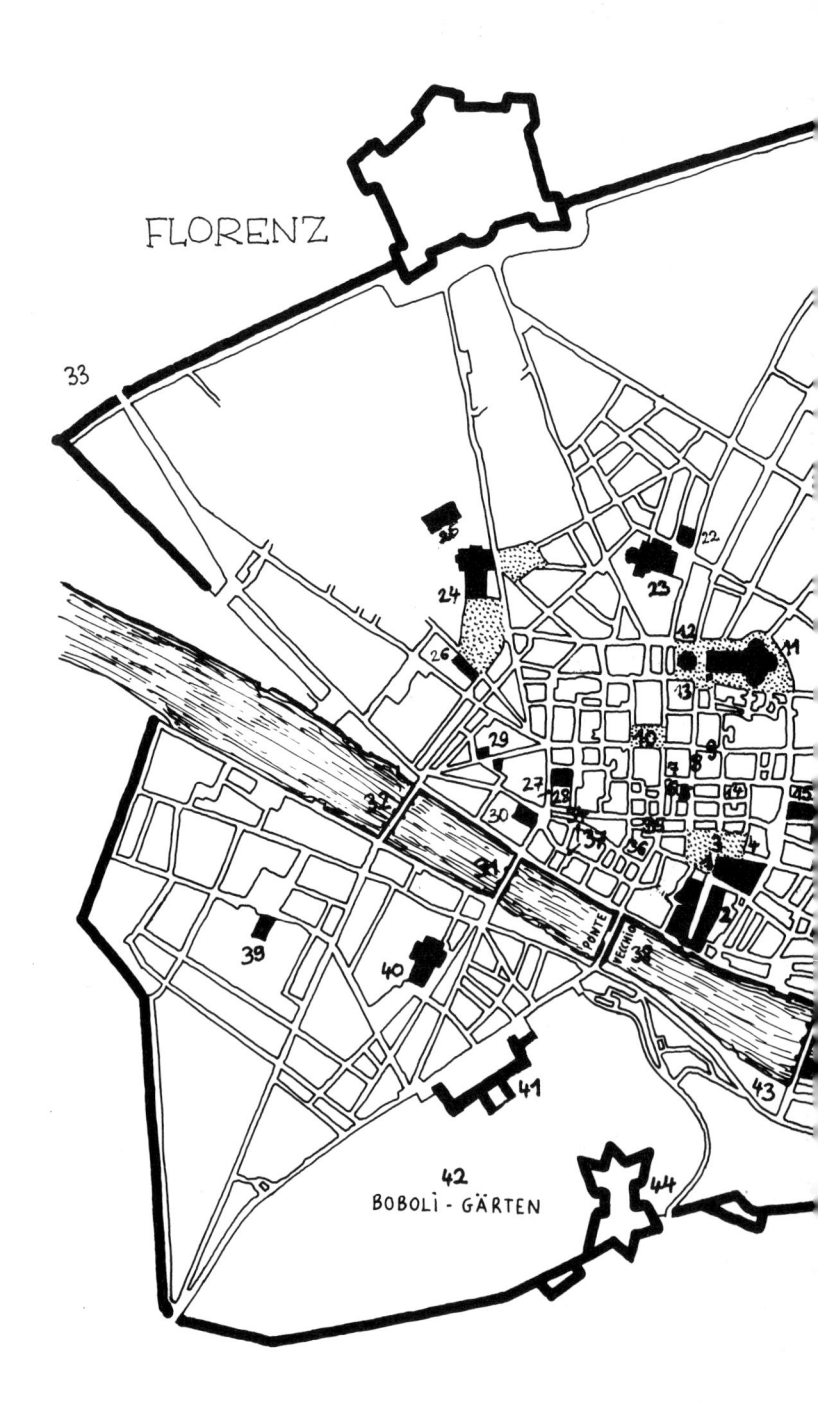

BÜRGERLICHE
WOHNSTADT
SEIT 1865

1 Rathaus (1299, 1343)
  Piazza della Signoria. Loggia (1376)
2 Uffizien (1560)
3 Reiter-Denkmal Cosimos I. (1594)
4 Tribunale della Mercanzia (1359)
5 Orsanmichele (1290, 1337)
6 Haus der Woll-Zunft (1308)
7 Haus der Schlachter-Zunft (14. Jh.)
8 Via dei Calzainoli (1842 verbreitert)
9 Via del Corso
10 Piazza della Repubblica (ehem. Altmarkt)
   Arcone (1895)
11 Dom (1334 ff.)
12 Baptisterium
13 Loggia del Bigallo (1352)
14 Torre della Castagna (Priori delle Arti, 1282)
15 Palazzo del Podestà (Bargello, 1255, 1325)
16 Teatro Verdi
17 S. Croce (1294 ff., 1. Kreuzg.14.Jh., Pazzi-Kap. 1443, 2. Kreuzg. bis 1453)
18 Piazza della SS. Annunziata
   Findelhaus (1419)
19 Accademia (Museum)
20 Loggia (14. Jh.)
21 Piazza S. Marco
22 Palazzo Medici (1444)
23 S. Lorenzo (1419 ff.), Alte Sakristei (1420), Kreuzg. (1474), Laurenziana-Bibl. (1424), Neue Sakristei (1521,1530), Fürsten-Kap. (1602 ff.)
24 S. Maria Novella (1246 ff.), Spanier-Kap. (1350)
25 Hauptbahnhof (1935)
26 Loggia di S. Paolo (1489)
27 Via Tornabuoni
28 Palazzo Strozzi (1489 ff.)
29 Palazzo Ruccellai (1446), Loggia
30 S. Trinità (Vallombroser-Mönche)
31 Ponte S. Trinità (1466)
32 Ponte alle Carraia (1218, 1335, 1557)
33 Cascine-Park, Palazzina (1790)
34 Cavanzati-Haus (14. Jh.)
35 Mercato Nuovo (Neumarkt), Loggia (1547)
36 Palazzo di Porte Guelfa (A. 15. Jh.)
37 Straße der Turm-Häuser (12./13. Jh.)
38 Ponte Vecchio (996, 1117, 1345), Medici-Gang (1564)
39 Carmine-Kirche
40 S. Spirito (1444 ff.)
41 Palazzo Pitti (um 1440, 1457, 1558, 1746, 1783)
42 Boboli-Gärten (1550 ff., 1618)
43 Via de Bardi
44 Forte di Belvedere (1580)
45 S. Salvatore al Monte (1499)
46 S. Miniato al Monte (11. 12.,13. Jh.)
47 Piazzale Michelangelo

Ghirlandaio (1483, S. Trinità in Florenz)

Theken, wo man sich gerade mal seinen Café holt.

Wer ein Auto besitzt, flüchtet am Wochenende nach draußen und so zieht ein großer Teil der Bevölkerung als moderne Halbnomaden in die Berge, ohne von ihnen viel zu haben und sie sich wirklich anzueignen. Denn der Genuß von Natur entsteht erst durch Kenntnis – aber wie entsteht Kenntnis? Dabei stammen viele Florentiner ursprünglich aus der Gebirgsbevölkerung, die in der Zeit einer Generation, von 1950 bis 1970 zu Tal ziehen mußte.

Wo Florenz von der Natur verwöhnt wird, an den Berghängen zum nördlichen Fiesole und zum südlichen Chianti, auch nach Osten entlang des schmaler werdenden Arno-Tales, konnten sich nur die Leute ein Stück der Natur aneignen, die Geld besaßen. So entstand in der Stadt eine ausgeprägte Teilung zwischen Wohlhabenden und Habenichtsen. Wenn die einen in der August-Hitze der sommerlich heißesten Stadt Italiens wenigstens ein Lüftchen erhalten, meinen die anderen in diesem Kessel »vor Hitze zu sterben«.

Die Stadt wird nach Einkommen verteilt: im Osten leben die Reicheren, am Berg die Reichsten, im Zentrum die verbliebenen Armen, falls sie nicht von Läden und Büros verdrängt wurden, und im Westen die Arbeiter. In der Stadtmitte treffen sich Arme und Reiche: atmen im Gaskessel der Autoflut tagaus tagein die Abgase. Der Tourist kann ihnen nach Tagen entkommen. Wie lange die Kunst von Florenz noch besteht, mag man sich an den sichtbaren Umweltschäden ausrechnen. Eine Statistik über die Krebshäufigkeit gibt es trotz der eingedrungenen Computer-Fülle nicht.

Die Spekulation und Unbedenklichkeit, mit der ein großer Teil der Zementvorstädte entstand, gab es bereits im 19. Jahrhundert. Als Florenz 1865 für die kurze Zeit bis 1871 erste Hauptstadt Italiens wurde, zogen die Spekulanten Piemonts ein und krempelten sie in kurzer Zeit als Minderheit so radikal um, daß die Hälfte des historischen Zentrums ausgelöscht wurde, vergleichbar mit Paris.

Altstadt ist es nicht, was die Fremden westlich der Touristenachse der Via de Calzaiuoli zwischen Dom und Rathaus dafür halten. Das Schachbrettmuster der Straßen um die Piazza della Republica bildet eine totale Neustadt nach dem Zuschnitt des damaligen internationalen Großbürgertums; es ist Piemont in Florenz: übermenschlich groß, monumental, kalt. Darüber täuschen auch nicht die eleganten Geschäfte in den Erdgeschossen hinweg. Mussolini wollte diese Zerstörung fortsetzen, die stets den wohltätig klingenden Titel Stadtsanierung führte; auch das Santa Croce-Viertel sollte ihm zum Opfer fallen. Glücklicherweise kam er nicht weit damit.

Solche brutalen Einbrüche in die Stadt hatten schon vor den Piemonteser Spekulanten eine Tradition. Je mehr die Toskana unter den absolutistischen Medici-Großherzögen verarmte, desto gewaltiger wurden die Paläste, die sich reiche Landbesitzer in der Rolle von Hofleuten in der Stadt bauten. Vor allem längs des Arno prägt ihre Kälte noch heute das Bild. In der Zeit davor gab es dort – wie Zeichnungen überliefern – eine lebendige, kleinteilige, geradezu theaterhafte Ufer-Szenerie.

Man mag angesichts der Palast-Riesen sich nicht mehr der mitgebrachten Vorstellung einer von Problemen entlasteten Idylle anheimgeben, sondern daran denken, welche Politik die Lebensverhältnisse prägte, die zu solchen Ausdrucksformen führten – eine politische Formel, die auch heute hochaktuell ist: je ärmer die einen werden, desto

Betonvorstädte. Einer der Baukonzerne heißt tatsächlich ›Betonval‹ und wirbt mit seinen ›Betonzentralen‹. Unten der verdreckte Arno. Montage: Roland Günter.

reicher die anderen – und das ist steuerbar, wie man nicht nur im England der Margaret Thatcher sehen kann.

Bis heute ist Florenz, wie Kenner versichern, vom Geist dieses Großbürgertums geprägt, das unter sich bleiben möchte, niemanden in seine Zirkel läßt, kühl Distanz hält, aber, wie ebenfalls Kenner versichern, in der Lage ist, auch die Kommunisten zu unterwandern – nach dem Motto: Wenn wir ihre Mehrheit schon nicht verhindern können, müssen wir sie wenigstens zu lenken versuchen. Ein solches Bild von Florenz vermag den gängigen Touristen-Mythos zu zerstören, der seit über 100 Jahren propagandistisch aufgebaut wurde und auch heute leider von linker Politik sorgsam genährt wird.

Florenz macht dem nachdenklichen Fremden die Annäherung mühsam. Am besten orientiert man sich zunächst einmal über die Lage dieser vielfältigen Stadt. Vom Hauptbahnhof fährt der Bus 13 zur hochliegenden Piazzale Michelangelo am Südufer des Arno. Hier gibt es den besten Rundblick. (Auch Dom-Kuppel und Rathaus bieten Übersichten.)

Auffällig ist, welche große Rolle die Vielfalt der Natur spielt. Unter uns liegt der breite Fluß. Das Tal geht in eine weite Ebene über, in der man inzwischen leider auf ziemlich viel Beton sieht. Das Tal-Becken, in dem sich die historische Stadt ausbreitet, läßt an einen großen Platz denken; er ist übersichtlich, faßbar, er gibt ein Gefühl von Geborgenheit und läßt erkennen, daß man zu den gegenüberliegenden Hügeln von Fiesole laufen kann. Diese alltägliche Erfahrung hatte wohl auch Einfluß, als Künstler daran zu arbeiten begannen, menschliche Räume zu schaffen.

Hügel umgeben das Becken der Stadt. Immer hat man das Gefühl, daß sie bewohnt, belebt, kultiviert, erreichbar sind – im Norden Fiesole, im Süden das Belvedere und S. Miniato. Dahinter breitet sich im Norden ein Gebirge wie eine weitere Bühnen-Kulisse aus. Obwohl auf fast 1000 m ansteigend, wirkt es nicht bedrängend.

Eine Fülle von Ansichten zeigt, daß die Leute Florenz immer auch von außen wahrnahmen, nicht allein aus den umschlossenen Räumen von Gassen, Straßen und Plätzen. Diese Sicht entstand auch aus den besonderen Stadt-Land-Beziehungen von Florenz. Wenige Städte sind so glücklich in die Landschaft eingebettet.

In die Vielfältigkeit der Natur hat sich die Geschichte eingefügt: mit Wachstumsringen. Klein und familiär wie ein Dorf war der römische Ort – ablesbar im Stadtplan: die Fläche des inneren Schachbretts. Rund herum wuchsen im Mittelalter Gassen-Gewirre, in denen sich auch heute noch viel Leben abspielt, einst durchsetzt von rund 250 Turm-Häusern. Der Verlauf der zweiten Stadtmauer, die seit 1172 diese Handwerker-Borghi umgab, ist ebenfalls auf dem Stadtplan gut erkennbar (Via dei Benci, Via dei Pucci, Via dei Fossi). In zehn Minuten ist hier alles erreichbar.

Im Bereich des dritten Ringes muß man sich fleißiger bewegen: er ist zehnmal so groß wie die Römerstadt. Die Volksbewegung hat diese Viertel ummauert (1284–1333). An ihrer Peripherie gab es einst große Gärten.

Als Florenz die Hauptstadt-Funktion übergestülpt wurde (1865), verwandelte man sie zu Großbürger-Vierteln. Drumherum, mit den Füßen kaum mehr erschließbar, entstand nach Plan von G. Poggi die bürgerliche Wohnstadt, nicht schlecht gebaut, nach dem Vorbild des bonapartistischen Paris, mit Kristallisationspunkten in Form von Sternen: die Piazza Beccaria mit einem monumentalen Ensemble von Häusern (Giuseppe Poggi / G. Roster, 1865), die

Besetztes Haus

Piazza L.B. Alberti, die Piazza G. Oberdan, die Piazza Libertà mit der alten Porta S. Gallo (1284), dem Triumphbogen der Lorena-Großherzöge (1745) und einem Park.

Weniger vornehm: die westlichen Viertel. Ausgenommen: die weite Piazza Vittorio Veneto, die Altstadt und Cascine-Park miteinander verbindet.

An den Straßennamen läßt sich die Ideologie ablesen, vor allem wie die Maler, die meist einfache Leute waren, im 19. Jahrhundert zu Heroen befördert wurden.

DAS ARNO-UFER

Wenden wir uns nach diesem Überblick dem Zentrum zu. Zu Fuß bergab gelangen wir zum Arno hinunter. Heute eher langweilig, vor allem schmutzig, war er einst eine belebte Szenerie. Man erlebte Schiffahrt (bis zum Eisenbahnbau 1845), Flößerei, Fischer, Angler, Kutschen am Ufer, sogar Schaupsiele, im 19. Jahrhundert Bootsfahrten.

Das Hochwasser war nicht allein 1966 eine Katastrophe, sondern seit jeher, am schlimmsten 1333. Mehrfach wurden alle Brücken weggerissen, daher ließ Großherzog Cosimo I. auch die Flößerei verbieten; teuer war der Wiederaufbau und fühlbar der Mangel an Verbindung innerhalb der Stadt. Die erstaunliche Fülle an Brücken zeigt den Zusammenhang zwischen den Borghi.

Die interessanteste Brücke ist der Ponte Vecchio, 972 in Holz entstanden, 1117 in Stein, 1333 vom Hochwasser zerstört – wie eine Straße überbaut, einst eine der typischen vielfältigen Marktstraßen, bis der Großherzog sie 1593 von den Schlachtern »reinigen« und einzig den vornehmen Juwelieren zuweisen ließ. An der Südseite: der mittelalterliche Wohn-Turm der Manelli. Ursprünglich ganz nach innen geschlossen, öffnete Giorgio Vasari die Brücke mit Bogenhallen zum Fluß hin.

Vier Brücken gab es einst. Der Ponte S. Trinità (1559 von Bartolomeo Ammanati) gilt als die eleganteste Brücke der Welt. Auch die Loggia des Verwaltungsgebäudes der Uffizien (1560 von Giorgio Vasari) erschließt das Arno-Ufer in eindrucksvoller Weise.

Nur an wenigen Stellen bietet das Ufer Zugang zum Wasser des Flusses, der immer schon verunreinigt war. Vor

Originalmalerei zerstört			Originalmalerei zerstört		
Masaccio Vertreibung aus dem Paradies	Masaccio ›Zinsgroschen‹	Masolino Predigt Petri	Masaccio Taufe durch Petrus	Masolino und Masaccio Heilung des Lahmen / Auferweckung der Tabita	Masolino Sündenfall
Filippino Lippi Paulus besucht Petrus	Filippino Lippi Auferweckung des Sohnes des Theophilus	Masaccio Petrus in Kathedra	Masaccio Schattenheilung	Masaccio Almosenspende / Filippino Lippi Kreuzigung Petri / Streit Petri mit Simon dem Magier	Filippino Lippi Befreiung Petri

Carmine-Kirche. Im Weberviertel ließ Felice Brancacci, Großkaufmann, Freund der Volksbewegung, 1424 eine Kapelle ausmalen: von Masolino, in älterer Tradition, und Masaccio, der einen neuen Schritt in Richtung drastischer, realer Erfahrung macht. Hier zeigt sich wieder der Zusammenhang zwischen Volksbewegung und künstlerischem Fortschritt in der Toskana.

San-Frediano warf man die Tier-Kadaver hinein. Im Cascine-Park (seit 2. H. 18. Jh., 118 Hektar) kann man drei Kilometer am Ufer entlang laufen.

Anders als in Rom spielt das Wasser für Florenz keine große Rolle: in den Boboli-Gärten (1550 von Tribolo, 1583 ff.) hat die Wasser-Architektur nur beschränkten Umfang (Piazzale dell'Isolotto, 1618 von Alfonso Parigi d. J.); auf den Plätzen gibt es nur wenige interessante Brunnen. Den nüchternen Florentinern blieb der Neptunsbrunnen neben dem Rathaus (1563 von Ammanati) mit seinen schönen Frauen und Faunen, ein Spiegel höfischen Lebens, stets fremd.

MITTENDRIN –
ABSEITS DER MONUMENTALE

Wer sich zunächst einmal den Abgasen, der Fülle von Konsum-Touristen und den großen Denkmälern entziehen möchte, dem kann man raten, vom Hauptbahnhof aus um den Schachbrett-Kern herumzuwandern. Dazu benötigt man eine gute Karte, denn in diesen Bereichen gibt es labyrinthische Gassengewirre.

Rasch an S. Maria Novella vorbei geht man in die Via delle Belle Donne, einst eine halbseidene Straße, und kommt an einen vielfältigen kleinen Platz. Immer die Hauptachsen vermeidend, kann man durch kleine Gassen weiterlaufen. Gegenüber von S. Trinità gelangt man in das Ufer-Viertel. Es lohnt sich, die beiden Straßen Borgo SS. Apostoli und die Via delle Terme langsam und neugierig zu erleben, Straßen mit vielen Turm-Häusern und einer Fülle von schmalen Quergassen. In diesem ältesten mittelalterlichen Viertel von Florenz sieht man, was für eine Fülle von Spuren, Situationen, Reichtum die Geschichte anhäuft – und daß es sich durchaus und gut damit leben läßt.

Widersteht man der Versuchung, zum Rathaus-Platz zu gehen, kommt man östlich hinter ihm in ein weiteres interessantes Viertel um die Via dei Neri. Man kann Gasse für Gasse erkunden. Und zum Aufenthalt gibt es genügend kleine Lokale. In dieser Altstadt, in der man nicht viele Fremde findet, weil man sich auf eigene Faust umschauen muß und die »Monumente« fehlen, läuft man östlich vom Bargello nach Norden weiter. Hinter dem Teatro Verdi gibt es das beste Eis der Republik, wie Kenner behaupten.

Am Borgo dei Albizi geht man links und gelangt hinter der Via del Proconsolo in den Teil der römisch-mittelalterlichen Stadt, den die »Sanierung« des Großbürgertums (1865) nicht auszulösen vermochte, weil glücklicherweise der König nach Rom zog. Bis zur Via dei Calzaiuoli findet man ein verwinkeltes Gassengewirr, in dem sich einst eine für uns kaum mehr vorstellbare Vielfalt des Lebens abspielte, die heute nur noch in Resten vorhanden ist – man darf sie sich so ähnlich vorstellen wie in alten Stadtteilen Istanbuls: ungeheuer viele Menschen, große Familien, Scharen von Kindern, reiche Beziehungsnetze; alles wird produziert und mit allem gehandelt. Wenn man rekonstruiert, daß in solcher Umgebung Dante (Via S. Margherita 1), Michelangelo und Leonardo aufwuchsen, kann man ein menschliches Bild von ihnen gewinnen. In der nahen Kirche der Badia verliebt sich der junge Dante – aus der Ferne – in das Mädchen Beatrice. Überhaupt: sein Reichtum an Kultur wächst aus der konkreten Lebenserfahrung.

Den Weg um den Schachbrett-Kern kann man vervollständigen, wenn man westlich hinter dem Baptisterium auch noch das Gassengewirr um S. Lorenzo, die Via Zanetti und Via Faenza sowie den Mercato Centrale durchstreift.

UNTERSCHIEDLICHE PLÄTZE

Man kann die Fülle unterschiedlicher Atmosphären der Altstadt auch erleben, wenn man sich einen Streifzug zu ihren Plätzen zusammenstellt. Angefangen vom funktionalistischen Hauptbahnhof (1932 von Giovanni Michelucci). Leider gibt es nur wenige einigermaßen ruhige Plätze wie vor S. Maria Novella, abends ein Treffpunkt für Paare. Dort findet man die stille Loggia eines Krankenhauses (1489), einen der wichtigen menschlich gestalteten Räume der florentinischen Architektur. Ruhig ist auch der kleine Platz vor Palazzo und Loggia der Rucellai (1446, nur linkes Tor mit zwei Achsen; 1460 von Alberti/Rossellino) an der Via Federighi.

Einigermaßen erträglich: der wichtige Annunziata-Platz mit seinen Bogenhallen (Findelhaus 1419 von Brunelleschi; SS. Annunziata 1444 von Michellozzo; nördlicher Portikus 1516 von Antonio da Sangallo).

Eine schöne Atmosphäre besitzt die Piazza S. Spirito, obwohl sich der Drogenhandel und dadurch auch die Polizei oft des Platzes bemächtigen.

Älteste Altstadt: die Piazza Davanzati, umgeben von mittelalterlichen Bürgerhäusern. Viele Plätze hat der Autoverkehr unerträglich gemacht, leider weitgehend auch im Bereich um den Dom und das Baptisterium. Vor dem Rathaus liegt der historisch wichtigste Platz, die Piazza della Signoria. Eine runde Gedenktafel im Fußboden in der Platzmitte erinnert daran, daß hier am 23. Mai 1498 Savonarola mit zwei Mitbrüdern aufgehängt und verbrannt wurde. Im Gegensatz zu diesem geschlossenen Platz-Raum: die Piazzale Michelangelo auf dem Hügel über dem Arno, ein Landschafts-Platz, für die Aussicht gebaut. In der Mitte: ein Bronze-Abguß des David, ein Denkmal des »Genius«, eine Ideologie, die dem Demokraten Michelangelo zu Lebzeiten wohl in Zorn versetzt hätte. Der Platz ist ein Aus-

Leben auf der Straße (Francesco Ubertini)

druck früher touristischer Aneignung der Stadt, für sie gebaut und von ihnen fast völlig beherrscht. Dennoch kann man viel davon haben. An der Rückseite: Loggia-Caffè (Giuseppe Poggi, 1873) mit Garten.

Obwohl auch die Piazza S. Croce viele Touristen hat, ist ihre Lebendigkeit ungebrochen – sie ist der volkstümlichste Platz der Altstadt, vor allem abends, wenn die Familien draußen sitzen und die Kinder spielen, alles kunterbunt durcheinander; und auf der Kirchentreppe schlafen nachts manche Freaks.

Auf allen Plätzen kann uns auffallen, daß die Bauten nicht verehrt werden; außer im Uffizien-Forum, dem Pitti-Platz und der Piazza Repubblica wird der Benutzer nicht von den Bauten überwältigt. Typisch ist auch, daß man keine Verehrungsabstände geschaffen hat: den Dom sieht man erst, wenn man nahe davor steht; die Kuppel soll für die Sicht von außerhalb der Stadt wirksam werden. Aufschlußreich ist auch, daß die Fassaden von Dom und S. Croce erst im 19. Jahrhundert vollendet wurden (und ziemlich schlecht), S. Spirito provisorisch und S. Lorenzo überhaupt nicht. Die Stadtdemokratie hält nichts von der Fassade als Eindrucksgeste.

Brunelleschi: Alte Sakristei in S. Lorenzo

RÜCKZUGSORTE

Florenz mit seiner Autoflut, Abgasen, Lärm und Hektik strengt an. Man kann die Stadt rasch satt bekommen, wenn man sich nicht klug verhält. Es gibt auch nur wenige ruhige Rückzugsorte. Natürlich jede Kirche, vor allem, wenn es heiß ist. Man kann sich darin leise unterhalten.

Die atmosphärischsten Rückzugsorte sind Kreuzgänge, vor allem S. Lorenzo (1475) und S. Croce (um 1400 und 1453). Grünplätze: Die Piazza della Indipendenza und die Piazza D'Azeglio.

Die meisten Rückzugsorte liegen außerhalb der Stadtmitte: Die Bereiche um S. Salvatore al Monte (1499 von Cronaca) und S. Miniato (um 1200 vollendet);

im einstigen Hof-Garten (Giardino Boboli, 1550–1583, E. 17. Jh.) hinter dem Pitti-Palast mag man stundenlang herumlaufen; oben vom Belvedere (1590): weite Ausblicke. In den Grotten spielte die Hof-Gesellschaft mit dem Gruseln; man genoß in der von der Bürgerstadt völlig verschiedenen und abgetrennten Welt unterschiedliche Wirkungen wie Enge, Weite, Einschnürung, Helle und Dunkel, überhöhte sie mit Statuen alter Götter, an die niemand glaubte, in deren Haut man sich aber selbst zu fühlen meinte. Weiter westlich liegt der Monte Oliveto. Nicht zu vergessen: der Cascine-Park mit sehr alten Bäumen.

Jedes Viertel besitzt einen eigenen Charakter. Am volkstümlichsten: das S. Croce-Viertel, nördlich der Kirche. Das Viertel des Borgo Pinti: lange gerade Straßen, durchsetzt von Palästen; zwischen ihnen wohnt viel »popolo minuto« (kleine Leute). Handwerk und Läden. Ein ähnliches Viertel findet man nördlich des Mercato Centrale. Ganz anders: das Viertel zwischen Arno und Belvedere-Abhang um die gewundene, enge Via dei Bardi, einst eines der ärmsten der Stadt; und verschrieen. Im Borgo S. Frediano lebten früher viele Weber; es ist auch heute noch ein volkstümliches Viertel.

Arno-abwärts: am Südufer breitet sich vor dem Lungarno dei Pioppi ein Nachkriegs-Viertel aus, die Vorstadt Isolotto (1951 ff). Wer sonntagsmorgens hingeht, trifft um 11 Uhr unter der Markt-Überdachung die Basis-Gemeinde mit Don Mazzi; offene, zugängliche, politische Leute.

STREIFZÜGE NACH STICHWORTEN

Florenz ist lange Zeit, vor allem im 15. Jahrhundert, das künstlerische Zentrum der Toskana gewesen. Man kann sich Streifzüge zu Stadtplanung, Architektur, Plastik und Malerei mit Hilfe des Kapitels über die Kunst und des Stadtplans selbst zusammenstellen.

Man kann auch einen ganzen Tag in das Museum der Uffizien gehen und die Fülle der Bilder unter anderen Gesichtspunkten lesen als die vielen Fremdenführer in vielen Sprachen mit ihren Gruppen im Schnellzug-Tempo: Geschichte des Alltags, als Übermittlung menschlicher Erfahrung aus anderen Zeiten in unsere, zum Teil noch heute erlebbar. Und als Geschichte der Wahrnehmung, des Interessenwandels, des Beobachtens. Und schließlich als Geschichte der Verarbeitung: als Inszenierung in der Kurzform eines Bildes.

Man kann die Stadt auch unter anderen Gesichtspunkten durchstreifen: Stätten des Handels sind die große Loggia des Mercato Nuovo (1547), einst für reiche Seiden- und Goldhändler, heute für den Tourismus; der Orsanmichele, einst eine Loggia für Getreide-Händler (1290, erneuert 1337) mit einem großen Getreidespeicher im Obergeschoß – für Notzeiten; der Ciompi-Platz mit der hierhin übertragenen Loggia des zerstörten

Loggia an der Piazza San Marco: ein Hauptort der Studenten-Bewegung (1968/69)

Altmarktes (1567 von Vasari), heute Flohmarkt; das gesamte Viertel um die Kirche S. Lorenzo; und schließlich der riesige Mercato Centrale (1870 vom Architekten der Mailänder Passage, Guiseppe Mengoni) – Ausdruck des Stolzes auf die Möglichkeiten neuer Technologie, ähnlich wie später das Stadio Comunale (1931) von P. L. Nervi und der Hauptbahnhof (1932). Hier findet man auch die Widersprüche des Marktes, etwa einen Jeans-Händler, steinreich, mit großem Ami-Wagen, der im Fernsehen in toskanischem Jargon wirbt, daß er »für euch die Jeans aus Amerika rüberholt«. Um hier und drumherum Toskanisches zu entdecken, muß man inzwischen einige Mühe aufwenden. Übrigens auch in den Snack-Lokalen, wo man eher Hamburger als etwas Einheimisches findet.

Viele Händler benutzen Karren wie im Mittelalter; abends stellen sie die Wagen in einem Magazin-Gebäude südlich der Bogenhalle des Platzes ab. Wenn man an der Ecke zur Via Rostra die alte Drogerie sieht, denkt man an den Tagebuch-Schreiber Luca Landucci, ein Gewürzhändler, der als aufmerksamer Zeitgenosse über den langen Zeitraum von 1450 bis 1516 uns in seinem Tagebuch unersetzliche Beobachtungen überliefert hat. In einer solchen Atmosphäre wuchs an der Piazza im Haus Nr. 22 der kleine Benvenuto Cellini auf. Neben Landucci sind die Lebenserinnerungen des Bildhauers Benvenuto Cellini (1500–1571) eine weitere wichtige Quelle, die uns Geschichte nicht als Trümmer, sondern als volles, spannendes Leben erschließt.

Man kann sich auch einen Streifzug unter dem Stichwort Stätten der Demokratie zusammenstellen – anhand des Kapitels über die Demokratie und ihre Architektur (Rathaus-Platz, Rathaus, Bargello).

Unter dem Stichwort Eleganz darf man daran denken, daß die älteste Kunst von Florenz bereits diese Eleganz zeigt und daß man die Kunstgeschichte von Florenz auch als Museum einer am Menschlichen orientierten Mode lesen kann (Uffizien, Baptisterium-Türreliefs, Masaccio-Fresken in der Carmine-Kirche). Bruchlos geht diese Gestaltung der Eleganz über in die Läden in der Via Tornabuoni und Via della Vigna Nuova, die neben Mailand und Rom heute die wichtigsten Entwerfer italienischer Mo-

Michelangelo: Gefangen (zwischen 1519 und 1536)

Michelangelo: Pietà von Palestrina (beide in der Accademia)

Biblioteca Laurenziana neben San Lorenzo (1524 ff)

de und damit Ideologen eines riesigen Industrie-Zweiges sind. Übrigens werden viele Touristen, die mit Badesachen in die Kirche gehen, vom Küster weniger wegen ihrer nackten Haut herausgeschickt als wegen ihrer demonstrativen Abweichung von florentinischen Verhaltensweisen.

Ob man die Medici mag oder nicht, man erhält viel Diskussionsstoff, wenn man ihre Stätten aufsucht: die Stelle, wo sie ihr erstes Geschäftshaus hatten, an der Ecke Via Porta Rossa/Via Arte della Lana (seit 1397), ihren Palast (1444 von Michelozzo), den Dom, wo das mißglückte Attentat der Verschwörer aus der Pazzi-Sippe statt fand. (26.4.1478), die Stätte, wo die Medici sie ohne Prozeß aufhängen ließen, die Rathaus-Fenster, die Wand, an die sie wie Fahndungsbilder gemalt wurden. Stätten der Fürsten-Herrschaft: das Rathaus wird zum Palast, das Parlament (1495) zum Thronsaal (nach 1530), die Uffizien (1560) zur Schaltzentrale des absolutistischen Staates und zum neuen Kaiser-Forum. Ein überdecker Gang führt über die Alte Brücke zum neuen Palast (1564 von Vasari), wo sich der Fürst nun dem Volk entzieht; die Boboli-Gärten sind höfische Vergnügungsstätte; viele Plätze werden mit Denkmälern besetzt: eine Säule (1560) auf dem Trinità-Platz als Triumphzeichen über die Demokraten (Schlacht bei Montemurlo, 1537), Reiterdenkmäler auf dem Rathaus-Platz (1594) und Annunziata-Platz (1608). Die Stadt erhält zwei Zwingburgen, die Fortezza da Basso (1534) und die Fortezza Belvedere (1590). Wieviele Medici-Wappen besetzen die Häuser!

Ein weiteres Stichwort kann Stätten des Zweifels lauten: Michelangelos Medici-Kapelle (1521, 1531) in S. Lorenzo als Zweifel am Ruhm der Mächtigen. Nebenan in der Biblioteca Laurenziana (1524) hat Michelangelo im Eingangsraum des 15. Jahrhundert entwickelten künstlerischen Erfahrungen und alles Wissen in Frage gestellt: Säulen werden »eingesperrt« – ein Symbol der Unterdrückung; die Treppe wehrt ab – ein Symbol der Fürsten-Distanz; wo man einen Höhepunkt erwartet, bleibt die Nische qualvoll leer, der Raum gerät in Bewegung: er schafft bedrängende Enge. In der inneren Rückwand von S. Lorenzo (seit 1518) macht Michelangelo durch die Unterschiedlichkeit der Dimensionen die obere Zone, zur Ausstellung von Reliquien bestimmt, fremd (Dimensionsbruch). In der Accademia: die gefesselten Sklaven (um 1530); und die Pietà di Palestrina (Spätwerke), die alle vollendet geformte Erscheinung in Frage stellt; im Dom-Museum eine weitere ähnliche Pietà (1550).

Zweifel kann man aber auch entdecken in der verfremdeten Architektur des Innenhofes (1558) des Pitti-Palastes: in den in rotzige Blöcke »eingesperrten« feinen Säulen, in den erschreckenden Fratzen, in der gigantischen Dimension und in der Dunkelheit der Grotte sowie in der Unzulänglichkeit des entrückten Brunnens. Zweifel auch in den Boboli-Gärten – in den engen Schluchten der Wege.

39 Im »Alten Palast« ließ sich Großherzog Francesco I. ein fensterloses Studierzimmer bauen (1570 von Vasari). Im Museum finden wir die Bilder der Zweifler Pontormo, Bronzino, Vasari, Rosso Fiorentino.

Zur neuen Architektur gibt es einen Führer von Grazia Gobbi (Itinerario di Firenze moderna 1860–1975; Centro Di, Firenze 1976) mit Bildern jedes Objektes und knappem Text. Man kann auch von Park zu Park laufen; sie durchsetzen die Stadt wie ein Mosaik. Schließlich bietet sich eine Tour zu einigen Volkshäusern in den Vorstädten an (siehe Infrastruktur-Hinweise, S. 315).

Zeichnung: Roberto Zozzoli (1978)

Rund um Florenz

Auf der Autostrada de Sole durchquert man einen großen Teil des Umlandes von Florenz. Aber nimmt man es bewußt wahr? Das Mugello-Tal bei Barberino? Die Steineichen-Wälder? Die verfallenen Terrassen-Kulturen? Die Industrie-Landschaft des Arno-Tales – wie im Ruhrgebiet? Die Autobahn-Kirche von Giovanni Michellucci erscheint als bizarre Fantasie im Spaghetti-Kreuz der Autostraden. Zementstädte. Bei klarem Wetter sieht man die Dom-Kuppel von Florenz. Der Arno starrt schmutzig.

Südlich von ihm steigen wir sacht in ein Hügelland, das Bilderbuch-Vorstellungen erfüllt. Daß man die Ausläufer des Chianti-Gebirges durchquert, nimmt man nicht wahr. Im oberen Arno-Tal: interessante landschaftliche Szenerien. Man passiert die Strecke in einer halben Stunde.

In der Arno-Ebene hat ein spekulativer und planloser Verstädterungsprozeß die alten Orte regelrecht gefressen. Einige Reste wirken zwischen dem Beton wie surreale Versatzstücke. Das Übliche: großzügig fressen Betriebe, bei subventionierten Bodenpreisen, die Flächen, verschwenden die Reichen das Land für Villen und werden die Massen in Hochhäusern gestapelt.

Auch der Arno ist weitgehend zerstört: im Aussehen und als Fluß. Nach Regen rasch anschwellend, ist er seit jeher gefährlich. Die meisten Orte leiten ihre Abwässer ungeklärt ein und machen ihn zur »Kloake der Toskana«. Landschaftlich lohnt er erst ein kleines Stück weit südlich von **Pontassieve**.

Unweit davon findet man um **Castelfranco di Sopra** die Balze, große Erdbrüche von Lehmschichten, die ausgespült, in Bewegung geraten, abgeschwemmt sind, ähnlich wie um Volterra. Schon Leonardo hat sie beschrieben.

Wer sich für Stadtplanung interessiert, kann die Kette der Festungs-Städte der Florentiner Volksbewegung (von 1290 bis 1340 entstanden) aufsuchen. In **San Giovanni Valdarno** läßt sich der Hauptplatz von der Bar Fiorenza aus genießen und beim vielleicht besten Eis der Toskana, das Pasquale Biserni bietet, zu diesen Orten Näheres nachzulesen. Auf der anderen Arno-Seite: **Terranuova Bracciolini** und **Castelfranco di Sopra**, ein Ort mit anarchistischer Tradition. Im Tal der Sieve: **Vicchio**, etwas weiter **Scarperia** und im Gebirge **Firenzuola**. Westlich Lastra a Signa und Malmantile, 1424 von Brunelleschi.

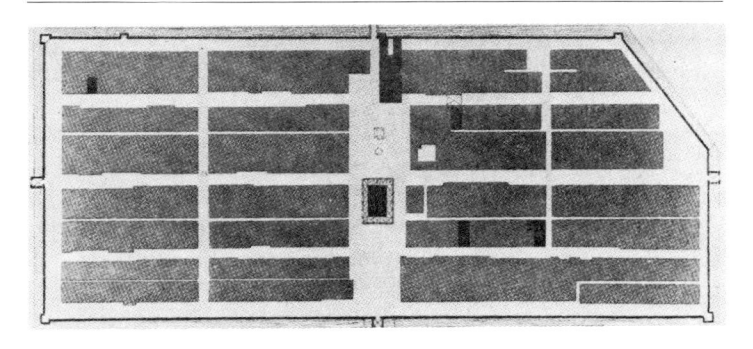

Leidenschaften lösen politische Bewegungen aus. Eine Quelle zur »Geschichte der Gefühle«, wie sie Norbert Elias zu schreiben anregte: »Nach den zahlreichen alten Zwisten unter den Bürgern entbrannte in dieser Stadt einer, der die Bürgerschaft derart entzweite, daß zwei Gruppen sich als Feinde gegenüberstanden... Die Ursache war, daß ein junger Edelmann, Buondalmonte de' Buondalmonti genannt, versprochen hatte, eine Tochter des Oderigo Giantruffetti zur Frau zu nehmen. Als er eines Tages am Hause der Familie Donati vorbeiging, sah ihn Donna Aldruda, Frau des Forteguerra Donati, die zwei sehr schöne Töchter hatte und gerade auf dem Balkon des Hauses stand. Indem sie ihm eine ihrer beiden Töchter zeigte, rief sie ihm zu: ›Wen hast du zur Frau genommen? Ich bewahrte dir diese auf.‹ Er sah die Tochter an und sie gefiel ihm sehr, doch er antwortete: ›Ich kann nun nicht mehr zurück.‹ Da entgegnete Donna Aldruda: ›Natürlich kannst du, denn deine Strafe werde ich bezahlen.‹ Und Buondalmonte erwiderte: ›So will ich sie denn.‹ Er nahm sie zur Frau und verließ die, die er gewählt und der er geschworen hatte. Hierauf erzürnte Oderigo, und gemeinsam mit Verwandten und Freunden beschloß er, sich zu rächen und dem jungen Edelmann Schmach zu bereiten. Als die mächtige und edle Familie der Umberti, die zu seiner Verwandtschaft zählte, davon erfuhr, äußerte sie den Wunsch, Buondelmonte sterben zu sehen. (...)« (Dino Compagni)

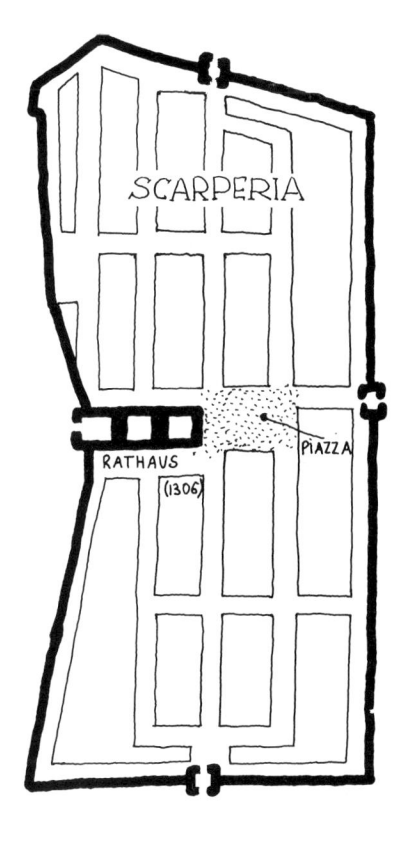

San Giovanni Valdarno

Das Arkadien der Reichen

Das weite Mugello-Tal mit seinen angrenzenden Kastanienwäldern seitlich des Flusses Sieve ist im späten Mittelalter das Arkadien von Florenz. Großbürger schätzen die Gunst des Klimas in 200 bis 350 m Höhenlage, geschützt gegen Nordwinde, und die abwechslungsreiche Kulisse der Mittelgebirge sowie den »lieblichen Charakter« des Bauernlandes. Lorenzo Medici (1449 – 1492) schrieb Gedichte über die Bauern. Es entstanden Geschichten um die rußigen Köhler, die für die Reichen in Florenz die Holzkohle ihrer Wärme-Stövchen herstellten und in der Stadt selbst verkauften. Wer immer es in Florenz zu Geld brachte, kaufte sich Landbesitz, auch um es sicher anzulegen, wie die Medici die Burg **Cafaggiolo**.

Beim Geburtshaus Giottos, einem Bauernhof bei **Vicchio**, kann man über die Wechselbeziehung von Stadt und Land für die Kultur von Florenz nachdenken. In Vicchio wuchs Fra Angelico (1387 –1455) auf und in einem Haus der Haupt-Straße verbrachte der Bildhauer Benvenuto Cellini von 1559 bis 1571 oft den Sommer (Tafel). Unter den Arkaden nördlich des Platzes findet man das Archiv der »Schule von Barbiana«.

Florenz hielt das Mugello-Tal wirtschaftlich abhängig: im Interesse seines eigenen Handwerks durfte sich nur eine bestimmte Produktivität entwickeln. **Dicomano** war einer der ländlichen Märkte: es besitzt einen Dreiecksplatz mit Laubengängen. Größter Marktort ist **Borgo S. Lorenzo**, aus einer Straßenverbreiterung als Straßenmarkt entstanden (Dienstagsmarkt), außerordentlich lang. Parallel entwickelte sich an einer zweiten Hauptstraße eine interessante, leider vom Verkehr gestörte Platzfolge mit Kirche (12. Jh.) und Rathaus.

Die Großflächigkeit der Felder des Mugello zeigt, daß von den städtischen Käufern viel Land in Großgüter umgewandelt wurde. Die kleinen Mezzadria-Pächter wurden gezwungen, Land und Wald aufs Höchste auszunutzen. Entvölkerung seit 1970. Heute: großflächiger Anbau von Zuckerrüben und Tabak; Oliven-Kulturen; die Kastanie wurde durch rentablere Bäume ersetzt. Bewässerungsanlagen. Die Mezzadria ist fast verschwunden.

Die Autostrada bringt viel Industrie: Keramik, Möbel, Textil – städtebaulich miserabel integriert, ähnlich der Vorstadt-Zersiedlung.

Den besterhaltenen Teil des Mugello findet man, wenn man von Dicomano aus die Straße am linken Ufer des Sieve-Flusses in Richtung Vicchio benutzt. **Ponte a Vicchio**: eine sehr alte Brücke. Von dort aus kann man, auch zu Fuß (rund 7 km), die ehemalige »Schule von **Barbiana**« erreichen (Beschilderung), die hoch am Osthang des **Monte Giove** (992 m) liegt. Am Weg ein kleiner See mit einem Ausflugslokal. Dann links ein Denkmal für 15 von Deutschen 1944 erschossene Männer. Das Auto bleibt links vor einer Zypressen-Allee. Geradeaus, auf einem Fußpfad, hoch über dem Tal: Blick auf die gegenüberliegende Kirche mit dem Pfarrhaus, das von 1947 bis 1961 Stätte eines wichtigen pädagogischen Experimentes war. Etwas unterhalb liegt der Friedhof mit dem Grab Don Milanis.

Zwischen Florenz und Chianti

Gartenhaft-kleinteilige Hügel-Kultur mit dominierenden Villen findet man um **Settignano** und südwärts der Forte Belvedere und San Miniato, auf der gewundenen Nebenstraße über **Poggio Reale**, **Pozzolatico**, **Mezzomonte** Richtung Impruneta.

Ummauert aus Angst vor den Armen, die sie zu Fuß erreichen können, bieten die Villen hoch oben weithin sichtbar ihre Schau-Fassaden. Zypressen begleiten die Auffahrt. Ursprünglich waren die Gutshäuser für den bäuerlichen Betrieb eingerichtet, nur im Obergeschoß wohnten Verwalter oder Besitzer. Die Loggia diente den Bauern als überdeckter Arbeitsplatz und Schattenzone, dem Besitzer als Ausdruck für Wohlstand und Würde – ein interessantes Beispiel der Teilhabe. In großer Zahl sieht man solche Gutshäuser auch östlich des Arno an der Straße von **Figline** nach **Faella**, **Castelfranco di Sopra**, **San Giovanni Valdarno**.

Ähnlich steht in der Landschaft die große Certosa di Montesanto bei **Galluzzo**, eines der wenigen Klöster (14. Jh.) der schweigenden Karthäuser-Mönche (heute Zisterzienser), angefüllt mit Kunstwerken.

Das Dorf **Impruneta** hat bis heute einen außerordentlich großen Markt, vor allem für Vieh. Der Kupferstecher Jacques Callot stellte ihn minutiös dar. Den Platz umgeben Arkadengänge, ähnlich wie in Greve und Dicomano. Oben am Platz kann man seinen Café in der Casa del Popolo (Volkshaus) einnehmen. Die Kirche bietet dem Markt eine große Loggia. Seitlich findet man zwei der charakteristischen toskanischen Kreuzgänge, hintereinander gelegen: hier lassen sich Klarheit, Einfachheit, menschliches Maß, aufrechter Gang und Lust an der Bewegung erleben.

Das kleine Ruhrgebiet der Toskana

Von **Montevarchi** aus kann man eine Tour in das Gebiet des Braunkohlen-Bergbaues machen, der um 1870 einsetzte. Westlich vom Ort führte die Via Chiantigiana in Richtung Siena: durch eine abwechslungsreiche Hügellandschaft mit den Weinbergen des **Chianti-Putto**. Unmittelbar hinter dem Abzweig Richtung **Cavriglia** eine riesige flache Terrasse: Bergbau-Schutt. In der Ortsmitte: historischer Treffpunkt der Bergarbeiter, das Volkshaus (Via Roma 4), heute Circolo ARCI. Leider gibt es keine Information über die Geschichte des Volkshauses. Die nächste südliche Straße, die Via Pietro Gori, erinnert an eine wichtige Figur der Anarchisten-Bewegung, die im Bergbau-Gebiet eine starke Tradition hat.

Von der Straße der Bergwerke (strada delle miniere) nach Castelnuovo dei Sabbioni sieht man, daß hier die ganze Landschaft umgewühlt wurde: in langen Zeiten, auf der Suche nach den in der Tonerde eingelagerten Braunkohle-Bänken. Sie stammen aus einer Epoche, als das Arno-Tal einen großen See besaß. Inzwischen sind die frühindustriellen Gruben wieder überwachsen.

Dann: der Arbeiter-Ort **Castelnuovo dei Sabbioni**. Rechts eine interessante neue Wohnanlage. Von einer riesigen Brücke aus sieht man über die Schlucht des Tales hinweg zur Altstadt, die hoch über dem im Tagebau entstandenen Talkessel steht.

Links abzweigen zum **Parco Naturale**. Weite Aussichten über die tiefgreifend verwandelte Landschaft sowie das dahinterliegende Arno-Tal mit seinen Terrassen, über denen sich als Abschluß das Gebirge des **Pratomagno** bis zu 1500 m erhebt. Weiter oben geht die Terrassenkultur von Wein und Oliven in die Steineichenwälder des Chianti-Gebirges über. Man lasse das Auto am Eingang des Parco Naturale stehen und macht eine Fußwanderung zu den Grabungslöchern der frühen Industrie, die oft zu Teichen geworden sind. Wer sich für die Menschen und Verhältnisse interessiert, kann in der Biblioteca Comunale in **San Giovanni Valdarno** einiges Material zur Sozial-, Industrie- und Konflikt-Geschichte dieser Zone finden. Das Gelände wurde seit 1957 auf 600 Hektar Fläche zum **Parco Naturale Chianti-Valdarno** rekultiviert und zu einer halbfreien Wildbahn ziemlich exotischen Charakters, in der Antilopen, Strauße, amerikanische Bisons, Urpferde und Wölfe ausgesetzt wurden. Etwas oberhalb des Parkplatzes liegt ein Camping.

Zurück und unten links abbiegen: quer durch das Abbau-Becken mit gigantischem Tagesförderer. Hinter dem riesigen Elektrizitätswerk: das Dorf **Santa Barbara**, das die Elektrizitätsgesellschaft ENEL für ihre Arbeiter anlegte. Kurz dahinter eine weitere Arbeitersiedlung. Rechts: ein frühes umgewühltes Gelände. Dann rechts eine dritte Arbeitersiedlung.

Die Industrie in **San Giovanni Valdarno** breitet sich nordwestlich der Altstadt und des Bahnhofes aus: vor allem das Stahlwerk Italsider. Es entstand im Anschluß an die Braunkohlen-Bergwerke 1872 (auch vom Zug aus gut sichtbar). Die Hochöfen sind seit langem abgerissen. 1982: harter Kampf um die Arbeitsplätze an den Walzenstraßen. Gleich neben dem Werk: lang ausgedehnte Arbeiterviertel, meist Hochhäuser. Als Folgeindustrie des Bergbaues entstand 1878 auch die Majolika-Fabrik Sequi – unmittelbar neben der Kirche, ein typisch frühindustrielles Zusammentreffen.

Prato – Pistoia – Vinci

Übersetzt heißt Prato zwar Wiese – aber es ist eine Stadt aus Beton und Asphalt. Man findet alle brutalistischen Blüten von Architektur-Moden.

Eingebettet darin: die Altstadt, im 14. Jahrhundert einer der wichtigsten Orte der Toskana; denn hier, am Fuß des weiten Appennin mit seinen Schafherden und am einst guten Wasser des Bisenzio, wurde der größte Teil der berühmten Florentiner Tuche hergestellt. Veredelungsprozesse verwandelten die rauhen Stoffe in glatte, glänzende mit leuchtenden Farben. Florentiner Handelsleute kauften die Produktionen auf, vertrieben sie – und veranlaßten eine imperialistische Politik: um Prato als ausgelagerte Produktionsstätte zu halten, unterwarf Florenz die Nachbarstadt.

Immer noch das Zentrum der toskanischen Textil-Industrie (Stoffmuseum zur Geschichte der Wolltuch-Weberei in der Viale della Repubblica) ist **Prato** inzwischen eine fast süditalienische Stadt: 90 Prozent der Zuzügler, die zwischen 1951 und 1971 die Stadt von 77 000 auf 145 000 Menschen wachsen ließen, wanderten vom Süden ein. Prato ist das größte Reißwollverarbeitungszentrum Europas, eine Stätte des Recyclings von gebrauchten Stoffen. Es funktioniert heute noch in einem Verleger-System.

Die Produktionsstätten werden schon immer be- und überwacht. Kaiser Friedrich II. und seine innerstädtischen Parteigänger fürchten um 1250 um Profit und Kontrolle, als die Volksbewegung immer stärker wird. Mitten in der unsicheren Lage läßt der Kaiser eine gewaltige Militär-Burg in der Stadt bauen: kahle Mauern demonstrieren kühle Distanz und Unzugänglichkeit.

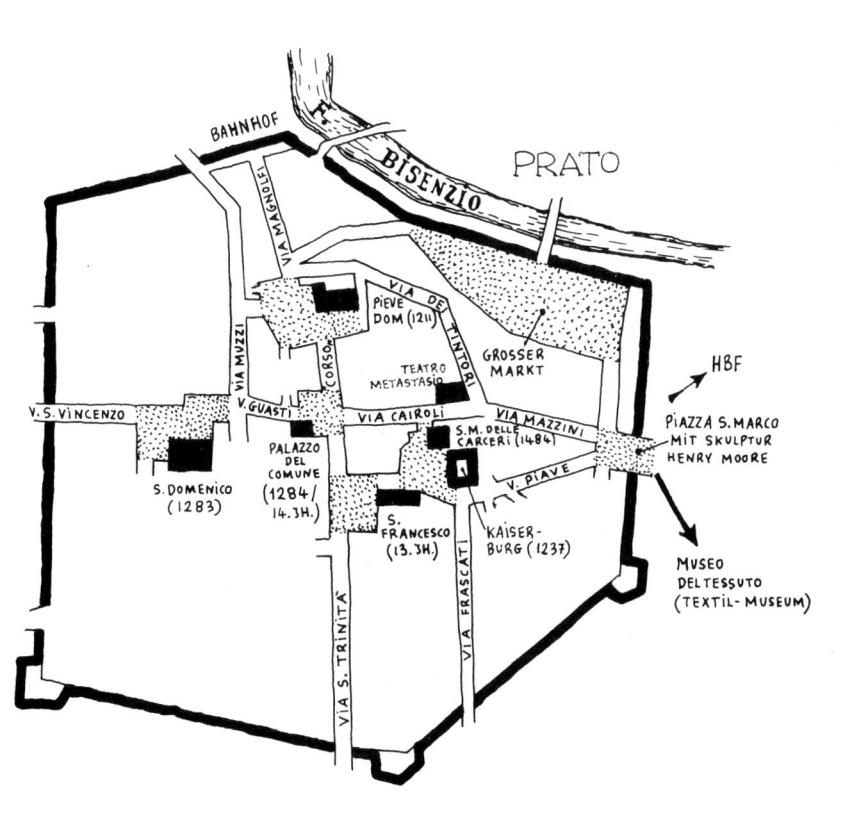

Neben ihr entsteht seit 1484 das wichtigste Kunstwerk der Stadt, die Kirche Santa Maria delle Carceri (von Giuliano da Sangallo) – »unter großen Ausgaben« notiert Luca Landucci in seinem Tagebuch, in der Pest-Zeit, die die Reichen freigiebig macht, weil keiner weiß, ob er die nächste Woche noch erlebt und weil das letzte Hemd keine Taschen besitzt. Man sieht dem Bauwerk Not und Verzweiflung nicht mehr an, lediglich, daß die Freigiebigkeit endete, denn einige Wände blieben roh wie ein Bauernhaus stehen. Auf den umlaufenden Bänken kann man sich das Neue vergegenwärtigen: menschliches Maß, Atem, aufrechter Gang, Bewegungsraum.

Neben der Kirche erleben wir eine typisch toskanische Altstadt: enge Straßen, Plätze, gekappte Wohn-Türme. Auf dem Dom-Platz gab es einst Predigten im Freien, wie die Außenkanzel zeigt (Donatello und Michellozzo, um 1434). Innen finden wir gemalte Sozialgeschichte: die Lebensverhältnisse reicher Leute, eingehüllt in ein biblisches Thema (1452/1466). In der grausamen Salome stellte der Mönchsmaler Filippo Lippi, der ein bewegtes Leben führte, seine Geliebte dar: die Nonne Lucrezia Buti aus dem Margheriten-Kloster, mit der er einen Sohn Filippino hatte, der ebenfalls ein hervorragender Maler wurde.

Am Rathaus (Palazzo Pretorio) ist sichtbar, daß es aus einem Wohn-Turm entstand, 1284 vom Volkskapitän aufgekauft. Als die Volksbewegung sich dauerhaft durchsetzt, wächst der Bau, erhält Eleganz (Fenster) und einladende Zugänglichkeit (große Treppe).

Mit Bus, Bummelzug oder Fahrrad

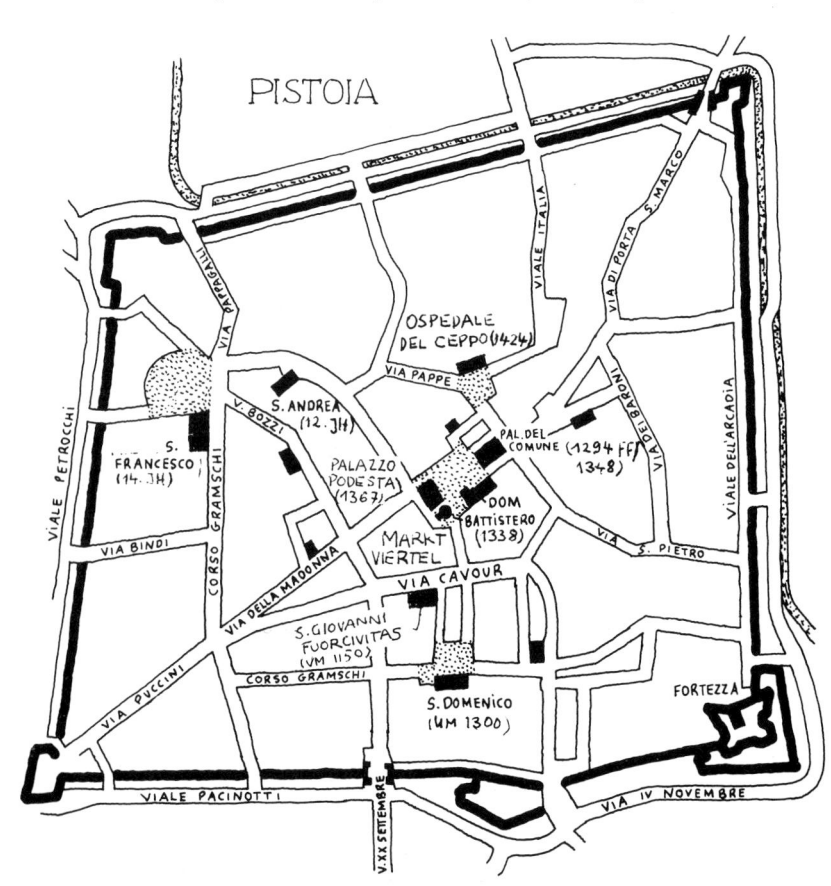

kann man in das alte Industrie-Tal des wasserreichen Bisenzio fahren; keine Tour zu Schönheiten, eher ein Studium der Verwahrlosung eines Bereiches, aus dem der Reichtum, der durch Arbeit entsteht, anderswohin abgeschleppt wird.

Die alte Landstraße führt kurvenreich am Fuß des Gebirges nach **Montemurlo**, einer traurigen Stätte toskanischer Demokratie-Geschichte. Eine Tafel am Rathaus erinnert daran, daß beim Kastell die emigrierten Florentiner unter Führung des Piero Strozzi ihre letzte Schlacht verloren – gegen den absoluten Fürsten. »Hier verlosch der letzte Funken der Freiheit, nachdem Papst Klemens VII. mit ausländischen Söldnerheeren Florenz zur Sklavin machte. Die Bürger wurden getötet, eingekerkert, verbannt.« Durch Ölbaum-Terrassen kommt man zum Castello. Weiter Blick auf die zersiedelte Ebene: eine gigantische Zentralisierung von Produktion und Bevölkerung.

Die Stadt als Markt läßt sich am vielfältigsten in **Pistoia** erleben, in einem altertümlichen Viertel gegenüber vom Dom. Die Straßen sind täglicher Markt, wie wir ihn anderswo nur zu bestimmten Zeiten erleben. Auf steinernen Bänken neben den offenen Türen, wie schon im alten Rom, liegt eine Fülle von Waren aus, wird nach draußen auf die Straße hin verkauft, unter Vordächern, geschützt gegen Regen und Sonne; Segel überspannen die volle Straße; der Fisch-Markt riecht nach Strand; diskutierende Gruppen; man schaut und wird gesehen.

Das riesige Rathaus ist ein Dokument bewegter Demokratie-Geschichte: 1115 Comune libero, 1160 Vertreibung des kaiserlichen Vikars, 1177 eines der ersten Stadtstatute in Italien; nirgendwo sind die inneren Kämpfe so heftig wie hier, eskalieren so häufig zu Bürger-Kriegen; nirgendwo sind die Reichen so hartnäckig, und ebenso die Volksbewegung. Als die Ghibellinen in der ganzen Toskana ihre Chancen verlieren, unterwandern und spalten sie die Volksbewegung: in konservative »weiße« und fortschrittliche »schwarze Guelfen«. Um 1300 wird Pistoia Rückzugsort für die Ritter von überall her. Aber die starke Volksbewegung setzt den Florentiner Podestà Giano di Bella durch, der als Symbol der Veränderung das Rathaus (1294ff) bauen läßt.

Einer der vielen Machtwechsel: Die schwarzen Guelfen holen ihre Freunde aus Lucca und Florenz (1305): 11 Monate Belagerung, dann wird geplündert, die Weißen werden aus allen Gremien ausgestoßen, Abriß ihrer Türme und Häuser, Verbannungen; die konservativen Flüchtlinge werden verjagt. Lucca und Florenz lassen die Stadtmauern Pistoias abreißen und verteilen das gesamte Landgebiet.

Die Wende: Unterstützt vom Lucche-

Leonardo: Schaufelbagger

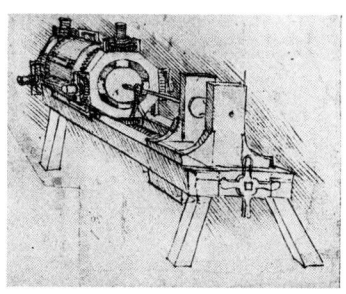

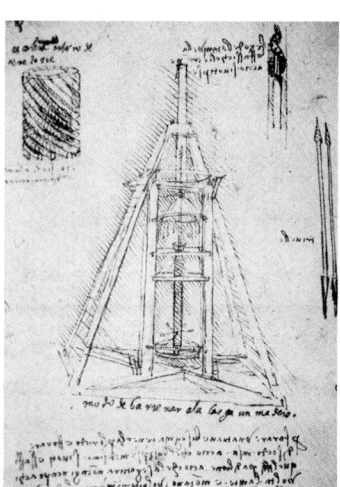

Leonardo: Bohrmaschine (oben) und Ölpresse (unten)

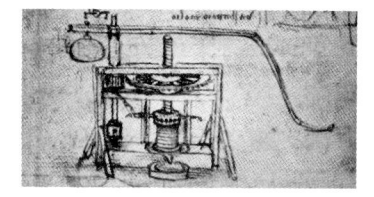

ser Diktator Castruccio kommen die Weißen wieder an die Macht – lassen sofort die Bauarbeiten am Rathaus einstellen. Bürgerkriege. Wirtschaftskrisen. Banken-Bankrotte. Versuche, die Demokratie abzuschaffen. 1401 gerät Pistoia unter Florentiner Oberhoheit. Unter dem Deckmantel von Familien-Kämpfen gehen die Auseinandersetzungen weiter.

Das Rathaus zählt zu den größten und vielfältigsten der Toskana: Loggien am Platz und im Innenhof, offene Hof-Treppe, riesige Säle, Stadt-Museum; eine Reiter-Bronze von Marino Marini, der 1901 in Pistoia geboren wurde. Rechts neben dem Baptisterium (1338) der Palazzo del Podestà (1367).

Vor dem Ospedale del Ceppo entsteht 1424, nach Entwurf des avantgardistischen Architekten Brunelleschi, eine der großartigen Bogenhallen. Die Loggia spielt seit jeher für den Familien-Kontakt von Kranken und Gesunden eine Rolle. Ein Terracotta-Fries (1514 aus der Della Robbia-Werkstatt) zeigt anschaulich das christliche Sozialprogramm: die sieben Werke der Barmherzigkeit.

Die Garten-Kultur, entstanden aus dichter Stadt-Land-Beziehung, intensivierte sich rings um Pistoia zu ausgedehnten Blumenzuchten und Baumschulen.

Ein Ausflug führt nach Süden, kurvenreich, durch kleinteilige Terrassen-Kultur, mit einigen Ausblicken. **Vinci** war einst eine Handwerker-Stadt, mit vielen Schmieden und Leinewebern, die eine Volksbewegung gründeten, die Herrschaft der Conti Guidi brachen, ihr Turm-Haus »besetzten« und es als Siegeszeichen zum Rathaus umbauten. Heute ist es Leonardo da Vinci gewidmet: als Bibliothek, die Bücher über ihn sammelt, und als Museum, das in rund 100 Modellen anschaulich seine Beschäftigung mit der Technik zeigt.

Leonardo (1452–1519) versuchte, in der Tradition mit Vorgängern (Roger Bacon, M. 13. Jh., u. a.) und Epochen-Genossen (Taccola, Buonaccorso, Ghiberti, Brunelleschi, Francesco di Giorgio Martini), die entwickelten Handwerks-Kenntnisse der Toskana weiter zu entfalten – mit dem Blick auf Probleme seiner Zeit: Verbesserungen von Werkzeugen? Wirksamere Nutzung der Natur-Energie? Wie kann man in Flüssen tauchen, ausbaggern, Wasser pumpen,

Wasser leiten? Sich rascher fortbewegen – zu Land, auf dem Wasser und vielleicht auch in der Luft, wie man es bei Vögeln sieht? Leonardo entwickelte keine Kuriositäten, sondern dachte – innerhalb von Traditionen und Problemen seiner Zeit – konsequent die frühe Industrialiserung voraus.

In einem Flecken zwei Kilometer außerhalb von Vinci, in **Anchiano**, wurde Leonardo geboren – als uneheliches Kind aus der Beziehung eines vermögenden Florentiner Notars zu einem attraktiven Bauernmädchen.

Im ländlichen Ort **Cerreto Guidi** steht eine riesige Landvilla der Medici (A. 17. Jh. von Bernardo Buontalenti) mit mächtigen Rampen. **Fucecchio**: interessante Brücken-Festung über dem Fluß Arno – für die mittelalterliche Hauptstraße Lucca – Siena – Rom, die hier die Sümpfe durchquerte.

Castelfranco di Sotto: weitgehend guterhaltener ummauerter Festungs-Ort der Volksbewegung von Florenz (terra murata) im Schachbrett-Grundriß. Fünf parallele Längsstraßen, teilweise überbaute Quergassen. In der Mitte liegt der Platz mit Rathaus und Kirche. In der Rathaus-Loggia eine Gedenk-Tafel für Nazi-Opfer. Eine ähnliche Festungs-Stadt war das nahe **Santa Croce**.

Auf der anderen Seite des Arno, hoch über dem Tal: **Montòpoli** – ein Straßendorf, das sich, immer leicht ansteigend, auf einer Hügelkuppe lang und schmal hinzieht, mit dreigeschossigen Häusern entlang der einzigen Straße. Rathaus mit Loggia: Der Weg führt (unasphaltiert) in die Oliven-Hügel über der Lehmerde.

Ähnlich lang zieht sich, vergleichbar auch mit Siena, das nahe **San Miniato** über schmale Hügel-Rücken. Die Burg auf der Bergspitze war von 962 bis 1290

Die Bevölkerung von Castelfranco di Sotto ließ 1973 den Abschiedsbrief vom 25. März 1944 in Marmor schreiben – unter der Loggia des Rathauses:

Liebe Mamma, ich fühle, daß ich am Rande meines Lebens stehe, aber ich bitte Dich, erschrick nicht, wenn ich Dir sage, daß sich die Stunde unseres Todes nähert; ich sage unseres Todes, denn mit mir zusammen ist ein Freund, der Alberto Dani heißt, und zu zweit bestärkt man sich gegenseitig.

Mamma, ich kann Dir nicht viel Zeit widmen, weil das Exekutionskommando auf uns wartet.

Liebe Eltern, ich grüße Euch und küsse Euch das letzte Mal – Addio, sagt allen, daß ich in den Tod gehe mit der Hoffnung, daß Ihr mich eines Tages rächen könnt; wir hoffen, daß uns einer rächt. Ich küsse und umarme Euch das letzte Mal, Euer Remo Bertoncini.

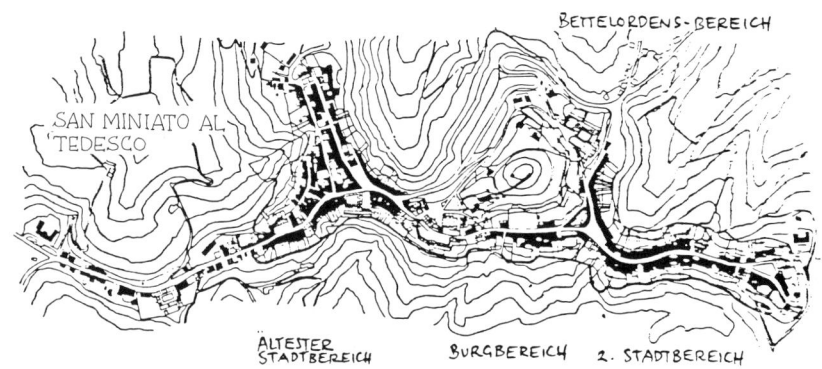

[Sketch map with labels: SAN MINIATO AL TEDESCO, BETTELORDENS-BEREICH, ÄLTESTER STADTBEREICH, BURGBEREICH, 2. STADTBEREICH]

Hauptsitz des kaiserlichen Stellvertreters in Mittelitalien, eines Deutschen – daher der Beiname »al Tedesco«, den man jedoch seit der wahnwitzigen Zerstörung durch die Nazis (1944) gern vermeidet. Unterhalb liegen Dom, Markt und Rathaus. Westlich: der ältere Teil des Ortes – mit der Piazza del Popolo und der Volkskirche der Minderbrüder San Domenico. Östlich: ein geradezu eigener Ort mit einem Platz an der Straßengabelung. Für sich liegt die zweite Minderbrüder-Kirche, San Francesco (1276).

Empoli, eine mittelalterliche toskanische Stadt, hat einen interessanten Hauptplatz mit Arkaden vor der Kirche der Collegiata (Marmor-Intarsien-Fassade, 1093). Die Hauptstraße trägt den bezeichnenden Namen des Mannes, der hier schon am 20. Februar 1921 im Haus Nr. 16 (Gedenktafel) die erste Sektion der Kommunistischen Partei gründete: Spartaco Lavagnini. In Empoli entstanden große Glas-Fabriken, in denen kommunistische Arbeiter in der Zeit des Faschismus Streiks und Widerstand organisierten.

Wenn man nach Florenz weiterfahren möchte, kann man die Landstraße nach Montelupo nehmen. Ein charakteristischer kleiner Ort. Im Rathaus (E. 16. Jh.) mit doppelgeschossiger Loggia entstand zur Erinnerung alter örtlicher Handwerks-Tätigkeit ein Keramik-Museum. Die schöne steile Straße hoch fährt man durch die Pinien-Hügel auf dem kurvenreichen, engen, alten Weg nach Florenz, mit Blick über die Hügel-Landschaft, durch Oliven-Kulturen. Auf der Höhe: **Malmantile**, eine sehr kleine Sperr-Festung gegen Pisa, 1424 von Brunelleschi ausgebaut, heute weitgehend eine Ruine. Erhalten sind nur die Umfassungsmauern und Türme sowie eine Seite der einzigen Straße.

Auf interessanter Strecke (Herrenhäuser und Mezzadria-Gehöfte) ins Tal zur zweiten Sperr-Festung, die mit Malmantile zusammen ausgebaut wurde: nach **Lastra a Signa**. Auch dieser Ort verfällt bejammernswertem Ruin. Brunelleschi baute hier beim Ospedale Sant'Antonio, finanziert von der Florentiner Seiden-Zunft, die hier im Umkreis viele Handwerker besaß, eine Loggia (1411).

Le Fornaci besaß große Ziegeleien für die Bau-Industrie von Florenz. Rechts auf der Anhöhe: die riesige Villa Torrigiani (16. Jh.).

Lucca

Kaum läßt sich ein interessanterer Platz zum Schauen, »Herumstehen«, Espresso-Trinken finden als die Piazza San Michele. Anhand eines Stadtplanes kann man sich hier in aller Ruhe die Demokratie-Geschichte Luccas rekonstruieren – auch als Fundament für einen anschließenden Streifzug durch den Ort, der zu den besterhaltenen Italiens zählt. Das rationale Schachbrett-Muster der römischen Stadt findet man auf dem Platz rasch heraus – und darf sich dabei vorstellen, daß von ihrem Charakter wesentliche Momente bis heute erhalten blieben.

Die vielen Weber Luccas haben im 13. und 14. Jahrhundert ihre größte Konjunktur, vor allem mit der sehr komplizierten, teuren Seiden-Produktion (um 1500 rund 3000 Seiden-Webstühle), mit vielen Verkaufsstellen im Ausland. An den Stoffen faszinieren wahre Zauberwerke von eingewebten Ornamenten.

Sieht man die Kirche San Michele vor sich, dann kann man auf den Gedanken kommen, daß die Auftraggeber den Bau ähnlich dekoriert sehen wollten wie ihre Stoffe. Das blendend weiße Gebäude aus dem Stein der nahen Marmor-Berge (um 1200 von Guidetto da Como) scheint rundherum, einschließlich des

Piazza San Michele

breitgezogenen Turmes, aus Fassaden zu bestehen und zwischen die ockerbraunen Häuser auf die graue Platzfläche wie vom Himmel gefallen zu sein – da steht nun die Kirche ganz anders als der Alltag erscheint.

Erste Schicht: die Arkaden mit ihren Säulen erinnern an die Autorität antiker Herrschaft. In einer zweiten Schicht drückt sich, wie in den Stoff-Ornamenten, Unterbewußtes, Phantastisches, Magisches aus. Auch Unruhe und Spannungen – in den oberen, enggestellten Säulen, im Steinwechsel, in der Fülle von Tieren und Kämpfen sowie im Ornament, das die antike Rationalität überwuchert.

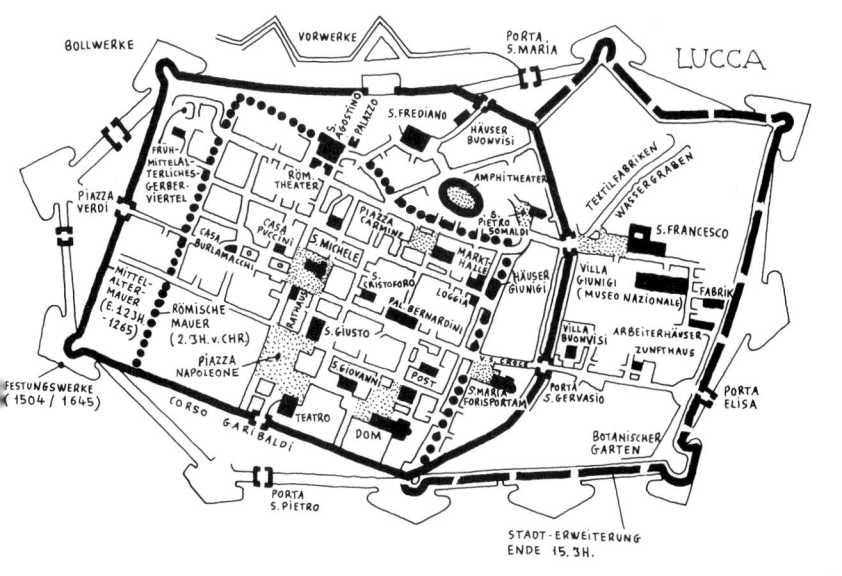

Innen: eine weite Halle, geradezu ein überdeckter Platz (einst ohne Gewölbe) – wie kaiserliche Hallen im antiken Rom. Die Säulen stammen wohl vom Tempel des Forums. Heidnisches und Christliches verbinden sich. Im linken Querschiff hängt ein Bild, in dem vier Figuren zugleich als Heilige und als Zeitgenossen Beklemmung und stille Trauer über die Katastrophe der Pest ausdrücken (Filippino Lippi, um 1490 s.o.).

Seit 1119 freie Comune, wird die Volksbewegung in Lucca besonders stark, so daß sie nach der Kriegskatastrophe von Montaperti (1260) den toskanischen Guelfen, vor allem den florentinischen, einen sicheren Zufluchtsort bieten kann. Die Emigranten werden im San Frediano-Viertel angesiedelt, erhalten die Kirche San Frediano als Versammlungs-Platz und dürfen sich an ihrer Seite sogar eine Loggia als Treff-Punkt bauen.

Zu welchen Reaktionen dies bei den Konservativen führt, zeigt die Tatsache, daß der ghibellinische Dikator Castruccio Castracani sie abreißen läßt (um 1316). Luccas Guelfen – Pisas Ghibellinen: das bedeutet Feindschaft, oft bis heute, die sich bis in Sprichwörter wie »Lieber einen Toten im Haus als einen Pisaner vor der Tür« und Sprühschriften wie »Pisa merde« und »Pisa cazo« ausdrücken. In Pisa wird das alles umgekehrt.

Bürger-Kriege. 1301 – die Revolution. Auslösendes Ereignis: in seiner Stadt-Burg an der nahen Piazza del Carmine wirft der Feudal-Herr des nahen **Porcari** den volksbewegungs-freundlichen Stadtdirektor (Podestà) aus dem Fenster. Das Volk reißt seine Stadt-Burg ab und zündet einige seiner Land-Burgen an. 1310 siegt das »kleine Volk« endgültig, verbannt viele Reiche, entrechtet den Adel, feiert den Tod Kaiser Heinrichs VII. in **Buonconvento** als riesiges Volks-Fest mit Beleuchtung und Spielen.

Von den 15 000 Einwohnern sitzen 550 Männer im Stadt-Parlament – jeder dreißigste Einwohner, jeder achte Familien-Vater. In den Rats-Versammlungen in der Kirche San Michele macht der Stadtdirektor jeweils seinen Vorschlag, jeder einzelne sagt seine Meinung dazu und stimmt damit einzeln und argumentativ ab. Links neben der Kirche stand das Rathaus, eines der ersten der Toskana (Palazzo degli Anziani).

Konterrevolution: 22 ghibellinische Familien machen 1314 einen Staats-Streich, holen pisanisches und deutsches Militär in die Stadt, lassen grausam plündern, verbannen 300 Guelfen-Familien. Militär-Diktatur des Uguccione von Pisa.

Dann folgt Castruccio Castracani, den Macchiavelli genau analysiert: als Prototypen des raffinierten Aufsteigers und Macht-Menschen, der alles nutzt und alles verrät, wenn es seiner Karriere dient. Er hilft beim Verrat an Pisa, fühlt sich nicht genügend belohnt, intrigiert, wird verhaftet, benutzt den Volks-Aufstand 1316, ruft sich zum Kapitän und Verteidiger des Volkes aus und macht sich zugleich zum Anführer der kaiserlich orientierten Reichen der Toskana (Ghibellinen), schließlich (1320) zum Diktator auf Lebenszeit. Nach seinem Sieg über die Guelfen von Florenz (1325) richtet er sich ein kleines Imperium auf, das aber durch seinen plötzlichen Tod (1328) jäh zusammenbricht.

Das erbitterte Volk, selbst Frauen, Kinder und Geistliche, trägt seine riesige Polizei-Burg Stein für Stein ab, die er nach dem Abriß eines Stadtviertels (westlich der Piazza Napoleone) hatte anlegen lassen. 1369 erkauft sich das immens reiche Lucca vom Kaiser die Unabhängigkeit. Das Volk reißt auch die nächste Zwingburg ab, die der Diktator Paolo Guinigi, der von 1400 bis 1430 herrscht, auf der Abriß-Fläche der ersten errichten ließ.

1492 wird das neue Rathaus an der Piazza San Michele gebaut; mit einer weiten Loggia. Als einzige Republik neben Venedig vermag sich Lucca gegen die Fürsten-Herrschaften zu behaupten – dank einer Bündnis-Diplomatie mit Spanien sowie dank seiner enormen Wirtschafts-Kraft. Bis heute gelten die Luccheser als besonders arbeitsam, auch als sparsam, ja geizig. Montaigne klagt um 1585: »Man kann die Gesellschaft der Luccheser nicht genießen, weil alle, bis auf die Kinder, ständig mit ihrer Arbeit beschäftigt sind.«

Außenpolitisch ständig in Furcht vor

Typisches Handwerker-Haus

dem Medici-Florenz, wird innenpolitisch die Freiheit immer mehr auf die Gewerbe-Freiheit und eine Oligarchie eingeengt. Nahezu lutheranisch geworden, wird auf äußeren Druck, vor allem der Medici, eine Vielzahl lutherischer Familien als Rebellen zur Auswanderung gedrängt.

Als Francesco Burlamacchi (1498 – 1548), Staatsoberhaupt in den Jahren 1533 und 1546, über seinen Onkel Filippo von den demokratischen Ideen Savonarolas beeinflußt, eine Verschwörung gegen die Medici mit dem Ziel einer Föderation selbständiger Stadt-Staaten anzettelt, liefert ihn die eigene ängstliche Regierung aus. In Mailand läßt der Kaiser ihn hinrichten. In der Zeit eines neuen Traumes nach Demokratie erhält er 1863 ein Denkmal auf der Piazza San Michele.

Unser Streifzug führt uns von der Piazza nach Westen durch die Via Paolina. Eine Platz-Folge: alte Märkte. Auf dem zweiten, der Piazza Cittadella, wuchs an der Nordost-Seite im Haus Via di Poggio 32 (Museum) der Opern-Komponist Giacomo Puccini (1858 – 1924) auf. Der Weg dorthin lohnt bereits wegen des Ambiente. Weiter die Via di Poggio nach Westen. Ein Platz mit Wagen-Remisen (18. Jh.). Links am Vicolo della Minerva sieht man das vorspringende Haus (Via Burlamacchi 25) des Medici-Opponenten Francesco Burlamacchi. Rechts an der Westseite der Piazza der Palazzo Dipinto: das schmuckreichste Beispiel eines Luccheser Hauses mit Trifora-Fenstern. Die Via del Toro weiter nach Westen. Vorn: der Palazzo Mansi (17. Jh.; Museum) – mit Hof und breiter Garten-Loggia. Das besetzte Haus Via Galli Tassi 65 ist ein selbstverwaltetes sozio-kulturelles Zentrum.

Davor links: die Via San Tommaso führt in das uralte Viertel der Gerber, rund um die Piazza Pelleria, mit einer Volks-Kirche, einem Saal (umgebaut). Einst schmutzig und stinkend, vor allem im Norden längs der Straße der Gerbereien (Via delle Conce), ursprünglich an einem Wassergraben gelegen. Schon 1308 sorgt sich das Stadt-Statut um den Umwelt-Schutz. Hier gibt es noch einiges Handwerk.

Weiter durch die Via San Giorgio. Links das Gefängnis. Im Bereich der Piazzetta delle Grazie und Sant'Agostino lag das römische Theater – sichtbar an der Rundung: in die alte Mauer wurden Häuser eingebaut. Vorn links neben der Kirche stehen Reste des Theaters: die Kirche ist ein Predigt-Saal der Minderbrüder für das breite Volk.

Rechts weiter zum Palazzo Controni Pfanner (Via degli Angeli 33). Hinter seiner dezenten Fassade mit Sitzbänken für die Leute bringt er den Luxus der Landvillen in die Stadt: ein weites offenes Vestibül und eine große Freitreppe als Loggia sowie einen Garten mit Statuen, die den antiken Himmel versammeln (geöffnet).

Weiter links: San Frediano. Südlich gegenüber der Kirche wohnte einst im Haus Via San Frediano 8 der Geiger Niccolò Paganini (1782 1846). Vor der Seitenwand der Kirche stand wohl die Loggia der Florentiner Emigranten.

Hoch oben an der Ostwand von San Frediano: das neben San Miniato in Florenz einzige Fassaden-Mosaik der Toskana (E. 12. Jh. von Berlinghiero Berlinghieri). Jesus erscheint als Kaiser: die feudaladlig beeinflußte Oberschicht schwört das Volk auf dem Weg über die Religion in die Hierarchie der irdischen Welt ein. Innen: eine weite Halle spätantiken Ausmaßes und Charakters (1112) – ein überdachter Platz, einst mit fünf Schiffen. Erst vom langobardischen Militär, dann vom Landadel finanziert, sollte die Kirche eine ähnliche Bedeutung erhalten wie die Haupt-Kirchen Roms.

Die Volksbewegung hat kein Interesse an der Vollendung des Baues, sie investiert lieber in ihre Versammlungs-Kirchen San Michele und San Cristoforo.

Im 15. Jahrhundert läßt der Klerus die äußeren Seitenschiffe umbauen: zu Grab-Kapellen reichgewordener Familien des Viertels, die ihr Prestige über die Kirche ausdrücken. Links in der zweiten Kapelle sozialgeschichtlich interessante Bilder (1606 von Amigo Aspertini): viele Menschen arbeiten, nackt, an der Eindeichung des nahen gefährlichen Serchio, reiche Leute schauen zu; im Hintergrund sieht man die Flußlandschaft und Lucca; positive Folge der Wasser-Beherrschung, für die der Bischof Fredianus die Ehre der Heiligsprechung erhielt: eine Blüte der Landwirtschaft. Wie aufwendig die Wasser-Beherrschung ist, zeigt ein Sprichwort: »Jetzt kostet es mich mehr als der Serchio die Luccheser«. Daneben wird die Geschichte des berühmtesten mittelalterlichen Wallfahrts-Bildes rekonstruiert, des Volto Santo (im Dom) mit den Augen der Zeit.

Zwei Kapellen weiter: Die Reliefs im Altar-Aufsatz sind Meister-Werke der Inszenierungs-Kunst Jacopo della Quercias (1422).

Über den Platz nach Osten, die Via Fillungo nach links. Im Hintergrund sieht man die beiden leicht gebogenen Stadt-Häuser der im 16. Jahrhundert reichsten Familie Luccas, der Buonvisi (Nr. 205, 207). Rechts in der schmalen Via dell'Anfiteatro 5 kann man in einer der wenigen originären Weinkneipen

Fassade von San Frediano

(Osteria) vespern oder essen (Trattoria) – in einer Grotte wie zu römischer Zeit.

Rechts: das Amphitheater, einst Schauplatz einer Spektakel-Industrie auf wirklich viehischem Niveau; dann Militär-Gelände der Langobarden, die hier einige Zeit ihren toskanischen Haupt-Sitz hatten; ausgeplündert, zu Mietswohnungen mit Gärten umgebaut; ausgegraben, zum Markt-Platz umgewandelt (1838) – heute eine nachbarschaftliche charakteristische »Stadt in der Stadt«, eine »cittadina«, die jedoch langsam gentrifiziert wird.

Rechts quer über den Platz zurück zur Via Fillungo, der vielfältigsten Einkaufsstraße Luccas, völlig ohne Design-Schnickschnack.

Links, bei Nr. 104: ein Passagen-Hof mit Boutiquen (um 1900). Nr. 111 macht die mittelalterliche Häuser-Struktur gut sichtbar.

Im Künstler-Café des Risorgimento, Caselli, heute Di Simo (Nr. 58), verkehrten der Dichter Giovanni Pascoli sowie die Komponisten Alfredo Catalani, Giacomo Puccini und Pietro Mascagni. Auf der Rückseite des Cafés kann man an einem Platz ruhig im Freien sitzen.

Die Piazzetta dei Mercanti, stets voll von Leuten. Einst mit einer Loggia überdacht. Weiter vorn: der Stadt-Turm (Uhr-Turm). Im Jahre 1531 war er die Stätte grausamen »weißen Terrors«. Einige Schritte weiter: San Cristoforo. Ein typischer kleiner Platz. Versammlungs-Kirche (erneut im 13. Jh.) der Kaufmanns-Gilde.

Oben: Textil-Manufakturen. Unten: S. Cristoforo

Zurück und rechts in die lange, steile Via San Andrea. Links durch die Via del Carmine kommt man zur Markt-Halle. Am Platz entstand die Revolution von 1301.

Zurück zur Via San Andrea. Unter dem Turm, auf dem zwei Bäume wachsen, stehen die Häuser der superreichen Guinigi. Links neben dem Turm eine der frühesten offenen Treppen. Ursprünglich war der Turm wohl ein Haus-Turm. Um 1300 von der Volksbewegung gekappt, baute ihn der Tyrann Paolo Guinigi erneut wieder hoch aus – eine Provokation der Popolanen. Zunächst Umbau und Zusammenfassung einiger aufgekaufter Häuser, dann östlich ein Neubau. Durch Zurücksetzen seiner Flucht entsteht an der Via Guinigi eine Art Platz. Dort wird an der Rückseite später eine große Garten-Loggia angelegt. Gegenüber: weiterer Aufkauf und Neubau. Durch Abriß von zwei oder drei Häusern entsteht der kleine Platz vor der Loggia, die die Guinigi ebenfalls bauen ließen (E. 14. Jh.; zugemauert).

Links in die Via Guinigi, rechts zur Piazza San Pietro Somaldi, einst Esels-Markt. Nach Osten die Via Fratta hoch. Rundherum: ein altes Weber-Viertel. Rechts (Nr. 24) eine Birreria mit ruhigem Innen-Hof. Am sehr lebendigen Schnittpunkt vieler Straßen steht eine Marien-Säule österreichischer Tradition (17. Jh.). Sie zeigt im Relief, wie das Befestigungs-System nach 1504 aussah. Am Wassergraben der Via del Fosso entstanden nach 1600 Textil-Manufakturen, damals angetrieben durch Wasserräder – mit offenen Dach-Geschossen als Trockenböden. Die Häuser Nr. 54/55 waren einst Färbereien der Pandolfi und Guinigi.

Die volksnahen Minderbrüder lassen sich in der Vorstadt nieder: ihr einfacher

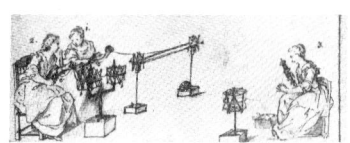

Oben: Weber-Haus mit Werkstatt, Laden und Wohnung

Seiden-Werkstatt und Laden (Vicenzo Barsotti)

Piazza S. Francesco: Aufstand der Seidenweber (1531; Vincenzo Barsotti)

Predigt-Saal (1288, 14. Jh.) für die breiten Massen hat mit 81 m Länge fast die doppelte Ausdehnung wie San Michele.

Platz und Kirche waren Ort eines Volks-Aufstandes. 1531 nimmt ein Gesetz unter dem Vorwand der Qualitäts-Kontrolle den kleinen Seidenwebern die Selbständigkeit und senkt ihre Bezahlung drastisch. Die Weber machen die Frühlings-Feier des Mai-Umzuges zur politischen Erhebung: Volksmassen mit schwarzen Lumpen-Fahnen, daher Straccioni genannt, ziehen in spontanen Umzügen durch die Stadt, sprechen erregt Patrizier an, versammeln sich im Kloster-Hof ihres Schutz-Heiligen San Francesco. Diskussionen und Sprechchöre. Matteo Vanelli, ein brillanter Redner, artikuliert den Unmut besonders deutlich. Forderungen. Wahl von 18 Volks-Tribunen – zur »Verteidigung des Volkes«. Die Anziani hören sie an, machen schöne Worte und leere Versprechen, fordern zur Ruhe und zum Vertrauen auf, versuchen Zeit zu gewinnen.

4. Mai: erneute Volks-Versammlung im Kloster-Hof. Gewachsene Unzufriedenheit. Jetzt entstehen politische Forderungen nach Staats-Ämtern in Rat und Verwaltung, also Beteiligung, sowie nach neuen Gesetzen. Erfolg.

Elf Monate später – Chile 1531: verfassungsbrechend lassen die etablierten Patrizier, nächtlich, gekaufte Militärs in die Stadt und rächen sich bestialisch – mit Vermögens-Beschlagnahmungen,

Via Brunero Paoli: Arbeiter-Häuser

Gemalte Familien-Soziologie: Die reiche Kaufmannsfamilie Buonvisi (Pieter Pourbus?)

Verbannungen, Hinrichtungen, werfen die Leichen der Enthaupteten vom Stadt-Turm (Via Fillungo / Via dell'Arancio) und lassen sie dort ausgestellt liegen – »weißer Terror.«

Die Bar Nuovo ist ein alter Arbeiter-Troffpunkt. Gegenüber der Ost-Seite der Kirche kann man die riesige Villa des Diktators Paolo Guinigi (1418) besichtigen – einst als Landsitz vor der Stadt-Mauer gelegen, heute ein sehenswertes National-Museum. Einzigartig: eine Serie von Holz-Einlege-Bildern (A. 16. Jh.), unter anderem von der Piazza San Michele.

Rechts in die Via del Bastardo: Vorstadt (16. Jh.) für Manufakturen (in der folgenden linken Seitenstraße, der Via dei Filatori 2) und Arbeiter-Häuser, vor allem in der links folgenden Via Brunero Paoli. Rechts hinter der Stadt-Mauer bis zur Via Elisa, wo rechts an der Piazza das Haus der sieben Zünfte steht (Nr. 2; 1408). Die Kirche gegenüber war einst ihr Versammlungs-Ort. Zwei ausdrucksvolle Kreuzgänge. Dieser Stadtteil besaß mehrere Klöster mit großen Gärten, die der Versorgung der Kloster-Bewohner dienten. Im 19. Jahrhundert wurden in einigen aufgehobenen Klöstern Schulen eingerichtet. Rechts (Nr. 9) die Villa Bottini: Landsitz der reichsten Familie, der Buonvisi vor der Stadt – nach dem Vorbild der Villa des Papst-Bankiers Chigi in Rom (M. 15. Jh., umfangreiche Fresken, mit ideologischem Programm).

41
150

Zunfthaus (1408)

Am Brunnen über dem Stadt-Graben holen sich noch heute viele Leute das Wasser. Es soll besser sein als das Leitungs-Wasser. Gigantisches Stadt-Tor der (zweiten) mittelalterlichen Militär-Anlage (1150–1250). Nach der Stadt-Erweiterung mit der neuen Mauer (seit 1490) nutzte man die alte: als Rückwand für Häuser-Zeilen an beiden Seiten. Dadurch erhielt eine große Anzahl von Menschen Wohnungen.

Die Piazza Santa Maria Forisportam war ein römischer Markt vor dem Tor. Eine freistehende Säule diente als Markt-Zeichen, Anschlag-Stelle und Pranger. Geradeaus. An der Ecke des Hauses Nr. 64 kann man sehen, wie einem gekappten Wohn-Turm eine Palast-Fassade (Palazzo Mazzarosa, 17. Jh.) entstand. Diese riesigen Paläste, von denen Lucca viele besitzt, entstanden durch Aufkauf und Heirat. Die Nachbar-Grundstücke, ursprünglich immer rund 20 Fuß breit, erhielten schließlich eine Gestalt, die sie zusammenfaßte – meist nur durch bestimmte Umbauten und mit einer Fassade. Die Wandmalerei im Inneren gibt die Illusion, daß man sich – mitten in der Stadt – auf dem Land befindet – in einer neuen Feudalität.

Im Flur des folgenden Hauses (Nr. 62) eine Gedenk-Tafel für Roberto Bartolozzi, der 1944 von den Nazis erschossen wurde. Gegenüber (Nr. 43) kann man sehen, wie eine reiche Familie auf den abgetragenen Wohn-Turm im 17. Jahrhundert ein Belvedere setzte. Darunter an der Wand: ein Toiletten-Vorbau, wie er üblich war.

Der Besitzer des riesigen Palastes (1512) an der Piazza Bernardini ist der Motor des Gesetzes von 1556, das den Zugang zu den Staatsämtern auf reiche

Dom San Martino. In römischer Zeit wie alle nichtstaatlichen Kulte an der Innenseite der Stadtmauer angelegt (vgl. Pisa, Florenz). Durch Abbrüche, u. a. des Atriums, entstand der Platz. Halle und Arkaden-Galerien (um 1200). Seitlich rechts die Dombauhütte (13. Jh.), seit 1517 Leihbank für die Armen (Monte di Pietà). Links: Appell an den Landadel, symbolisiert durch den hl. Martin, großzügig die Armen zu bedenken, deren Anzahl bei der Expansion der Städte im 12. Jh. wuchs.

Santa Croce-Prozession

Familien einschränkt. Aber: ener seiner Söhne steigt aus und wird als Fra Paolino ein leidenschaftlicher Nachfolger des Demokratie-Predigers Savonarola – einer der Widersprüche innerhalb des Bürgertums. Als Castruccio Castracanis Polizei-Burg zerstört wurde (1328), trug das Volk wohl auch sein konfisziertes Haus ab (Marmor-Tafel) – so entstand ein Platz.

Links nach Süden, an der Post vorbei, wo man über den Gebrauch des Raumes um 1900 nachdenken kann, kommt man zum Dom-Platz. Im Dom fanden im frühen Mittelalter, als der Bischof Stadt-Herr war, die großen Volks-Versammlungen statt. Vor der Fassade lag einst ein Säulenhof. Beim Neubau (um 1204) reduzierte man die Westseite auf eine Loggia. Die Statue des San Martino (12. Jh., Original an der Innenwand) symbolisiert die Diskussion über Armut und Reichtum in einer Zeit großer Veränderungen, in denen die sozialen Auffang-Netze brüchig (Wachstum der Städte, Land-Flucht) und neue entwickelt wurden (Krankenhäuser).

Das Innere, im Vorgänger-Bau fünfschiffig, orientiert sich an französischer Eleganz und Würde, etwa an Reims – das zur Bauzeit des Domes (1378 ff.) immer noch Ausstrahlung besaß. In dem »Tempelchen« (1482 von Matteo Civitali) hängt das berühmte Kreuz von Lucca, das Volto Santo: der arme Jesus. (12./13. Jh.), Vorbild für viele Skulpturen in ganz Europa. (Minden, Braunschweig, heilige Kümmernis). Es löste große Ströme von Wallfahrten aus, aber auch diplomatische Treffen des Mittelalters. Zur alljährlichen Santa Croce-Prozession (Anfang September) tragen viele Pilger quer durch die Stadt große, schwere Holz-Kreuze in den Dom.

Am dritten Seitenschiff-Altar rechts: eine dramaturgisch interessante Abendmahls-Szene des Venezianers Tintoretto (1592). Die Sakristei ist ein kleines Museum mit einer reichen Bilderwelt. In der Sakraments-Kapelle im rechten Querschiff: zwei Engel von außerordentlich feiner Lebendigkeit (1484 von Matteo Civitali, dem wichtigsten Lucchesen Bildhauer). Linkes Querschiff: eine Apostel-Figur von Jacopo della Quercia (um 1400) – und vom selben Bildhauer eines der Hauptwerke einer Kunst, die sich zunehmend auf den Menschen orientiert: die schlafende Ilaria (1408). Ein Blick in die Kapelle: eines der leisen Bilder (1509) vom Savonarola-Freund Fra Bartolomeo: kurz vor Sonnen-Aufgang – ein zugewandtes ruhiges Gespräch, das den Zuschauer geradezu familiär einbezieht.

Fra Bartolomeo (ein Freund Savonarolas): Gespräch (1509; Dom). Nähe, Zuwendung, kurz vor Sonnenaufgang – zwischen Schlaf und Tag.

Man kann den Streifzug beschließen oder am nächsten Tag fortsetzen: auf der Stadt-Mauer, in ihrer schattigen Allee, die rund um den Ort führt, mit reichen Ausblicken ins Umland. Der gewaltige über 4 km lange Festungs-Ring ist der besterhaltene in Italien. Seit 1490, als Werk fast zweier Jahrhunderte entstanden, immens teuer, mehrfach als eine gezielte Arbeitsbeschaffungs-Maßnahme benutzt. Eine massige, mit Ziegeln verkleidete Erdmauer, die der Wucht der Bombarden standhalten sollte. Innen: Gänge und Waffen-Magazine. Auch die Bäume dienten einst als »Wand« gegen Geschosse. Kein einziges Mal wurde das Festungswerk auf die Probe gestellt.

An der Stelle des Botanischen Gartens (1820) spielte man bis 1709 Ball. Daneben lag einst der Friedhof der Ketzer, Hingerichteten und im Bann Gestorbenen. Im Westen: die riesige frühindustrielle Tabak-Manufaktur (19. Jh.). Interessant ist auch das Viertel um den Bahnhof (um 1900) mit der Fabrik Bertolli für Olivenöl (Lucca ist einer der größten Ölmärkte). Entlang der Straße rund um die Mauern viele Jugendstil-Häuser.

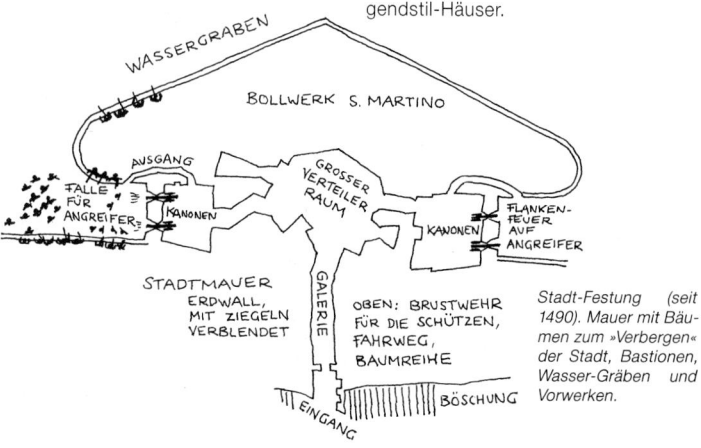

Stadt-Festung (seit 1490). Mauer mit Bäumen zum »Verbergen« der Stadt, Bastionen, Wasser-Gräben und Vorwerken.

Oben: Von weither kommen Leute, um sich vom Aquädukt Quellwasser zu holen. Wasserleitung und Verteiler-Gebäude, als Rundtempel gestaltet (Lorenzo Nottiolini, 1823).

Südöstlich hinter dem Bahnhof findet man in der Via del Tempietto ein Dokument früher Technik-Geschichte: den Aquädukt (1823–1832). Nach römischem Vorbild sollte er das ausgezeichnete Wasser aus den Pisaner Bergen in die Stadt holen. Staatsarchitekt Lorenzo Nottiolini überhöhte den bloßen Nutzen, indem er das Verteiler-Gebäude zu einem gigantisch wirkenden altgriechischen Rundtempel gestaltete. Am Ende des 3,5 km langen Aquäduktes, von der Autostrada unterbrochen, findet man hinter dem Dorf **Guamo** leicht die Quell-Fassungen, deren intensive Gestaltung zum Nachdenken darüber anregen sollte, was Wasser bedeutet.

Rund um Lucca

Die Bergketten der **Apuanischen Alpen**, **Pizzorne** und der **Monti Pisani** fassen das weite Becken um Lucca ein. Kleinbauern schufen die Vielfältigkeit der Garten-Landschaft »des Arkadien von Italien« (Alphonse de Lamartine), aber nun haben sie Mühe, sich auf ihren Parzellen zu halten. Die meisten gehen tagsüber in die Fabrik.

Rund um die Stadt, entlang der Ausfallstraßen, macht sich der übliche chaotische Siedlungsbrei breit, mit dem bestenfalls die Sonne ein bißchen versöhnt. Viele Leute lassen ihre alten Häuser verfallen, statt sie zu modernisieren. Sie bauen sich neben ihnen neue – »alla moda«.

Entlang der **Autostrada Firenze – Mare**, einer der ersten in Italien (1932) reihen sich dezentralisiert Fabriken – zum Glück für die Städte, die mit einer Konzentration dieser außerordentlich großen Industrien völlig überfordert wären. Allein im Bereich des kleinen **Porcari** (10 000 Einwohner) gibt es 40 000 Arbeitsplätze, zu denen die Leute der Umgebung pendeln. Aber gerade in der Toskana kann man darüber nachdenken, ob diese »neue Welt« nicht auch ein anderes Gesicht erhalten könnte.

Rund um diese Häßlichkeit sind weite Bereiche des Beckens immer noch schön. Man findet sie, etwa wenn man mit Fahrrad oder Auto im Süden Luccas von **Pontetetto** aus dem Hang der Pisaner Berge nach **Guamo** (Quellhäuser des Aquäduktes), **S. Quirico**, **S. Andrea in Compito** und **Castelvecchio** fährt. Eine Toskana abseits der ausgefahrenen Routen. Dann durchquert man das Sumpfland des Lago di Bientina, dessen Trockenlegung 500 Jahre dauerte. **Altopascio**: das abschreckendste Beispiel wilden Wachstums. Ein kleiner alter Kern blieb erhalten, ein einst wichtiges Hospiz an der mittelalterlichen Hauptstraße Italiens, der »Frankenstraße«. Turm (1280) und Glocke (1327) dienten als Orientierung für die Leute, die mehrere Tage benötigten, um den von berüchtigten Sümpfen begleiteten Unterlauf des Arno, gesundheitlich gefahrvoll, zu durchqueren.

Durch die Vorhügel des Appennin kommt man nach **Montecarlo**, einer kleinen Stadt, einst »comune libero«, mit damals 1000 Einwohnern. Auf dem Bergkamm zieht sich eine lange ruhige Straße wie ein Innenraum von einem Stadttor zum anderen. So klein das

Teatro Comunale (1796) mit seinen 200 Plätzen war, es sah große Opern-Aufführungen. Man kann nach dem Schlüssel fragen und die Bühne selbst ausprobieren. Nördlich: eine gigantische Festung, 1333 vom fremden König Karl IV. von Böhmen ausgebaut, später von den Medici als Drohung gegen Lucca benutzt.

Höhepunkt des Lebens im Ort ist die alljährliche Wein-Messe in den ersten Septembertagen auf dem Platz nördlich der Burg. Der junge Bauer Gino Carmignani: »Der berühmte Weißwein von Montecarlo hat einen typischen Geschmack – nach den Glyzinien, den Hängepflanzen, die aus dem Gestein der Stadtmauer büschelweise herauswachsen.«

Im Hügelland, reich an Ausblicken, üppig an Vegetation, stets mit etwas Brise, legten sich im 17. und 18. Jahrhundert viele reiche Seidenhändler aus Lucca Villen an – als der Friede dauerhafter und die Straßen besser wurden.

Unterhalb des Dorfes **Collodi**, das auf einem abfallenden Gebirgsgrat steht, breitet die riesige **Villa Garzoni** (um 1650) allen kultivierten Luxus der Natur aus: eine Garten- und Wasseranlage, die zu den raffiniertesten Italiens zählt. Terrassen, Treppen, ausgebreitete Flächen, steile Rampen; wuchernde Natur und zügelnde Herrschaft über sie; freier Ausblick und in sich gekehrtes Erlebnis von Höhlen, in denen die Fantasie Götter und Monstren gebiert; wilde Wasser, gezähmt zu Wasser-Künsten. Die Vielfalt der Natur soll eine Vielfalt an Gefühlen hervorrufen, die man im Spektrum von Heiterkeit und Melancholie genießt. Diese doppelsinnige Welt des kultivierten Reichtums wurde einst dem Einblick der Armen durch hohe Mauern entzogen.

Die Welt der Handwerker in Collodi schildert Carlo Lorenzini (1826–1840) in seinen Geschichten vom Frechdachs Pinocchio mit der langen Nase; sie stecken voll anarchistischen Denkens, das in diesem Milieu weite Verbreitung fand. Pinocchio zeigt symbolisch alle Fähigkeiten des kleinen Habenichtses: das Überspringen eingeschliffener Normen, Aufmüpfigkeit und Einfallsreichtum. Bezeichnenderweise ist die Figur ein Kind – später wird sich Pippi Langstrumpf zu ihm gesellen. Aber: der Kleine ist immer in Schwierigkeiten – kurz vor dem Aufgehängtwerden hat er neben Gerissenheit und Frechheit Glück. Die Geschichten sind ambivalent: Lorenzini zeigt auch die Ungereimtheiten und Brüche aller Figuren. Gegenüber der Villa Garzoni wird im Parco di Pinocchio (1951 ff.) in künstlerisch-assoziativer Weise die Welt des Pinocchio rekonstruiert.

Die Villen bei Lucca zählen zu den wenigen zugänglichen in der Toskana. Bei **Camigliano** findet man die riesige **Villa**

Villa Garzoni

Torrigiani (17. Jh.) und bei **Segromigno** die **Villa Mansi**, deren Besitzer ihr Prestige auf die Stufe des damals führenden piemontesischen Hochadels stellen wollten und sich dafür dessen wichtigsten Architekten ausliehen, Filippo Juvarra (18. Jh.). Völlig erhaltene Inneneinrichtung, interessante Bilder-Galerie, vielfältiger Park. Die Schwester Napoleons, die Königin Elisa, baute sich kurz nach 1800 die Villa Orsetti (heute Pecci-Blunt) in **Marlia** zur Sommerresidenz aus. Niccolò Paganini gab hier Konzerte.

Kurz vor **Ponte a Moriano** steht rechts ein Fabrikschloß (19. Jh.), einst eine Jute-Produktion, heute ein Supermarkt für allerlei billigen Haushaltskrimskram, von dem man einiges auch zu Haus verschenken kann. Gegenüber: ein Arbeiter-Mietshaus in Form eines Schlosses (19. Jh.). Auf der Serchio-Brücke kann man weit ins Gebirge und in die Ebene schauen.

Die Straße führt uns am Westufer des wadiartigen Flusses nach **Monte S. Quirico**. In der Kirche auf dem Berg in einer Kapelle: eine detailreiche visuelle Sozialgeschichte in Bildern (16. Jh.) um das Wallfahrtskreuz des Volto Santo in Lucca. Weiter auf der linken Uferstraße kommt man nach **Ponte S. Pietro**. Ein kurzer Abstecher in Richtung Massarosa: zur Karthause (**Certosa di Farneta**, 14. Jh.). Vom Hügel, etwas westlich, kann man über ihre hohe Mauer blicken: in das geistliche Dorf der vielen einzelnen Häuschen der letzten toskanischen Schweige-Mönche mit ihrer charakteristischen, gesunderhaltenden Lebensweise von Studieren, Handwerk und Gartenarbeit. Die Brüder brauen einen ausgezeichneten »Certosino«, den man auch in Geschäften kaufen kann. Bei **Ponte S. Piero** frißt sich der Serchio durch den Bergrücken, der den Appennin mit den Monti Pisani verbindet – was Dante den unfrommen Wunsch eingab, das Loch möge gestopft werden, um ganz Lucca ersaufen zu lassen. Den Kalkstein-Felsen von Nozzano ließ das mittelalterliche Militär nicht aus: Lucca baute eine Burg (14. Jh.) – gegen die pisanische Rocca im unweiten Ripafratta.

Wir können nun durch das pisanische Umland weiterfahren. Die Straße führt am Fuß des Berges entlang: oft mit dem Blick auf das Flachland, das einst – ähnlich wie um Venedig – die Lagune um Pisa war, und dann zu einem der Malaria wegen gefürchteten Sumpf wurde. An den Abhängen: seit jeher Villen reicher Pisaner. **S. Giuliano Terme**, ein kleiner Badeort (rheumatische Erkrankungen), ist eine interessante Stadtanlage des Absolutismus. Wie eine Theaterbühne angelegt, breitet sich vor einem hohen Säulenprospekt eine Villa aus (heute Bäder für Arbeiter) und, ihr zugeordnet, im Halbrund die Hauptstraße. Davor, wie in Holland, ein Kanal, der früher das Wasser des Sumpflandes sammelte und ein Schiffsweg war, unter anderem für den Marmortransport.

Einen Ausflug lohnt die kleine Stadt **Pescia** östlich von Lucca: eine interessante Altstadt mit einem charakteristischen Platz, hervorgegangen aus einem langen ansteigenden Straßenmarkt; Akzente bilden unten die menschlich dimensionierte Kirchen-Fassade der Madonna di Piè di Piazza (1447 von Andrea Cavalcanti) und oben das Rathaus (13. Jh.) des Vikars (bis 1329 von Lucca, dann von Florenz).

Hoch zum kleinen Ort **Uzzano**. Blick über das weite Becken des Valdinievole, dessen DOC-Wein hervorragend schmeckt. Eine Fülle von Gewächshäusern der Blumenzuchten. Zentrum des weltweiten Handels mit ihnen ist das riesige, gut sichtbare Gebäude des Blumenmarktes vor Pescia, eine technizistische Architektur, ein bißchen Centre Pompidou in der Toskana; man kann sie besuchen.

Interessant ist auch der Weg einige Kilometer aufwärts in die beiden Täler nördlich von Pescia: Richtung **Villa Basilica** und Richtung **Pietrabuona**. Längs der Flüsse: alte Papier-Fabriken (19. Jh.), oft noch in Betrieb. Sie verarbeiten Altpapier zu Verpackungskartons (Recycling). Villa Basilica lebte einst von der Herstellung von Schwertern.

Wenn man den Serchio-Fluß aufwärts fährt, kommt man in eine der interessantesten Gebirgslandschaften Italiens: in die Garfagnana. Von **Diecimo** aus kann man einen Abstecher ans Ende des Tales machen: nach **Pescaglia** – eine Altstadt auf Terrassen, die mit steilen Rampen untereinander verbunden sind.

Ponte a Moriano: Jute-Fabrik (19. Jh.)

Kurz nach **Borgo a Mozzano**: eine der ältesten Brücken Italiens (Ponte del Diavolo, 11. Jh.), hoch über den (später gestauten) Fluß geschwungen: man muß einfach mal drübergehen, um zu erfahren, was eine Brücke bedeutet. Dann rechts Papier-Fabriken. Sie gehören zu einer Industrie, die sich im 19. Jahrhundert in den Flußtälern entwickelte und vom Reichtum an Holz und Wasser lebte.

Das Tal öffnet sich zu einem vielgestaltigen Hügelland. Früher lag **Gallicano** steil über dem tief eingeschnittenen Fluß; rücksichtslos wurde er mit einer Straße überbaut. Aber es gibt interessante Bereiche: links zieht sich zur Kirche ein lebendiger Stadtteil hoch, und hinter dem Aquädukt, der das Wasser zu den Fabriken leitete, findet man eine wilde Natur-Szenerie, in die sich die Papier-Industrie einnistete. Heute liegt alles in Ruinen.

Bachaufwärts kann man einen Ausflug zur riesigen Grotte des Windes **(Grotta del Vento)** machen: in eine ganz einsame, spröde Felsen-Landschaft. Ohne warme Kleidung und gutes Schuhwerk wird die lange Wanderung zur Tortur – in die eiskalte Unterwelt der Grotte; ihr Karst-System dehnt sich in mehreren Kilometern Länge aus.

Castelnuovo: an der Nordseite des Ortes findet man eine wilde Ufer-Kulisse, in der Altstadt einige interessante Straßen, ein Stadttor, einen Platz – mit dem Blick auf den Stadthalter-Palast, die Rocca, wo Ludovico Ariosto (1474–1533) 1522 residierte: ohne Lust am Beruf des Herrschers, dazu gezwungen, um als Dichter überleben zu können; in seinem »Rasenden Roland« (Orlando furioso) beklagt er die Dekadenz der höfischen Gesellschaft – im Amt stellte er sich die Gerechtigkeit als Problem vor.

Von Castelnuovo aus kann man, vorbei an Forellen-Seen, einen Ausflug zu den **Marmor-Brüchen nach Arni** machen. Oder über den Passo delle Radici (1 529 m) zum **Bergsee Lago Santo** (1 521 m) fahren. In seiner Umgebung gibt es drei Hospize (rifughi): Marchetti, Landi und Comunale.

Zurück und nach **Castelvecchio Pascoli**. Auf dem kleinen Höhenrücken baute sich Giovanni Pascoli 1902 seine Rückzugsstätte zum Nachdenken, zum Umgang mit den Bauern und zum Schreiben. Von der Terrasse des Hauses (Besichtigung möglich) genießt man das weite Panorama: die Hochfläche zwischen den Gebirgen, die langsam bis zur Altstadt von **Barga** ansteigt.

Den Westwinden, die sich am hohen Marmor-Gebirge oft abregnen, häufig in nächtlichen Gewittern, verdankt die Garfagnana ihre außergewöhnlich üppige Vegetation. Wie überall verfallen ihre Terrassen-Kulturen. Entvölkerung.

Viele emigrierten, kamen reich zurück und kauften sich Villen und Bauern-Häuser. Der Brotfabrikant Marcucci, in Chicago zu Millionen gekommen, erwarb immense verlassene Ländereien und machte einen für Italien einzigartigen touristischen Bereich aus ihnen, nannte ihn, nach einem Gedicht Pascolis »Ciocco«, baute alte Häuser zu Ferien-Wohnungen um, setzte Bungalows und ein Hotel dazwischen – band alles aber in die Landschaft ein, deren Ökologie er vorzüglich pflegen ließ.

Textilproduzierende Großfamilien aus Lucca und Florenz, oft emigriert, initiierten im Mittelalter den materiellen Reichtum von **Barga**, der im historischen Kern sichtbar ist. 1527 wandten sich demokratisch orientierte Familien gegen die Medici und blieben auch nach dem Untergang der letzten Republik oft in

Opposition. Die Altstadt bildet eine einzige Bühne, einen Ort, wo man eine große Vielfältigkeit lange genießen kann: Gassen laufen unter Häuserblöcken hindurch; Aufstiege zum Dom-Plateau; Plätze in Fülle. An der Rückseite des Arkaden-Cafés läßt sich die untergehende Sonne erleben.

Im Theater (1689/1792) stehen bei den alljährlichen Festspielen viele Sänger zum ersten Male auf der Bühne; einen Monat lang verwandelt sich die ganze Altstadt in ein Opern-Theater – man hört die übenden Künstler aus vielen Fenstern, sieht sie gelegentlich draußen musizieren und Bühnenbilder vor dem Theater malen. Im Theater hielt Pascoli 1911 seine berühmte Rede »Das große Proletariat ist aufgewacht«.

Fornaci di Barga: ein großes Stahlwerk. Von **Turrite Cava** aus kann man einen Abstecher machen zur Bergstadt **Coreglia Antelminelli**, ausgestreckt auf einem Höhenrücken.

Bagni di Lucca, das sich außerordentlich lang durch das Tal der Lima zieht, weckte mit seiner üppigen Vegetation seit dem 18. Jahrhundert bei englischen Großbürgern und Künstlern Erinnerungen an eigene Landschaften in Mittelengland – und so nisteten sie sich als Kolonie ein. Nostalgisch wurde das Casino Municipale 1838 wie ein französisches feudales Lustschloß des längst untergegangenen Absolutismus nachgebaut – für Leute, die ihren Reichtum der frühen Industrie verdanken. Man mag hier vor einer der ersten Roulette-Spielbanken Europas darüber nachdenken, wie reiche Leute Geld ausgaben. Englisch ist auch das Vorbild für die Hängebrücke (1844/60), die der Luccheser Staatsbaumeister Lorenzo Nottolini entwarf: zwischen zwei französischen Triumph-Bögen wurde die neue Technik des Eisens vorgeführt.

Eine lange Platanen-Allee führt am Fluß entlang zur Piazza, auch ein schöner Fußweg. Dort spannen acht Platanen ein weites Dach – eine Natur-Loggia vor dem Kurhaus (»Circolo dei Forestieri«). Rechts daneben das akademische Theater (1790). Hinter ihm kann man zu Fuß auf einer Hängebrücke (1921) den Fluß überqueren. Der heilungsuchende Heinrich Heine schrieb über »Die Bäder von Lucca«.

Über das Dorf **Benabbio** kann man durch ein einsames Waldgebiet der Pizzorne-Berge zum Flußtal der Pescia nach **Collodi** fahren, entlang einer Kette früher Papier-Fabriken.

Barga

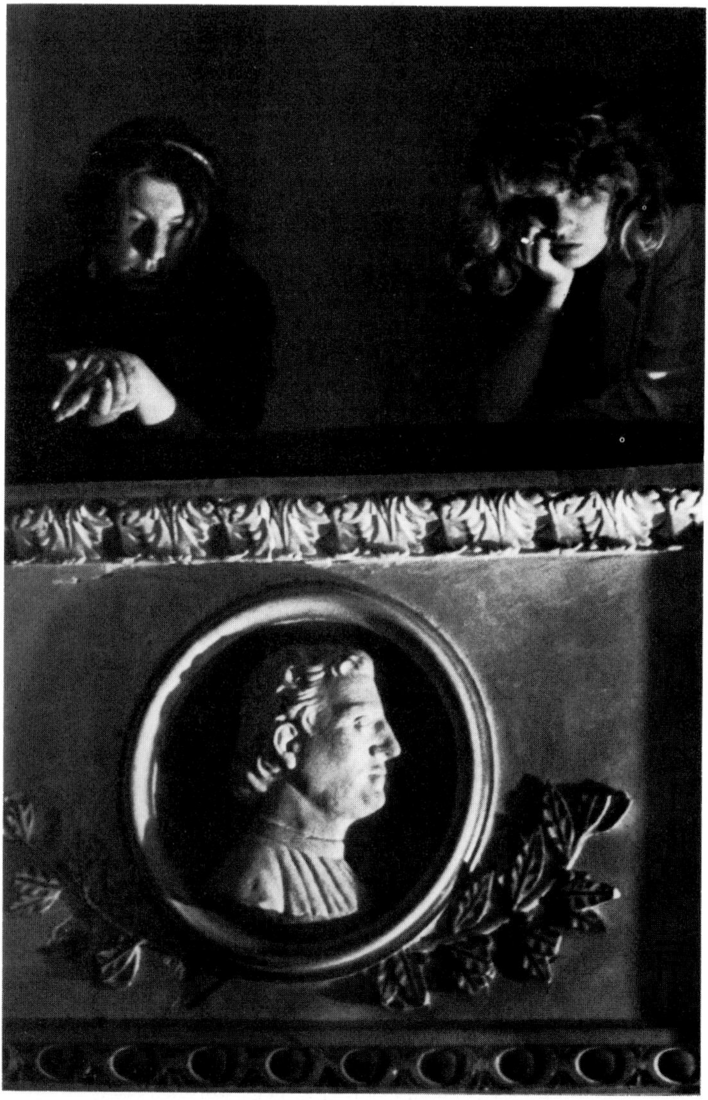

Anhang

Zeit-Tafel

um 1000	Etrusker. Entwicklung hochqualifizierten Handwerks.
275 v.Chr.	Endgültige Unterwerfung durch die Römer.
217 v.Chr.	Hannibal besiegt die Römer am Trasimenischen See.
133 v.Chr.	Gracchische Unruhen. Bauernaufstände.
113 v.Chr.	Cimbern und Teutonen ziehen durch Italien.
1. Jh. v.Chr.	Etruskische Felsen-Gräber um Sorano.
89 v.Chr.	Bürgerrecht für alle Italiker.
60 v.Chr.	1. Triumvirat, in Lucca geschlossen: Caesar, Pompejus, Crassus. Verfall der Landwirtschaft in der Maremma.
312	Toleranz-Edikt zugunsten der Christen.
381	Intoleranz-Edikt: Verbot der heidnischen Kulte.
476	Ende des weströmischen Reiches.
568-774	Langobarden-Herrschaft in der Toskana.
800 und 808	Erste bezeugte Volksversammlung in Arezzo und Lucca.
9. Jh.	Neuerungen in der Landwirtschaft: Pflug, Sense, Wassermühle, Reis, Baumwolle, Zuckerrohr u.a. – Zufluchts-Türme gegen Einfälle, Zufluchtsrecht für Bauern. – Der Seehandel Pisas regt die Stadtwirtschaft an.
Um 1000	Städtische „Aussteiger": Eremiten (Vallonbrosa, Camaldoli).
11. Jh.	Metall-Technologie: Spaten. Geschirr für Ochsen und Pferde.
1055	Kaiser Heinrich III. erhebt Florenz zur Reichsstadt.
Um 1060	Straßenschlachten in Florenz: Laien und unterer Klerus gegen den hohen Klerus.
1060/um 1128	Baptisterium in Florenz.
Um 1060	San Miniato al Monte in Florenz.
1087	Erste Erwähnung von Konsuln in Pisa und Lucca.
Nach 1100	Die Zersplitterung der Oberherrschaft begünstigt die Entstehung der Stadtstaaten.
1115	Pistoia: freie Comune. – Die Markgräfin Mathilde schenkt mit ihrem Tod die Toskana dem Papst. Die Kaiser erkennen die Schenkung nicht an. Die Städte setzen zwischen Kaiser und Papst ihre weitgehende Unabhängigkeit durch.
1119	Lucca: freie Comune.
1139-1266	Staufische Reichsverwaltung.
12. Jh.	Selbstorganisation der Handwerke in Zünften.
Seit Mitte 12. Jh.	Entwicklung des bargeldlosen Zahlungsverkehrs.
1160	Pistoia: Vertreibung des kaiserlichen Vikars.
1209-1229	Albingenser-Kriege in Südfrankreich. Organisierte Fluchten in die Toskana. Spirituale franziskanischer Prägung.
1215	Universität Arezzo. Unabhängigkeit von der Kirche.
1221	Dominikaner-Bettelorden in Florenz.
1226	Franziskaner-Bettelorden in Florenz.
1229/1350	Stadt-Symbol: Neubau des Domes in Siena. Stadtbürgerliche Finanzkommission (schon 1199).
Um 1230	Freie Nachbarschafts-Regierung um Carrara (Comune della Valle).
1244	Erste Organisation des Volkes in Florenz (Guelfen): Primo popolo.
13. Jh.	Entwicklung eines neuen Sozialsystems für die neuen, meist zugewanderten Handwerkerschichten in den Städten, Krankenhäuser, Bruderschaften u.a. – Auslandsfilialen des Textilhandels.

1252	Münzprägung in Florenz.
1255	Palazzo del Capitano (Bargello) in Florenz.
1260	Die Volksbewegung der Guelfen der Toskana unterliegt unweit von Siena bei Montaperti an der Arbia den kaisertreuen Ghibellinen. Blutigste Schlacht des Mittelalters. Die Ghibellinen beseitigen in Florenz die guelfische Verfassung.
1262	Siena: Zünfte und Stadtviertel erzwingen die Besetzung der Hälfte aller Ämter.
1268	Konradin unterliegt bei Tagliocozzo und wird in Neapel hingerichtet. Die feudalmagnatischen Ghibellinen verlieren ihren außenpolitischen Schutz.
1269	Florenz besiegt Siena.
1277	Sieg der Volksbewegung (Guelfen) in Siena.
1282	Zunft-Regierung in Florenz: demokratische Verfassung.
1284	In der Seeschlacht von Meliora vernichtet Genua die Flotte von Pisa und bricht deren Seemacht.
1284/1333	Dritte Stadtmauer von Florenz. Gigantische Anstrengungen, die Herrschaft des Volkes gegen die Ghibellinen zu sichern, auch im Umland — mit dem Ausbau eines Netzes von Festungsstädten (Terra murata).
1289	Die Guelfen von Florenz besiegen bei Campaldino (Bibbiena) die Ghibellinen Arezzos. Dante: Ich hatte Angst... Florenz entläßt die Bauern im Territorium aus der Leibeigenschaft. Zustrom in die Städte.
1293	Zweite Volksherrschaft in Florenz. Verbannung von Ghibellinen.
1299/1314	Siegessymbol in Florenz: das Rathaus.
1265-1321	Dante: selbständiges Urteil des kritischen Verstandes. Antikirchlich. 1302 verbannt.
Um 1300	Die Seidenweberei breitet sich aus, vor allem in Lucca.
1266-1337	Giotto: künstlerischer Exponent der Volksbewegung.
1310	Endgültiger Sieg der Volksbewegung in Siena und in Lucca.
1314 ff.	Rückschläge, Krise der Demokratien, Wiederkehr der früher herrschenden Strömungen. Diktaturen: Uguccione in Pisa, 1314-1341; Castruccio Castracani in Lucca, 1316-1328 u.a.
1329	Universität Pisa.
1338/48	Rathaus-Turm in Siena.
Nach 1340	Bankenkrise, vor allem in Florenz. Bankrotte der Bardi und Peruzzi.
1342	Dadurch beeinflußt kommt für kurze Zeit Walter von Brienne, Herzog von Athen, in Florenz an die Regierung; wird verjagt.
1348	Pest. Jeder Zweite stirbt. Bewußtseinsschock. Boccaccio: Decamerone.
1348	Bauernaufstand um Florenz.
1355	Karl IV. von Luxemburg gibt die deutsche Herrschaft über Italien auf.
Um 1360	Beginnender Handel mit Handschriften.
1362	Bauernaufstand um Florenz.
1371	Weberaufstand in Siena (Bruco-Viertel) unter Führung des Barbicone.
1378	Der Aufstand der Wollkämmerer (Ciompi), die eine Zunft bilden und an der Regierung teilhaben wollen, scheitert.
1401	Wettbewerb um die zweite Tür des Baptisteriums (Ghiberti, Brunelleschi, Donatello).
1406	Florenz unterwirft Pisa und wird Seemacht.
1408	David von Donatello: aufrechter Gang.
1377-1446	Filippo Brunelleschi: künstlerischer Exponent der humanitären Avantgarde.
1409	Das Konzil in Pisa stellt die Konziliautorität über den Papst.
Um 1420	Geschütze (Bombarden).
1421 ff.	Findelhaus von Brunelleschi: Avantgarde.
1425/27	Masaccio malt das Trinitäts-Fresko in Santa Maria Novella: Perspektive als Kommunikation.
1424/28	Marsaccio malt die Carmine-Fresken: Realismusschub.
1429	Die Einführung des Katasters soll für Steuergerechtigkeit sorgen.
1436	Leon Battista Alberti: Kunsttheorie (Über die Malerei).
1434-1494	Subversive Herrschaft der Medici (Cosimo, Piero I., Lorenzo, Piero II.)
1438	Konzil zu Ferrara und Florenz: (kurze) Einheit von west- und oströmischer Kirche.

1440	Schlacht bei Anghiari: Florenz sichert sein Territorium gegen Mailand und den Papst. — Florenz als Zufluchtsort für Intellektuelle aus dem von den Türken bedrängten Ost-Reich (1453 Fall Konstantinopels. 1459-1492 Platonische Akademie).
1444	Palazzo Medici von Michellozzo: neufeudales Vorbild.
1458	Der Intellektuelle Enea Silvio Piccolomini wird Papst Pius II: Ausbau von Pienza als kleines Florenz.
Um 1460	Auferstehungs-Fresko im Ratssaal von Sansepolcro: Piero della Francesca als Aufklärer.
Um 1460	Leon Battista Alberti: Theorie der Architektur (De re aedificatoria).
1471	Buchdruck in Florenz.
1476/78	Der Portinari-Altar (Hugo van der Goes) kommt aus Flandern nach Florenz.
1478	Gescheiterte Verschwörung der Pazzi gegen die verfassungsfeindlich herrschenden Medici. Hinrichtungswelle.
1483	Christus-Thomas-Gruppe von Verrocchio im Orsanmichele Florenz: Kommunikation und Bewegung.
1485/90	Domenico Ghirlandaio malt im Chor von Santa Maria Novella: Sozialgeschichte des oberen Bürgertums.
Seit 1482	Predigten Fra Savonarolas (1452-1498), eines Exponenten des breiten kleinen und mittleren Bürgertums in Florenz: gegen Lorenzo Medici und für die Erneuerung. Von 1487 bis 1490 muß er ins Exil nach Lucca (Kloster S. Romano) gehen.
	Außenpolitische Isolierung von Florenz. Verlust Pisas. Riesige Kosten durch Kriege. Freikaufsummen an durchziehende Heere. Hungersnot im Umland. Bauern flüchten in die Stadt.
1494	Sturz Piero Medicis. Erneuerung der Demokratie. Demokratie-Predigten Savonarolas. Parlament der 3000. Parlamentsbau.
1497-1498	Exkommunikation Savonarolas, Androhung der Exkommunikation für ganz Florenz, Putsch der Medici-Fraktion: Sturm auf S. Marco, Gefangennahme Savonarolas, Umbesetzung der Gerichtskommission, Folter und öffentliche Hinrichtung („Märtyrer der Freiheit").
1501	Freiheits-Statue von Florenz: David (gegen den Goliath Medici) von Michelangelo.
1502	Verfassungsreform: Gonfalonariat auf Lebenszeit für Piero Soderini.
1512	Blutiger Staatsstreich der Medici mithilfe der Großmächte Kaiser und Papst.
1513-1521	Giovanni Medici als Papst Leo X.
1513	Verschwörung des Pietro Paolo Boscoli und Agostino Capponi. Hinrichtung des „Brutus".
1513	Macchiavelli schreibt eine realistische Analyse mit zynischen Folgerungen: zur Unterwerfung von Völkern. Das Buch „Der Fürst" wird erst 1532 gedruckt.
1521	Mißlungene Verschwörung.
1522	Mißlungene Verschwörung.
1523-1534	Papst Clemens VII. Medici, illegitimer Sohn Giulianos.
1527	Das Volk nutzt die Plünderung Roms durch kaiserliche Söldner und errichtet erneut eine Demokratie. Demokratie-Predigten von Savonarola-Anhängern. Michelangelo als Organisator der Verteidigung.
1530	Belagert von den Großmächten, nicht eingenommen, aber vom Hunger erschöpft und verraten bricht die letzte Demokratie zusammen. Hinrichtungswelle. Der begnadigte Michelangelo macht aus der „Grabkapelle für die Medici-Fürsten" das „Grab der Demokratie".
1537	Herzog Alessandro Medici wird von Lorenzino Medici umgebracht. „Brutus"-Büste Michelangelos. — Die Demokraten verlieren die Schlacht bei Montemurlo. Massaker.
1542	Reform der Universität Pisa: Lehrverbote.
1554	Cellini vollendet die Perseus-Statue.
1555	Herzog Cosimo I. (1519-1574) erobert Siena.
1559	Fall der letzten demokratischen Stadt: Montalcino, Rückzugsort der Sieneser. — Frankreich verliert seinen Einfluß in Italien an Spanien.
1560	Bau der Uffizien in Florenz (Vasari): Ausdruck zentralistischer absolutistischer Verwaltung und des Triumphes (eine Art Kaiser-Form antiker Tradition).

1560-1620	Viele städtische Reiche erwerben billig Landbesitz vom verarmten beschäftigungslosen Militär-Adel. Feudalisierung.
1569	Cosimo I. erhält vom Papst den Titel Großherzog.
Um 1600	Entstehung der Oper in Florenz.
1618-1648	30-jähriger Weltkrieg.
1620	Auswirkung des Krieges: Wirtschaftskatastrophe, Hungersnot, Volksaufstände.
1630	Pest. Jeder Zehnte stirbt.
Mitte 17. Jh.	Klerikalisierung der Toskana. Ausbreitung vieler Orden.
1737	Mit Gian Gastone Medici stirbt der letzte männliche Sproß. Die Toskana kommt an das Haus Lothringen, das Österreich regiert, bleibt aber unabhängig von deren Verwaltung.
Um 1765	Umfangreiche Trockenlegungsprojekte scheitern an Kapitalmangel.
1769-1790	Unter Pietro Leopoldo Reformen: Verwaltung, Finanzen, Aufhebung der Jesuiten, Abschaffung von Folter und Todesstrafe (1786).
Nach 1790	Hungersnöte. Volksaufstände.
1799	Napoleon erobert die Toskana.
1814-1815	Dem besiegten Napoleon wird das Kleinfürstentum Elba zugewiesen.
1815	Die Lothringer kehren nach Florenz zurück.
Seit 1815	Traum vom „Risorgimento".
1843-1848	Breite Anhängerschaft der neuguelfischen Liberalen.
1843	Erhebung in Livorno.
Nach 1840	Erste Anfänge der Industrialisierung.
1847	Das Herzogtum Lucca fällt an das Großherzogtum Toskana.
1860	Zug der Tausend mit Garibaldi. Volksaufstand in der Toskana. Volksabstimmung für die italienische Einigung.
1861	Das Königreich Italien wird gebildet. Hauptstadt: Florenz. Königs-Residenz: Palazzo Pitti.
1860-1863	Bürgerkrieg gegen die Briganten.
1870	Der Kirchenstaat kommt zum Königreich. Hauptstadt: Rom.
1871-1880	Steuern auf Bäume und Mahlgetreide. Rasch vergeht die Einigungsillusion.
Seit 1870	Eisenindustrie im Valdarno.
Seit 1872	Christliche Kommunisten am Monte Amiata um David Lazzaretti.
1872	Erster Marmor-Arbeiter-Streik um Carrara. Anarchisten-Bewegung.
1882	Partito operaio.
1891	Erster Kongreß der Partito dei lavoratori italiani.
1890	Generalstreik.
1894	Über das Gebiet von Carrara wird der Ausnahmezustand verhängt.
1900	Gaetano Bresci erschießt König Umberto I. Puccini schreibt die Anti-Geheimdienst-Oper „Tosca".
Kurz nach 1900	Erdwärme-Energie aus Larderello.
1907-1910	Erste Stadtregierung der Linken in Florenz.
1911	Kolonialkrieg gegen Lybien.
1912	Gründung der Unità in Florenz.
1913	Der belgische Chemie-Multi Solvay siedelt sich in Rosignano Marittimo an. Futurismus in Florenz (Papini, Soffici).
1915	Nach anfänglich neutralem Verhalten tritt Italien in den 1. Weltkrieg ein.
1919-1920	Streiks und Fabrikbesetzungen, vor allem durch die anarchistische Bewegung. Gescheiterte Rätebewegung.
1919	Mit der Gründung der Volkspartei kehrt die Kirche nach 1870 erstmals wieder zur Teilnahme an der Politik zurück. – Gründung der faschistischen Bewegung.
1921	Spaltung der Sozialisten. In Livorno entsteht die Kommunistische Partei.
1922	Mussolini erzwingt sich mit dem Marsch auf Rom die Führung der Regierung und baut bis 1927 schrittweise eine Einparteien-Diktatur aus.
1924	Antifaschistische Demonstrationen in Florenz.

1928	Mussolini schließt den Lateran-Vertrag: Abfindung der Kirche mit Geld, das dem Aufbau eines kirchenkapitalistischen Finanzwesens dient.
1934	In Paris nähern sich Sozialisten und Kommunisten zur Organisation des Widerstandes.
1935	Kolonialkrieg gegen Abessinien.
1938	Hitler besucht Florenz. Kardinal Elia Dalla Costa protestiert. Unter deutschem Druck entstehen Rassengesetze.
1943	Sturz Mussolinis. Widerstand, Partisanen-Bewegung, Mussolini als Marionette der Nazis in der „sozialen Republik von Salò".
1944	Antifaschistischer Geheimsender „Radio Cora" aufgedeckt. — Die Nazis sprengen die Arno-Ufer und die Brücken.
1946	Durch Volksabstimmung wird Italien Republik. Allparteien-Volksfront-Regierung.
Um 1950	Kämpfe gegen das Halbpacht-System (Mezzadria).
1951	Der Linkskatholik La Pira (DC) wird Bürgermeister von Florenz.
Seit 1953	Abwanderung von Bauern als Gastarbeiter ins Ausland und in die Städte. Wanderungsbewegung aus dem Süden nach dem Norden (Florenz: 15,5 %)
50er Jahre	Erste Arbeiter-Priester (Don Bruno Borghi).
1958	Erster Tarifvertrag für Heimarbeiterinnen.
1947-1967	Schule von Barbiana von Don Lorenzo Milani.
1961	La Pira (DC): erste Stadtregierung Mitte-Links in Florenz.
1963	Sozialisten im Kabinett Moro.
1964	Partei der Proletarischen Einheit (PSIUP). — Staatsstreich-Plan von rechts aufgedeckt.
1965	Erstes Unità-Fest, Florenz: Sozialistischer Bürgermeister Lagorio.
1966	Hochwasserkatastrophe in Florenz.
Seit 1967	Teatro povero in Monticchiello.
1968	Studentenbewegung.
Seit 1968	Basis-Gemeinden (Don Enzo Mazzi in Isolotto).
1969	Entstehung des Terrorismus.
1970	Gründung der „Regione Toscana".
1975	Krise der Textilindustrie. — Historischer Kompromiß zwischen Kommunisten und Christdemokraten — Die Region Toskana erhält einen weitgehenden Autonomiestatus.
1978	Als Moro die Kommunisten ins Kabinett holen will, wird er von Terroristen einer Links-Rechts-Verbindung ermordet.
1981	Die Geheimloge P2 wird entdeckt.

Infrastruktur-Hinweise

Agrotourismus. Agriturist, Via del Proconsolo 10, Firenze.

Bergwandern. Seit 1982 Fußwanderstrecke durch den Appenin entlang der toskanischen Grenze: von Pontremoli bis Sansepolcro (über 400 km); Ausschilderung, Unterkünfte. Auskunft: E.P.T., Via Manzoni 16, Firenze. Bergwandern im Marmor-Gebirge mit Hotelunterkunft: E.P.T. Piazza Guidiccioni 2, Lucca, und CIVEX, Via Vittorio Veneto 28, Lucca.

Fahrradwandern. Information: Regione Toscana, Via Novoli 26, Firenze.

Faltboot-Reisen. Auf dem Arno. Führer und Karten sendet: Regione Toscana, Via Novoli 26, Firenze.

Feste. Altopascio, Festa del Calderone, um 25.7. Arezzo, Giostra del Saracino, um 5.9. Asciano Pisano, Prosa all' aperto, Juli; Palio, August. Barberino Val d' Elsa, Autunno Barbarinese, Sept./Okt. Barga, Opera Festival, Ende Juli. Castiglione della Pescaia, Palio (See-Wettkampf). Castiglion Fiorentino, röm. Pferderennen, um 20.6. Cerreto Guidi, Palio, um 1.9. Firenze, Maggio Musicale, Mai; Fußball in Kostümen, 20., 24., 28.6.; Festival dell' attore; Firenze Estate, Juli/August (s. ,,Firenze Spettacolo'' an Kiosken). Film-Festival dei Popoli (Sozialdokumente), Anfang Dezember. Firenzuola, Mai-Gesang, 30.4. Greve, Festa delle Castagne, um 17.10. Impruneta, Weinfest, um 26.9. Lucca, Musik-Festival, Juli, Settembre Lucchese. S. Croce, um 13.9.. Massa Marittima, Balestra, um 20.5., um 10.8. Montalcino, Sagra del Tordo, August, Oktober. Montepulciano, Musik-Festival, Juli/ August. Monticchiello, Teatro Povero, um 25.7. Palazzuolo sul Senio, Esel-Fest, um 15.8. Pisa, Regatta, um 17.6. Pomarance, Palio, um 12.9. San Miniato, Palio, um 16.8. Volkstheater-Festival, August. Sarteano, Palio, um 8.8. Siena, Palio, 2.7., 16.8. Viareggio, Festival Puccini (Torre del Lago).

Freizeit-Einrichtungen. Auskunft: A.R.C.I., Via Ponte alle Mosse 61, Firenze.

Gastronomie. In vielen Gaststätten ißt man zu normalen Preisen besonders gut (z.B. Locanda Castello di Sorci bei Anghiari). Jährlich: Le Guide di Panorama. I ristoranti sotte le ... (Mondadori) Milano (in toskanischen Buchhandlungen). Wein-Einkauf: am besten in einer Eneteca. Vorzüglichste: Siena, Fortezza. Auch direkt beim Bauern.

Locanda al Castello di Sorci

Gesundheit. In 32 Orten gibt es die staatliche Anlaufstelle Unita Sanitaria Locale (U.S.L.) mit Ärzten. Sonst: Krankenhaus. ADAC-Verkehrsmedizin (Baumgartenstraße 5, München 70): Adressen deutschsprachiger Ärzte; Organisation eventuellen Rücktransportes.

Heilbäder. Die wichtigsten sind Montecatini, Chianciano, Terme di Firenze, Casciano Terme, San Giuliano Terme (bei Pisa), Bagni di Lucca, Terme di Bagnolo (bei Massa Marittima), Terme di Saturnia, wo man sich, auch als Tourist, draußen ins heiße Wasser legen kann, Bagni San Filippo (am Monte Amiata). Auch als Standquartiere für die Erkundung der Umgebung.

Hotels. Adressen-Verzeichnis über Touristen-Informationen und Reisebüros. Auch: Guida rapida des Touring Clubs, Milano. Ferien-Wohnungen: Agriturist, Via del Proconsolo 10, Florenz; II Ciocco, Castelvecchio Pascoli; Cuendet, Strove-Monteriggioni (Siena); CIVEX, Via Vittorie Veneto 28, Lucca. In Orten kann man nach Privatquartier fragen. (Siehe unten: Zimmerbestellung)

Museen. Prospekte der Touristen-Informationen. Siehe unten.

Naturparks. Parco dell' Uccellina bei Albarese. Lago di Burano. Camaldoli. Parco Naturale Chianti-Valdarno bei Cavriglia (rekultiviertes frühindustrielles Braunkohlen-Gebiet). Parco naturale bei Lignano (Arezzo). Oasi di Protezione Orbetello. Ponte a Poppi. S. Vincenzo (Pineta). Massaciuccoli. Alpi Apuane. Siehe auch: Bücher des Touring Club (TCI, Milano).

Offene Psychiatrie. Auskunft: U.S.L. 23, Via Guido Monaco 13, Arezzo. U.S.L. 10/E, Ospedale San Salvi Psichiatrico, Firenze. Cooperativa Centro di documentazione s.r.l., Via degli Orafi 29, Pistoia. U.S.L. 30, Siena.

Schwimmbäder u.a. in Borgo San Lorenzo, Chiesina Uzzanese (neben Autobahn-Ausfahrt). Figline Valdarno, Firenze (Lungarno Colombo 6; Via Mercati 24b; Viale degli Olmi/Cascine; Viale Paoli), Grosseto, Lastra a Signa, Lucca, Marina di Carrara, Pisa, Pontassieve, Prato, Sanselpolcro (besonders schön), Siena, Venturina, Viarreggio.

Theater. Zeitschrift „Firenze Spettacolo", an jedem Kiosk.

Touristen-Informationen. E.P.T. in allen Provinzhauptstädten. Daneben: Verkehrsämter (Ente Autonoma di Turismo). Staatliche Italienische Fremdenverkehrsämter in Düsseldorf (Berliner Allee 26), Frankfurt (Kaiserstraße 65), München (Goethestraße 20). Federazione Turismo Sociale, Piazza Signoria 7, Firenze.

Volkshäuser. Ursprünglich eine Gründung von Arbeiterselbsthilfe-Vereinen sowohl sozialistischer wie katholischer Prägung. Beide betreiben bis heute eine große Anzahl von Volkshäusern, inzwischen meist Circolo genannt. Katholische, der DC nahestehend: Circolo ACLI. Den Kommunisten und Sozialisten mit ihren Gewerkschaften nahestehend: Circolo A.R.C.I. Volkshäuser (Casa del Popolo) gibt es unter anderem in Anghiari-San Leo, Borgo San Lorenzo, Dicomano, Campi Bisenzio, Carrara, Carrara-Linara, Cascina, Cascina-Visignano, Colle di Val d' Elsa, Figline Valdarno, Firenze (Via Giuliani 274; Piazza dei Ciompi 11; Via Foranini 164; Via Bronzino 117; Via Madonna della Pace 62; Via S. Agostino 12; Viale Poggio Imperiale 6; Viale Donato Giannotti; Via Ghibellina 70; Via Gianipaolo Orsini 73 und — das älteste: Via Vittorio Emmanuele 303, Grosseto, Livorno (Piazza Guerazzi; Via Sorgenti 248; Via S. Martino 114; Via dei Pelaghi 181; Via dell' Ardenza 99; Via Donnini 66; Via di Salviano 542), Londa, Lucca (Via Galli Tassi 65; Via Vecchia Pesciatina 157, Piazza Giglio 8, Via Fillungo 170), Marina di Cecina, Marina di Massa, Peretola, Pescia, Pietrasanta-Vallecchia, Piombino, Pisa, Pistoia, Pistoia-Pontelungo, Pontassieve-Sieci, Prato, S. Gimignano-Ulignano, S. Giovanni Valdarno, San Miniato al Tedesco-Scalo, Sansepolcro, Sansepolcro-Gricignano, Seravezza, Sesto Fiorentino (Colonnata, Piazza Rapisardi 6; größtes Haus), Settignano, Siena (Ruffolo; Volte Basse; Via dei Pispini 5; Via Tolomei 7).

Zimmerbestellung. Coopal, Via S. Lucia, Firenze; Promhotel, Borgognissanti 138r, Firenze; I.A.T. im Hauptbahnhof Firenze; Toscana Hotel, Viale Gramsci 9/A, Firenze; Unihotel, Borgognissanti 8, Firenze; Cooperative Siena Hotels, Piazza San Domenico, Siena.

Ausgewählte Bibliographie

Übersichten und Quellen

Emanuele Repetti, Dizionario geografico fisico storico della Toscana. 8 Bände. Firenze 1833/46.
Fonti per la Storia d'Italia. Istituto Storico Italiano per il Medio Evo. Roma.
Gino Capponi, Geschichte der florentinischen Republik. 2 Bände. Leipzig 1876 (zuerst: Florenz 1875; Kompilation der Chroniken, mit Dokumenten-Anhang).
Robert Davidsohn, Geschichte von Florenz. 4 Bände in 7 Teilen. Berlin 1896-1927 (Nachdruck: Berlin 1969; großartige Arbeit: Detailreichtum, Spektrum, Kontext-Kenntnis).
Robert Davidsohn, Forschungen zur älteren Geschichte von Florenz. 4 Bände. Berlin 1896, 1900, 1901, 1908 (Nachdruck: Osnabrück 1973).
A. Viscardi/G. Barni, Società e costume. Torino 1966.
Andreas Beyer (Hg.), Florenz. Lesarten einer Stadt. Frankfurt/M. 1983 (historische Texte über Florenz).
Gene Adam Brucker (Hg.), The Society of Renaissance Florenz. A Documentary Study. New York 1971 (Dokumente aus allen Lebensbereichen).
Gene Adam Brucker, Firenze. 1138-1737. L'impero del Fiorino. Milano 1983.
Maria Herzfeld (Hg.), Luca Landucci, Florentinisches Tagebuch: 1450-1516, nebst anonymer Fortsetzung 1516-1642. Düsseldorf 1978 (wichtigster Augenzeugen-Bericht; ausgezeichnet kommentiert).
Enciclopedia Biografica Bibliografica Italiana. Milano (viele Bände; gegliedert nach Sachbereichen).
Carmine Chiellino, Italien. Band 1: Geschichte, Staat und Verwaltung. Band 2: Wirtschaft, Gesellschaft, Politik, Kultur, München 1981, 1983.
Curzio Malaparte, Verdammte Toskaner. Reinbek 1970 (kluges Essay über Verhalten).

Reisebücher/Führer

C. Gilbert, The Earliest Guide to Florentine Architecture. 1423: Mitteilungen des Kunsthistorischen Instituts in Florenz 14, 1969/70, S. 33 ff.
Michel de Montaigne, Giornale di Viaggio in Italia (1580-81). Milano 1956.
Georg Christoph Martini, Viaggio in Toscana (1725-1745). Modena 1969.
Jacob Burckhardt, Der Cicerone, eine Anleitung zum Genuß der Kunstwerke Italiens. Stuttgart 1965 (zuerst: Basel 1855).
Karl von Hase, Erinnerungen an Italien in Briefen an die künftige Geliebte. Leipzig 1891.
Toscana (non compresa Firenze). Guida d'Italia. Touring Club Italiano. Milano ^{3}1959 (exzellentes Nachschlagewerk für Daten).
Guida all'Italia leggendaria, misteriosa, insolita, fantastica. I. Milano 1966 (Geschichtchen).
My Heilmann, Florenz und die Medici. Ein Begleiter durch das Florenz der Renaissance. Köln 1968 (Medici-Mythos).
Vesco Melani/Francesco Nicosia, Itinerari etruschi. Pistoia 1971.
Werner Goetz, Von Pavia nach Rom. Köln 1972.
Robert Heß, Das etruskische Italien. Köln 1973.
Firenze e dintorni. Guida d'Italia. Touring Club Italiano. Milano ^{6}1974 (zuerst: 1950; exzellentes Nachschlagewerk für Daten).
Georg Kauffmann, Florenz und Fiosole. Reclams Kunstführer Italien. Band III, Stuttgart ^{3}1975 (Stilgeschichte ohne Kontext).
Firenze. Guida alla città. Univis. Firenze 1970 (Stilgeschichte; grafisch interessant).
Toscana. Guida alla regione. Univis. Firenze 1976 (Stilgeschichte; grafisch interessant).

Günter Wachmeier, Florenz. Zürich/München 1979 (stilgeschichtlich sehr sorgfältig).
Peter Kammerer/Ekkehard Krippendorf, Reisebuch Italien. Berlin/W. 1979 (wenig zur Toskana).
Valeriano Cecconi, Itinerari Toscani. Pistoia o.J.
Klaus Zimmermanns, Toscana. Köln 1980 (Stilgeschichte).
Michael Müller, Toscana. München 1981 (nicht vom Bremer Kunsthistoriker Michael Müller).
Wulf Ligges, Toskana. Bilder einer Landschaft. Text v. Klaus Zimmermanns. Köln 1981.
Toskana. Merian Reiseführer. München 1982 (wenig Information).
Florenz. Ein Reisebuch. Frankfurt/M. 1982 (hervorragende Arbeit einer Bremer Autoren-Gruppe mit Guido Boulboullé und Michael Müller; methodisch komplex entwickelte Kunstwissenschaft).
Filippo Raffaelli/Fabio Raffaelli, Passeggiate in Toscana e Umbria. Roma 1984 (über Übliches hinausgehend).
Reihe Viaggio in Italia. Darin als einzelne Bände: I colli di Siena e del Chianti; Firenze; La Lunigiana, la Garfagnana e la Versilia; Il Mugello, il Casentino e il Pratomagno; I litorali toscani e la Maremma; L'Appennino tosco-emiliano. Milano.
Alf Sophie, Leitfaden Italien vom antifaschistischen Kampf zum Historischen Kompromiß. Ein Reiseführer durch die ökonomischen Wirrnisse Italiens. Berlin o.J.

Geschichte der Landschaft

C. Barberis, Le migrazioni rurali in Italia. Milano 1960.
Giogio Batini, La Fauna in Toscana. Firenze 1981.
Carlo Bertagnolli, Delle vicende dell'agricoltura in Italia. Firenze 1881 (Nachdruck 1980).
R. Biasutti, La casa rurale in Toscana. Bologna. 1938. Nachdruck 1978.
R. Caggese, Classi e comuni rurali nel Medio Evo italiano. Firenze 1907.
G. Cherubini, Signori, contadini, borghesi. Ricerche sulla società italiana del Basso Medioevo. Firenze 1974.
C. Cherubini, La mezzadria toscana delle origine. In: Contadini e proprietarie nella Toscana moderna. Firenze 1979, S. 131/52.
G. Cherubini/R. Francovich, Forme e vicende degli insediamenti nella campagna toscana dei secoli XIII-XV: Quaderni storici 24, 1973.
Conosci L'Italia. Volume VII. Il paesaggio. Milano 1963.
Conosci L'Italia. Volume III. La Fauna. Milano 1959.
Matthias Eberle, Individuum und Landschaft. Zur Entstehung und Entwicklung der Landschaftsmalerei. Gießen 1979 (Ambrogio Lorenzetti, 1338/39; Petrarca, 1336).
Aldo Ferrara, L'architettura del paesaggio italiano. Padova 1968.
R. Francovich/S. Gelichi/R. Parenti, Aspetti e problemi di abitative minori attraverso la documentazione materiale nella toscana medievale: Archeologia Medievale 7, 1980, S. 173/246.
Lucio Gambi, Die historischen Werte der Landschaftsbilder. In: Ruggiero Romano u.a., Die Gleichzeitigkeit des Ungleichzeitigen. Fünf Studien zur Geschichte Italiens. Frankfurt/M. 1980, S. 305/60 (zuerst: 1972; auch Umwelt-Probleme).
G. Giorgetti, Contadini e proprietari nell'Italia moderna. Torino 1974 (seit 1500).
I. Imberciadori, Mezzadria e piccola proprietà in Toscana nel primo Ottocento. Milano 1961.
P.S. Leicht, Operai, artigiani agricoltori in Italia dal secolo VI al XVI. Milano 1946.
Antonio Mazzarosa, Le pratiche della Campagna Lucchese. Bologna 1977 (zuerst: 1841).
Maria Serena Mazzi, Arredi e masserizie della casa rurale nelle campagna fiorentino del XV secolo: Archeologia Medievale 7, 1980, S. 137/52 (mit Literatur).
Maria Serena Mazzi, Gli inventari dei beni. Storia di oggetti e storia di uomini: Società e Storia 7, 1980, S. 239/50.
Ferdinando Morozzi, Delle case de' contadini. Firenze ^{2}1807 (zuerst: 1770).
Michael Müller, Die ästhetische Dimension der Landschaft. In: Ina Maria Greverus (Hg.), Denkmalräume — Lebensräume. In: Hessische Blätter für Volks- und Kulturforschung, Band 2/3. Gießen 1976.
G. Piccinini, Vita contadina in una capanna dei dintorni di Siena (1250): Archeologia Medievale 3, 1976, S. 359/99.
Johan Plesner, L'émigration de la Campagne à la ville libre de Florence au XIIIe siècle. Copenhaghen 1934.
C. Ridolfi, Memoria sulla bonifica collinare. Roma 1934.
Emilio Sereni, Storia del paesaggio agrario italiano. Roma/Bari 1961 (wichtigstes Werk zur Geschichte der Landschaft; sozialgeschichtlich-sozialwissenschaftliche Methode).
Emilio Sereni, Agricoltura e mondo rurale. In: Storia d'Italia. Band 1. Torino 1979.

R. Stopani, Medievali case da lavoratore nella campagna fiorentina. Firenze 1978.
S. Tortoli, Il podere e i mezzadri di Niccoluccio di Cecco della Boccia, mercante Cortonese a Siena, nella seconda metà del Trecento: Ricerche storiche 10, 1980, Nr. 2.
Eugenio Turri, Semiologia del paesaggio italiano. Milano 1979.

Geschichte der Arbeit

Pietro Bianconi, Il movimento operaio a Piombino. Florenz 1970.
A. Doren, Die Florentiner Wolltuchindustrie. Aalen 1969 (zuerst: 1901).
A. Doren, Das Florentiner Zunftwesen vom 14. bis zum 16. Jahrhundert. Stuttgart 1908.
A. Doren, Studien aus der Florentiner Wirtschaftsgeschichte. 2 Bände. Stuttgart 1901/1908.
Armando Comez, I lanaioli fiorentini e le Belle Arti. Rom 1949.
G. Gandi, Le arti maggiori e minori. Florenz 1929 (Nachdruck: Rom 1971).
Bronislaw Geremek, I salari e il salariato nelle città del basso medio evo: Rivista storica italiana 78, 1966, 2, S. 368 ff.
Gertrud Hermes, Der Kapitalismus in der Florentiner Wollindustrie: Zeitschrift für die gesamte Staatswissenschaft 72, 1916, 3, S. 367/400 (kritische Überprüfung der Zahlenangaben zum Umfang des Proletariates, das danach erheblich geringer war).
Industrializzazione in Toscana dal 1951 al 1961. o.O. 1966.
Piero Innocenti, L'industria nell'area fiorentina. Firenze 1979.
E. Lazzareschi, Fonti d'archivio per lo studio delle corporazioni artigiane di Lucca: Bollettino Storico Lucchese 1937.
C. Magnani, Cartiere toscane. Pescia 1960.
Federigo Melis, Aspetti della vita economica medievale. Siena 1962.
Roberta Morelli, La seta fiorentina nel cinquecento. Milano 1976.
Giorgio Mori, Capitalismo industriale in Italia. Roma 1977.
Bernhard Müller-Hülsebusch, Ein Rettungsring für ein ganzes System. Die Schattenwirtschaft in Italien. In: Stephan Burghoff (Hg.), Wirtschaft im Untergrund. Reinbek 1983, S. 33/42.
N. O., Antiche cartiere toscane. In: Notiziario economico, fasc. 4. Pistoia 1947.
Luigi Dal Pane, Industria e il commercio nel granducato di Toscano nell'età del Risorgimento. Band 1: Il Settecento. Band 2: L'Ottocento. Bologna 1971/1973.
R. Romeo, Breve storia della grande industria in Italia. Bologna [2]1963.
Ch. de La Roncière, Florence. Centre économique régional au XIVe siècle. 5 Bände. Aix-en-Provence 1976.
Luigi de Rosa, Le rivoluzione industriale in Italia. Roma/Bari 1981.
Armando Sapori, Compagnie e mercanti di Firenze antica. Firenze 1979 (Nachdruck).
Il museo del tessuto a Prato. Catalogo. Firenze 1975.

Geschichte der Demokratie

Über die demokratischen Verhältnisse in den einzelnen Städten erfährt man Näheres meist nur in lokalhistorischen Publikationen (siehe daher auch Literatur zu den Reisewegen).

Rudolf von Albertini, Das florentinische Staatsbewußtsein im Übergang von der Republik zum Prinzipat. Bern 1955 (ausgezeichnete Übersicht, Kontext-Verständnis).
Clara Baracchini (Hg.), Il secolo di Castruccio. Fonti e documenti di storia lucchese. Lucca 1982 (zwischenzeitliche Diktatur).
B. Barbadoro, Le finanze della Repubblica fiorentina. Imposta diretta e debito pubblico fino all'istuzione del Monte. Firenze 1929.
D. Barsocchini, Memorie e documenti per servire all'istoria della citta e stato di Lucca. 3 Bände. Lucca 1971.
Gino Benvenuti, Storia della Repubblica di Pisa. 2 Bände. Pisa 1961.
M. Berengo, Nobili e mercanti nella Lucca del cinquecento. Torino 1965.
Gene Adam Brucker, Florentine Politics and Society 1343-1378. Princeton 1962.
Gene Adam Brucker, The Civic World of Early Renaissance Florence. Princeton 1977.
G. Chittolini, La crisi degli ordinamenti comunali e le origini dello stato del Rinascimento. Bologna 1979.
Carlo Cipolla, Storie delle Signorie italiane dal 1313 al 1530. Milano 1881.
Emilio Cristiani, Nobiltà e popolo nel comune di Pisa. Dalle origine del podestariato alla signoria dei Donoratico. Napoli 1962.
Robert Davidsohn, Entstehung des Consulats: Deutsche Zeitschrift für Geschichtswissenschaft. Freiburg 1891, S. 23/39.

Robert Davidsohn, Geschichte von Florenz. 4 Bände in 7 Teilen. Berlin 1896/1927 (Nachdruck: Berlin 1969; großartiges Werk: Detailreichtum, Spektrum, Kontext-Verständnis).
Giuseppe Ferrari, Gli scrittori politici italiani. Milano 1929.
John R. Hale, Die Medici und Florenz. Die Kunst der Macht. Stuttgart 1979 (zuerst: London 1977; kritische Untersuchung des Medici-Mythos, ausgezeichnetes Werk).
Pietro Giordani, La sollevazione degli Straccioni. Lucca 1970 (Weber-Aufstand in Lucca, 1531).
G. Lera, Liber censum del Comune di Pistoia. Regesti di documenti enediti sulla storia della Toscana nei secoli XI-XIV. Pistoia 1905/1915.
F. Marks, The Development of the Institutions of Public Finance at Florence during the Last Sixty Years of the Republic, 1470-1530. Dissertation. Oxford 1954.
R. Mazzei, La società lucchese del Seicento. Lucca 1977.
Umberto Mazzone, El buon governo. Un progetto di riforma generale nella Firenze savonaroliana. Firenze 1978.
Christine Meek, The Commune of Lucca under Pisan Rule, 1342-1349. The Medieval Academy of America. Cambridge, Mass. 1980, S. 7/127.
Nicola Ottokar, Il comune di Firenze alla fine del dugento. Firenze 1926.
Ernst Piper, Der Aufstand der Ciompi. Über den „Tumult", den die Wollarbeiter in Florenz anzettelten. Berlin 1978.
Niccolò Rodolico, La democrazia fiorentina nel suo tramonto (1378-1382). Bologna 1905 (der Autor ist ein liberaler Demokrat).
Elisabeth von Roon-Bassermann, Die Weissen und die Schwarzen von Florenz. Dante und die Chronik des Dino Compagni. Freiburg 1954.
Cecil Roth, The last florentine Republic. London 1925.
G. Scaramella (Hg.), Il tumulto dei Ciompi. Cronache e memorie. 1917/1934 (= RISS, vol. 18,3).
A. Schaube, Das Konsulat des Meeres in Pisa. Staats- und Sozialwissenschaftliche Forschungen, hg. von Gustav Schmoller, Leipzig, Band VIII, 2.
Berthold Stahl, Adel und Volk im Florentiner Dugento. Köln 1965.
La Toscana e i suoi comuni. Storia territorio popolazione e gonfaloni delle libere comunità toscane. Regione Toskana. Firenze 1980.
Gioacchino Volpe, Studi sulle istituzioni comunali a Pisa (città e contado, consoli e podestà) secoli XII-XIII. Pisa 1902.
Gioacchino Volpe. Toscana medievale. Massa Marittima. Volterra. Sarzana. Firenze 1964.
Daniel Waley, Die italienischen Stadtstaaten. München 1969.
Ernst Werner, Probleme städtischer Volksbewegungen im 14. Jahrhundert, dargestellt am Beispiel der Ciompi-Erhebung in Florenz. In: Deutsche Historiker-Gesellschaft, Städtische Volksbewegungen im 14. Jahrhundert. Band 1. Berlin-DDR 1960, S. 11/55.

Zu Savonarola siehe: Kirchliche Bewegungen.

Stadt-Statute

R. Caggese (Hg.), Statuti della Repubblica fiorentina. Firenze 1910/1921.
C. Camerani Marri (Hg.), Statuto d' Arezzo (1327). Firenze 1947.
B. Casini (Hg.), Statuto del Comune di S. Maria a Monte (1391). Firenze 1963.
Domenico Corsi (Hg.), Statuti urbanistici medievali li Lucca. Venezia 1960.
Domenico Corsi (Hg.), Statuto del Comune di Montecarlo (1338). Firenze 1964.
E. Fiumi (Hg.), Statuti di Volterra (1210-1224). In: Documenti di Storia Italiana, Serie II, vol. I. Firenze 1951.
A. Lusini, Il Costituto del Comune di Siena volgarizzato nel 1309-10. Siena 1903.
U. Morandi (Hg.), Statuto del comune di Montepulciano (1337). Firenze 1966.
P.F. Pieri, Lo statuto di Vellano del 1367 e brevi notizie storiche anteriori. Pisa 1968.
L. Zdekauer (Hg.), Il Costituto del Comune di Siena dell'anno 1262. Milano 1897.

Fürsten-Herrschaft

Rudolf von Albertini, Das florentinische Staatsbewußtsein im Übergang von Republik zum Prinzipat. Bern 1955 (ausgezeichnete Übersicht, Kontext-Verständnis).
F. Cristelli, Storia civile e religiosa di Arezzo in eta medicea (1500-1737). Arezzo 1982.
L.A. Ferrai, Lorenzino de' Medici e la società del Cinquecento. Milano 1891.
John R. Hale, Die Medici und Florenz. Die Kunst der Macht. Stuttgart 1979 (zuerst: London 1977; kritische Untersuchung des Medici-Mythos; ausgezeichnetes Werk).
Eugenio Lazzareschi, Elisa Buonaparte Baciocchi. Lucca 1983.
Josef Macek, Macchiavelli e il machiavellismo. Firenze 1980.

C. Minutoli, Francesco Burlamacchi. Lucca 1976.
Herfried Münkler, Machiavelli. Die Begründung des politischen Denkens der Neuzeit aus der Krise der Republik Florenz. Frankfurt/M. 1982.
A. Rossi, Francesco Guicciardini e il governo di Firenze dal 1527 al 1540. Bologna 1896/1899.
F. Solari, L'assedio di Firenze: 1529-1530. Como 1530.
G. Spini, Cosimo I. dei Medici e la independenza del principato mediceo. Firenze 1945.
Aldo Valori, La difesa della Repubblica Fiorentina. Firenze 1929.

Soziale Bewegungen

Gaetano Arfè, Storia del socialismo italiano. 1892-1926. Milano 1977.
Giorgio Batini, O la borsa o la vita. Storia e leggende dei briganti toscani. Firenze 1975.
A. Bernieri, Cento anni di storia sociale a Carrara (1815-1921). Milano 1961 (Anarchisten).
Rosaria Bertolucci, Milleottocentonovantaquattro. Storia di una rivolta. Carrara 1981.
Alfio Cavoli, Briganti in Maremma. Storia e leggenda. Pistoia 1970.
L. Gestri, Capitalismo e classe operaria in provincia di Massa-Carrara dall'Unità all'età giolittiana. Firenze 1976.
Libertario Guerrini, Il movimento operaio nell'Empolese. 1861-1946. Roma 1970.
Hugo Rolland, Il sindicalismo anarchico di Alberto Meschi. Firenze 1972 (Carrara).
Carlo Sabrianti/Remo Ciapetti, Lotte politiche e sociali in Val di Pesa (1919-1944). Firenze 1979.
Sil Schmidt, Freiheit heilt. Bericht über die demokratische Psychiatrie in Italien. Berlin o.J.
Christopher Seton-Watson, Italy from Liberalism to Fascism. 1870-1925. London 1967.

In Pistoia gibt es eine anarchistische Bibliothek und ein Archiv.

Faschismus und Widerstand

Firenze nel regime fascista (1929-1934). Firenze 1978.
Pietro Secchia/Filippo Frassati, Storia della Resistenza. La guerra di liberazione in Italia 1943-1945. 2 Bände. Roma 1965 (mit Bibliografie).
N.P. Comnène, Firenze ,,Città aperta". Firenze 1945.

Demokratie nach 1945

Joachim Bischoff/Jochen Kreimer, Annäherungen an den Sozialismus. Strategien eines dritten Weges zum Sozialismus. Hamburg 1980 (Texte von Pietro Ingrao, Enrico Berlinguer, Bruno Trentin, Luciano Lama).
Frederico Chabod, Die Entstehung des neuen Italien. Von der Diktatur zur Republik. Reinbek 1965.
Sozialisten, Kommunisten und der Staat. Über Hegemonie, Pluralismus und sozialistische Demokratie. Hamburg 1977.
Paolo Spriano, Storia del Partito Comunista Italiano. 5 Bände. Torino 1976 (zuerst: 1969 ff.).
Palmiro Togliatti, Die italienische kommunistische Partei. Frankfurt/M. 1979.
Bruno Trentin, Arbeiter-Demokratie. Hamburg 1978.
Giuseppe Vettori (Hg.), La sinistra extraparlamentare in Italia. Storia. Documenti. Analisi politica. Roma 1973.

Zu Antonio Gramsci:

Salvatore Francesco Romano, Gramsci. Torino 1965 (Biografie).
Mimma Paulesu Quercioli (Hg.), Gramsci vivo. Nelle testimonianze dei suoi contemporanei. Milano 1977.
Giuseppe Fiori, Das Leben Antonio Gramscis. Berlin 1979 (ausgezeichnet dokumentierte Biografie mit Aufzeichnung mündlicher Quellen).
Umberto Cerroni, Gramsci-Lexikon. Gramsci zum Lesen und Kennenlernen. Hamburg 1979.
Antonio Gramsci, Zu Politik, Geschichte und Kultur. Frankfurt/M. 1980 (ausgewählte Schriften).
Sabine Kebir, Die Kulturkonzeption Gramscis. München 1980.
Joachim Bischoff, Einführung Gramsci. Hamburg 1981.

Antonio Gramsci, Marxismus und Kultur. Hamburg 1983.
Gramsci e il suo tempo. A cura di Cesare Colombo. Introduzione di Mario Spinella. Milano o.J.

Kirchliche Bewegungen

Umberto Eco, Der Name der Rose. München 1982 (fiktiver Roman in genau recherchiertem historischem Milieu; zeigt die Vielschichtigkeit des kirchlichen Mittelalters).
Friedrich Heer, Mittelalter. Vom Jahr 1000 bis 1350. Teil 2. München 1977.
Pietro Lazzarini, Storia della chiesa di Lucca. 3 Bände. Lucca 1968/1979.
Antonio Moscato/Maria Novella Pierini, Rivolta religiosa nelle campane. Roma 1965.
I. Nanni, La parocchia studiata nei documenti lucchesi dei secoli VII-XIII. Roma 1948.

Zum Protestantismus in der Toskana:

Salvatore Caponetto, Aonio Paleario (1503-1570) e la Riforma protestante in Toscana. Torino 1979.
Antonio Rotondò, I movimenti ereticali nell'Europa del Cinquecento: Rivista storica italiana 78, 1966, 1, S. 103/39 (umfangreiche Bibliografie).
Pietro Pirri, Episodi della lotta contro l'eresia a Siena: Archivium Historicum Societatis Jesu 32, 1963, S. 104/32.
D. Cantimori, Eretici italiani del Cinquecento. Ricerche storiche. Firenze 1939.

Zu Savonarola:

F.T. Perrens, Jérome Savonarole. D'après les documents originaux et avec des pièces justificatives en grande partie inédites. Paris ^{3}1859.
P. Villari/E. Casanova, Scelta di prediche e scritti di Fra Girolamo Savonarola. Firenze 1898.
Savonarola, Prediche italiane al Florentini (Quaresimale del 1406), hg. v. Roberto Palmarocchi. Firenze 1935.
Donald Weinstein, Savonarola e Firenze. Bologna 1976.
Ernst Piper, Savonarola. Berlin/W. 1979 (unzulängliches Kontext-Verständnis führt zu vielen Fehlschlüssen).
Enzo Gualazzi, Savonarola. Milano 1982.

Zur Lazarettisten-Bewegung:

G. Barzellotti, Davide Lazzaretti da Archidosso detto il Santo: i suoi seguaci e la sua leggenda. Bologna 1885. Mehrfach wieder aufgelegt mit dem Titel: Monte Amiata e il suo profeta. Milano 1909.
Silvano Albertini, David Lazzaretti. Firenze 1971.
Damiano Romagnoli, Gli sviluppi del lazzarettismo (Chiesa giurisdavidica) nel XIX e XX secolo. Milano 1975/76.
Sonia Giusti, Messianismo in Toscana nella seconda metà dell' Ottocento. La riforma di David Lazzaretti. Cassino 1980.
Roberto Lorenzetti, David Lazzaretti, Il Cristo dell'Amiata e della Sabina. Rieti 1979.
Leone Graziani, David Lazzaretti e il Monte Amiata. In: Protesta sociale e rinnovamento religioso. Atti del Convegno, Siena e Archidosso 1979. A Cura di Carlo Pazzagli. Firenze 1981, S. 390/96 (dort Hinweise auf Quellen und weitere Literatur).
David Lazzaretti. Canzoniere internazionale Fonit/Cetra. Via bertola 34, torino, folk 44 cetra/lpp 300 (Schallplatte).
Archivio del mondo popolare con i contadini seguaci di Lazzaretti. Roberto Leydi, Edizioni del gallo, Milano 1966, Nr. 3, gennaio (Schallplatte).

Zur Schule von Barbiane von Don Lorenzo Milani:

Neera Fallaci, Dalla parte dell' ultimo. Vita del prete Lorenzo Milani. Milano 1974 (ausgezeichnete Biografie).
Lettere di Lorenzo Milani priore di Barbiana. Milano ^{4}1979.
Lorenzo Milani, Lettera a una professoressa, scritta dalla scuola di Barbiana. Firenze 1967.
Lorenzo Milani, Lettere alla mamma. Milano 1979.
Lorenzo Milani, Esperienze pastorali. Firenze o.J.
Lorenzo Milani, Obbedienza non è più una virtù. Firenze o.J.
Lorenzo Milani, Scritti. Modena o.J.
Die Schülerschule von Barbiana. Brief über die Schule von Barbiana. Vorwort: Peter Bichsel. Berlin/W. 1984.

Zur Volkskirche:

Gampiero Cappelli, La prima sinistra cattolica in Toscana. Roma 1962.
Magistratura e potere dei padroni. Il processo a Bruno Broghi. Serie: Documenti. Centro di documentazione. Pistoia 1975 (Arbeiter-Priester).
Roberto Sciubba/Rossana Sciubba Pace, Le comunità di base in Italia. Volume primo: Storia e cronaca. Volume secondo: la mappa del movimento. Roma 1976.

Alltag

Pellegrino Artusi, La scienza in cucina e l'di mangiar bene. Torino 1970.
Marianne Piepenstock, Italienische Küche. München [20]1976.
Grazietta Butazzi, Toscana in bocca. Milano 1981.
Birgit Müller, Zur Geschichte des Essens. In: Florenz. Ein Reisebuch. Frankfurt/M. 1982, S. 168-89.
Christa Klauke/Friedrich Eberle, Kursbuch italienischer Wein. Toskana. Dortmund 1985.

Kultur

Antologia poetica della Resistenza italiano. O.O. 1955.
Gino dell'Aringa, I bei tempi andati. Tradizioni e usanze della piana lucchese. Lucca 1981.
Luciano Artusi/Silvano Gabrielli, Gioco, giostra, palio in Toscana. Firenze 1978.
O. Caldiron, Il lungo viaggio del Cinema italiano. Milano 1966.
V. Calvino, Guida al Cinema. Milano 1949.
Vittorio Dini/Florido Magrini, Gli antichi sports e giuochi popolari. Arezzo 1976.
Riccardo Gatteschi, Toscana in festa. Guida alle rievocazioni storiche e manifestazioni folkloristiche in città e paesi. Firenze 1971.
Antonio Ghirelli, Storia del calcio in Italia. Torino [9]1967 (u.a. historische Ballspiele).
Mario Guidotti, Il teatro povero di Monticchiello. Siena o.J. (1974).
Il teatro italiano. 6 Bände. Torino 1975 ff.
Licia Casadei Matteotti, Il Caffè fiorentino. Professori e studenti della vecchia Firenze. Firenze 1969.
L. Nerici, Storia della musica in Lucca. Bologna o.J. (zuerst: 1879).
Giulio Pepi, Le contrade e il palio. Firenze 1967.
Michele Straniero, Canzoni di Francesco Guccini. Lato Side. O.O. und J.
Giuseppe Vettori (Hg.), I canti, le fiabe, le feste nella tradizione popolare. Roma 1981.

Kunst

Materialien

Zur Kunst der Toskana gibt es eine große Fülle gut zugänglicher Literatur. Hier seien nur wenige Publikationen genannt, die vor allem als Bild-Handbücher nützlich sind.

Piero Bargellini, La città di Firenze. Firenze 1982.
Eugenio Battisti, Brunelleschi. Milano 1976.
Fritz Baumgart, Renaissance und Kunst des Manierismus. Köln 1963.
Tet Arnold von Borsig/Roberto Salvini, Toskana, Unbekannte romanische Kirchen. München [3]1982.
Enzo Carli, La pittura senese. Milano 1955.
André Chastel, Die Kunst Italiens. 2 Bände. München 1961 (Stilgeschichte; umfangreiches Literatur-Verzeichnis).
Max Dvorak, Geschichte der italienischen Kunst im Zeitalter der Renaissance. 2 Bände. Wien 1927/1928.
Grazia Gobbi, Itinerario di Firenze moderna. Architettura 1860-1975. Firenze 1976.
Marie Herzfeld (Hg.), Luca Landucci, Florentinisches Tagebuch: 1450-1516, nebst anonymer Fortsetzung 1516-1542. Düsseldorf 1978 (wichtigste Augenzeugen-Berichte; ausgezeichnet kommentiert).
Marilena Mosco, Itinerario di Firenze barocca. Firenze 1974.
Robert Oertel, Die Frühzeit der italienischen Malerei. O.O. [2]1966 (zuerst: 1961).
Walter Paatz, Die Kirchen von Florenz. 5 Bände. Frankfurt/M. 1942-1954.
Walter Paatz, Die Kunst der Renaissance in Italien. Stuttgart [2]1953.
Piero Sanpaolesi, Il duomo di Pisa e l'architettura romanica toscana delle origini. Pisa 1975.
Giovanni Spadolini, Firenze mille anni. Firenze 1977 (viele alte Ansichten; Bibliografie).
Herbert Alexander Stützer, Italienische Renaissance. Köln 1977.

Renate Wagner-Rieger, Die italienische Baukunst zu Beginn der Gotik. 2 Bände. Graz/Köln 1956/57.
Franzsepp Württemberger, Der Manierismus. Wien/München 1962.
Marcello Vannucci, Firenze futurista. Firenze 1976.

Grundlagen

Die Literatur unter den nachfolgenden Stichworten wurde vorwiegend nach dem Gesichtspunkt ihrer Brauchbarkeit für eine sozialgeschichtlich-sozialwissenschaftlich orientierte Ästhetik ausgewählt.

Arnold von Borsig/Rainuccio Bianchi-Bandinelli, Die Toscana. Landschaft, Kunst und Leben im Bild. Wien/München [4]1954 (zuerst: 1938).
Umberto Eco, Der Name der Rose. München 1982 (zuerst: Milano 1980; fiktivier Roman in genau recherchiertem historischen Milieu; zeigt die Vielschichtigkeit des kirchlichen Mittelalters).
R. Carpenter, Clima e storia. Torino 1969.
Florenz. Ein Reisebuch. Frankfurt/M. 1982 (Bremer Autorengruppe mit Guido Boulboullé und Michael Müller).
Werner Gross, Die abendländische Architektur um 1300. Stuttgart o.J. (1948) (S. Croce in Florenz; wichtigste Arbeit zu einer Phänomenologie innerhalb der Stilgeschichte).
Theodor Hetzer, Erinnerungen an italienische Architektur. Bad Godesberg (von der Kunstwissenschaft ignoriert; komplexer Ansatz einer neuen Methode; einer der wichtigsten Zugänge zur Kunst, die je geschrieben wurden).
Harald Keller, Die Kunstlandschaften Italiens. München o.J. (1960) (Ansatz zur Entwicklung einer komplexen Methode).
Maurice Merleau-Ponty, Phänomenologie der Wahrnehmung. Berlin 1966 (über Körper und Raum).
Michael Müller, Künstlerische und materielle Produktion. Zur Autonomie der Kunst in der italienischen Renaissance. In: Autonomie der Kunst. Zur Genese einer bürgerlichen Kategorie. Frankfurt/M. 1972.
Bernhard Waldenfels, Der Spielraum des Verhaltens. Frankfurt/M. 1980 (über Körper und Raum).

Stadtplanung

AA. V.V., I castelli del Senese. Strutture fortificate dell'area senese-grossetana. 2 Bände. Siena 1976.
Duccio Balestracci/Gabriella Piccini, Siena nel Trecento. Assetto urbano e struttura edilizia. Firenze 1977.
Gilberto Bedini/Giovanni Fanelli, Lucca. Spazio e tempo dall'Ottocento ad oggi. Lucca 1971.
Leonardo Benevolo, Storia dell' architettura nel Rinascimento. Rom/Bari 1968.
Lando Bortoletti, Siena. Roma/Bari 1983 (ausgezeichnete Untersuchung).
Wolfgang Braunfels, Mittelalterliche Stadtbaukunst in der Toskana. Berlin [4]1979 (zuerst: 1953; korrigierte und erweiterte Auflage; ausgezeichnete Untersuchung).
Comune di Firenze, Strutture urbanistiche e tipologie edilizie nel centro storico. Firenze o.J. (Grundlage des Bebauungsplanes in der Altstadt).
Carlo Cresti, I centri storici della Toscana. 2 Bände. Milano 1977.
Giovanni Fanelli, Firenze. Architettura e città. Firenze 1973.
Giovanni Fanelli, Firenze. Roma/Bari 1980 (ausgezeichnete Untersuchung der Stadtplanungsgeschichte).
Silvano Fei, Nascita e sviluppo di Firenze città borghese. Firenze 1971.
L. Firpo, Leonardo architetto e urbanista. Torino 1962.
G. Nudi, Storia urbanistica di Livorno. Venezia 1959.
Piero Pierotti, Lucca. Edilizia urbanistica medioevale. Milano 1965.
Antonio Cassi Ramelli, Dal fronte bastionato italiano ai fronti tenagliati e poligonali europei: Castellum 20/1979, S. 91/114 (Veränderungen der Artillerie-Technik führen zu Veränderungen der Festungssysteme).
Maina Richter, Die „Terra Murata" im florentinischen Gebiet: Mitteilungen des Kunsthistorischen Instituts in Florenz, Juli 1940, S. 351 ff.
Giorgio Simoncini, Città e società nel Rinascimento. 2 Bände. Torino 1974 (darin auch gemalte Stadtplanung).
E. Sisi, L'urbanistica negli studi di Leonardo da Vinci. Firenze 1953.
Franek Sznura, L'espansione urbana di Firenze nel Dugento. Firenze 1975.
C. Wickham, Settlement Problems in Early Medieval Italy: Lucca Territory: Archeologia Medievale 5, 1978.

Oltre le Periferie. Convegno Firenze 1983. Firenze 1984 (Kongreß der PCI zur Stadtentwicklung des Umlandes von Florenz; Analysen und Ratlosigkeit).
Literatur zu den Stadt-Statuten siehe: Geschichte der Demokratie.
Literatur zur Theorie siehe: Kunst-Theorie.

Bautypen

Isa Belli Barsali, La Villa di Lucca dal XV al XIX secolo. Roma 1964.
Isa Belli Barsali (Hg.), I palazzi dei mercanti nella libera Lucca del '500. Lucca 1980.
Isa Belli Barsali, Il Palazzo Pubblico di Lucca. Lucca 1980.
Marino Berengo, Nobili e mercanti nella Lucca del Cinquecento. Torino 1974 (zuerst: 1965).
G. Caniggia/G.L. Maffai, Ricerca operativa sulla struttura urbanistica e sull'evoluzione della tipologia edilizia del centro storico fiorentino. Firenze 1980.
Gianfredo Caniggia, Vom Werden des städtischen Ortes. Zur Dialektik von Gebäudetyp und Stadtgefüge: archithese 3/1984, S. 33/38 (Typologie am Beispiel von Florenz; sehr abstrakt).
Franco Cardini/Sergio Ravezzi, Palazzi Pubblici di Toscana. I centri minori. Firenze o.J.
T. Carunchio, Origini della villa rinascimentale. Roma 1974.
Maria Fossi Todorow, Palazzo Davanzati. Museo della Casa fiorentina antica. Firenze 1979.
Manilo Fulvio, Lucca, le sue corti, le sue strada, le sue piazze. Empoli 1968.
Heinrich Klotz, Die Frühwerke Brunelleschis und die mittelalterliche Tradition. Berlin 1970
Jürgen Paul, Die mittelalterlichen Kommunalpaläste in Italien. Freiburg 1963.
N. Rodolico/G. Marchini, I palazzi del popolo nei comuni toscani del medioevo. Milano 1962.
H. Saalmann, The Palazzo Comunale in Montepulciano. In: Zeitschrift für Kunstgeschichte 27, 1965, S. 1 ff.
F. Sbarra, Le pompe di Collodi, villa del sig. cav. Romano Garzoni. Lucca 1652.
Giorgio Simoncini, Città e società nel Rinascimento. 2 Bände. Torino 1974 (darin auch gemalte Architektur, u.a. Loggien).
R. Stopani, Medievali case da signore. Firenze 1977.

Skulptur und Malerei

Accademia Lucchese di scienze, lettere e arti, Lucca, il Volto Santo e la civiltà medioevale. Lucca 1984.
Alberto E. Amaducci, Die Brancacci-Kapelle und Masaccio. Firenze 1978.
Frederick Antal, Die florentinische Malerei und ihr sozialer Hintergrund. Berlin-DDR 1958 (zuerst: London 1947).
Frederick Antal, Raffael zwischen Klassizismus und Manierismus. Eine sozialgeschichtliche Einführung in die mittelitalienische Malerei des 16. und 17. Jahrhunderts. Giessen 1980.
Michael Baxandall, Die Wirklichkeit der Bilder. Frankfurt/M. 1984 (ausgezeichnete Untersuchung einiger Aspekte).
Oreste de Buono/Pierluigi De Vecchi, Piero della Francesca. Milano 1967.
Vittorio Dini, Il potere delle antiche madri. Torino 1980.
Kurt W. Forster, Metaphors of Rule. Political Ideology and History in the Portraits of Cosimo I de Medici. In: Mitteilungen des Kunsthistorischen Instituts in Florenz, Band 15, 1971, Nr. 1, S. 65-104.
Carlo Ginzburg, Erkundungen über Piero. Berlin/W. 1983 (zuerst: Torino 1981; methodisch wichtige Untersuchung eines Historikers).
John R. Hale, Die Medici und Florenz. Stuttgart 1979 (kritische Untersuchung der weit überschätzten Kunst-Förderung der Medici).
L.H. Heydenreich, Leonardo da Vinci. Basel o.J. (1953).
Gustav René Hocke, Die Welt als Labyrinth. Manier und Manie in der europäischen Kunst. Hamburg 1957.
Harald Keller, Giovanni Pisano. Wien o.J. (1942).
Pietro Lazzarini, Il Volto santo di Lucca. Lucca 1982.
H. Lerner-Lehmkuhl, Zur Struktur und Geschichte des florentinischen Kunstmarktes im 15. Jahrhundert. Wattenscheid 1936.
Erwin Panofsky, Die Perspektive als „symbolische Form": Vorträge der Bibliothek Warburg 1924-1925, S. 283 ff. (Nachdruck: Aufsätze zu Grundfragen der Kunstwissenschaft. Berlin/W. 1964, S. 99/167).
Alessandro Parronchi, Donatello e il potere. Bologna 1980.

Martin Wackernagel, Der Lebensraum des Künstlers in der florentinischen Renaissance. Leipzig o.J. (1938).
R. Weiss, Jan van Eyck and the Italians: Italian Studies 11, 1956, S. 1 ff.; 12, 1957, S. 7 ff.

Die Literatur über **Michelangelo** ist kaum übersehbar. Wichtigste Quellen und Untersuchungen:

Ascanio Condivi, Das Leben Michelangelo Buonarotis. Frankfurt/M. 1924 (zuerst: 1553; Condivi war ein enger Freund von Michelangelo).
Herbert von Einem, Michelangelo. Stuttgart 1959 (neuplatonisch).
Karl Frey (Hg.), Die Briefe des Michelangiolo Buonarroti. Berlin ^{3}1961.
K. Frey/H.W. Frey (Hg.), Die Dichtungen des Michelangiolo Buonarroti. Berlin 1961.
Hermann Grimm, Leben Michelangelos. 2 Bände. Hannover 1960/1963 (häufig nachgedruckt; weitaus beste Untersuchung).
Michelangelo. Artista, pensatore, scrittore. 2 Bände. Novara 1965.
Erwin Panofsky, Studies in Ikonology. New York 1939 (Medici-Kapelle; neuplatonisch interpretiert — ich halte die These für Spekulation).
Charles de Tolnay, Michelangelo. 5 Bände. Princeton 1943/1960 (neuplatonisch).
Giorgio Spini, Politicita di Michelangelo: Rivista Storica Italiana 1964, S. 557 ff.
Franz-Joachim Verspohl, Michelangelo und Macchiavelli. Der David auf der Piazza della Signoria in Florenz. In: Städel Jahrbuch. Band 8. München 1981.

Fotografie

Aris Accornero/Uliano Lucas/Giulio Sapetti (Hg.), Storia fotografica del Cavoro in Italia 1900-1980. Bari 1980.
Carlo Bertelli/Giulio Bollati, Storia d'Italia. L'immagine fotografica 1845-1945. Torino 1979.
Wladimir Settimelli, Gli Alinari fotografi a Firenze. Firenze 1977.
Reno Vatti/Marbello Vergari, Maremma com'era. Pistoia 1982.

Kunst-Theorie

Leon Battista Alberti, Della pittura, hg. v. L. Mallè. Florenz 1950 (Brunelleschi gewidmet, 1436; im selben Jahr ins Italienische übersetzt; dt. Wien 1877).
Leon Battista Alberti, Zehn Bücher über die Baukunst. Wien 1912; Nachdruck Darmstadt 1975 (lateinisch: De re aedificatoria libri X, vor 1472; erstmals gedruckt: Florenz 1485).
Benvenuto Cellini, La vita scritta da lui medesimo. Hamburg 1957 (geschrieben zwischen 1558 und 1566; erster Druck: Neapel 1728; Neuausgabe übersetzt von J.W. von Goethe; farbig und spannend; ausgezeichnet übersetzt).
C. Cennini, Il Libro dell'arte. Firenze 1859 (zuerst: um 1390).
Filarete, Trattato d'architettura, hg. v. W. von Öttingen. Wien 1896.
Francesco di Giorgio Martini, Trattati di architettura, ingegneria e arte militare, hg. v. Corrado Maltese. Milano 1967 (um 1480).
Julius von Schlosser (Hg.), Lorenzo Ghibertis Denkwürdigkeiten. (I commentarii). 2 Bände. Berlin 1912 (vollständiger Text).
Giorgio Vasari, Le vite de più excellenti architetti, pittori e scultori italiani. Firenze 1550. 2. revidierte Ausgabe 1568. (9 Bände. Firenze ^{2}1906; Firenze 1966; dt. Straßburg 1916 ff.).
Siehe dazu: Martin Warnke, Die erste Seite aus den „Viten" Giorgio Vasaris. Der politische Gehalt seiner Renaissancevorstellung. In: Kritische Berichte 5, 1977, Nr. 6, S. 5/29.
Leonardo da Vinci, Traktat über die Malerei. Wiener Quellenschriften zur Kunstgeschichte, Band 15. Wien 1882.
Leonardo da Vinci, Philosophische Tagebücher. Hamburg 1958 (italienisch und deutsch).

Reisewege

(alphabetisch nach Orten bzw. Landschaften)

Angelo Ascani, **Anghiari**. Citta di Castello 1973.
V.C., **Altra Toscana**. L'arcipelago. Pistoia o.J. (**Inseln**).
Massimiliano Falciai, **Arezzo**, la sua storia, i suoi monumenti. Arezzo 1926.
Maurizio Bianconi, Storia di **Arezzo**. Arezzo 1975.
Angelo Tafi, Immagine di **Arezzo**. Guida storico-artistica. Arezzo o.J. (um 1980; Banca popolare dell' Etruria, nicht im Vertrieb).
V. Alinari/A. Beltrami, L'**Arno**. Firenze 1909.

Renzo Cantagalli, Di qua e di là d'**Arno**. Guida al fiume dal Falterona alla foce. Milano 1973.
Pietro Cipollaro/Carla Notarianni, L'**Arno**. Firenze 1974.
P. Groppi, Guida del duomo di **Barga** e dei monumenti principali. Barga 1901.
Pina Jacopucci Marroni, **Barga**. Barga 1965.
Alfio Scarini, **Bibbiena** e il suo territorio comunale. Guida turistico-artistica. Cortona o.J.
L. Lavagnini, **Carrara** nella leggenda e nella storia. Livorno 1962.
Mauro Borgioli/Beniamino Gemignani, **Carrara** e la sua gente. Tradizioni, ambienti, valori, storia, arte. Carrara 1977.
Zu **Carrara** siehe auch: Soziale Bewegungen.
Antonio Casabianca, Guida storica del **Chianti**. Firenze 1970 (zuerst: 1937).
Henky Hentschel, **Capoliveri**. Porträt eines schwierigen Freundes. München 1983 (**Elba**).
Foresto Niccolai, **Empoli**. Firenze 1978.
Jacopo Nardi, Istorie della città di **Firenze**. Firenze 1838/1841.
Piero Bargellini/Ennio Guarnieri (Hg.), Le strade di **Firenze**. 4 Bände. Firenze 1978.
Domenico Pacchi, Ricerche Istoriche sulla provincia della **Garfagnana**. Castelnuovo 1899.
Michele Bortoli, **Garfagnana** e media valle del **Serchio**. Lucca 1978.
Giuseppe Piombanti, Compendio storico popolare della citta di Livorno. Livorno 1971 (zuerst: Ende 19. Jh.).
Lando Bortoletti, **Livorno** dal 1746 al 1959. o.O. und J.
Antonio Mazzarosa, Guida di **Lucca** e dei luoghi piu importanti del ducato. Bologna 1974 (zuerst: 1843).
Augusto Mancini, Storia di **Lucca**. Firenze 1950.
M. Berengo, Nobili e mercanti nella **Lucca** del '500. Torino 1965.
M. Fulvio, **Lucca**. Le sue corti, le sue strade, le sue piazze. Empoli 1968.
Cesare Sardi, Vita lucchese nel settecento. Lucca 1968. (**Lucca**)
Isa Belli Barsali, Guida di **Lucca**. Lucca 1970.
Alfio Cavoli, **Maremma**. Pistoia o.J.
Enzo Carli, L'arte a **Massa Marittima**. Siena 1976.
Gaspero Righini, **Mugello** e Val di Sieve. Firenze 1956.
C. Stiavelli, **Pescia** nella vita privata. Firenze 1903.
M. Cecchi/E. Coturri, **Pescia** ed il suo territorio nella storia, nell'arte e nelle famiglie. Pistoia 1961.
Enzo Carli, **Pienza**. La città di Pio II. Roma 1967.
Danilo Casciani, Andavamo con le toppe. Milano o.J. (um 1980)(Sozialgeschichte in **Piombino** seit ca. 1935).
R. Borchardt, **Pisa**. Ein Versuch. Frankfurt/M. o.J. (1948).
Luigi Chiappelli, Storia di **Pistoia** nell'alto medioevo. Pistoia 1932.
P. Paolini, **Pistoia** e il suo territorio nel corso dei secoli. Pistoia 1962.
David Herlihy, Medieval and Renaissance **Pistoia**. A social history of an Italian Town 1300-1430. New Haven/London 1967 (italienisch: Pisa 1973).
Alfio Scarini, **Poppi, Camaldoli, Badia Prataglia**. Guida turistico-artistica. Arezzo o.J.
Ferdinando Carlesi, Origini della città e del comune di **Prato**. Prato 1904.
Luciano Agresti, **Prato**. Una guida nel progresso. Roma 1979.
Enrico Fiumi, Storia economica e sociale di **San Gimignano**. Firenze 1961.
Giovanni Cecchini/Enzo Carli, **San Gimignano**. Milano 1962.
Pietro Farulli, Annali e memorie dell'antica e nobile città di S. **Sepolcro**. Foligno 1713.
Lorenzo Coleschi, Storia della città di **Sansepolcro**. Bologna 1982 (zuerst: 1886).
Arduino Brizzi, La piazza. Cronoche di un ventennio a **Sansepolcro**. Sansepolcro 1981 (Zwanziger und Dreißiger Jahre).
L. Zdekauer, La vita pubblica dei Senesi nel Dugento. Siena 1896 (**Siena**).
A. Gamucci, **Siena** e le sue contrade. Siena 1933.
Enzo Carli, **Siena**. Siena 1945.
G. Prunai/P. Bacci u.a., Tutta **Siena**. Siena 1949.
Titus Burckhard, **Siena**. Stadt der Jungfrauen, Stätten des Geistes. Olten 1958.
Vincenzo Buonsignori, Storia della Repubblica di **Siena**. 2 Bände. Bologna 1972 (zuerst: 1856).
Lando Bartoletti, **Siena**. Roma/Bari 1983 (gute Monografie zur Stadtplanungsgeschichte).
Angelo Biondi, **Sovana**. Sovana o.J.
Alfio Cavoli, **Sovana**. Pistoia o.J.
Gian Franco Di Pietro/Giovanni Fanelli, **La valle tiberina** toscana. o.O. (Florenz) 1973 (ausgezeichnete Untersuchung).
Gaspero Righini, Il Valdarno fiorentino e la valle del Bisenzio. Firenze 1961.
Nori Andreini Galli, La grande **Valdinievole**. Dieci itinerari d'arte e turismo. Firenze 1970.

Marco Cianchi, Die Maschinen Leonardo da Vincis. Firenze 1984 (Museum in Vinci).
Annibale Cinci, Storia di **Volterra**. Volterra 1885 (u.a. über Häuser der Armen).
Gioacchino Volpe, **Volterra**. Firenze 1923.
C. Ricci, **Volterra**. Bergamo 1925.
P. Ferrini, **Volterra**. Volterra 1954.
Siehe auch: Reisebücher/Führer.

Bildnachweis

FOTOGRAFEN

Jürgen Heinemann (Bielefeld): 22, 24, 32 (2 unten), 61, 66, 82, 83, 88 (oben), 106 (unten), 107 (2), 122, 123, 146 (Nr.6), 170 (Nr.5), 241 (oben) 251, 253 (oben links)

Graciela Iturbide (Mexiko): 291, 303

Vilma Link (Gießen): 215, 218

Pedro Meyer (Mexiko): 34, 119, 125, 263, 273, 277

Roland Günter: Titelbild, 2, 7, 10 (3), 11 (4), 14, 16, 18, 21, 24 (oben rechts), 25, 28, 30, 32 (2 oben, Mitte), 38 (Nr.10), 46, 51 (2), 52, 63 (3), 64 (2), 69, 70, 71, 72 (Nr.1,5) 73 (Nr.2, 4), 74, 75, 78 (Nr.3), 81 (3), 88 (unten), 90 (links, rechts), 91, 92, 94, 95 (oben), 96, 98, 100, 101, 103, 105 (unten rechts), 108 (oben), 109 (unten), 113 (2), 114, 129, 141 (2), 142, 143 (oben Nr. 2,3 u. unten), 146 (Nr.3), 152 (Nr.1,8,10), 153 (Nr.16), 161 (Nr.6), 171 (Nr.10,11,13,15), 182 (oben links, unten rechts), 196, 201 (2), 202, 205, 210, 213, 224 (2), 236 (oben), 237 (2), 239, 246, 247, 249 (rechts), 253, 254 (2), 256 (2), 257, 268, 271, 274, 281, 282, 285, 287, 289, 292, 294 (2), 296 (unten), 299, 301 (rechts oben, unten), 302 (oben), 305 (2), 308, 328

ZEICHNUNGEN:

Frattini: 58, 59, 61
Roberto Zozzoli: 134/135, 278
Hans D. Keyl: 226

PLÄNE:

Roberto Zozzoli (alle)

Roland Günter

Biografische Notiz

Roland Günter, geboren 1936, Hochschullehrer in Bielefeld, Gastprofessur in Marburg, Lehraufträge in Köln, Dortmund, Zürich, Advanced Studies in Wassenaar (Holland), Denkmalpflege im Rheinland.
Lebt in Oberhausen-Eisenheim und Amsterdam.
Sozialwissenschaftlich und sozialgeschichtlich orientierte Geschichte von Stadtplanung, Architektur, Skulptur und Kunst.
Bücher: ,,Kunstwanderungen Rheinland''; ,,Rom, Spanische Treppe''; ,,Das Ruhrgebiet im Film''; ,,Amsterdam''; außerdem über Arbeiter-Siedlungen im Ruhrgebiet, Denkmalschutz, Fotografie.
Aufsätze: Viele Publikationen zu Stadtplanung und Architektur; ,,Der politische Michelangelo''; Kulturpolitik.

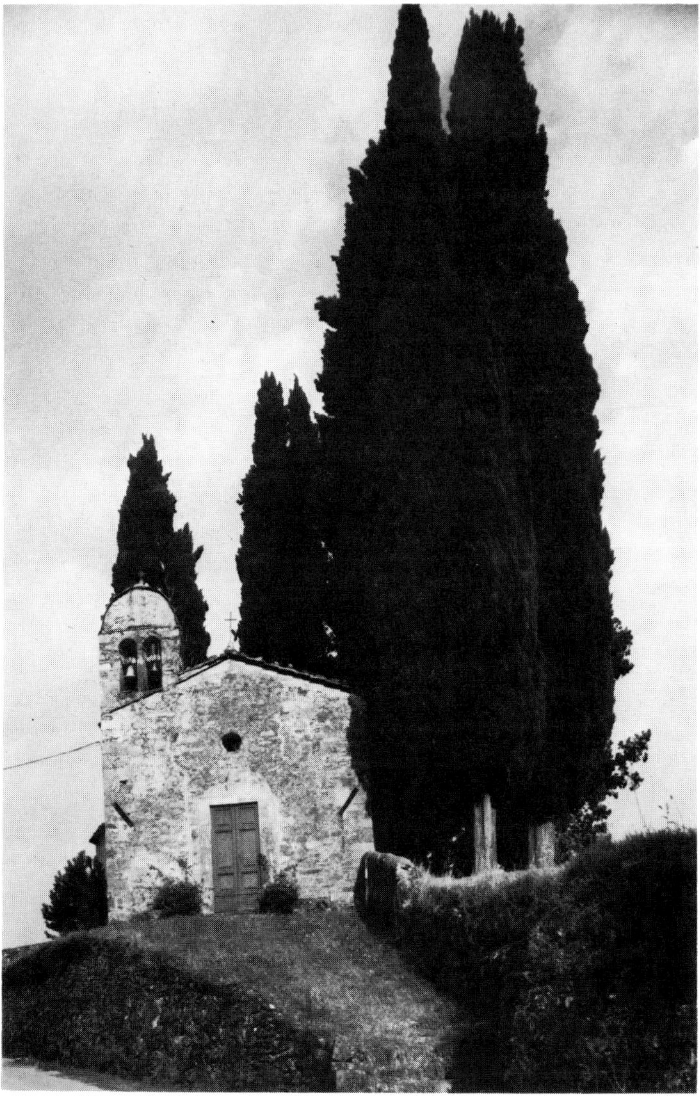

Personen- und Sach-Register

Abbadia San Salvatore 129/130, 138, 229/30, 240
Abtreibung 72, 73, 90
Achse 144, 211
Agnelli, Susanna 104
Agrarsoziologie 180
Agrotourismus 314
Akademie 191
Akademie der Künste 203
Albergo, Anna 31, 75
Alberico I 199
Alberti, Leon Battista 14, 16, 122, 128, 133, 136, 143/44, 148, 176, 189, 271
Albertini, R. von 189
Albinia 214, 227
Albizzi 27
Aldobrandeschi, Familie 228
Aleramo, Sibilla 71
Almirante, Giorgio 58
Altersheim 89
Altopascio 302
Amalfi 205
Ammanati, Bartolomeo 269/70
Amsterdam 27, 211
Amnestie 236
Anarchisten 50, 56, 201/04, 213, 222, 261, 282/82
Anchiano 287
Andreotti, Giulio 58-60
Angelico, Fra 165, 280
Anghiari 21, 24, 36, 39, 45, 60, 62, 63, 89, 103/04, 108, 131, 143, 147, 153-155, 159, 188, 255/56, 261
Angolieri, Cecco 112
Ansedonia 130/31, 223
Anselmi, Tina 60
Antal, Frederick 191
Antignano/Calafuria 214
Antonio da Sangallo 243, 254, 271
Antonius, Einsiedler 240
Antwerpen 27
Apotheke 259
Aquädukt 301/02, 306
Arbeit 163
Arbeiter-Siedlung, -Viertel u.a., siehe Stadt
Arbeitsamkeit 291
Arbeitskammer 203
Arbeitslosigkeit 29, 31, 33, 48
Arbeitsplätze 302
Arbeitsplätze, Kampf um die, siehe auch soziale Bewegungen 282
Arcetri 208
Architektur, unter Einfluß von Textil 289
Arcidosso 78, 131, 229
Aretino, Spinello 235, 250
Arezzo 10, 28, 36, 47/48, 50, 59, 65, 74, 81/82, 106-108, 139, 147, 151, 153/54, 159/60, 166, 169, 180, 186/87, 247-252, 261/62
Argan, Giulio Carlo 70
Ariosto, Ludovico 46, 115, 306
Arkaden 280/81
„Arkadien" 9, 280, 302
Armenfürsorge 18
Armenwesen 26
Arni 202, 306
Arno 261, 278
Arnolfo di Cambio 131/32, 149, 151, 159, 181, 261
Arti maggiori 26, 37
Arti minori 25/26, 37
Ascanio 240
Aspertini, Amigo 18, 186, 293
Aufforstung 258
Aufstand siehe auch soziale Bewegung 14, 16, 17, 19, 40/41, 44, 48, 238, 296
Attentate 42, 55, 204, 276
Autonomie der Kunst 192
Autonomie der Regionen 57
Atrium 299
Avantguardia Operaia 57

Bachmann, Ingeborg 117
Bacon, Roger 286
Badoglio 54
Badia Tedalda 258
Badia a Colfibuono 100, 247
Bagni di Lucca 307
Bagno a Ripoli 140
Bagnore 229
Bahnhof 139, 300
Bakunin 50, 203/04
Baldassari, Erzbischof 81
Baldimotto da Pistoia 42
Balducci, Ernesto 80
Balkon 155
Balze 226, 240, 258, 278
Bandinelli, Baccio 160, 192
Bandini, Giovanni 213
Banditismus siehe vor allem Sozialbanditen 49
Bank 16, 26/27, 60, 139, 184, 213, 218, 262
Bank, Leihbank für Arme (Monte di Pietà) 298
Bar 262, 297
Baratti 214, 219
Barberino, Val d'Elsa 100, 104
Barbiana 80, 280
Barbicone 238
Bardi 27
Barelli, Primetto 103
Barga 23, 113, 132/33, 306/07
Barsotti, Vincenzo 295
Bartolomeo, Fra 79, 180, 219
Bartolozzi, Roberto 298
Basaglia 89, 104
Basilika 249
Basis-Gemeinden 80/81, 252, 274
Bassolino, Antonio 65
Bauernaufstand 14
Bauernhaus 14, 17
Bauernstaat 17
Bau-Gesetze 160, 214, 216
— Grundbuch 180
— Material 15, 142, 160, 201
— Recht siehe auch Stadt-Statute 140
— Spekulation 140
— Technik 160
Baxandall, Michael 178, 181
Beatrice 271
Befestigungssystem, siehe Militär
Beirut 65
Belvedere 155, 163
Belvedere auf Wohnturm 298
Benedetto da Foiano 44, 253
Benedetto da Maiano 251
Benigni, Roberto 111, 113, 262
Benabbio 307
Bergbau 215, 219, 221, 281/82
Bergwandern 314
Berlin 59
Berlinghieri, Berlinghiero 292
Berlinguer, Enrico 59, 61, 64-66, 82
Bernhard von Siena 251
Bernstein 50
Bertolli 300
Bertoncini, Remo 287
Berufsverbot 56, 208, 223
Besetzung 54, 56
Bestechung 110
Bettler 145
Bianchi Bandinelli 228

Bibbiena 261
Bibliothek 102, 261, 276, 282, 286
Biserni, Pasquale 278
Bobini, Federigo 249
Bocca Trabaria 258
Boccaccio 13, 77, 111/12, 125, 163, 242-244
Boccheggiano 221
Bodenabschwemmung
— ausschwemmung
— erosion 15, 21/22
Bolgheri 113, 224
Bologna 59
Bonaventura 257
Bonannus 208
Borghi, Bruno 80
Borgo a Buggiano 159
Borgo a Mozzano 306
Borgo Pace 258
Borgo San Lorenzo 144, 280
Botticelli 163, 172
Brancacci, Felice 179
Braunschweig 299
Brecht, Bertolt 113, 129
Bremen 222
Brennmaterial 17, 198
Bresci, Gaetano 50, 204
Brigant(en) 50, 217, 242, 249
Brigantismus 50
Bronzino, Angelo 192, 277
Brücke 36, 132, 178, 228, 255, 269, 276, 287, 304, 206
Brügge 23 186
Brunelleschi 131, 133, 150/51, 160, 162, 174, 176, 180, 189, 210, 271, 278, 286, 288
Brutus 45, 196
Buitoni 279
Buonaccorso 286
Buonconvento 131, 240
Buontalenti, Bernardo 287
Buonvincini, Domenico 78, 79
Buonvisi 293, 297
Burano 117
Burg, Leben in ihr 246
Bürger-Initiative 36, 62
Bürgerkrieg 234, 236, 290
Burke, Peter 172
Burlamacchi, Filippo 292
Burlamacchi, Francesco 44, 45, 292
Buschhaus 222
Buti, Lucrezia 284
Byron 198

Cafe 207, 273, 294, 307
Calchini, Filippo (Luzifer) 202/03
Calenzano 80, 140
Callagio 201
Callot, Jacques 147, 291
Camaiore 131
Camaldoli 259/60
Camigliano 303
Campaldino 261
Campi Bisenzio 140
Campiglia d'Orcia 132, 240
Camorra 59/60
Canale Maestro 19, 247
Canossa 205, 228
Capalbio 217, 222
Capezzano 198/99
Capitano del Popolo 159
Caprese Michelangelo 258
Capriglia 198
Carducci, Giosuè 113, 224
Carmignani, Gino 303
Carmignani, Pietro 17
Carrara 50, 97, 151, 200-204
Cascina 131, 210

Casentino 259-261
Castagneto, Carducci 131, 214, 216, 224
Castel del Piano 229
Castelfiorentino 111, 131, 143, 262
Castelfranco di Sopra 19, 131, 278, 281
Castelfranco di Sotto 210, 287
Castelmoro 306
Castelnuovo Berardenga 246/47
Castelnuovo dei Sabbioni 50, 54, 282
Castiglion Fiorentino 82, 108, 131, 144, 247, 252
Castiglione del Lago 253
Castiglione della Pescaia 214
Castellina in Chianti 100, 243, 246/47
Castello di Brolio 247
Castello Barbolana 155
Castelvecchio (Lucca) 302
Castelvecchio (Pascoli) 113, 306
Castruccio Castracani 41, 202, 290, 291, 299
Catalani, Alfredo 294
Cavalcanti, Andrea 305
Cavellero, Mario 113
Cavour 48
Cavriglia 54, 281
Cecina 218
Cellini, Benvenuto 44, 115, 192, 275, 280
Cennini, Cennino 189
Cerboni, Bianca 75
Cerreto, Guidi 106, 210, 287
Certaldo 39, 112, 131, 150, 243
Certosa di Farneta 304
Cetona 130
Cherubini, Luigi 117
Chiana-Tal 247, 250
Chianciano 130, 242/43, 246
Chiappini, Turpino 229
Chicago 306
Chigi, Familie 233, 238, 246/47, 297
Chioggia 205
Chiuschino 221
Chiusi 130, 253
Chresti, Andrea 114
Christdemokraten 55-71, 73, 86, 108, 223
Christliches Sozialprogramm 286
Chruschtschow 65
Cimabue 165, 167
Ciompi 40/41
Circolo Culturale 204
Citta di Castello 22-24
Civitali, Matteo 299
Club 222
Clubhaus 110, 242
Cluny 242
Colcellalto 258
Colle Val d'Elsa 131, 243
Colline Metallifere 9, 28
Collodi 303, 307, 313
Collodi (Lorenzini), Carlo 113, 303
Colombo Cristofero 27
Colonnata 201
Compagni, Dino 279
Comunita Montana 21/22
Conti, Guidi, Familie 261, 286
Coreglia, Anselminelli 131, 307
Cortona 10, 23, 39, 104, 130/31, 153, 159, 166, 247, 252/53
Cosa 130/31, 223
Cospaia 258
Craxi, Bettino 61, 68, 214
Crete 240-242
Crispi 204
Cronaca 42, 273
Cutigliano 39, 159

Daddi, Cesare 230
Damiani, Damiano 66, 118
Dani, Alberto 287
Daniels, Hans 64
Dante 14, 78, 111/12, 160, 188, 202, 205, 224, 228, 234, 242/43, 260/61, 271, 305
David 25, 42/43, 159, 184, 194, 238
Davide, Padre 104
Davidsohn 259
Democrazia Proletaria 57
Demokraten 48, 207
Demonstrationen, siehe soziale Bewegungen 19, 71, 91, 204, 222
Denkmal, siehe auch Partisanen 45, 148/49, 292
Denkmal für Nazi-Opfer 221, 254, 280, 298
Denkmalpflege 133, 137, 142, 228, 245
Desiderio da Settignano 182
Dezentralisierung 234
Dichtung 306
Dicomano 151, 280/81
Diecimo 305
Diktatur 195, 291
Dimension 284
Dimensionsbruch 277
Dini, Vittorio 22, 111, 258
Dino di Compagni 112, 279
Dolcino, Fra 229
Donatello 42, 179, 185, 284
Doni, Anton Francesco 111
Donizio 205
Dorf-Landarbeiter 247
Dresden 170
Drogerie 275
Dubček 56
Duccio die Buoninsegna 165/66, 179
Dutschke, Rudi 117

Eberle, Matthias 22
Eco, Umberto 172, 260
Economia Somersa 33
Eduard II, König von England 27
Einheit, nationale 7, 19, 48
Einschränkung des Zugungs zu Staatsämtern 298
Einsiedler 217, 257, 259
Eisenbahn 201, 214, 218, 222, 261, 269, 271
Eis 270, 278
Elba 119, 222, 26
Eleganz 275
Elektrifizierung 214
Elias, Norbert 22, 219
Elisa 304
Elsa-Tal 243
Emanuele, Graf 21
Emigration 19, 45, 196, 211, 228, 236, 290, 292
Empoli 28, 67, 82, 139, 210, 288
Energie 142, 218, 222, 229, 266, 282, 286
Entlassungen 200
Entmachtung des Adels 37, 234, 248, 290
Entvölkerung 260, 262, 306
Erdhütte 219
Erdwärme 218, 222
Erede, Marco 60, 128
Essen 76, 80, 88/89, 92-101, 104/05, 110/11, 115, 121, 198, 208, 210, 212, 238, 240, 243, 246, 249, 260, 262, 278
Etrusker 18, 76, 95, 104, 130, 219, 222, 228/29, 247, 252
Europäische Gemeinschaft 20
Eyck, Jan van 186

Fabrik, auch Manufaktur 28, 57, 71, 73, 80/81, 138, 139/40, 179, 195, 204, 222/23, 253, 257, 261/62, 282, 288, 294, 297, 300, 302, 304-307
Fabrikbesetzung 29, 91
Fabrikkämpfe 80
Faella 281
Fahrradwandern 314
Falesia, röm. Hafen 222
Fallaci, Orianna 114
Faltboot-Reisen 314
Familie 14, 24, 26, 31, 35, 37, 46, 64/65, 72, 74, 87-91, 93, 110, 129, 184, 186, 190, 216, 222, 262, 266, 291, 297
Fancelli, Luca 162
Fanfani, Amintore 58
Fantecchi, Alessandro 113
Faschisten 48, 52-55, 65, 69, 117, 137, 204
Fassade 142, 143, 273
Fassaden-Mosaik 292/93
Fernsehen 57, 84, 86, 110, 118
Ferrer, Francesco 204
Ferrini, Antonio 53
Fest(e) 5, 102, 104-110, 149, 162, 189, 239, 249, 254, 290, 314
Festspiel(e) 205, 208, 212, 236, 242, 249, 293, 300
Fest, Palio in Siena 97, 108/09, 234, 249
Fest, Pferde-Rennen 252
Fest, Unità-Fest 65, 68, 97, 111
Festungsstadt siehe auch Militär 131, 278, 287/88
Fiesole 130, 266, 268
Figline 281
Filarete, Antonio Averulino 136
Filippi, Bruno 204
Film 54, 66, 117/18, 129, 211, 227, 228, 251
Firenzuola 131, 151, 278
Fiurnincino 223
Florenz 9, 13, 17-20, 23, 25, 29/30, 36/37, 48, 53/54, 57, 73, 77, 81, 84, 93, 102, 105, 107/08, 114, 130, 132, 139, 155, 158/59, 205, 210/11, 231, 233, 253, 261-77, 285, 305
– Accademia 196
– Arno-Ufer 269/70
– Brücken 269
– Camera del Lavoro 71
– Campanile (Stadt-Turm) 133
– Calimala-Haus 150, 159
– Findelhaus 153, 271
– Fortezza da Basso 44
– Fortezza del Belvedere 44
– Giardino Boboli 274
– Hauptbahnhof 271, 275
– Isolotto 80/81, 274
– Medici-Gräber 45
– Mercato Centrale 154, 275
– Mercato Nuovo 145, 150, 274
– Mercato Vecchio (Altmarkt) 137, 145, 150, 274
– Orsanmichele 127, 132, 150, 153, 170, 174, 181-183, 274
– Parks 270
– Ponte Vecchio 53
– Stadtmauer 131
– Theater 115
– Ufer-Straßen 137
Häuser und Stadt-Paläste:
– Palazzo Bardi 117
– Davanzati-Haus 149, 161
– Palazzo Medici 154, 160-162, 276
– Palazzo Pitti 112, 277
– Palazzo Ruccellai 136, 271

- Spini-Haus 161
- Torre alla Castagna 159
- Turm-Haus 157/58
Kirchen:
- SS. Annunziata 154, 271
- Carmine-Kirche 42, 142, 145, 179, 270
- Dom 42, 77/78, 131-133, 144, 268, 276
- Santa Croce 96, 154, 166, 168, 180, 273
- S. Lorenzo 45/46, 153/54, 180, 182, 192, 194-196, 273, 276/77
- San Marco 79, 174
- Santa Maria Novella 169, 177/78, 184
- San Miniato 273, 292
- San Salvatore al Monte 273
- San Salvi 77
- Santa Trinità 145, 147, 259
Loggien:
- Loggia del Bigallo 153
- Rathaus-Loggia 192/93
- Loggia Rucellai 136, 150, 271
- Loggia an der Piazza S. Marco 274
Plätze:
- Annunziaten-Platz 148
- Dom-Platz 144
- Piazza Pitti 144, 273
- Piazzale Michelangelo 265, 268, 271, 273
- Rathaus-Platz 43, 78/79, 144, 147/48, 184, 194, 271
- Piazza della Repubblica 49, 149, 151, 266
- Piazza S. Croce 273
- Piazza S. Lorenzo 148
- Piazza San Marco 56, 144
- Piazza Santo Spirito 144
- Piazza Santa Trinità 149
Rathäuser:
- Palazzo del Podesta (Bargello) 39, 157, 196
- Rathaus 39, 42, 47/48, 154, 159, 192, 194, 196, 210, 261, 268, 276/77
- Uffizien 47, 77, 112, 117, 134/35, 137, 149, 151, 170, 172, 188/ 189, 192, 269, 276
Flößerei 261, 269
Florit, Kardinal 81
Fo, Dario 113
Föderation 44
Foiano della Chiana 18, 131, 247, 252/53
Follonica 214/15, 218
Folter 44, 48, 66, 79
Fonteblanda 214
Forattini 58/59, 61
Forli 47
Fornaci di Barga 307
Försterei 259
Forstwirtschaft der Klöster 260
Fotografie 5/6, 33, 228
Franz von Assisi 78, 104, 118, 172, 196, 229, 240, 257, 259/60, 296
Franziskaner, Spirituale 78, 172
Frau Armut 240
Frauen siehe auch Kindererziehung 24, 30, 40, 42, 71-75, 80, 84, 86, 90, 170-73, 189, 199
Frauenbewegung 56, 72
Frauenbuchladen 73
Frauenhaus 73
Fredianus, Bischof von Lucca 18
Freie Kommune 202, 218, 230, 240, 244/45, 248, 252, 256, 285
Freizeit-Einrichtungen 314
Frescobaldi, Battista 42
Friedensmarsch 82

Friedhof 209, 212, 281, 300
Fucecchio 287
Fucecchio, Padule di 54
Furia, Ivano Del 54, 63
Furiosi, Don Giovanni 82, 252

Gaiole 100, 155, 246/47
Galeeren 213
Galilei, Galileo 208/09
Gallicano 107, 306
Galluzzo 280/81
Gambacorti 207
Garfagnana 305/06
Garibaldi, Giuseppe 48, 85
Garten 162
Garten-Stadt 222
Gasperi Alcide De 55
Gastarbeiter s. auch Wanderung 20
Gastronomie 314
Gedenk-Kapelle 255
Gefängnis 44, 62, 69, 82, 168, 208, 213, 245, 292
Gegenreformation 88
Geheimdienst 56-58, 60, 117
Geheimloge P 2 58-60
Geldwesen 27
Gelli, Licio 59/60, 252
Gemeinde-Wiese 249
Genf 60
Genua 27, 205, 224
Genuß der Natur 266
Gerber-Viertel 292
Gerichtsort 249
Germagnano 258
Geschichtsschreibung 26, 45/46, 226
Gesundheit 315
Gewerkschaft 19, 29/30, 56/57, 68, 71, 105
Ghibellinen 36, 233/34, 285, 290, 292
Ghiberti, Lorenzo 173/74, 189, 286
Ghino di Tacco 50, 240-242
Ghirlandaio, Domenico 145, 147, 184, 244, 259, 266
Giabbanelli, Fabiano 65
Giambologna 148/49
Giano di Bella 285
Ginzburg, Natalia 70
Giordano a Rivolta, Fra 132
Giorni 64
Giotto 96, 112, 166-169, 176, 280
Giovanni di Paolo 241
Giovanni da Simone 209
Giuliano di Maiano 216, 239
Giuliano da Sangallo 284
Giunto Pisano 172,
Glocke 235, 250
Glockengießerei 250
Gobbi, Grazia 277
Goethe 125, 194
Gori, Pietro 96, 116, 222, 224, 281
Gozzoli, Benozzo 184, 244/45
Grab 228
Grabkapelle 26
Gragnana 201
Gragnola 54
Gramsci, Antonio 50/51, 56, 64, 66, 69/70, 116, 190
Gran Sasso 54
Graziani, Familie 256
Gregor VII. 228
Gregorio di Cecco 170
Greve 100, 104, 144, 147, 247, 281
Groß, Werner 167
Grosseto 50, 214, 217-220, 229
Großgüter 19, 280
Grotta del Vento 306
Grundbuch 180
Grundstücks-Zusammenlegung 298
Gualbesto, Giovanni 259

Guamo 301/02
Guareschi, Giovanni 82
Guccini, Francesco 50, 64, 116
Guelfen 36, 40, 233/34, 285, 290, 292
Guerrieri, Egidio 223
Guidetto da Como 289
Guidi, Familie 261
Guido, Sänger 116
Guido von Arezzo 116, 251
Guido da Siena 170
Guido Monaco 250
Guinigi, Familie 294
Guinigi, Paolo 41, 158, 163, 291, 294, 297
Guntelmo 259

Hafen 211-213, 222/23, 225
Hafen-Darstellung 209
Halbpacht (mezzadria) 13 (siehe M)
Hale, John R. 184
Hallen-Kirche 243
Hängebrücke 307
Happening 250
Haus 141/142, 285, 292
- Bank vor der Tür 238
- Bau 133, 261, 302
- Küche 6
- Turm-Haus 33, 133, 155, 158, 235, 238, 244, 268-270, 284
- Überkragende Geschosse 253
- Besetzung 292
- siehe auch Hauswirtschaft, Heizung Stadt, Villa, Wohnen
Haushaltsplan 97
Hauswirtschaft 163
Heilbad 228, 305, 307, 315
Heimarbeit 330-333
Heine, Heinrich 307
Heinrich VII. 290
Henraux, Alexandre 201
Henze, Hans Werner 117
Hetzer, Theodor 120, 167, 323
Heizung 160, 280
Hinrichtung 78/79, 276, 287, 300
Hinrichtungsbild 276
Hitler 52, 68
Hochhaus 10, 213, 218, 232, 282
Hochzeit 148
Hoefer 222
Holz-Einlege-Bilder 297
Hollywood 118
Hongkong 30
Hotels 315
Husserl 122

Impruneta 19, 104, 144, 147, 154, 247, 280/81
Incisa 155
Industrie 9, 19, 21/22, 28, 48, 56ff., 138-140, 176, 201, 210/11, 214, 219, 222, 262, 278, 280-282, 285, 287, 306/07
Industrie-Kultur 178
Industrie, siehe auch Stadt
Ingrao, Pietro 104
Isola del Giglio 226
Istanbul 270

Jacopo della Quercia 173/74, 176, 191, 237, 293, 299
Jagd 163, 184, 210, 238
Jesuiten 48
Joachim von Fiore 78
Johannes XXIII. 56
Johannes Paul II. 58
Juden 137, 228

Julius II. 202
Juvarra, Filippo 164, 304

Kabouter 62
Kahle, Fritz 122
Kanäle 212
Karl IV. von Böhmen 303
Karl V., Kaiser 44
Karl von Anjou 234
Karneval 212
Katastrophen 12, 14, 17, 21, 23, 112, 137, 163, 189, 209, 211, 217, 220, 227, 232, 235, 239, 257, 266, 269, 284, 290
Katharer 77
Kindererziehung 74/75, 87-91
Kirche 76-82
Kisch, Egon Erwin 175
Klima 14, 86, 120/21, 129, 222, 266, 273, 280, 306
Klöster 18, 46, 111, 151, 247, 257, 259/60, 280, 304
Köln 35, 165
Kolonial-Stadt 222
Kolonie 154
Kommunisten 19, 50-70, 73, 78, 81/ 82, 86, 107, 204, 213, 223, 229/ 230, 268, 288
Konradin 37, 234
Konsulatsverfassung 36
Konsumismus 6, 115
Konstantin 76, 116
Konstantinopel 208
Kooperative 29, 31, 82, 92, 101, 118, 204, 257
Kopernikus 208
Korruption 133, 214, 262
Krankheit, siehe auch Katastrophe, Krankenhaus 172, 198, 211, 222/223, 247, 305
Krankenhaus, siehe auch Loggia 25, 26, 72/73, 132, 150, 153, 186, 222, 252/53, 259, 271, 286, 288
Kreuzgänge 151-154, 273, 281, 297
Kriminalität 211
Künstler-Kritik 180

Lamartine, Alphonse de 302
Lagerhaus 220
Lancelotti, Francesco 183
Landbesetzung 56, 118, 227
Landi, Landino 222
Landino, Cristoforo 180
Lando, Michele 40
Landreform 19, 216, 227
Landschaftsmalerei 232
Landschaftsveränderung 246
Landsmannschaft 212
Landucci, Luca 42, 116, 181, 189, 275, 284
Langobarden 12, 35
Larderello 138, 218, 222
Lastra a Signa 131, 150, 210, 288
Lavagnini, Spartaco 288
Lazzareschi, Ennio 34
Lazzaretti, David 78, 80, 115, 229
La Verna 78, 259/60
Lebensweise reicher Leute 212
Leibeigenschaft 13
Lenin 204
Leonardo da Vinci 42, 121, 126, 133, 136, 159, 170, 188/89, 218, 271, 278, 285, 287
Lesarten der Kunst 274
Le Fornaci 288
Liberale 53
Lippi, Filippino 270, 284, 290
Lippi, Filippo 96, 184, 284

Literatur 17, 48, 111-118, 186, 280
Livorno 28, 48, 50, 59, 67, 82, 106, 115, 137, 139, 144, 149, 154, 203, 211-14, 226, 250, 261/62
Loggia 133, 145, 149-54, 162, 207, 220, 225, 228, 237, 249/40, 243, 245, 249, 251/52, 254, 256-258, 271, 273/74, 281, 286-288, 290/ 91, 294, 299
London 27
Longo, Pietro 59
Lorena 218, 269
Lorenzetti, Ambrogio 22, 145, 159, 169, 170, 225, 232-35, 237
Lorenzetti, Pietro 237
Lorenzini, Carlo 303
Lorenzo 56
Lotta Continua 57
Luca, De 229
Lucca 11, 18, 23, 28, 35/36, 41/42, 45, 67, 82, 84, 97, 102, 117, 130/31, 139, 142, 144/45, 147/ 48, 150/51, 153/54, 158-160, 164/65, 173/74, 176, 186, 191, 199, 201, 210, 285, 289-301, 305, 309-311
Lucignano 131, 143, 147, 247, 253/54
Luni 202

Macchiavelli 16, 46, 112, 191, 291
Mafia 59/60, 66, 223
Magrini, Antonio 217
Magliano 130
Mailand 30, 57, 73, 136, 262, 275
Malaparte, Curzio 114
Malaspina 199, 202/03
Malaspini, Riccardo 112
Malatesta 204
Malavolti, Familie 232/33
Malmantile 131, 288
Manciano 118
Manifesto 57, 260
Mantua 117
Manufakturen 26
Marcucci 306
Marcuse, Herbert 162
Margharito d'Arezzo 166
Maremma 19, 216-218, 232, 234
Mariensäule 294
Marini, Enzo 82
Marini, Marino 286
Markt 14, 132, 142, 144/45, 148, 205, 207, 213, 220, 230, 236, 251/52, 258, 261, 269, 274-81, 285, 292-294, 298, 300, 305
Markt, Spezialisierung 148, 236
Marlia 304
Marmorbrüche 200-202, 306
Marradi 104
Marsiliana 130, 227
Martiana 104
Martini, Francesco di Giorgio 136, 149/150, 178, 286
Martini, Simone 225
Martini 212
Maruffi, Silvestro 78/79
Masaccio 142, 145, 177-180, 185, 270
Mascagni, Pietro 294
Masolino 145, 179, 270
Massaciuccoli, Lago di 198
Massa Carrara 28, 54, 199/200, 202
Massa Marittima 39, 107, 130, 149, 159, 165, 219-21
Mathilde von Canossa 36
Matteotti, Giacomo 52/53
Mazzi, Enzo 80/81, 274
Mazzini, Giuseppe 48
Medici, Alessandro 45, 196

Medici, Cosimo I. 44, 47, 137, 148, 160, 162, 192, 196, 211, 218, 237, 269, 308
Medici, Cosimo III. 208
Medici, Familie 41-48, 184, 196, 245, 249, 276, 303
Medici, Ferdinand I. 211, 213, 250
Medici, Ferdinand II. 46
Medici, Francesco I. 277
Medici, Kardinal Ippolito 18
Medici, Katharina 45
Medici, Papst Klemens VII. 18, 194, 237, 285
Medici, Lorenzo 41/42, 105, 280
Medici, Lorenzino 45
Medici, Maria 45
Medici, Gräber 45
Meleto 54
Menechini, Piero 118, 227
Mengoni, Guiseppe 154, 275
Merleau-Ponty, Maurice 122, 124
Meschi, Alberto 204
Messina 113
Mezzadria 19, 67, 88, 118, 163, 280, 288
Mezzomonte 281
Michelangelo 42, 44/45, 78, 159, 184, 188, 191, 193-97, 202, 210, 258, 271, 275, 276/77
Michellozzo 160, 271, 276, 284
Michelucci, Giovanni 271, 278
Mieten 27, 89
Migliarino 198
Milani, Don Lorenzo 80/81, 118, 280/81
Militär (auch Söldner, Soldaten, Befestigungen, Krieg, Konflikte) 12, 16, 27, 36, 40/41, 44-52, 54, 76/77, 104/05, 108-110, 118, 131-133, 137, 144, 151, 155-63, 184, 186, 189, 191, 199, 203-205, 208, 210/11, 218, 221, 223, 225, 232-35, 238, 240. 243-47, 252/53, 255, 258, 261, 278, 283, 285, 288, 293/94, 296-298, 300, 303, 305
Militär, „Goten-Linie" 258
Minden 299
Mita, Ciriaco De 59
Mode 93, 275/76
Moggiona 260
Molino di Quosa (Pisa) 54
Monarchie 48, 55
Montagna (Sansepolcro) 180, 257
Montaigne 291
Montalcino 39, 45, 100, 131, 153, 240
Montaperti 37, 233, 290
Monte Amiato 222, 229, 240
Montecalvo 97, 100, 131/32, 302/03
Montecatini 28
Montecchio 252
Montecristo 226
Montefollonico San Francesco 243
Montelupo 210, 288
Montemurlo 45, 149, 276, 285
Monte Pisano 210
Montepulciano 39, 117, 130-32, 153, 159, 242/43
Monterchi 180, 256, 259
Monteriggioni 131, 243
Montescudaio 100
Montevarchi 281
Monteverdi 117
Monte Casale 257
Monte, Del 254
Monte Oliveto Maggiore 240/41
Monte San Quirico 304
Monte San Savino 23, 105, 131, 150, 153, 247, 254

Monte Santa Maria 210
Monticchiello 10, 103, 114/15, 117, 131, 243
Montieri 217
Monti metalliferi 219
Montini 258
Montone 54
Montòpoli 132, 144, 287
Moravia, Alberto 107
Mord 236
Moro, Aldo 56, 58
Mugello-Tal 278, 280
Museen 315
Museum, Didaktik 102
— Caprese Michelangelo/Skulpturen-Museum 258
— Cortona Museo 165
— Citta di Castello, Museum für bäuerliche Kultur 14
— Florenz, Accademia 274, 277
— Bargello-Museum 174
— Dom-Museum 277
— Uffizien siehe auch Florenz, Uffizien 274, 277
— Lucca, Museo Nazionale 297
— Massa Marittima, Bergbau-Museum 221
— Montelupo, Keramik-Museum 228
— Pisa, Museo di San Matteo 172
— Prato, Stoff-Museum 283
— Sansepolcro, Museo Civico 165, 178, 181/82, 257
— Siena, Palio Museen 110, 240
— Siena, Pinacoteca Nazionale 95, 165, 170, 225, 232
— Vinci, Museum 286
Musik 50, 66, 80, 97, 110-118, 140, 176, 217, 239, 242, 248, 250
Musik, Glocke 235, 250
Mussolini 52-54, 68, 201, 204, 266
Mythos der Kunst 262
Nachbarschaft 133, 145, 148, 158, 227
Nachbarschafts-Regierung 202
Nanni di Banco 127, 174
Napoleon 226, 304
Natta Alessandro 70
Natur-Park 252, 282
Naturparks 315
Naturschutz 198, 216, 226
Nazareth 76
Neapel 57
Nervi, Pier Luigi 275
Nigra, Costantino 48
Nisi, Aldo 114
Notenschrift 116
Nottolini, Lorenzo 301, 307
Nozzano 131, 210, 305

Ökologie 21, 25, 78, 136, 144, 306
Ökologische Bewegung 20, 62
Offene Psychiatrie 315
Oliven-Kultur 199, 244, 288, 300
Olmi, Ermanno 118
Oper 48, 115-18, 303, 307
Orbetello 130, 214, 216, 225
Orden 76-78, 145, 165, 208, 213
Ortsgeschichte 228
Orvieto 201
Ost-Handel 16, 27
Oral History 111, 258

Padua 208
Paganini, Niccolò 292, 304
Palermo 208
Palio 108-110, 234, 236, 249
Panella, Marco 62
Pantomime 122, 129

Panzano 100
Paolo, Mönch 259
Paolino, Fra 298/99
Papierindustrie 28, 305-307
Parigi, Alfonso d.J. 270
Paris 23, 117, 139, 204, 213, 266, 268
Parca Natural 282, 365
Park 269, 270, 277, 303/04
Parteien siehe Christdemokraten, Demokraten, Democrazia Proletaria, Faschisten, Kommunisten, Liberale, PSIUP, Radikale, Sozialdemokraten, Sozialisten
Partei-Haus 251
Partisanen 53/54, 211, 213, 221, 253, 54, 258, 280
Partisanen-Denkmal 213, 258
Pascoli, Giovanni 113, 294, 306/07
Pasolini, Pier Paolo 55, 114
Passagen-Hof 294
Paul VI. 72, 81
Pavanà 116
Pazzi, Familie 42, 276
Peretolà 81
Peri 117
Perspektive 128, 176-179
Pertini 59, 213
Peruzzi 27
Pescaglia 132, 305
Pescia 39, 45, 144, 159, 305
Petrarca, Francesco 14, 112, 250
Petrucci, Pandolfo 41, 237
Pflasterung, siehe Straße
Physikalische Messung 209
Pian di Castagno 258
Piccolomini, Familie 233, 239, 243
Pienza 10, 39, 132/33, 136, 148, 150, 154, 242/43
Piero della Francesca 8, 147, 165, 172, 174, 178-180, 185-187, 247, 250/51, 255-258
Pietrabuona 305
Pietrasanta 131, 198
Pietro Leopoldo 48
Pietro di Minella 237
Pieve 249
Pieve S. Stefano 150, 258
Pinocchio 112, 303
Pinturicchio 185, 239
Piombino 28, 82, 138, 214, 222/23, 226
Piraterie 208
Pisa 1, 13/14, 18, 28, 36, 41, 45, 47/48, 50, 62, 70, 78, 130-132, 142, 151, 154, 158, 160, 165, 201/02, 204-209, 211, 221, 224, 290
Pisano, Andrea 25
Pisano, Giovanni 208/09, 238
Pisano, Nicola 165/66, 209, 238
Pistoia 28, 36, 39, 45, 47, 130/31, 142, 150, 153, 159, 181, 201, 203, 284-286
Pitigliano 100, 228
Pitti, Familie 27
Pitti, Luca 162
Pittoral 302, 307
Pius II. 136, 148, 239, 243
Pius III. 239
Platen, August von 45
Platz (Piazza) 33, 40, 65, 69, 81, 83-86, 92, 111, 123, 125, 133, 142, 144-49, 165, 172, 207/08, 211/12, 220, 222, 225, 229, 234, 236/37, 242-244, 247, 252, 255/56, 261, 268/69, 271-274, 276, 280, 284, 288/89, 293/94, 296, 299, 307
— Pflasterung 84/85

— siehe auch Markt
Podestà 36, 159
Poggi, Giuseppe 268, 273
Poggibonsi 100
Poggio a Caiano 163
Poggio Marco 229
Poggio Reale 281
Poggio delle Vene, Tiberquellen 258
Poliziano, Angelo 112
Pomerance 221
Pontassiere 278
Pontedera 115, 210
Pontetetto 302
Ponte a Moriano 304/05
Ponte San Pietro 304
Ponte Santa Lucia (Massa Carrara) 54
Ponte a Vicchio 280
Pontormo, Jacopo 192, 277
Poppi 144, 151, 155/56, 159, 261
Populonia 130, 216
Porcari 21, 33, 290, 302
Portoferraio 28, 137, 226
Porto Azzurro (Elba) 225
Port'Ercole 225
Porto Santo Stefano 225/26
Portinari, Tommaso 186
Pozzolatico 281
Pranger 248, 298
Prato 23, 29, 39, 96, 145, 159, 184, 283/84
Pratomagno 259-261, 282
Pratovecchio 50, 144, 151, 261
Prato della Regina 258
Predigt im Freien 284
Presse 137
Protestaktion 133
Proudhon 204
Prozession 299
Prügel für die Madonna 250
PSIUP 56
Psychiatrie, Reform 81, 89, 104, 315
Puccini, Giacomo 60, 76, 117, 128, 198, 292, 294
Putsch 41, 78

Radda in Chianti 100, 246/47
Radicofani 240
Radikale 48, 62, 68, 72
Radio 73, 89
Räte-Bewegung 52
Raffael 172, 177, 189/90
Ragione, Livio Dalla 98, 246
Rainaldo 208
Rassismus 52/53
Rathaus 19, 38-40, 149, 162, 179, 191, 207, 28, 221, 228, 230, 233/34, 238, 242-45, 249/50, 252, 256-258, 268, 270, 276, 280, 284-288, 291, 305
Ravenna 205, 259
Rebellen 202
Recht/Handels- u. See-Recht 205
Recycling 29, 305
Reims 238, 299
Reißwoll-Industrie 29
Rencine 243
Repubik von Cospaia 258
Republikaner 48, 204
Resistenza 19
Revolution 290, 294
Revolution, Französische 8, 48, 218
Ricci, Familie 243
Ridolfi 27
Ripafratta 131, 210, 305
Risorgimento (Wiedererstehung) 7, 48, 207, 294
Robbia, Familie Della 185, 286
Robbia, Andrea Della 170, 185
Robbia, Luca Della 170

333

Rocca d'Orcia 240
Roccostrada 217
Rom 30, 52, 57, 69, 70, 73, 76, 98, 115, 137, 144, 192, 194, 208, 216, 242, 262, 270, 275, 289, 292, 297
Romuald 259/60
Rosadoni 81
Roselle 130, 219
Rosi, Francesco 66, 118, 262
Rosignano Marittimo 28, 114, 116, 214, 218, 222
Rossellini, Roberto 118
Rossellino, Bernardo 136, 148, 238/39, 271
Rosso Fiorentino 192, 277
Roster, G. 268
Rote Brigaden 50, 58
Rovezzano 81
Ruccellai 27
Rutelli, Francesco 62

Sacco und Vanzetti 210
Salerno 54
Salimbeni 232, 234, 239
Salò 54
Salvini, Lino 59
Sambuca Pistoiese 28
San Andrea in Compito 302
San Antimo 240
San Casciano in Val di Pesa 19, 100
San Gimignano 39, 100, 118, 142, 146, 155, 157-59, 184, 244, 335
San Giovanni Valdarno 39, 131, 138/39, 149, 151, 179, 278/79, 281/82
San Giuliano Terme 210, 305
San Martino (Elba) 226
San Martino-Symbol 299
San Miniato al Tedesco 118, 131/32, 210, 287/88
San Piero a Grado 210
San Quirico 302
San Quirico d'Orcia 165, 240
San Salvatore sul Monte Amiata 224
San Vincenzo 214
Sanierung 137, 207, 266, 270
Sant'Anna di Stazzema (Lucca) 54
Santa Croce 131, 287
Santa Fiora 228
St. Helena (Insel) 226
Sano di Matteo 237
Sano di Pietro 95, 240
Sansepolcro 22, 29, 33, 36, 45, 54, 71, 107, 143, 148, 151, 172, 174/75, 185, 256/57
Santi, Giovanni 186
Santi, Roberto 62
Sarteano 130, 242
Sarto, Andrea del 192
Sassetta 240
Sasso di Simone 47, 258
Säule als Marktzeichen 298
Savonarola 41/42, 44, 46, 78/79, 194, 253, 261, 271, 292, 299
Scandicci 81, 113, 140
Scansano 100
Scarperia 39, 131, 159, 278/79
Scelba 223
Schäfer 260, 280
Schiffsbau 15
Schiffahrt 269
Schiffswerft 209
Schreiber 149
Schule 80, 82, 90/91, 149, 200, 222/223, 297
Schule von Barbiana 280
Schwimmbäder 315
Seeräuber 217

Segni 56
Segromigno 164, 304
Sercambi 112
Sere, Annibale Del 25, 85, 116
Serravezza 201
Sestino 11, 22, 111, 258
Sesto Fiorentino 69, 140
Settignano 281
Settimo 259
Shelly, Percy 198
Sica, Vittorio De 118
Sieges-Denkmal 208
Siena 28, 36, 39/40, 45-47, 67, 84, 97, 105, 107-10, 131/32, 136/137, 144/45, 147, 150, 153, 155, 157, 159-61, 165/66, 169/170, 176, 185, 201, 218, 224, 228-40, 262
Signa 140
Signorelli, Luca 240
Simone Martini 165, 235
Sindona 60
Sklaven-Handel 213
Sodoma 240
Sorano 131, 228/29
Sovana 39, 150, 159, 227
Sozialbanditen/Brigantismus 50, 57, 115, 217/18, 240, 249
Sozialdemokraten 51
Sozialisten 19, 48, 50/51, 55-70, 108, 113, 139, 203/04, 213
Sozialversicherung 87
Sozialwesen 298/99
Soziale Bewegung 257
– Arbeiterbewegung 222
– Aufstand 14, 16/17, 19, 40/41, 44, 48, 238, 296
– Bauern 252
– Demonstrationen 19, 71, 91, 204
– Fabrikbesetzung 29, 91
– Hausbesetzung 140
– Soziale Konflikte 216
Spadolini, Giovanni 59
Spannocchi, Ambrogio 239
Spekulanten 144, 214, 223, 266
Spiele, siehe Fest
Spielbank 307
Spinella 258
Spinello Aretino 251
Spinola 202
Sprache 93, 111 ff., 178, 183, 189, 194
Spriani, Paolo 104
Sprichwörter 290, 293
Staatsstreich 44, 59, 191, 194, 233
Staggia Senese 243
Stadt
– Arbeiterhäuser 297
– Arbeiterkolonie 201
– Arbeitersiedlung 222, 230, 282
– Arbeiterviertel 138/39
– Betonstadt 283
– Bürgerliche Wohnstadt 139, 268
– Dezentralisierung d. Industrie 302
– Festungsstadt 131, 278, 287/88
– Gartenstadt 222
– Handwerker-Vorstadt 239
– Hochhaus 10, 213, 218, 232, 282
– Industrie-Vorstadt 277
– Mietwohnungen an der Stadtmauer 298
– Siedlungsbrei 302
– Stadt-Land-Beziehung 13, 104, 180, 230, 262, 268, 280
– Stadt-Mauer 36
– Stadt-Palast 18, 26
– Stadtplanung 18
– Stadt-Statut 133, 142/43, 203
– Stadt-Turm 294
– Stadtzerstörung 266

– Verteilung der Stadt nach Einkommen 266
– Verstädterungsprozeß 278
– Vorstadt-Zersiedelung 280
– Wildes Wachstum 302
– Zementbrei siehe auch Arbeitersiedlung, Dorf 262
Stalingrad 68
Starmina, Gherardo 77
Stefano di Firenze 261
Steinbruch 228
Sterblichkeit 137
Steuern 26, 41/42, 47, 49, 54, 133, 211, 214, 220
Stia 144, 151, 170, 261
Stilgeschichte 190
Straßburg 70
Straße 23, 36, 62, 69, 83-86, 92, 97, 132/33, 141-44, 180, 237, 239 255/56, 269-271, 280, 287/88, 303, 305/06
– Pflasterung 132, 141/42, 144/45, 148, 234, 237, 240
– Überbauung 143, 207, 221
– Straßenkämpfe 77
– Straßensänger 50
– Straßenschlacht 237
– siehe auch Markt, Verkehr
Streik 19, 50/51, 54/55, 91, 203, 288
Strozzi, Familie 27
Strozzi, Piero 285
Studentenbewegung 56, 62, 116, 207, 274
Sturzo, Don 52
Synagoge 228

Tacca 149, 213
Taccola 286
Tageszeit 180, 194, 299
Tagliacozzo 37, 234
Talamone 130, 216, 224/25
Talozzi, Franco 60, 68, 103/04, 112, 116, 145
Tarent 57
Tarlati, Guido 255
Tarquinia 95
Taviani, Brüder 54, 118
Technische Geräte 285
Tenuta di Rossore 210
Tenuta di Tombolo 210
Terranuova Bracciolini 131, 278
Terra ferma 16
Terra del Sole 47
Terrorismus 47-50, 64, 66, 82
Textilherstellung 16, 18, 23 ff., 27-30, 40, 261, 283/84, 288/89, 306
Textilproduktion siehe auch Fabrik
Theater 45, 81, 85, 89, 102/03, 111-118, 122, 128/29, 140, 186, 205, 213, 218, 222, 243, 245/46, 256, 262, 268-70, 292, 299, 303, 305, 307, 315
Therme, römische 258
Tiburzi, Domenico 217/18
Tintoretto 299
Tirrenia 107, 117/18, 211
Todesstrafe 48
Togliatti, Palmiro 52, 54, 66, 69
Togni (Minister) 223
Toilette 298
Tolomei 234, 239
Tomabuoni, Giovanni 184
Torre del Lago 117, 198
Torrita di Siena 131, 143
Tommasi, Luigi 58
Tourismus 262
– Kritik 216

– Mythos 268
– Zone (Stadtplanung) 216
Touristen-Informationen 315
Toten-Verbrennung 198
Traini, Francesco 169, 209
Treffpunkte
– Arbeiter-Treffpunkt 297
– Sozio-kulturelles Zentrum 292
– Stadtteilhäuser Siena 240
– siehe auch Volkshaus
Treppe 143, 200, 249, 252, 276/77, 294, 303
Tribolo 270
Trier 76
Triumph-Bogen 269, 307
Triumph-Säule 276
Trinken 86, 98-101, 104/05, 121, 240, 243, 246, 262, 281, 293, 303-305
– Weinmesse 303
Trockenlegung siehe auch Wasserbeherrschung 198, 209-211, 218, 247, 250, 257, 302
Turin 29, 56/57, 73, 262
Turrite Cava 307
Tuti, Framcesco 154, 256
Tyrann 194, 294
Tyrannen-Mord 45, 196

Ubertini, Francesco 272
Uguccione della Faggiola 41
Ugurgieri, Familie 232, 239
Umberto I. 50
Umwelt-Vergiftung 198, 211, 214, 222, 252, 260, 269, 273, 278
Unabhängigkeit 291
Universität 208/09, 250
Universitätsschließung 250
Unità-Fest siehe Fest
Untertauch-Ökonomie 33
Urbino 47, 133, 186, 189
Utens, Giusto 163
Utopie 189
Uzzano 105, 305

Vallombrosa 77, 259
Vanelli, Matteo 296
Vanni, Lippo 155/56, 235
Vada 218
Vasari 137, 151, 184, 189, 192, 269, 277
Vatikan 253
Venè, Gian Franco 5-7, 58, 62, 103/104, 112
Venedig 20, 45, 57, 113, 198, 291, 305

Verdi 117
Verkehr
– Transport 20, 26, 140, 201, 210-212, 262, 266, 268/69, 271, 275, 280, 287, 292
– Autostrada 9, 280, 302
– Fußgängerbereiche 84
– Frankenstraße 240, 302
– Kanal 201
– Maultierpfad 259
– Ochsenwagenstraße 242
– Wasserweg 305
– siehe auch Straße
Verputz 142
Verrocchio, Andrea 182
Vespucci, Amerigo 27
Vespucci, Simonetta 172
Vetulonia 130/31, 219
Viareggio 114, 198
Vicchio 131, 151, 278, 280
Vicopisano 131, 210
Vignai, Arturo 114
Villa 14, 163/64, 246, 288, 297, 306
– Villen-Bereiche 203, 214
– Gutshaus 281
– Villen-Kultur 199
– Landvilla in der Stadt 292
– Villa Basilica 28, 305
– Villa Grotta (Arezzo) 54
– Villa a Sesta 247
Villani 112
Vinci 210, 286/87
Visconti 118, 202
Visconti, Galeazzo 41
Viva Maria Bewegung 48, 252
Vittorio Emanuele II. 49
Volkshäuser 315
Volkshaus 69, 81, 140, 159, 204, 277, 281
Volkspartei 52
Volksversammlungen 145
Volterra 39, 47, 130, 143, 150, 157, 159, 210, 245, 278
Vulkan 143, 226/27, 229, 240

Waisenhaus (Findelhaus) 150
Wald-Abholzung 251
Wald als Lebensgrundlage 260
Waldenfels, Bernhard 122, 124
Wanderungsbewegung, Gastarbeiter 84, 266, 283
Wanderarbeiter 216/17
Wappen 276

Wasser 15, 145, 212, 228, 237, 259, 269/70, 277, 286/87, 303
– Wasserbeherrschung siehe auch Trockenlegung 18, 216, 223, 293, 305
– Brunnen 145, 148, 234, 297
– Brunnen-Loggia 256
– Brunnen-System 239
– Hafen 209, 211-13, 222/23, 225
– Wasserleitung 136
Weber-Haus 295
Weber-Viertel 294
„Weiße Gewalt" 158
„Weißer Terror" 35, 234, 294, 297
Weyden, Rogier van der 186
Widerstand (Resistenza) 19, 47, 52-54, 118, 196, 204, 256, 287/288, 306
Wissen, gemeinsames 136
Wissenschaft 93, 188, 203, 235, 251, 258
– Erforschung der Volkskultur 218
– Oral History 111, 258
– Zensur 208
Wohnen 89, 95, 121, 160
– Arbeiter-Dorf bei einer Villa 246
– Arbeiter-Häuser 296
– Arbeiter-Lager 217
– Arbeiter-Mietshaus 212, 222, 261
– Arbeiter-Mietshaus als Schloß 304
– Bank vor der Tür 162
– Bauernhütten 232, 235
– Erdhütte 219
– Heerlager 235
– Lager 200
– Mietshaus 18, 232, 293
– siehe auch Haus, Stadt
Wohnungsbau, sozialer 68
Wright, Edward 47

Zamberletti 104
Zancone 229
Zeffirelli, Franco 118
Zeitung 204, 234
Ziegelei 288
Zimmerbestellung 315
Zunft 24-26, 36/37, 40, 132, 150, 157, 159, 209, 234, 242, 288, 294
Zunft-Haus 297
Zuwanderer 262
Zwangsarbeit 200, 213
Zwingburg 245, 276, 291, 299

Die ‚Geburt' der Eva – Teil eines Freskos zur Schöpfungsgeschichte in der Kirche von San Gimignano (14. Jhdt.)

Reisen

Roland Günter
Toskana
Alltag und Geschichte – Kunst und Kultur
Politik und Wirtschaft – Stadt und Land
Pbck., 335 S., über 400 Abb.,
Stadtpläne, Gesamtkarte der Region.
DM 29,80

*»...ein Juwel in der Kette moderner
Reisebücher...« (DIE ZEIT)*

Roland, Janne und Gitta Günter
Von Rimini nach Ravenna
Die Adria-Küste und ihr
kulturelles Hinterland
Pbck., 344 S., 250 Abb., Karten und Pläne,
DM 29,80

*»Es ist ein ungewöhnlicher – und guter –
Reiseführer in eine Gegend Italiens, die man
fälschlicherweise für gewöhnlich hält.«
(BuchJournal)*

Roland und Gitta Günter
Urbino
Mittelalter, Renaissance und
Gegenwart einer berühmten
italienischen Stadt
Pbck., 160 S., 80 Abb., Stadtplan
DM 24,80

Neuerscheinung

Hans Roth
Okzitanische Kirschen
Auf Nebenwegen
durch Frankreichs Süden
Pbck., 344 S., 260 Abb., Karten und Pläne,
DM 29,80

*»...Geschichte von unten, engagiert,
subjektiv, anregend, ja aufregend...«
(Nürnberger Zeitung)*

anabas

Unterer Hardthof 25 · D-6300 Gießen

Gesamtverzeichnis anfordern!

Kulturgeschichte

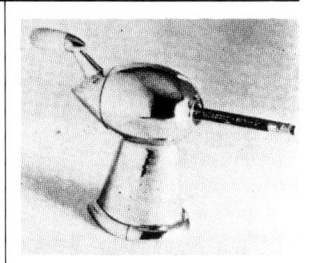

Christoph Asendorf
Ströme und Strahlen
Das langsame Verschwinden
der Materie um 1900
Paperback, Großformat 22x29 cm
175 Seiten, 247 Abbildungen,
DM 48,—

Neuerscheinung

Christoph Asendorf
Batterien der Lebenskraft
Zur Geschichte der Dinge und ihrer
Wahrnehmung im 19. Jahrhundert
Engl. Broschur, Großformat 22x29 cm
165 Seiten, 150 Abbildungen
DM 48,—

Jurgis Baltrušaitis
Der Spiegel
Entdeckungen, Täuschungen, Phantasien

Leinen mit Schutzumschlag,
Großformat 22x31 cm,
360 Seiten, 195 Abbildungen,
DM 98,—

*»Seine Kulturgeschichte des Spiegels ist eine
unglaubliche Anregung für jeden, der sich mit
Wahrnehmung, den Gesetzmäßigkeiten
der Optik und mit der Herstellung von
Bildern befaßt. Wie Alice im Wunderland
wird der Leser in eine Welt der
Zauberkabinette geworfen...« (STERN)*

Reinhard Biederbeck / Bernd Kalusche
Motiv Mann
Der männliche Körper
in der modernen Kunst
Paperback, Format 17x24 cm,
206 Seiten, 89 Abbildungen,
DM 28,—